ENTDECKE DIE WELT

FRAGEN & ANTWORTEN

ENTDECKE DIE WELT

FRAGEN & ANTWORTEN

Entwurf und Realisation: Starry Dog Books
Texte: Martin Walters & Jinny Johnson
Sprachliche Beratung: Brian Williams

Parragon Books Ltd
Queen Street House
4 Queen Street
Bath BA1 1HE, UK

Übersetzung aus dem Englischen: Atlas Translations Limited, Großbritannien

Redaktion und Satz: alpha & bet VERLAGSSERVICE, München

Koordination: trans texas Publishing Services GmbH, Köln

Printed in China

ISBN 1-40547-008-9

INHALT

DAS UNIVERSUM

Wie entstand die Erde?

Vor ungefähr 4,5 Milliarden Jahren gab es weder die Erde noch die anderen Planeten. Es gab nur eine riesige dunkle, äußerst heiße Wolke aus Gas und Staub, die um die neu entstandene Sonne rotierte. Nach und nach kühlte die Wolke ab, und das Material der Wolke begann sich durch ihre eigene Schwerkraft zusammenzuballen – erst zu Ringen, dann zu Planeten; einer davon war die Erde. Aber es dauerte eine weitere halbe Milliarde von Jahren, bis sich die Erde so weit abgekühlt hatte, dass sich eine feste Kruste, umgeben von einer Atmosphäre, bildete.

WIE GROSS IST DIE ERDE?

Satellitenmessungen haben ergeben, dass ihr Umfang am Äquator 40 024 km und ihr Durchmesser dort etwa 13 000 km beträgt. Der Durchmesser an den Polen ist um 43 km geringer.

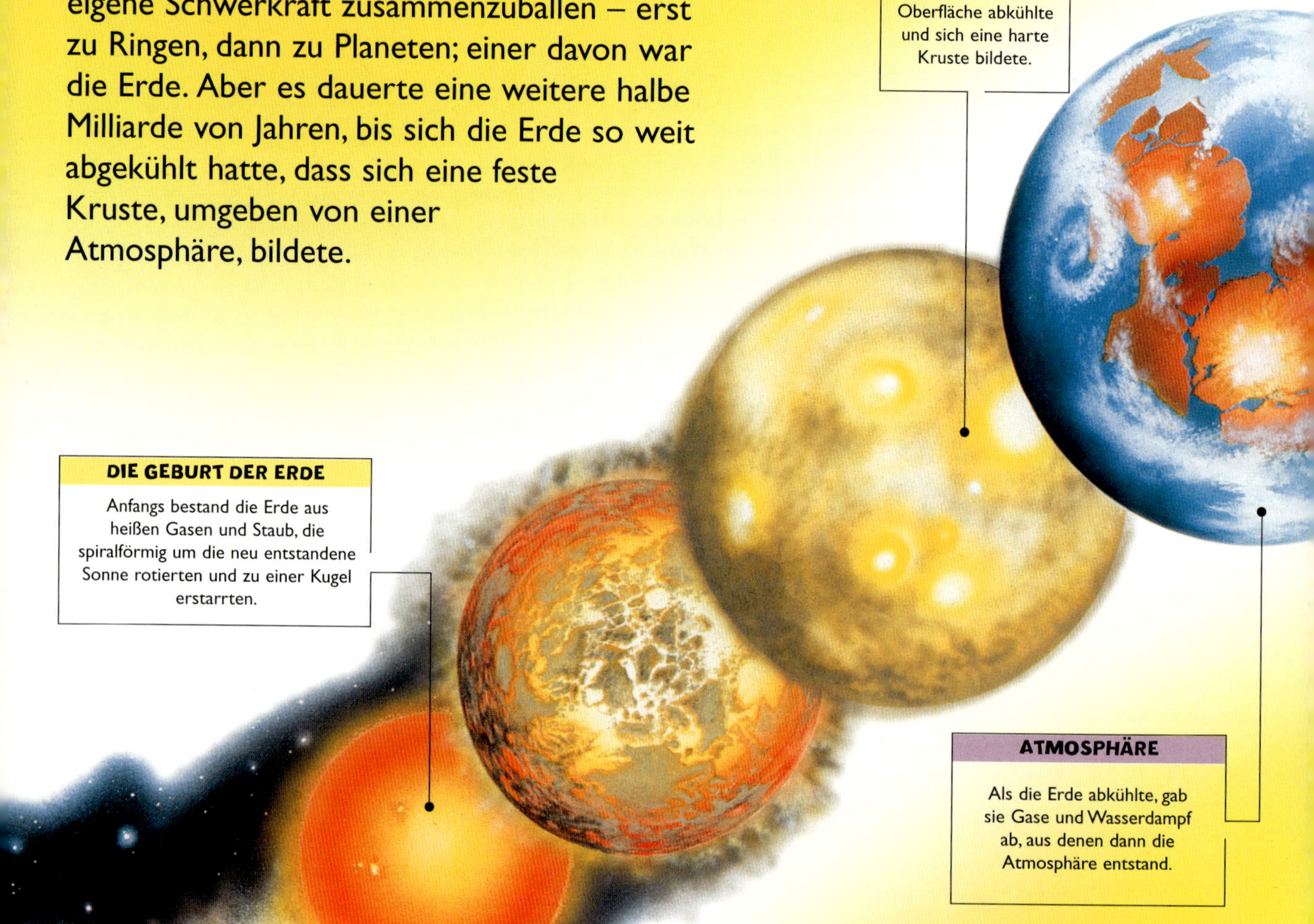

WIE ALT IST DIE ERDE?

Die Erde ist ungefähr 4,6 Milliarden Jahre alt. Das älteste Gestein ist ungefähr 3,8 Milliarden Jahre alt. Forscher haben auch Meteoriten gefunden, die aus dem Weltraum auf die Erde gestürzt sind und zur selben Zeit wie die Erde entstanden sein müssten.

WORAUS BESTEHT DIE ERDE?

Die Erde hat einen Kern aus Eisen und Nickel und eine gesteinshaltige Kruste, die vor allem aus Sauerstoff und Silizium besteht. Dazwischen liegt der Mantel. Er besteht aus Gestein, das sich aus Silikatmaterialien zusammensetzt.

UMLAUFBAHN DER ERDE

Während die Erde die Sonne umkreist, ist auf der Halbkugel (Hemisphäre), die der Sonne zugewandt ist, Sommer. Auf der Halbkugel, die von ihr abgewandt ist, herrscht hingegen Winter.

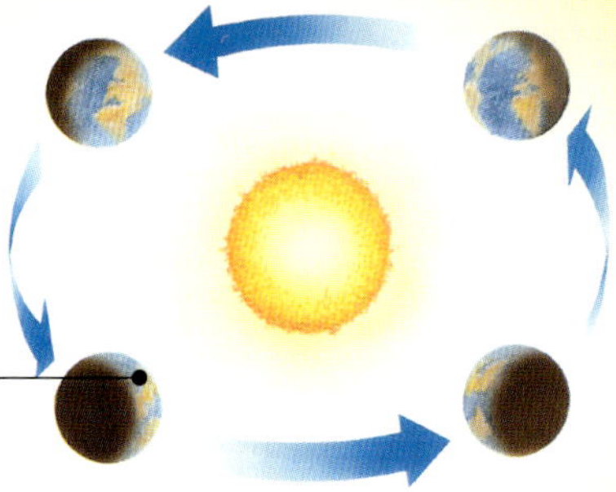

ENTSTEHUNG DER OZEANE

Die Erde kühlte noch weiter ab, und die Dampfwolken wurden zu Wasser, aus dem riesige Ozeane entstanden.

METEORITENKRATER

Vor 4 Milliarden Jahren war die Erdkruste mit Kratern von Meteoriten und riesigen Vulkanen übersät.

WIE LANGE IST EIN JAHR GENAU?

Jedes Jahr wandert die Erde einmal um die Sonne. Diese abenteuerliche Reise ist 938 886 400 km lang und dauert genau 365,26 Tage. Deshalb hat unser Kalenderjahr 365 Tage. Um die restlichen 0,26 Tage auszugleichen, kommt alle vier Jahre Ende Februar ein zusätzlicher Tag hinzu. Es ist das so genannte Schaltjahr – und dann muss noch alle 400 Jahre ein Schaltjahr abgezogen werden.

WAS IST BESONDERS AN DER ERDE?

Die Erde ist der einzige Planet mit Temperaturen, bei denen Wasser an der Oberfläche vorkommen kann, und der einzige Planet mit einer sauerstoffhaltigen Atmosphäre. Wasser und Sauerstoff werden beide zum Leben benötigt.

WIE LANG IST EIN TAG?

Ein Tag ist die Zeit, die die Erde benötigt, um sich einmal um sich selbst zu drehen. Die Sterne erscheinen alle 23 Stunden 56 Minuten 4,09 Sekunden wieder an derselben Stelle am Himmel (Sterntag). Unser Tag (Sonnentag) ist 24 Stunden lang, weil die Erde sich um die Sonne bewegt und sich zusätzlich um 1° drehen muss, bis die Sonne an dieselbe Stelle am Himmel zurückkehrt.

WELCHE FORM HAT DIE ERDE?

Die Erde ist eine nicht ganz perfekte Kugel. Weil sie sich am Äquator schneller dreht als an den Polen, wölbt sich die Erde am Äquator. Wissenschaftler beschreiben die Form der Erde als „geoid" – das bedeutet „erdförmig"!

WIESO DREHT SICH DIE ERDE?

Sie dreht sich, weil sie mit einem Drall um die Sonne kreist. Während sich die Erde um die Sonne bewegt, hält die Schwerkraft der Sonne die Drehbewegung aufrecht, genau so, wie die Schwerkraft der Erde einen Ball dazu bringt, einen Hügel hinunterzurollen.

WER WAR KOPERNIKUS?

Anfang des 16. Jahrhunderts glaubten die meisten Menschen, dass die Erde fest in der Mitte des Universums verankert sei und sich die Sonne und Sterne um sie drehten. Der polnische Astronom Nikolaus Kopernikus (1473–1543) war der Erste, der die Theorie aufstellte, dass sich die Erde um die Sonne bewegt.

WAS SIND DIE MEERE AUF DEM MOND?

Die großen dunklen Flecke, die auf der Mondoberfläche zu sehen sind, heißen zwar so, sind aber in Wirklichkeit überhaupt keine Meere. Sie sind riesige mit erstarrter Lava gefüllte Ebenen aus der Frühzeit des Mondes.

WAS IST MONDSCHEIN?

Der Mond ist bei weitem das hellste Objekt am Nachthimmel. Aber er hat kein eigenes Licht. Mondschein ist einfach das Sonnenlicht, das vom weißen Staub auf der Mondoberfläche reflektiert wird.

WAS IST EINE MONDFINSTERNIS?

Während sich der Mond um die Erde dreht, wandert er manchmal direkt in den Erdschatten, den das Sonnenlicht nicht durchdringt. Das ist eine Mondfinsternis. Wenn man zu dieser Zeit auf den Mond schaut, kann man die dunkle Scheibe des Erdschattens sehen.

WER WAREN DIE ERSTEN MENSCHEN AUF DEM MOND?

Es waren die Amerikaner Neil Armstrong und Edwin Aldrin, die am 20. Juli 1969 mit Apollo 11 auf dem Mond landeten. (Als Armstrong seinen Fuß auf den Mond setzte, sagte er: „Das ist ein kleiner Schritt für einen Menschen, aber ein großer für die Menschheit.")

Was ist der Mond?

Der Mond ist der natürliche Satellit der Erde und umkreist sie seit mindestens vier Milliarden Jahren. Er ist eine gesteinshaltige Kugel und ungefähr ein Viertel so groß wie die Erde, in deren Umlaufbahn er auf Grund der gegenseitigen Anziehung (der Schwerkraft) bleibt. Wissenschaftler glauben, dass der Mond entstand, als in der Frühzeit der Erde ein Himmelskörper mit der Erde zusammenstieß. Der Aufprall war so enorm, dass von diesem Himmelskörper nichts übrig blieb bis auf einige Trümmer, die zurück in den Weltraum geschleudert wurden. Innerhalb kürzester Zeit nach dem Zusammenstoß zog die Schwerkraft diese Trümmer zusammen, und es formte sich der Mond.

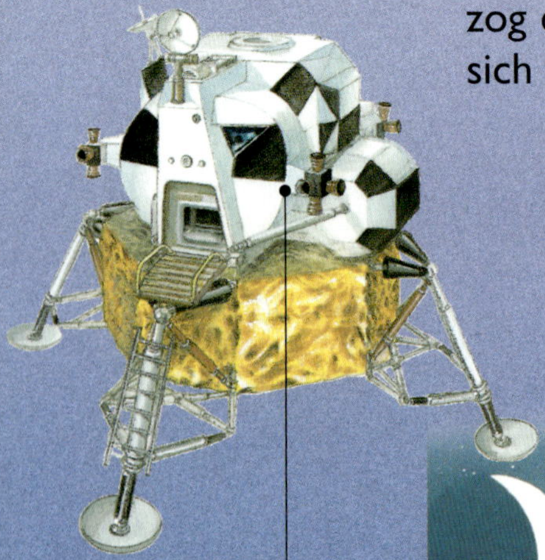

DIE MONDKAPSEL

Die Mondkapsel der Apollo-15-Mission diente den Astronauten während ihres kurzen Aufenthalts auf dem Mond als Behausung.

DIE MONDPHASEN

Die Mondphasen, von links nach rechts: Neumond, Halbmond (zunehmend), Dreiviertelmond (zunehmend), Vollmond, Dreiviertelmond (abnehmend), Halbmond (abnehmend), Mondsichel (abnehmend)

WAS IST EIN HERBSTMOND?

Der Herbstmond ist der Vollmond um die Zeit der Tag- und Nacht-Gleiche im Herbst (wenn Tag und Nacht gleich lang sind). Der Mond ist an mehreren Abenden am östlichen Horizont hoch und hell am Himmel zu sehen und bietet ein gutes Licht bei der Ernte.

WIESO SIEHT DER MOND WIE EIN KÄSE AUS?

Weil er mit Löchern übersät ist und manchmal auch gelblich wirkt. Die Löcher sind Krater auf der Oberfläche, die entstanden, als der Mond vor langer Zeit von riesigen Himmelskörpern bombardiert wurde.

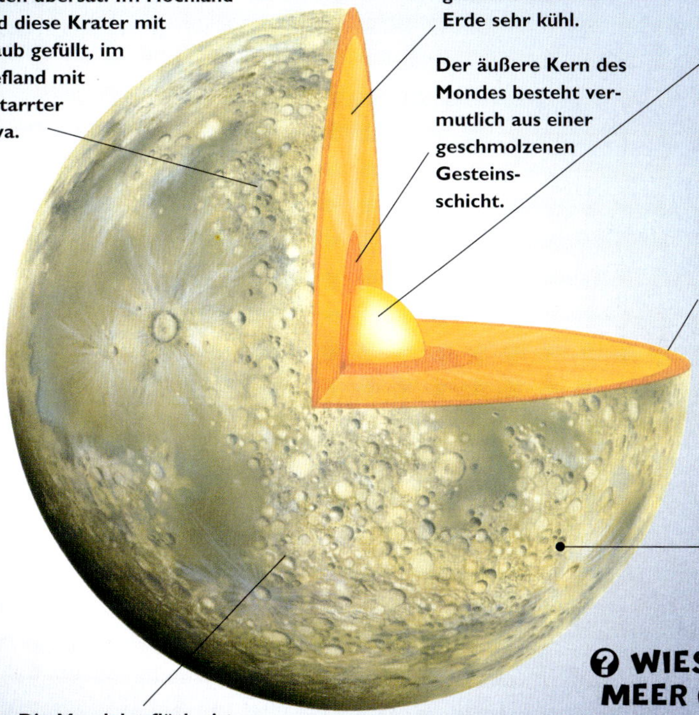

IST DER MOND EIN KÄSE?

Der Mond ist kein Käse, sondern er besteht aus einem Gesteinsmantel mit einem Kern aus Eisen und Schwefel.

WIESO HAT DAS MEER GEZEITEN?

Die Anziehungskraft des Mondes hebt das Wasser der Meere unter sich zu einem Flutberg an. Aber auch die Sonne zieht am Wasser. Sonne und Mond ziehen jeweils einmal im Monat in der gleichen und einmal in entgegengesetzter Richtung, sodass die Gezeiten stärker oder schwächer sind.

WAS IST DER NEUMOND?

Der Mond scheint im Verlauf des Monats seine Form zu ändern, weil wir seine helle, sonnenbeschienene Seite aus unterschiedlichen Winkeln sehen. Bei Neumond steht der Mond zwischen Erde und Sonne, und wir sehen nur eine sichelförmige Andeutung. Im Verlauf der ersten zwei Wochen der Mondphase sehen wir mehr und mehr von seiner hellen Seite (zunehmend), bis wir bei Vollmond seine gesamte sonnenbeschienene Seite sehen. Im Verlauf der folgenden zwei Wochen sehen wir weniger und weniger von ihm (abnehmend).

WIE LANGE IST EIN MONAT?

Der Mond braucht 27,3 Tage, um die Erde zu umkreisen. Aber weil sich die Erde auch bewegt, dauert es 29,53 Tage von einem Vollmond bis zum nächsten. Dieser 29,53 Tage dauernde Zyklus ist ein Mondmonat.

Was ist die Sonne?

Die Sonne ist ein durchschnittlicher Stern, genau wie unzählige andere im Universum. Sie entstand aus einer Gas- und Staubwolke einer größeren Sterngruppe, die sich vor 5 Milliarden Jahren auflöste. Heute ist die Sonne ein Einzelstern und leuchtet gelb und ziemlich gleichmäßig – sie spendet der Erde Tageslicht und erstaunlich gleichmäßige Temperaturen. Außer Hitze und Licht sendet die Sonne tödliche Gammastrahlen, Röntgen-, ultraviolette, infrarote Strahlen und Radiowellen aus. Glücklicherweise werden wir durch das Magnetfeld und die Atmosphäre der Erde davor geschützt.

? WAS IST EINE SONNENFINSTERNIS?

Eine Sonnenfinsternis kommt zustande, wenn sich der Mond zwischen die Erde und die Sonne schiebt und einen Teil oder die ganze Sonne abdeckt.

? WIE GROSS IST DIE SONNE?

Die Sonne ist ein kleiner bis mittelgroßer Stern mit 1 392 000 km Durchmesser. Sie wiegt knapp 2000 Billionen Billionen (2^{1027}) Tonnen.

? WESHALB GLÜHT DIE SONNE?

Die Sonne wird auf Grund von Kernfusion heiß. Der enorme Druck tief in der Sonne bringt die Nuklei (Kerne) der Wasserstoffatome dazu, zu verschmelzen, woraus Heliumatome entstehen und enorme Mengen an Kernenergie freigesetzt werden.

? WAS IST DER STRAHLENKRANZ?

Der Strahlenkranz der Sonne ist die Korona, also ihre weiß glühende Atmosphäre, die nur als Schein zu sehen ist, wenn der Rest der Sonne während einer totalen Sonnenfinsternis verdeckt wird.

WAS IST DER SOLARWIND?

Der Solarwind ist der Strom winziger radioaktiver Teilchen, die sich von der Sonne lösen und sich mit einer Geschwindigkeit von hunderten von Kilometern pro Sekunde durch den Weltraum bewegen. (Die Erde wird vor dem Solarwind durch ihr magnetisches Feld geschützt, aber an den Polen reagiert der Solarwind mit der Erdatmosphäre. Daraus entsteht die Aurora borealis, auch Nordlicht genannt.)

WIE ALT IST DIE SONNE?

Die Sonne ist ein Stern mittleren Alters und entstand vermutlich vor ungefähr 5 Milliarden Jahren. Sie wird wahrscheinlich weitere 5 Milliarden Jahre leuchten und danach in einem Feuermeer vergehen, das so hell lodern wird, dass die Erde darin einfach verbrennt.

WAS SIND SONNENFLECKEN?

Dunkle Flecke, die auf der Sonnenoberfläche zu sehen sind. Sie sind tausende Kilometer breit und treten meist in Paaren oder in Gruppen auf. Sie sind dunkel, weil sie etwas weniger heiß sind als der Rest der Oberfläche. Während sich die Sonne dreht, wandern sie langsam über ihre Oberfläche – dazu benötigen sie ungefähr 37 Tage am Äquator und 26 Tage an den Polen. Die durchschnittliche Anzahl der Flecken scheint alle 11 Jahre ihren Höchststand zu erreichen.

WIE HEISS IST DIE SONNE?

Die Oberfläche der Sonne ist ungeheuer heiß – nämlich 6000 °C – und würde alles zum Schmelzen bringen. Aber ihr Kern ist mit über 15 Millionen °C einige tausendmal heißer!

WAS SIND FACKELN?

Fackeln sind plötzliche Energieentladungen an der Sonnenoberfläche, die mit der Energie einer Million Atombomben ungefähr fünf Minuten lang in den Weltraum schießen. (Sie sind den Protuberanzen ähnlich, jenen flammenähnlichen Zungen aus heißem Gas, die sich 100 000 km weit in den Weltraum erstrecken.)

Was sind die inneren Planeten?

Die inneren Planeten sind die vier Planeten im Sonnensystem, die der Sonne am nächsten sind. Diese Planeten – Merkur, Venus, Erde und Mars – sind kleine Planeten aus Gestein, im Gegensatz zu den größeren Planeten, die weiter entfernt sind und hauptsächlich aus Gas bestehen. Weil sie aus Gestein sind, haben sie eine harte Oberfläche, auf der ein Raumschiff landen könnte. Daher werden sie manchmal auch terrestrische Planeten oder Erdplaneten genannt. Sie alle haben eine dünne Atmosphäre, aber jede ist ganz anders.

DIE ERDE

Drei Viertel der Erdoberfläche sind mit Wasser bedeckt. Deshalb wirkt die Erde vom Weltall aus gesehen so blau.

DER MARS

Der Mars ist rötlich und hat hier und dort sichtbare Schatten auf der Planetenoberfläche.

? WESHALB IST DER MARS ROT?

Der Mars ist rot, weil er rostig ist. Die Oberfläche enthält einen hohen Anteil an eisenhaltigem Staub, der in der Kohlendioxidatmosphäre oxidiert ist.

? WAS IST AN DEN MONDEN DES MARS FURCHT EINFLÖSSEND?

Eines Nachts hatte der amerikanische Astronom Asaph Hall genug davon, den Mars zu beobachten, und er beschloss, ins Bett zu gehen. Aber seine unnachgiebige Frau drängte ihn dazu, aufzubleiben – in dieser Nacht entdeckte er die zwei Monde des Mars. Er machte sich über seine Angst vor seiner Frau lustig und nannte die Monde Phobos (Angst) und Deimos (Panik).

AUF DEM MARS

Die dramatische Marslandschaft entstand nicht durch Regen, fließendes Wasser oder Erosion.

? GIBT ES LEBEN AUF DEM MARS?

In den 70er-Jahren des 20. Jahrhunderts wurden noch keine Spuren von Leben gefunden. 1996 wurden aber im Marsgestein kleinste Fossilien entdeckt, die von Miniviren stammen könnten.

KANN MAN AUF DEM MERKUR ATMEN?

Nicht ohne spezielle Sauerstoffvorräte. Der Merkur hat so gut wie keine Atmosphäre – sie besteht nur aus winzigen Mengen Helium und Wasserstoff –, weil Gase von der nahen Sonne verbrannt werden.

WIE IST DIE LUFT AUF DER VENUS?

Die Atmosphäre der Venus wäre für Menschen tödlich. Sie ist sehr groß, sodass der Druck auf dem Boden enorm ist. Sie besteht vor allem aus giftigem Kohlendioxid und ist auch voller Wolken, die Tröpfchen von Schwefelsäure enthalten.

DER MERKUR

Der Merkur hat so gut wie keine Atmosphäre, und seine Oberfläche ist mit Kratern übersät wie die des Mondes.

DIE VENUS

Die Venus ist ein heller, rosaweißer Ball, dessen Oberflächenmerkmale auf Grund der dichten Atmosphäre nicht sichtbar sind.

WESHALB HEISST DIE VENUS MORGENSTERN UND AUCH ABENDSTERN?

Die Venus reflektiert das Sonnenlicht so gut, dass sie wie ein Stern scheint. Aber weil sie der Sonne sehr nahe ist, kann man sie nur morgens und abends vor Sonnenauf- bzw. -untergang sehen.

WORAUS BESTEHEN DIE INNEREN PLANETEN?

Jeder von ihnen ist ähnlich einem Ei aufgebaut – mit einer harten „Schale“ (oder Kruste) aus Gestein, einem „Weiß“ (oder Mantel) aus halb geschmolzenem Gestein sowie einem „Dotter“ (oder Kern) aus heißem Eisen und Nickel.

WIE HEISS IST DER MERKUR?

Die Temperaturen auf dem Merkur schnellen von einem Extrem ins andere, weil seine Atmosphäre zu dünn ist, um Wärme zu speichern. Tagsüber schießen die Temperaturen bis zu 430 °C in die Höhe; in der Nacht fallen sie bis auf -180 °C.

WELCHE SCHLUCHT IST TIEFER ALS DER GRAND CANYON?

Eine Schlucht auf dem Mars! Die Oberfläche des Mars ist stabiler als die der Erde, und es gibt weder Regen noch fließendes Wasser, die die Oberfläche abtragen können. Obwohl der Mars nur halb so groß wie die Erde ist, hat er einen Vulkan namens Olympus Mons, der 27 km hoch ist. Es gibt auch ein System tiefer Schluchten, das von der Raumsonde Mariner 9 entdeckt wurde und Valles Marineris heißt. Dieses Schluchtensystem ist insgesamt über 4000 km lang und viermal so tief wie der Grand Canyon.

WIE LANGE?

Die Umlaufzeit des Mars um die Sonne beträgt 687 Tage; die der Venus 225 Tage und die des Merkurs nur 88 Tage.

Was sind die Saturnringe?

Die Ringe des Saturns sind der Lichthof um den Planeten und wurden erstmals im Jahr 1655 vom holländischen Wissenschaftler Christiaan Huygens (1629–1695) entdeckt. Sie bestehen aus unzähligen Milliarden winziger Eis- und Gesteinspartikel – einige wenige sind größer als ein Kühlschrank, die meisten so groß wie Eiswürfel. Die Ringe sind unglaublich dünn – nicht breiter als 50 m –, aber sie verlaufen weit über den Wolken des Saturns, 7000 km hoch und über 420 000 km in den Weltraum hinaus. Einer der Ringe des Saturns ist so dünn wie ein Stück Seidenpapier, das über ein Fußballfeld ausgebreitet wird.

❓ WIE SCHWER IST DER SATURN?

Der Saturn ist zwar groß, aber weil er hauptsächlich aus flüssigem Wasserstoff besteht, ist er leicht. Seine Masse beträgt 600 Milliarden Billionen Tonnen. Fände man eine Riesenbadewanne, könnte er darin schwimmen.

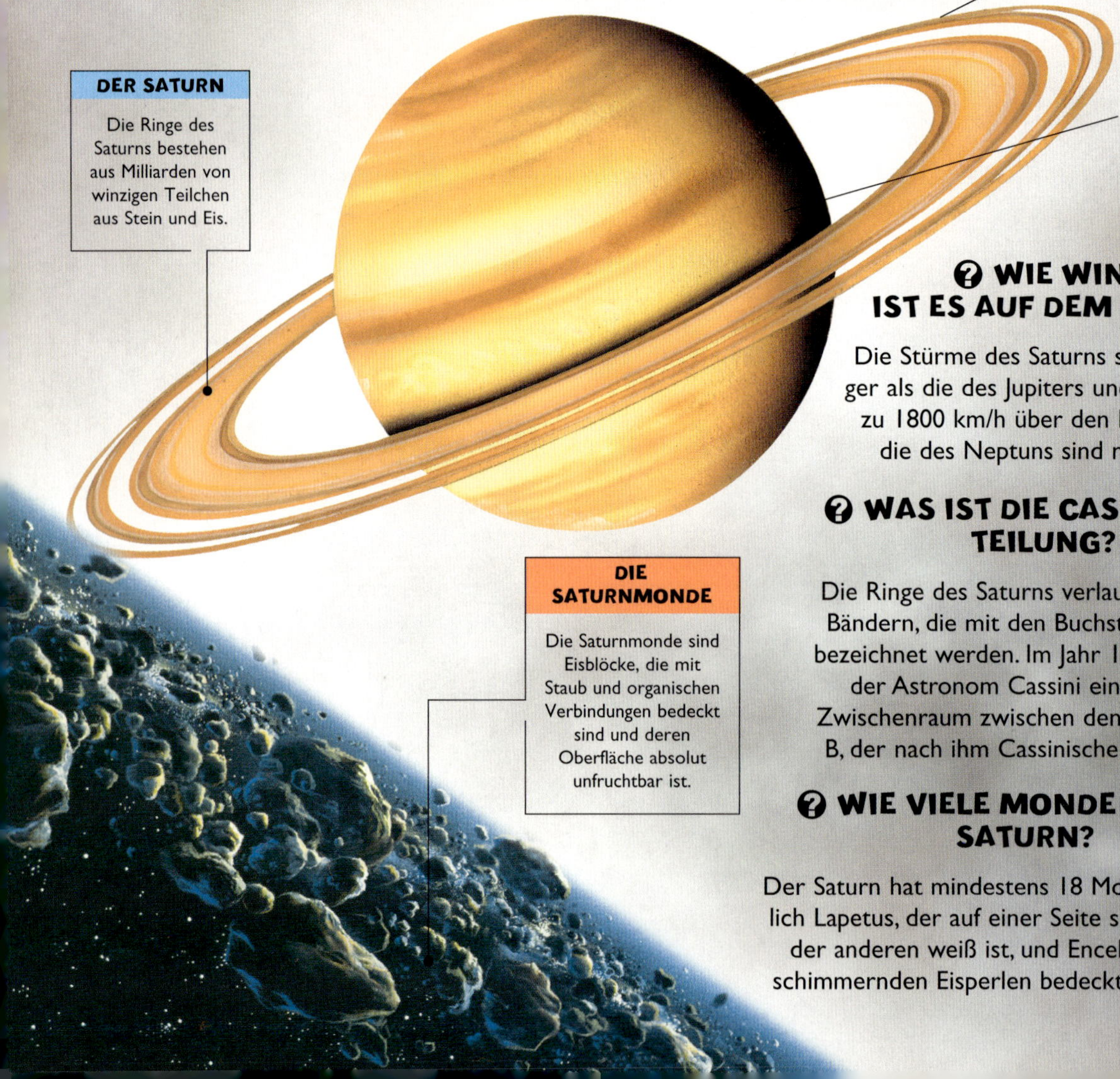

❓ WIE WINDIG IST ES AUF DEM SATURN?

Die Stürme des Saturns sind noch heftiger als die des Jupiters und pfeifen mit bis zu 1800 km/h über den Planeten. Aber die des Neptuns sind noch stärker!

❓ WAS IST DIE CASSINISCHE TEILUNG?

Die Ringe des Saturns verlaufen in breiten Bändern, die mit den Buchstaben A bis G bezeichnet werden. Im Jahr 1675 entdeckte der Astronom Cassini einen dunklen Zwischenraum zwischen den Ringen A und B, der nach ihm Cassinische Teilung heißt.

❓ WIE VIELE MONDE HAT DER SATURN?

Der Saturn hat mindestens 18 Monde, einschließlich Lapetus, der auf einer Seite schwarz und auf der anderen weiß ist, und Enceladus, der mit schimmernden Eisperlen bedeckt ist und glänzt.

WAS IST DER ROTE FLECK DES JUPITERS?

Der Große Rote Fleck (auch Great Red Spot oder GRS genannt) ist ein riesiger Wirbelsturm in der Atmosphäre des Jupiters. Dieser Wirbelsturm hat einen Durchmesser von 40 000 km und ist seit mindestens 330 Jahren aktiv.

WIE GROSS IST JUPITER?

Sehr groß. Obwohl der Jupiter hauptsächlich aus Gas besteht, wiegt er 320-mal so viel wie die Erde und misst 142 984 km im Durchmesser.

KÖNNTE MAN AUF DEM JUPITER LANDEN?

Nein. Sogar wenn das Raumschiff dem enormen Druck standhalten könnte, gibt es keine Oberfläche zum Landen – die Atmosphäre geht allmählich in flüssigen Wasserstoff und Helium über.

DER JUPITER

Winde mit hoher Geschwindigkeit fegen über den Jupiter und lassen Wolkenformationen in seiner Atmosphäre entstehen.

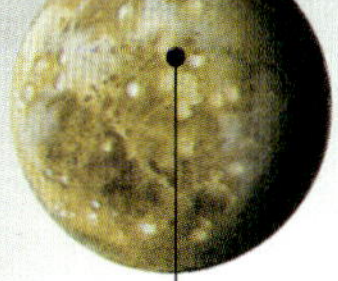

IO

Io, einer der vier großen Galileischen Monde des Jupiters. Daneben gibt es noch 12 kleinere. Vulkane speien Schwefel auf die Oberfläche von Io, weshalb er manchmal wie eine Pizza aussieht.

WORAUS BESTEHEN DIE RIESENPLANETEN?

Jupiter und Saturn bestehen größtenteils aus Wasserstoff und Helium. Auf dem Jupiter ist der innere Druck so groß, dass der meiste Wasserstoff zu Metall wird.

WIE LANGE BRAUCHT DER JUPITER ZUM UMKREISEN DER SONNE?

Der Jupiter benötigt 11 Jahre und 314 Tage (nach unserer Zeitrechnung) für einen Sonnenumlauf.

WAS SIND DIE RIESENPLANETEN?

Jupiter und Saturn – der fünfte und sechste Planet von der Sonne aus – sind die Giganten des Sonnensystems. Jupiter ist zweimal so schwer wie alle anderen Planeten zusammen und 1300-mal so groß wie die Erde. Saturn ist beinahe gleich groß. Anders als die inneren Planeten bestehen beide Planeten hauptsächlich aus Gas, und nur ihr Kern ist aus Gestein. Das heißt aber nicht, dass sie große Wolkenkugeln sind. Der enorme Druck der Schwerkraft bedeutet, dass das Gas zusammengedrückt wird, bis es flüssig und sogar fest wird.

WESHALB SIND DIE ASTRONOMEN VOM TITAN SO BEGEISTERT?

Der Saturnmond Titan ist etwas ganz Besonderes, weil er der einzige Mond im Sonnensystem ist, der eine Atmosphäre besitzt.

WIE SCHNELL DREHT SICH DER JUPITER?

Der Jupiter dreht sich schneller als alle anderen Planeten. Trotz seiner Größe dreht er sich in nur 9,92 Stunden um sich selbst. Das bedeutet, die Oberfläche bewegt sich mit 45000 km/h!

Was sind die äußeren Planeten?

Die äußeren Planeten sind Uranus, Neptun und Pluto sowie der Plutomond Charon. Anders als die anderen Planeten waren sie den alten Astronomen völlig unbekannt. Sie sind so weit entfernt, dass Uranus erst im Jahr 1781, Neptun 1846, Pluto 1930 und Charon erst 1978 entdeckt wurde. Uranus und Neptun sind Gasgiganten wie Jupiter und Saturn, aber Pluto und Charon bestehen aus Gesteinsmassen und waren vermutlich Asteroiden, die von der Schwerkraft der Sonne in den äußeren Bereichen des Sonnensystems eingefangen wurden.

WAS IST SONDERBAR AN URANUS?

Anders als alle anderen Planeten dreht sich Uranus nicht mit einer kleinen Neigung. Stattdessen liegt er fast auf der Seite und rollt gewissermaßen wie eine riesige Billardkugel entlang seiner Umlaufbahn um die Sonne.

DER URANUS

Uranus rollt seitlich entlang seiner Umlaufbahn und ist von der Sonne gesehen der siebte Planet.

WAS IST EIN ASTEROID?

Asteroiden sind tausende übrig gebliebene Trümmer des Nebels, aus dem das Sonnensystem entstanden ist. Sie kreisen in einem Streifen zwischen Mars und Jupiter um die Sonne. Der größte, Ceres, misst 933 km im Durchmesser. Die meisten sind viel kleiner. Bisher wurden über 3200 Asteroiden identifiziert.

WAS IST EIN KOMET?

Spektakuläre Kometen sind nur schmutzige Eisbälle von einigen Kilometern Durchmesser. Meist kreisen sie am Rande unseres Sonnensystems. Aber manchmal wird ein Komet von der Sonne angezogen. Während er der Sonne entgegenrast, erwärmt er sich und entwickelt einen riesigen Schweif aus Gas. Man kann diesen riesigen Schweif über einige Wochen am Nachthimmel beobachten, wenn er im Sonnenlicht glänzt, bis er schließlich in die Nähe der Sonne und so außer Sichtweite gerät. Der letzte Komet war Hale-Bopp im Jahr 1997.

WER ENTDECKTE DEN NEPTUN?

Zwei Mathematiker, John Couch Adams in England und Urbain le Verrier in Frankreich, berechneten die Stellung des Neptuns, indem sie genau beobachteten, wie die Schwerkraft des Neptuns die Umlaufbahn des Uranus störte. Johann Galle in Berlin entdeckte ihn am 23. September 1846.

WIE LANGE DAUERT EIN JAHR AUF NEPTUN?

Neptun ist so weit von der Sonne entfernt, dass er die Sonne in 164,79 Jahren einmal umkreist. Also dauert ein Neptunjahr 164,79 Erdenjahre.

KOMETENHERZ

Im Herzen des Kometen befindet sich ein Kern aus Eis und Staub, der oft die Form einer Kartoffel hat und nur einige Kilometer Durchmesser besitzt.

DER NEPTUN

Neptun ist so weit von der Sonne entfernt, dass seine Oberflächentemperatur auf -220 °C absinkt.

PLUTO UND CHARON

Pluto ist nur mit einem starken Teleskop von der Erde aus zu sehen. Mit über -235 °C ist er der kälteste Planet.

WESHALB IST NEPTUN GRÜN?

Neptun ist grünlich-blau, weil seine Oberfläche komplett mit unglaublich tiefen Meeren aus flüssigem Methan (Erdgas), Wasser und Ammoniak bedeckt ist.

WIE GROSS IST DER PLUTO?

Der Pluto ist sehr klein, weshalb er so schwierig zu entdecken war. Er ist ein Fünftel so groß wie die Erde – mit einem Durchmesser von nur 2284 km – und 500-mal leichter.

Ein Schweif aus ionisierten Atomen wird von den Solarwinden Millionen von Kilometern hinter den Kometen geblasen.

Ein Komet am Nachthimmel

WAS IST EIN METEORIT?

Es sind Gesteinsbrocken aus dem Weltraum, die groß genug sind, die Erdatmosphäre zu durchdringen und die Oberfläche der Erde zu erreichen.

WIE ENTSTEHEN STERNE?

Sterne entstehen, wenn Gasklumpen im Weltraum durch ihre eigene Schwerkraft zusammengezogen werden und die Mitte des Klumpens so fest zusammengepresst wird, dass Temperaturen von bis zu 10 Millionen °C entstehen und eine Kernfusion beginnt.

WIE VIELE STERNE GIBT ES?

Es ist schwierig zu sagen, weil der Großteil von ihnen zu weit entfernt ist, um gesehen zu werden. Aber Astronomen schätzen, dass es weit über 200 Trillionen Sterne im All gibt.

WESHALB PULSIEREN MANCHE STERNE?

Das Licht veränderlicher Sterne schwankt. „Cepheiden" sind große junge Sterne, die über einige Tage oder Wochen pulsieren. „RR Lyrae" sind alte gelbe Sterne, die sich über einige Stunden hin verändern.

Das Leben von Sternen beginnt, wenn Klumpen aus Staub und Gas in Wolken (Nebeln) durch die eigene Schwerkraft zusammengezogen werden.

Die Schwerkraft drückt diese Klumpen zusammen. Sie werden heiß.

Kleine Klumpen werden nicht sehr heiß und verglühen bald. Wenn der Klumpen groß genug ist, treibt der Druck im Kern die Hitze auf über 10 Millionen °C.

WAS SIND STERNE?

Sterne sind gigantische glühende Kugeln aus Gas, die über den gesamten Weltraum verstreut sind. Sie leuchten von einigen Millionen Jahren bis zu zig Milliarden Jahren. Der nächste Stern nach der Sonne ist über 40 Billionen km entfernt. Alle Sterne sind so weit entfernt, dass wir sie nur als Lichtpünktchen am Nachthimmel sehen können – sogar durch die stärksten Teleskope.

WELCHER IST DER GRÖSSTE STERN?

Die größten Sterne sind die Supergiganten. Antares ist 700-mal so groß wie die Sonne. Es könnte einen Stern im Epsilonsystem im Sternbild Auriga geben, der 3 Milliarden km Durchmesser hat – er wäre damit 4000-mal so groß wie die Sonne!

WAS SIND STERNBILDER?

Sternbilder sind kleine Muster von Sternen am Himmel, jedes davon mit seinem eigenen Namen. Sie existieren nicht wirklich, aber sie helfen Astronomen dabei, sich am Nachthimmel zu orientieren.

WIE HEISS SIND STERNE?

Die Oberflächentemperatur der kältesten Sterne liegt etwas unter 3500 °C, die der heißesten, hellsten Sterne bei über 40 000 °C.

Wo entstehen Sterne?

Über den gesamten Weltraum erstrecken sich riesige Wolken aus Staub und Gas, die man Nebel nennt. Diese Wolken bestehen zu 99 % aus Wasserstoff und Helium mit winzigen Anteilen an anderen Gasen und geringen Mengen an eisigem kosmischem Staub. Sterne entstehen in den größten dieser Nebel, die riesige molekulare Wolken genannt werden. Hier fallen die Temperaturen bis auf -263 °C ab, gerade 10° über dem absoluten Nullpunkt. Diese Nebel sind dünn und kalt, aber sie enthalten alle Elemente, um einen Stern entstehen zu lassen.

❓ WAS BRINGT EINEN STERN ZUM LEUCHTEN?

Sterne glühen, weil der enorme Druck tief in ihrem Inneren Kernfusionen auslöst, bei denen Wasserstoffatome verschmelzen und riesige Mengen an Energie freisetzen.

❓ WELCHE FARBE HABEN DIE STERNE?

Das hängt davon ab, wie heiß sie sind. Die Farbe mittelgroßer Sterne variiert innerhalb der so genannten Hauptreihe, von heißen, blauweiß leuchtenden Sternen bis hin zu kühlen, mattroten Sternen.

STERNENGEBURT

Sterne entstehen, während zur gleichen Zeit andere Sterne sterben.

In mittelgroßen Sternen wie unserer Sonne treibt die im Kern entstehende Hitze Gas genauso fest hinaus, wie die Schwerkraft es anzieht, sodass sich der Stern stabilisiert und Milliarden von Jahren leuchtet.

Eine Kernfusion beginnt, wenn Wasserstoffatome verschmelzen und daraus Helium entsteht. Die Hitze aus der Fusion bringt den Stern zum Leuchten.

❓ WARUM FUNKELN STERNE?

Das Sternenlicht funkelt, weil die Luft in der Erdatmosphäre ständig in Bewegung ist. Das Licht nahe liegender Planeten wird nicht so stark verzerrt, daher funkeln sie nicht.

Nach ungefähr 10 Milliarden Jahren ist der gesamte Wasserstoff im Kern des Sterns verbrannt, und der Kern schrumpft, während er beginnt, Helium zu verbrennen.

Was passiert, wenn ein Stern stirbt?

Sterne sterben, wenn sie ihre enormen Vorräte an nuklearem Brennstoff verbraucht haben. Wenn ihr Wasserstoff verbraucht ist, wechseln sie zu Helium. Wenn die Heliumvorräte zu Ende gehen, verbrauchen sie alle übrige Kernenergie, bis sie entweder explodieren, schrumpfen oder abkühlen. Wie lange dies dauert, hängt vom Stern ab. Die größten Sterne haben Riesenvorräte an Nuklearbrennstoff, aber sie leben schnell und sterben bald. Die kleinsten Sterne haben nur wenig davon, aber sie leben langsam und lange. Ein Stern mit doppelter Größe der Sonne hat nur ein Zehntel der Lebensdauer der Sonne. Die größten Sterne leben nur einige Millionen Jahre.

❓ WAS IST EINE SUPERNOVA?

Es ist eine riesige Explosion. Sie bedeutet das Ende eines Supergiganten. Für einen kurzen Augenblick erstrahlt die Supernova mit der Helligkeit von Milliarden von Sonnen. Supernovä sind selten und können meist nur durch ein Teleskop beobachtet werden. Aber im Jahr 1987 war erstmals seit 400 Jahren die so genannte Supernova 1987A mit bloßem Auge zu sehen.

❓ WAS IST EIN ROTER RIESE?

Rote Riesen sind riesige, kühle Sterne, die entstehen, wenn das Oberflächengas mittelgroßer Sterne, die das Ende ihres Lebens erreichen, sich ausdehnt.

Die äußeren Schichten kühlen ab und schwellen an, sodass der Stern zu einem kühlen Roten Riesen wächst.

Die größten Sterne wachsen, bis sie zu Supergiganten werden. Der Druck in ihrem Mittelpunkt wird so enorm, dass sich Kohlenstoff und Silizium verbinden und Eisen bilden.

Sobald sich Eisen in seinem Mittelpunkt bildet, gibt der Stern keine Energie mehr ab, sondern absorbiert sie – der Stern bricht plötzlich in Sekundenschnelle zusammen.

WAS IST EIN WEISSER ZWERG?

Es sind kleine, weiße Sterne, die entstehen, wenn Sterne, die kleiner sind als unsere Sonne, ihr Oberflächengas vollständig verlieren und schrumpfen.

WAS IST EIN PULSAR?

Es sind Sterne, die in Abständen von zehn Sekunden oder weniger intensive Radioimpulse abgeben und sich dabei rasch drehen. Es sind vermutlich sehr dichte, sterbende Sterne, die als Neutronensterne bezeichnet werden.

WELCHES SIND DIE ÄLTESTEN STERNE?

Die ältesten Sterne, die wir kennen, sind gar keine Sterne, sondern sehen nur so aus, weil sie sehr hell, aber weit entfernt sind. Es sind „quasi-stellare Radioobjekte“ oder Quasare. Manche von ihnen sind so weit weg, dass das Licht, das wir sehen, schon vor 13 Milliarden Jahren von ihnen ausgesandt wurde.

WAS SIND NEUTRONENSTERNE?

Neutronensterne sind Reste eines Supergiganten nach einer Supernovaexplosion. Sie sind winzige, unvorstellbar dichte Sterne, aus denen oft Pulsare entstehen.

WIE ALT SIND DIE STERNE?

Andauernd sterben Sterne, während neue geboren werden. Große, helle Sterne leben nur zehn Millionen Jahre. Mittelgroße Sterne wie unsere Sonne leben zehn Milliarden Jahre.

OBSERVATORIUM

Die Kuppel dreht sich um 360°, sodass die Astronomen die Sterne mit dem Teleskop verfolgen können.

WAS IST EINE ROTVERSCHIEBUNG?

Wenn eine Galaxie sich rasch von uns wegbewegt, werden die Lichtwellen ausgedehnt – das heißt, sie werden röter. Je größer diese Rotverschiebung ist, desto schneller bewegt sich die Galaxie von uns weg.

WAS IST EIN LICHTJAHR?

Ein Lichtjahr sind 9,46 Billionen km. Das ist die Entfernung, die Licht bei seiner konstanten Geschwindigkeit von etwa 300 000 km pro Sekunde innerhalb eines Jahres zurücklegen kann.

WIE NAHE IST DER NÄCHSTE STERN?

Der nächste Stern ist Proxima Centauri, der 4,3 Lichtjahre entfernt ist, also 40 Billionen Kilometer.

Wie weit ist die Sonne entfernt?

Die Sonne ist zwischen 147 und 152 Millionen Kilometer von der Erde entfernt. Dies kann mit Hilfe von Radarwellen, die von den Planeten reflektiert werden, heute sehr genau gemessen werden.

PLUTO UND CHARON

Pluto und sein Mond Charon (oben) sind 5914 Millionen Kilometer von der Sonne entfernt.

DER NEPTUN

Neptun ist 4496 Millionen Kilometer von der Sonne entfernt.

DER URANUS

Uranus ist 2869 Millionen Kilometer von der Sonne entfernt.

DER SATURN

Saturn ist 1427 Millionen Kilometer von der Sonne entfernt.

WAS IST EIN PARSEC?

Ein Parsec sind 3,26 Lichtjahre. Parsecs sind parallaxe Entfernungen, also Entfernungen, die geometrisch aus leichten Abweichungen der anscheinenden Stellung eines Sterns errechnet werden, wenn die Erde sich um die Sonne bewegt.

❓ WIE SCHÄTZTEN ASTRONOMEN ZUERST DIE ENTFERNUNG ZUR SONNE EIN?

Im Jahr 1672 hielten zwei Astronomen, Cassini in Frankreich und Richer in Guyana, die genaue Stellung des Mars am Himmel fest. Sie errechneten die Entfernung des Mars mit Hilfe der kleinen Abweichungen zwischen zwei Messungen. Sobald sie diese Abweichungen bestimmt hatten, konnten sie mit Hilfe einfacher Geometrie die Entfernung der Erde zur Sonne errechnen. Cassinis Schätzung war nur 7 % zu gering.

❓ WELCHER IST DER ENTFERNTESTE STERN, DEN WIR SEHEN KÖNNEN?

Die am weitesten entfernten Objekte, die wir im Weltraum erkennen können, sind Quasare, die über 13 Milliarden Lichtjahre entfernt sein dürften.

❓ WIE MESSEN ASTRONOMEN ENTFERNUNGEN?

Für nahe liegende Sterne verwenden sie Parallaxe (siehe: Was ist ein Parsec?). Für Sterne mittlerer Entfernung suchen sie „Standardkerzen“, d. h. Sterne, deren Helligkeit ihnen bekannt ist. Je dunkler der Stern im Vergleich dazu aussieht, desto weiter ist er entfernt.

❓ BEWEGEN SICH DIE STERNE WEITER WEG?

Analysen der Rotverschiebung zeigen, dass sich jede einzelne Galaxie von uns fortbewegt. Je weiter die Galaxie entfernt ist, desto schneller bewegt sie sich von uns weg. Die am weitesten entfernten Galaxien bewegen sich beinahe mit Lichtgeschwindigkeit.

❓ WIE WEIT IST DER MOND ENTFERNT?

Der geringste Abstand des Mondes zur Erde beträgt 356 410 km; seine größte Entfernung beträgt 406 697 km. Diese Entfernungen können durch einen Laserstrahl genau gemessen werden, der von Spiegeln reflektiert wird, die von den Astronauten der Apollomission und den sowjetischen Mondsonden auf der Mondoberfläche zurückgelassen wurden. Die Entfernung wird dadurch berechnet, indem man misst, wie lange der Laserstrahl benötigt, um zum Mond und wieder zurück zu gelangen.

Was ist ein Schwarzes Loch?

Wenn ein Stern sehr dicht ist, kann er unter dem Einfluss seiner eigenen Schwerkraft in sich zusammenstürzen. Während er schrumpft, wird er dichter und dichter und seine Schwerkraft wird immer gewaltiger – bis er zu einem einzigen kleinen Punkt unendlicher Dichte schrumpft, der Singularität genannt wird. Die Schwerkraft einer solchen Singularität ist so immens, dass sie wie ein Trichter Materie in ein „Loch“ zieht. Dieses „Loch“, das alles, was in seine Nähe kommt, mit seiner gewaltigen Schwerkraft ansaugt – also auch Licht – wird als „Schwarzes Loch“ bezeichnet.

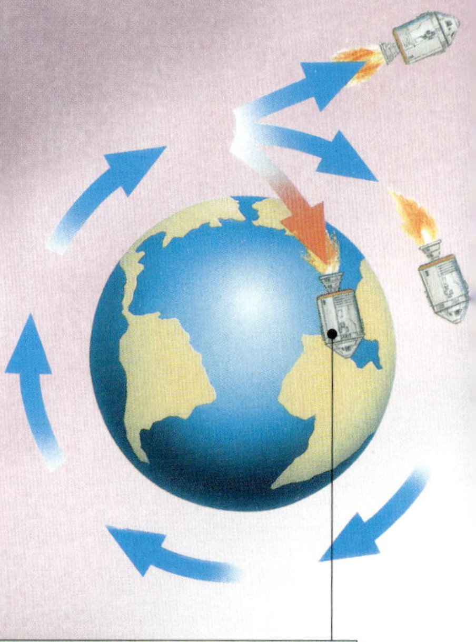

ERDUMLAUFBAHN

Das Raumschiff schießt in den Weltraum, wenn sein Schub stärker ist als die durch die Schwerkraft der Erde erzeugte Beschleunigung. Ein Raumschiff, das die Erde umkreist, wird von der Schwerkraft der Erde angezogen und rollt daher im Prinzip um die Erde.

WAS IST SCHWERKRAFT?

Schwerkraft ist die gegenseitige Anziehung von Materie im Universum. Je mehr und je dichter Materie ist, umso stärker die Anziehung. Ein großer, dichter Planet hat also eine viel stärkere Schwerkraft als ein kleiner oder weiter entfernter Planet. Die Sonne ist so groß, dass ihre Anziehung über Millionen von Kilometern im Weltraum spürbar ist. Die Erde ist kleiner, aber groß genug, um den Mond dazu zu bringen, um sie zu kreisen. Das Gewicht eines Objekts entspricht der Schwerkraft, die daran zieht.

WIE STARK IST DIE SCHWERKRAFT EINES PLANETEN?

Je massiver der Planet ist – das heißt, je mehr Materie er enthält –, desto stärker ist seine Schwerkraft. Die Astronauten auf dem Mond konnten in ihren schweren Raumanzügen hochspringen, weil der Mond viel kleiner als die Erde und seine Schwerkraft deshalb geringer ist.

WIE GROSS IST EIN SCHWARZES LOCH?

Die Singularität im Herzen eines Schwarzen Lochs ist unendlich klein. Die Größe des Lochs rundherum hängt davon ab, durch wie viel Materie es gebildet wird. Das Schwarze Loch im Herzen unserer Galaxis könnte die Größe des Sonnensystems haben.

WAS SIND UMLAUFBAHNEN?

Im Weltraum umkreisen viele Objekte wie Planeten und Monde ständig größere Objekte. Eine Umlaufbahn ist der Weg, den sie beschreiben. Sie ist meist ellipsenförmig und nicht perfekt kreisförmig.

WAS GESCHIEHT IN EINEM SCHWARZEN LOCH?

Nichts, was in ein Schwarzes Loch gerät, kommt je wieder heraus, und es gibt einen Punkt ohne Wiederkehr, den man Ereignishorizont nennt. Wenn man darüber hinausginge, würde man zu „Spaghetti", also lang und dünn auseinander gezogen, bis man durch die enorme Schwerkraft zerrissen würde.

EIN SCHWARZES LOCH

Ein riesiges Schwarzes Loch existiert möglicherweise im Zentrum unserer Galaxis. Das Schwarze Loch enthält so viel Materie auf so kleinem Raum, dass seine Anziehungskraft sogar Licht aufsaugt. Man kann Schwarze Löcher mit Hilfe starker Radiosignale feststellen. Sie werden von Sternen ausgesandt, die explodieren, während sie aufgesogen werden.

WIE VIELE SCHWARZE LÖCHER GIBT ES?

Niemand weiß das genau. Weil sie Licht einfangen, sind sie schwer zu entdecken. Aber es könnte eines im Herzen einer jeden Galaxie geben.

WAS ENTDECKTE NEWTON?

Die Entdeckungen Isaac Newtons (1643–1727) schließen drei Axiome der Mechanik (Bewegungsgesetze) ein. Er entdeckte auch die Kraft, die man Schwerkraft (oder Gravitation) nennt und die den Mond in einer Umlaufbahn um die Erde und die Planeten in einer Umlaufbahn um die Sonne hält.

Woraus besteht das Universum?

Sterne und Wolken bestehen fast zu hundert Prozent aus Wasserstoff und Helium. Es sind die leichtesten und einfachsten Elemente überhaupt. Alle anderen Elemente sind im Universum relativ selten. Manche von ihnen, wie Kohlenstoff, Sauerstoff, Silizium, Stickstoff und Eisen, können konzentriert auftreten. Das geschieht auf einigen felsigen Planeten wie der Erde, wo Eisen, Sauerstoff und Magnesium die am häufigsten vorkommenden Elemente sind. Kohlenstoff kommt seltener vor. Auf ihm beruhen aber alle Lebensformen.

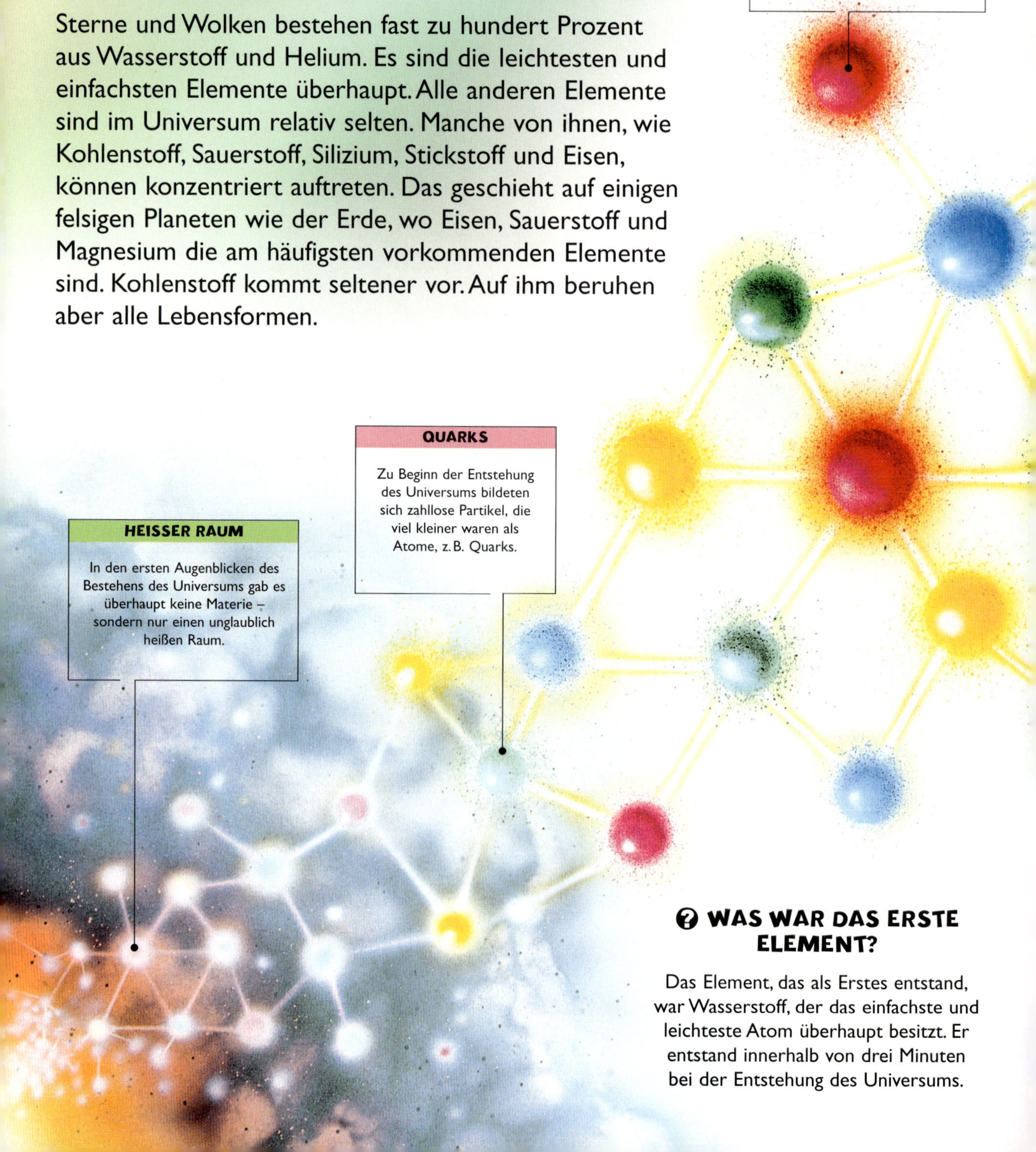

❓ WAS WAR DAS ERSTE ELEMENT?

Das Element, das als Erstes entstand, war Wasserstoff, der das einfachste und leichteste Atom überhaupt besitzt. Er entstand innerhalb von drei Minuten bei der Entstehung des Universums.

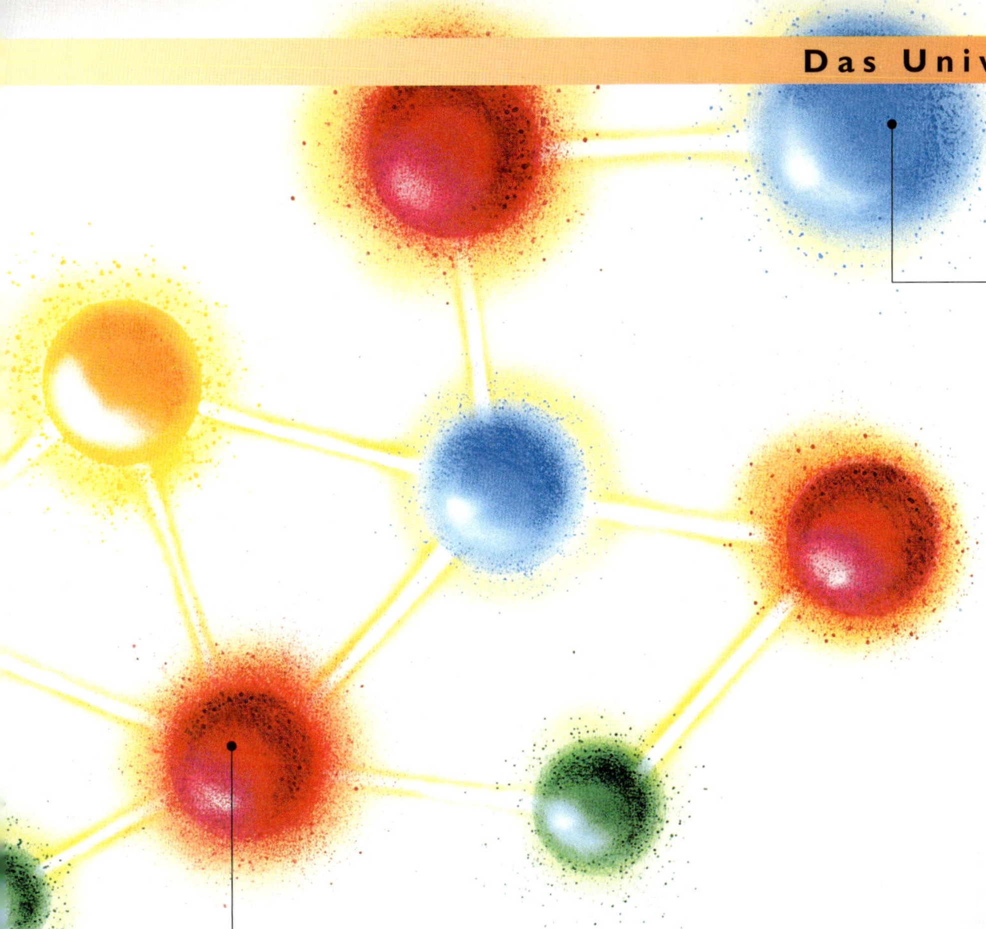

NOCH GRÖSSERE ATOME

Die äußerst großen Atome seltener schwerer Elemente wie z. B. Wolfram und Osmium werden durch Stoßwellen von Supernovä (explodierenden Sternen) gebildet.

GRÖSSERE ATOME

Größere Atome wie Beryllium, Kohlenstoff und Sauerstoff entstehen, wenn Kernreaktionen innerhalb von Sternen den Kern von Heliumatomen zusammenballen.

WIE SIND ATOME ENTSTANDEN?

Wasserstoff- und Heliumatome entstanden in der Anfangszeit unseres Universums, als Quarks in der rotierenden Gaswolke verschmolzen. Alle anderen Atome entstanden, als Atome durch die große Hitze und den Druck innerhalb der Sterne verschmolzen wurden.

WAS SIND PARTIKEL?

Partikel (Teilchen) sind die winzigen Konzentrationen von Energie, aus denen alle Materie besteht. Atome hingegen sind die größten Partikel. Es gibt hunderte Arten von Partikeln, aber bis auf die Atome sind alle so klein, dass sie selbst mit dem stärksten Mikroskop nicht zu sehen sind.

WAS IST ANTIMATERIE?

Antimaterie ist das Spiegelbild herkömmlicher Materie. Wenn Materie und Antimaterie zusammentreffen, neutralisieren sie einander. Glücklicherweise gibt es nur sehr wenig Antimaterie.

WIE ENTSTAND EISEN?

Eisen entstand in den Kernen der Supergiganten kurz vor ihrem Lebensende, als der immense Druck die Kohlenstoffatome darin zusammenpresste.

WODURCH WIRD ALLES ZUSAMMENGEHALTEN?

Alles im Universum wird durch vier unsichtbare Kräfte zusammengehalten. Zwei davon – Schwerkraft und Elektromagnetismus – kann man im täglichen Leben beobachten. Die anderen zwei – die starken und schwachen nuklearen Kräfte – sind weniger bekannt, weil sie nur innerhalb des unsichtbar kleinen Kerns eines Atoms wirken und alles zusammenhalten.

WAS IST DAS KLEINSTE PARTIKEL?

Das kleinste Partikel innerhalb des Kerns ist das Quark. Es hat einen Durchmesser von weniger als 10^{-20} m – das bedeutet, wenn man 10 Milliarden Milliarden von ihnen aneinander legen würde, ergäbe das eine Reihe von unter einem Meter Länge.

Was ist eine Galaxie?

Unsere Sonne ist nur ein Stern in einer riesigen Anhäufung von zwei Milliarden Sternen, die in der Form eines Spiegeleis mit einem Durchmesser von mehreren 100 000 Lichtjahren angeordnet sind. Diese Ansammlung bezeichnet man als Galaxis, weil man sie als einen Streifen von Sternen am Nachthimmel wahrnimmt, die als Milchstraße bezeichnet wird. (Galaxis kommt vom griechischen Wort für Milch.) Aber zu Beginn des 20. Jahrhunderts erkannte man, dass unsere Galaxis nur eine von Millionen ähnlicher riesiger Sternengruppen ist, die über das ganze Weltall verbreitet sind und als Galaxien bezeichnet werden. Die nächste Galaxie ist der Andromedanebel.

WAS SIND DOPPELSTERNE?

Unsere Sonne ist im Weltraum allein, aber viele Sterne haben einen oder mehrere Begleiter in der Nähe. Doppelsterne werden auch als binär bezeichnet.

WAS IST EINE SPIRALGALAXIE?

Es ist eine Galaxie, die wie ein riesiges Feuerrad aussieht. Sie hat spiralförmige Arme aus Sternen, die nachgezogen werden, weil sich die Galaxie dreht. Unsere Galaxis ist eine Spiralgalaxie.

WAS SIND STERNHAUFEN?

In der Milchstraße gibt es Bereiche mit hoher Sternendichte. Die meisten Sterne konzentrieren sich in Gruppen, so genannten Haufen. Kugelsternhaufen sind groß und rund. Offene Sternhaufen sind klein und formlos.

DIE MILCHSTRASSE

Die Milchstraße hat einen Durchmesser von über 100 000 Lichtjahren, eine Dicke von 1000 Lichtjahren und sie enthält vermutlich über 100 Milliarden Sterne. Wenn wir die Milchstraße von oben betrachten könnten, würden wir erkennen, dass sie eine riesige Spiralgalaxie ist.

WIE VIELE GALAXIEN GIBT ES?

Mit Hilfe der größten Teleskope und der empfindlichsten Messgeräte könnten wir vermutlich ungefähr eine Milliarde Galaxien feststellen – aber dahinter könnte es viele, viele mehr geben.

WAS IST DIE MILCHSTRASSE?

Die Milchstraße ist ein bleiches, fleckiges Band, das sich quer über den Nachthimmel erstreckt. Ein starkes Teleskop zeigt, dass sie aus tausenden von Sternen besteht und eigentlich die Seitenansicht unserer Galaxis ist.

WAS IST DIE GRÖSSTE STRUKTUR IM UNIVERSUM?

Die größte Struktur im Universum ist die Große Mauer – eine gewaltige Schicht von Galaxien, die 500 Millionen Lichtjahre lang und 16 Millionen Lichtjahre dick ist.

SPIRALGALAXIE

Spiralgalaxien sind rotierende Feuerradspiralen. Zu ihnen gehört beispielsweise auch unsere Milchstraße.

ELLIPTISCHE GALAXIE

Elliptische Galaxien sind ähnlich wie ein amerikanischer Fußball geformt und sind die ältesten aller Galaxien.

BALKENSPIRALENGALAXIE

Bei Galaxien dieses Typs entspringen die Arme an den Enden eines „Balken" und sehen aus wie bei einem rotierenden Rasensprenger.

UNREGELMÄSSIGE GALAXIE

Als unregelmäßige Galaxien bezeichnet man in der Wissenschaft Galaxien, die keine besondere Form haben.

DIE ROTIERENDE GALAXIS

Die Galaxis dreht sich rasch um sich selbst und bewegt die Sonne und die anderen Sterne mit einer rasenden Geschwindigkeit von 100 Milliarden km/h um das Zentrum der Galaxis.

❓ WAS GENAU SIND NEBEL?

Nebel sind riesige Wolken aus Gas und Staub, die über die Galaxien hinweg verteilt sind. Manche davon kann man durch Teleskope beobachten, weil sie durch die Reflexion von Sternenlicht schwach leuchten. Andere, die dunkle Nebel genannt werden, sieht man nur als tintenschwarze Flecke, die die Sterne hinter sich verstecken. Dort werden Sterne geboren. Einige – glühende Nebel genannt – glühen schwach aus eigener Kraft, da das Gas in ihnen von den nahe liegenden Sternen erhitzt wird.

❓ WO IST DIE ERDE?

Die Erde befindet sich in der Mitte eines der spiralförmigen Arme der Galaxis, ungefähr 30 000 Lichtjahre von ihrem Mittelpunkt entfernt.

HEISSER ALS HEISS

Am Anfang war eine Kugel, kleiner als ein Atom. Sie wurde so groß wie ein Fußball und kühlte von unendlich heiß auf zehn Milliarden Milliarden Milliarden °C ab.

WOHER WISSEN WIR, WIE ES FRÜHER WAR?

Aus mathematischen Berechnungen und aus Experimenten, die in riesigen Anlagen, genannt Collider und Partikelbeschleuniger, durchgeführt wurden. Sie simulieren die Bedingungen des frühen Universums, indem sie Magnete verwenden, um Partikel in einem Tunnel auf unglaubliche Geschwindigkeiten zu beschleunigen und sie dann zur Kollision zu bringen.

Wie war das Universum an seinem Anfang?

Das frühe Universum war sehr klein, aber enthielt bereits die gesamte Materie und Energie, über die das Universum heute noch verfügt. Es war eine dichte und chaotische Ansammlung winziger Teilchen und Kräfte – und statt der vier Kräfte, die Wissenschaftlern heute bekannt sind, gab es nur eine Superkraft. Aber dieses ursprüngliche Universum existierte nur einen Sekundenbruchteil. Nach nur drei Billionsteln eines Billionstels eines Billionstels einer Sekunde spaltete sich die Superkraft in unterschiedliche Kräfte.

WAS WAR VOR DEM UNIVERSUM?

Niemand weiß das. Manche Forscher denken, dass es einen unvorstellbaren Ozean außerhalb von Raum und Zeit gibt, voll möglicher Universen, die ständig zu neuem Leben erwecken oder vergehen. Unser Universum war erfolgreich.

WAS WAR DER URKNALL?

Am Anfang war das gesamte Universum eine sehr kleine und sehr heiße Kugel. Der Urknall geschah, als sie sich plötzlich explosiv ausdehnte und zuerst Energie und Materie und dann Atome, Gaswolken und Galaxien entstehen ließ. Das Universum dehnt sich seither weiter aus.

KÖNNEN WIR DEN URKNALL SEHEN?

Astronomen können beobachten, wie die Galaxien in alle Richtungen auseinander streben. Sie können auch das Nachglühen sehen – also die niedrige Mikrowellenstrahlung, die aus dem All zu uns gelangt und Mikrowellenhintergrund heißt.

WAS BEDEUTET INFLATION?

Die ersten Billionstel Billionstel Billionstel einer Sekunde im Leben des Universums, als der Raum enorm anschwoll und bevor es Materie und Energie gab, um ihn zu füllen.

WESHALB WIRD DAS UNIVERSUM GRÖSSER?

Wir merken, dass das Universum größer wird, weil jede Galaxie sich von uns rasend schnell entfernt. Trotzdem bewegen sich die Galaxien selbst nicht – nur der Raum dazwischen dehnt sich aus.

WIE LANGE WIRD ES DAS UNIVERSUM GEBEN?

Das hängt davon ab, wie viel Materie es enthält. Wenn es mehr als die „kritische Dichte" gibt, wird die Schwerkraft der Ausdehnung des Universums einen Riegel vorschieben und es könnte bald beginnen zu schrumpfen, bis es zu einem Endknall kommt. Wenn es deutlich weniger Materie gibt, könnte es für immer weiterbestehen.

WIE ENTSTANDEN DIE ERSTEN GALAXIEN UND STERNE?

Sie entstanden aus geronnenen Klumpen aus Wasserstoff und Helium – entweder dadurch, dass Klumpen in kleinere, konzentriertere Klumpen zerfielen oder als Konzentrationen innerhalb der Klumpen verdichtet wurden.

WIE ALT IST DAS UNIVERSUM?

Wir wissen, dass das Universum mit einer bestimmten Geschwindigkeit wächst, indem wir beobachten, wie schnell sich weit entfernte Galaxien bewegen. Indem wir ausrechnen, wie lang das Universum gebraucht hat, um sich dorthin auszudehnen, wo es sich jetzt befindet, können wir die Uhr auf die Zeit zurückdrehen, in der das Universum ganz, ganz klein war. Das lässt den Schluss zu, dass das Universum zwischen 13 und 15 Milliarden Jahre alt ist. Allerdings legen Untersuchungen von Kugelsternhaufen nahe, dass manche Sterne in unserer Galaxie möglicherweise bis zu 18 Milliarden Jahre alt sind.

UNVORSTELLBAR

Nach dem Bruchteil einer Sekunde begann die Inflation, als der Raum in weniger als einer Sekunde 100 Milliarden Milliarden Milliarden Mal an Größe zunahm – von der Größe eines Fußballs zu etwas, das größer war als eine Galaxie.

ERSTE LEBENSFORMEN

Die ersten Lebensformen waren kaum mehr als sehr einfache chemische Moleküle, die von einer Art Membran umgeben waren.

Wie begann das Leben?

Wissenschaftliche Experimente in den 50er-Jahren des 20. Jahrhunderts zeigten, wie Blitze aus Wasser und Gas der frühen Erdgeschichte Aminosäuren hervorbringen können, die grundlegenden chemischen Stoffe des Lebens. Aber niemand weiß, wie sich diese Stoffe verbanden, um „selbst-reproduzierend" zu werden – das heißt, Kopien von sich selbst zu machen. Dies ist ein Schlüssel des Lebens, der bisher ein Rätsel geblieben ist. Die ersten Lebensformen waren vermutlich winzige Bakterien, so genannte Archebakterien, die sich an heißen Orten unterschiedlicher chemischer Zusammensetzung entwickeln konnten.

? WORAUS BESTEHT LEBEN?

Leben basiert auf komplexen Verbindungen des Elements Kohlenstoff, bekannt als organische Verbindungen. Kohlenstoffverbindungen (Aminosäuren) verketten sich, um Proteine zu bilden, und Proteine verketten sich und bilden jene komplexen Verbindungen, die lebende Zellen aufbauen.

? WOHER KAMEN DIE BAUSTEINE FÜR DAS LEBEN?

Früher dachte man, dass alle organischen Stoffe von der Erde stammen, aber Spuren aller möglichen organischen Verbindungen wurden in riesigen molekularen Wolken entdeckt, eingeschlossen Formaldehyd, Alkohol und auch Azetaldehyd, einer der Bausteine von Aminosäuren.

❓ WOHER KAM DAS LEBEN?

Die meisten Forscher glauben, dass das Leben auf der Erde auch auf der Erde begann – in Ozeanen oder vulkanischen Seen. Andere vermuten, dass die Erde von Mikroorganismen aus dem All „bepflanzt“ wurde.

❓ GIBT ES ANDERE PLANETEN WIE DIE ERDE?

Es gibt in diesem Sonnensystem nirgends einen der Erde vergleichbaren Planeten. Vor kurzem wurden aber Planeten entdeckt, die Sterne in ihrer Nähe umkreisen. Aber sie sind viel zu weit entfernt, als dass wir irgend etwas über sie aussagen könnten.

❓ WIE SIEHT EIN AUSSERIRDISCHER AUS?

Zurzeit ist es wahrscheinlich, dass die einzigen Außerirdischen, die wir vielleicht entdecken werden, sehr, sehr klein sind und vermutlich wie Viren aussehen.

ALIENS

Niemand weiß, wie mögliche Geschöpfe von anderen Sternen oder Planeten aussehen könnten – wahrscheinlich aber weit entfernt von unseren Vorstellungen auch ziemlich sonderbar.

❓ WIE SUCHEN WIR NACH AUSSERIRDISCHEM LEBEN?

Nachdem mögliche Fossile mikroskopisch kleiner Lebensformen im Jahr 1996 in Marsgestein gefunden wurden, suchen Forscher in Weltraumgestein nach anderen Spuren. Weitere Marssonden sollen die Oberfläche des Mars anbohren und nach Spuren mikroskopisch kleinen Lebens suchen.

❓ GIBT ES LEBEN AUF ANDEREN PLANETEN?

Organische Verbindungen sind weit verbreitet, und die Chancen stehen gut, dass es in unserem riesigen Universum viele Planeten wie die Erde gibt, die die Voraussetzungen haben, Leben hervorzubringen. Aber niemand weiß, ob das Leben auf der Erde durch eine fantastische und einzigartige Kette von Zufällen entstand – oder ob Leben unter den richtigen Bedingungen eine wahrscheinliche Entwicklung ist.

❓ WIESO IST DAS UNIVERSUM SO, WIE ES IST?

Die Tatsache, dass Leben ausgerechnet auf der Erde existiert, hat viele Forscher zu der Frage veranlasst, ob nur ein Universum wie das unsere intelligentes Leben hervorbringen kann. Dies bezeichnet man als das schwache anthropische Prinzip. Manche Forscher gehen einen Schritt weiter und sagen, dass das Universum so angelegt ist, dass intelligentes Leben sich zu einem bestimmten Zeitpunkt entwickeln muss. Dies nennt man das starke anthropische Prinzip.

❓ WAS IST DNS?

Desoxyribonukleinsäure ist jenes winzige Molekül, auf dem das Leben basiert. Sie ist ähnlich einer langen Strickleiter geformt, mit zwei Strängen, die spiralförmig zusammengedreht sind und durch „Sprossen“ aus vier verschiedenen chemischen Basen verbunden sind. Die Reihenfolge dieser Basen ist ein Code, der alle Anweisungen enthält, die für das Leben notwendig sind.

❓ WAS IST SETI?

Ein Projekt zur Suche nach außerirdischer Intelligenz (Englisch: Search for Extra-Terrestrial Intelligence). Forscher überwachen Radiosignale aus dem All und versuchen, Signale außerirdischer Intelligenz einzufangen – d. h. Signale, die über ein Muster verfügen, aber nicht so völlig regelmäßig sind wie die von pulsierenden Sternen.

LÄNDER UND MENSCHEN

HABEN DIE MENSCHEN DEN PLANETEN VERÄNDERT?

Im Laufe der Zeit haben die Menschen den Zustand der Welt verändert. Sie haben Wälder gerodet und Flüsse eingedämmt. Sie haben neue Pflanzen gezüchtet und wilde Tiere erlegt. Sie haben große Städte und Straßen gebaut.

HABEN MENSCHEN IMMER SCHON DORT GELEBT, WO SIE HEUTE LEBEN?

Im Laufe der Geschichte haben viele Völker weite Wege zurückgelegt. Die Polynesier brauchten zum Beispiel 3500 Jahre oder mehr, um den Pazifischen Ozean zu überqueren und seine Inseln zu besiedeln.

WAS SIND DIE VÖLKER DER ERDE?

Menschen, die dieselbe Geschichte, Kultur oder Sprache haben, sind „ein Volk“ oder eine „ethnische Gruppe“. Manchmal leben viele verschiedene Völker in nur einem Land. In Tansania leben über hundert Völker, jedes davon hat seine eigenen Bräuche.

DIE WELTBEVÖLKERUNG

Heute leben knapp 6 Milliarden Menschen auf der Welt.

WIE VIELE MENSCHEN LEBEN AUF DER WELT?

Milliarden! Im Jahr 1997 lebten ungefähr 5,8 Milliarden Menschen auf unserem Planeten. Das sind mehr als doppelt so viele wie vor 50 Jahren.

IST FÜR UNS ALLE PLATZ?

Gerade noch! Aber in der Zukunft müssen Menschen vielleicht einmal in Städten unter dem Meer oder sogar auf anderen Planeten leben. Dort würden sie aber eine künstlich geschaffene Atmosphäre brauchen.

Wie verschieden sind wir Menschen?

Alle Menschen sind im Prinzip gleich, egal wo sie leben. Die Menschen sprechen zwar andere Sprachen, haben andere Vorstellungen, tragen andere Kleider und essen andere Speisen. Von unseren Eltern haben wir dunkle oder helle Haut, blaue oder braune Augen und eine unterschiedliche Haarfarbe geerbt. Aber zuletzt haben wir doch die gleichen Freuden, Hoffnungen und Ängste. Wir sollten unsere Zeit nicht mit Streit vergeuden, da wir alle Mitglieder einer großen Familie sind.

WAS TRAGEN WIR?

Die Menschen auf der ganzen Welt tragen je nach ihrer Kultur unterschiedliche Kleidung.

WELCHES SIND DIE AM BEVÖLKERTSTEN ORTE DER WELT?

Winzige Länder und große Städte können Millionen von Menschen aufnehmen. Eines der Länder mit der höchsten Bevölkerungsdichte ist Bangladesch mit ungefähr 699 Menschen pro Quadratkilometer Landfläche.

WAS IST EIN KONTINENT?

Die großen Landmassen, aus denen die Erdoberfläche besteht, nennt man Kontinente oder auch Erdteile. Der größte Kontinent ist Asien. Dort leben mehr als 3,5 Milliarden Menschen.

WO LEBEN DIE MEISTEN MENSCHEN?

In China leben mehr Menschen als sonstwo auf der Welt. Es gibt ungefähr 1,237 Milliarden Chinesen, und die meisten von ihnen leben in großen Städten im Osten und Süden. Im fernen Westen Chinas gibt es karge Wüsten und einsame Gebirge.

EISIGE WILDNIS

Manche Teile der Welt sind zu unwirtlich, zu heiß oder zu kalt für den Menschen.

WOLKENKRATZER

Orte, an denen sich viele Menschen niedergelassen haben, werden zu Großstädten.

WESHALB SIND MANCHE LÄNDER WOHLHABENDER ALS ANDERE?

Einige Länder haben gute Böden, auf denen Pflanzen besonders gut gedeihen. Andere verfügen über Erdöl, das viel Geld wert ist. Doch manche Länder haben schlechte Böden, wenig Regen und keine Bodenschätze. Wie schwer die Menschen dort auch arbeiten, es ist stets ein Kampf ums Überleben.

WO ÜBERALL LEBEN MENSCHEN?

Menschen leben überall dort, wo sie Nahrung und Wasser finden können. Kaum jemand lebt in der Antarktis, der eisigen Einöde am unteren Ende der Welt. Nur einige Wissenschaftler halten sich dort in Forschungsstationen auf. Die Sahara in Afrika ist eine Wüstenlandschaft aus brennend heißem Sand und Steinen. Es gibt darin nur wenige Orte, genannt Oasen, wo Menschen das notwendige Wasser finden können.

GIBT ES IMMER MEHR MENSCHEN?

Pro Minute werden auf der Welt 167 Babys geboren. Stell dir mal das Geschrei vor, wenn sie alle in einem Raum wären! Im Jahr 2025 wird es wahrscheinlich über 8 Milliarden Menschen auf der Welt geben.

LÄNDER UND FLAGGEN

FLAGGEN AUS ALLER WELT
Farbenfrohe Flaggen aus Ländern der ganzen Welt

WESHALB HABEN LÄNDER FLAGGEN?

Flaggen wehen auf Gebäuden und Schiffen. Sie flattern im Wind und haben auffallende Muster und leuchtende Farben. Viele Flaggen sind Merkmale oder Symbole einer Nation, eines Staates oder dessen Regionen. Das Muster mancher Flaggen gibt Auskunft über die Geschichte des Landes. Kenias Flagge zeigt einen traditionellen Schild und Speere, während auf der Flagge des Libanon die Zeder zu sehen ist, die dem Land einst Wohlstand brachte.

WO KANN MAN DIE FLAGGEN DER GANZEN WELT AUF EINMAL SEHEN?

Reihe um Reihe farbenfroher Flaggen wehen vor dem Hauptquartier der Vereinten Nationen in New York City. Die meisten Länder der Welt gehören dieser Organisation an, die versucht, alle möglichen Probleme der Welt zu lösen.

HABEN ALLE VÖLKER IHR EIGENES LAND?

Nein, die ursprüngliche Heimat mancher Völker wurde in verschiedene Staaten aufgeteilt. So ist zum Beispiel die Heimat des kurdischen Volkes auf die Türkei, den Iran und den Irak verteilt.

FLÜCHTLINGE
Flüchtlinge sind Menschen, die vor Kriegen oder Hungersnöten aus ihrem Land geflohen sind oder vertrieben wurden.

WAS IST EIN LAND?

Ein Gebiet, das unter der Herrschaft einer Regierung steht. Ein Land kann groß oder klein sein. Seine Grenzen müssen mit den Nachbarländern abgestimmt werden, obwohl das manchmal zu Streit führt. Länder, die sich selbst regieren, nennt man unabhängig. Länder, die von anderen Ländern regiert werden, nennt man Kolonien. Manchmal schließen sich mehrere Länder zu einem einzigen neuen Staatengebilde zusammen, aber Länder können auch in kleinere Staaten auseinander fallen.

WELCHES LAND PASST IN EINE STADT?

Der kleinste Staat der Welt ist ein Gebiet innerhalb des Stadtgebiets von Rom in Italien. Er heißt Vatikanstadt. Von hier aus wird die römisch-katholische Kirche verwaltet und geleitet. Es leben nur ungefähr 1000 Menschen dort.

DIE SCHWEIZERGARDE
Die Schweizergarde bewacht seit dem 16. Jahrhundert die Vatikanstadt, die ein eigener Staat in der Stadt Rom ist.

Wie lange dauert es, um Russland zu durchqueren?

Das kommt darauf an, wie man reist! Heute brauchen die Züge der berühmten Transsibirischen Eisenbahn acht Tage von Moskau bis zur Pazifikküste.

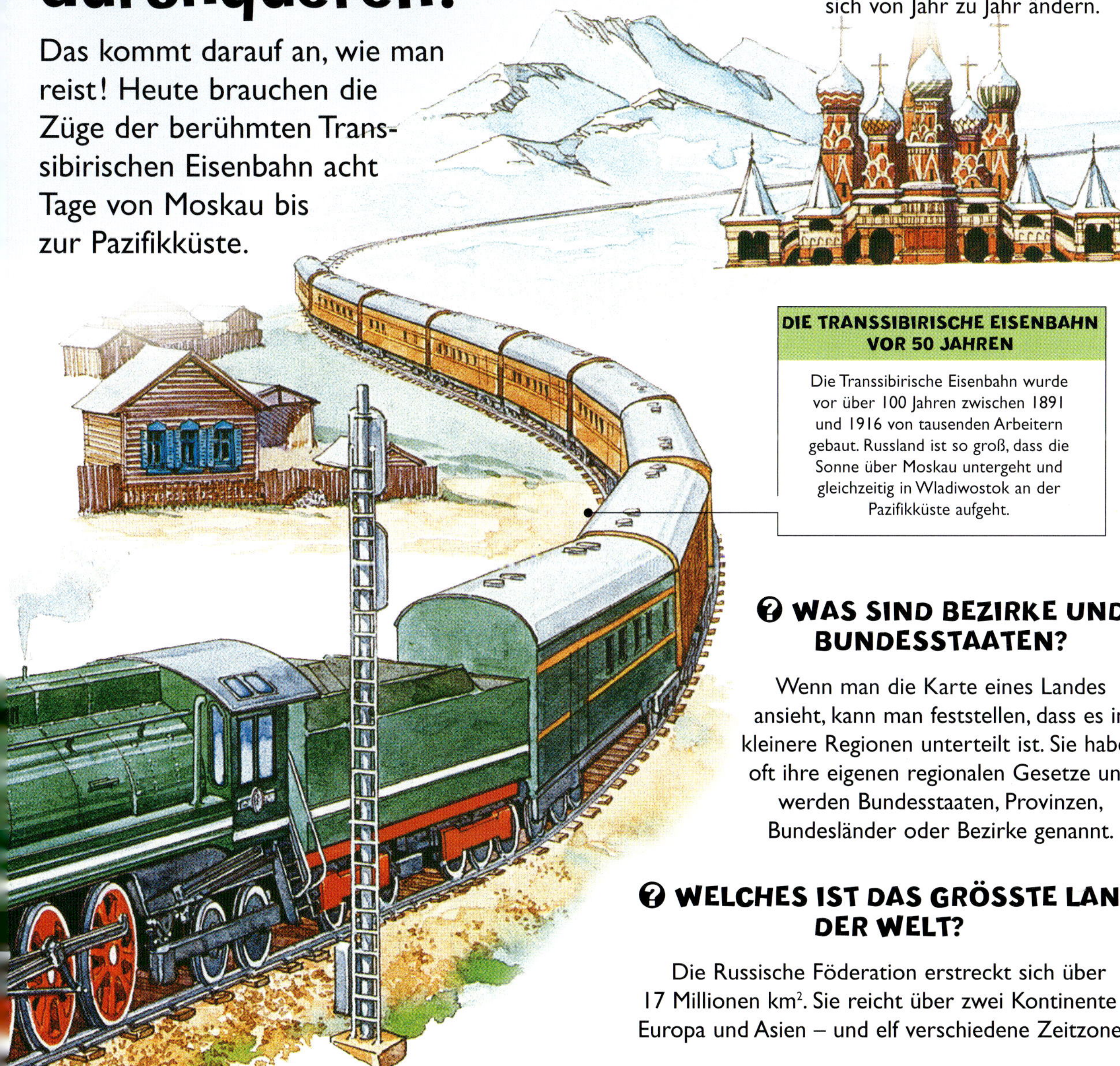

DIE TRANSSIBIRISCHE EISENBAHN VOR 50 JAHREN

Die Transsibirische Eisenbahn wurde vor über 100 Jahren zwischen 1891 und 1916 von tausenden Arbeitern gebaut. Russland ist so groß, dass die Sonne über Moskau untergeht und gleichzeitig in Wladiwostok an der Pazifikküste aufgeht.

❓ WIE VIELE UNABHÄNGIGE LÄNDER GIBT ES?

Es gibt auf der Welt heute 192 unabhängige Länder. Die Anzahl kann sich von Jahr zu Jahr ändern.

❓ WAS SIND BEZIRKE UND BUNDESSTAATEN?

Wenn man die Karte eines Landes ansieht, kann man feststellen, dass es in kleinere Regionen unterteilt ist. Sie haben oft ihre eigenen regionalen Gesetze und werden Bundesstaaten, Provinzen, Bundesländer oder Bezirke genannt.

❓ WELCHES IST DAS GRÖSSTE LAND DER WELT?

Die Russische Föderation erstreckt sich über 17 Millionen km^2. Sie reicht über zwei Kontinente – Europa und Asien – und elf verschiedene Zeitzonen.

❓ WIE VIELE KOLONIEN ODER SCHUTZGEBIETE GIBT ES?

65 Nationen der Welt werden nach wie vor von anderen Ländern regiert. Dazu gehören viele winzige Inseln in der Karibik, im Atlantik und im Pazifik.

Wie wird man König oder Königin?

Normalerweise muss man dazu ein Prinz oder eine Prinzessin, also Mitglied einer königlichen Familie sein und den König und die Königin zum Vater und zur Mutter haben. Vor ungefähr 800 Jahren waren Könige sehr mächtig. Sie konnten ihre Feinde in ein schreckliches Verlies werfen und darin zu Grunde gehen lassen. Die Könige und Königinnen von heute müssen viel netter sein. Sie besuchen Krankenhäuser oder weihen neue Brücken ein. Sie gehen auf Reisen, um andere Staatsoberhäupter zu treffen und ihr eigenes Land zu repräsentieren.

BEREIT FÜR DIE KRÖNUNG

Traditionelle und prachtvolle Robe des afrikanischen Oba (König) von Akure, Nigeria.

? WER REGIERT DIE VÖGEL?

In England ist es Tradition, dass alle Schwäne auf der Themse dem König oder der Königin gehören. Eine Ausnahme bilden jene Schwäne, die während einer speziellen Feier in jedem Sommer markiert werden.

? WIE ERKENNT MAN KÖNIGE UND KÖNIGINNEN?

Zu besonderen Anlässen tragen Herrscher glänzende Kronen und Symbole königlicher Macht, wie z. B. goldene Stäbe, die man Zepter nennt. Die hier abgebildete Perlenkrone und die Robe wurden von den traditionellen Herrschern des Yoruba-Volkes in Nigeria getragen.

? WAS IST EIN STAATSOBERHAUPT?

Die wichtigste Person eines Landes. Es kann sich dabei um einen König, eine Königin oder einen gewählten Präsidenten handeln. Das Staatsoberhaupt fährt oft in einem großen Auto mit einer Flagge seines Landes.

EIN ENGLISCHER RICHTER
Regierungen erlassen Gesetze, die Richter aber müssen entscheiden, wer dagegen verstoßen hat und Gesetzesbrecher bestrafen.

WAS IST EINE REPUBLIK?

Eine Republik ist ein Land, in dem es keine Königin und keinen König gibt. Staaten wie Frankreich, Deutschland und Österreich sind heute Republiken.

WELCHES IST DAS ÄLTESTE PARLAMENT?

Das Parlament ist ein Ort, wo neue Gesetze diskutiert und beschlossen werden. Das älteste Parlament befindet sich in Island. Es heißt Althing und wurde von Wikingern im Jahr 930 gegründet.

WO TRAGEN RICHTER GROSSE PERÜCKEN?

In Großbritannien tragen Richter noch immer Perücken, wie sie vor 250 Jahren in Mode waren. Diese alte Richterrobe soll ausdrücken, dass der Richter bei Gericht keine Privatperson ist, sondern jemand, der das Gesetz vertritt.

WO FINDET DIE GRÖSSTE WAHL STATT?

In Indien haben über 590 Millionen Menschen das Wahlrecht. Sie können ihre Stimmen in einem der über einer halben Million Wahllokale abgeben, die im ganzen Land eingerichtet werden.

WER ERFAND DIE DEMOKRATIE?

Die Bevölkerung der griechischen Stadtstaaten hielt vor beinahe 2500 Jahren die erste demokratische Versammlung ab. Diese frühe Demokratie war aber nicht vollkommen gerecht, da Frauen und Sklaven kein Stimmrecht hatten.

WELCHE IST DIE ÄLTESTE KÖNIGLICHE FAMILIE?

Die königliche Familie in Japan hat mehr als 125 herrschende Kaiser über einen Zeitraum von tausenden von Jahren hervorgebracht.

WAS IST EINE REGIERUNG?

Die Mitglieder einer Regierung führen das Land. Sie verabschieden auch die Gesetze. Länder, in denen Menschen ihre Regierung wählen, sind Demokratien. Bei einer Wahl wird z.B. ein Kreuz auf einem Stimmzettel gemacht, um die Wahlentscheidung zu treffen. In manchen Ländern wird nicht gewählt oder die Menschen haben keine Wahl zwischen Parteien. Diese Länder sind Diktaturen.

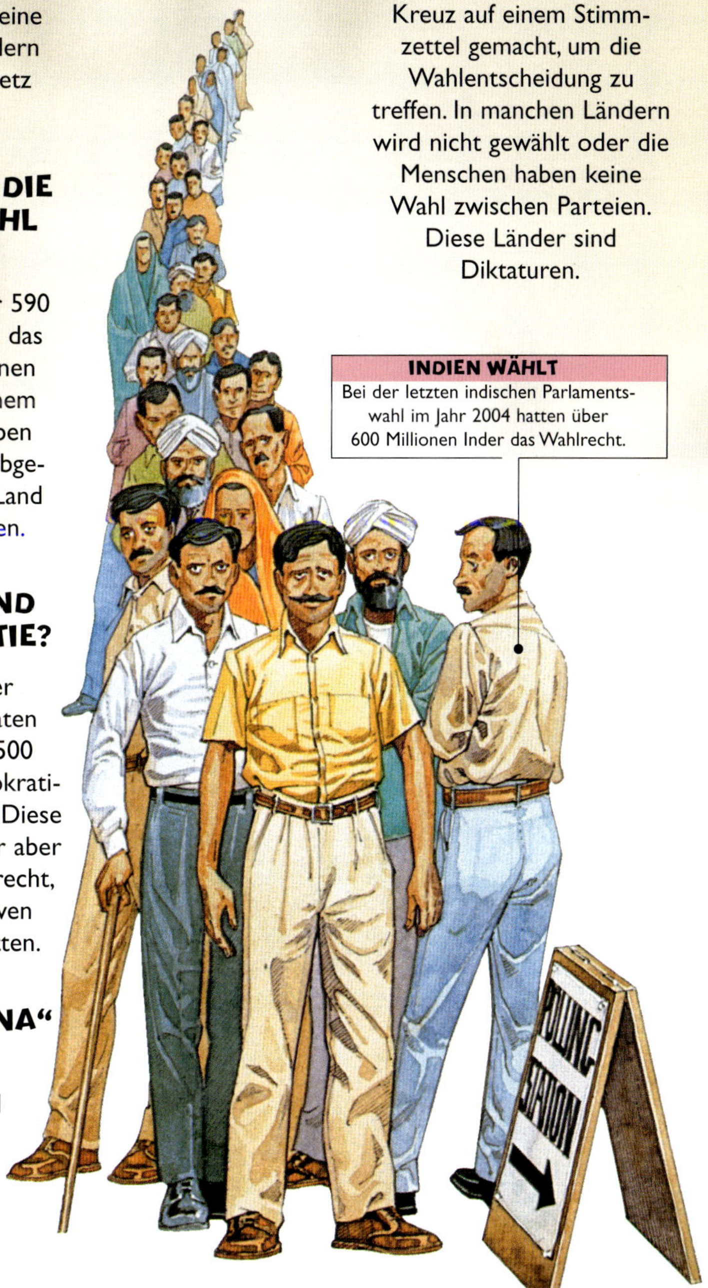

INDIEN WÄHLT
Bei der letzten indischen Parlamentswahl im Jahr 2004 hatten über 600 Millionen Inder das Wahlrecht.

WO SINGT MAN „JANA-GANA-MANA" UND „DIE MARSEILLAISE"?

Beide Lieder sind Nationalhymnen. Das erste Lied wird gespielt, um Indien Respekt zu erweisen, das zweite gehört zu Frankreich. Zu wichtigen Anlässen singt man bei diesen Nationalhymnen mit, z. B. bei den Olympischen Spielen.

Wie viele Sprachen spricht man heute?

Zwischen 5000 und 10 000 Sprachen werden weltweit gesprochen. Manche von ihnen beherrschen nur wenige Menschen. Ungefähr 200 Menschen in Lettland sprechen eine Sprache namens Livisch. Eine afrikanische Sprache, Bikya, wird von nur noch einem lebenden Menschen gesprochen. Die am meisten verwendete Sprache der Welt ist Standardchinesisch, das täglich von über einer Milliarde Menschen gesprochen wird. Englisch ist die am weitesten verbreitete Sprache der Welt. Sie wird von 470 Millionen Menschen gesprochen.

LESEN WIR ALLE VON LINKS NACH RECHTS?

Arabisch wird von rechts nach links gelesen, das traditionelle Japanisch von oben nach unten.

ANDERE STÄDTE, ANDERE WEGWEISER

Viele Sprachen sind miteinander verwandt und haben ähnlich klingende Wörter. Jede Sprache hat ihre eigene Kultur und Tradition. Sie hat aber auch ihr eigenes Alphabet mit unterschiedlichen Schriftzeichen. Unterschiedliche Schriftzeichen werden auf der ganzen Welt bei den verschiedenen Sprachen verwendet.

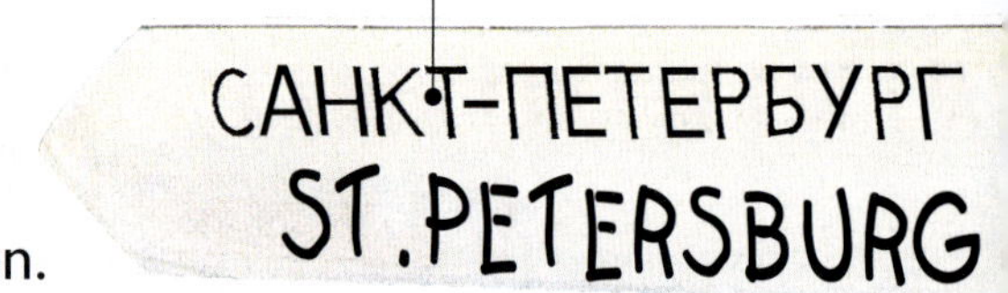

KÖNNTEN WIR EINE SPRACHE FÜR DIE GANZE WELT ERFINDEN?

Es gibt sie! Eine Sprache namens Esperanto wurde vor über 100 Jahren erfunden. Viele Menschen haben sie seither erlernt.

WODURCH IST DIE WELT GESCHRUMPFT?

Die Welt ist nicht kleiner geworden, es scheint nur so. Heute machen Telefone und das Internet es möglich, Nachrichten in die ganze Welt zu versenden. Früher wurden Briefe teilweise mit Schiffen befördert und benötigten viele Monate, bevor sie ankamen.

WIE HILFT UNS DAS ALL BEIM KOMMUNIZIEREN?

Satelliten sind Systeme, die in den Weltraum geschickt werden, wo sie die Erde umkreisen. Sie können Telefon-, Radio- und Fernsehsignale aus einem Teil der Welt empfangen und sie zu einem anderen Teil weiterleiten.

MOBILE KOMMUNIKATION

Handys nutzen Satellitenverbindungen, damit Nachrichten um die Welt geschickt werden können.

VERWENDEN WIR UNTERSCHIEDLICHE SCHRIFTZEICHEN?

Im Laufe der Zeit sind verschiedene Schriftzeichen entstanden, die alle möglichen Linien und sogar kleine Bilder verwenden. Dieses Buch ist im römischen Alphabet gedruckt, das über 26 Buchstaben verfügt und in vielen Sprachen verwendet wird. Die chinesische Schrift verwendet meist um die 5000 unterschiedliche Symbole oder Schriftzeichen. Das Khmer-Alphabet in Kambodscha hat 74 Buchstaben, während das Rotokasalphabet auf der Insel Bougainville nur 11 Buchstaben hat.

KÖNNEN WIR OHNE WORTE SPRECHEN?

Menschen, die nicht hören oder sprechen können, können mit Hilfe der Hände Zeichen machen. Unterschiedliche Gebärdensprachen wurden auf der ganzen Welt entwickelt, von China bis zu den USA.

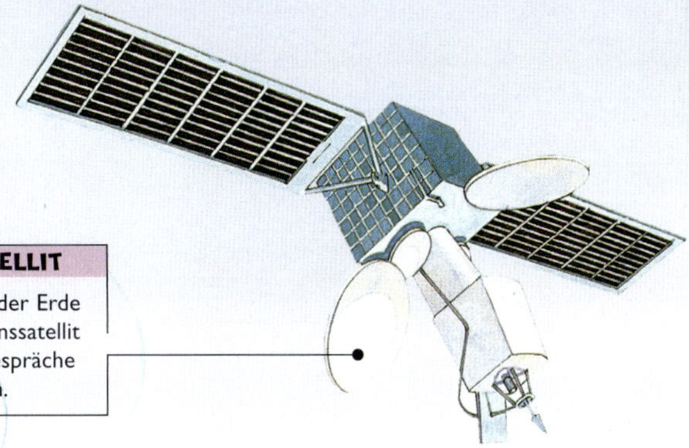

KOMMUNIKATIONSSATELLIT

In einer Umlaufbahn hoch über der Erde befindet sich der Kommunikationssatellit Intelsat 8, der 112 500 Telefongespräche pro Tag weiterleiten kann.

SPRICHT JEDER IN EINEM LAND DIESELBE SPRACHE?

Nicht oft. Zum Beispiel haben sich Menschen aus der ganzen Welt in London, der Hauptstadt Großbritanniens, niedergelassen. Ihre Kinder sprechen in der Schule meist Englisch, aber zu Hause sprechen sie wohl eine von 275 anderen Sprachen, von Türkisch bis Urdu.

SOLL ICH BLEIBEN ODER GEHEN?

Kopf- und Handbewegungen können der Verständigung dienen. Aber Vorsicht! Wenn man in manchen Ländern die Hand mit der Handfläche nach unten bewegt, heißt das „Komm her“, in anderen Ländern heißt es „Geh weg“. Kopfschütteln bedeutet in manchen Ländern „Ja“ und in anderen „Nein“.

WAS IST SCHON EIN NAME?

In Skandinavien gibt es ein Dorf, das Å heißt. In Neuseeland gibt es einen Ort namens Taumatawhakatangihangakoauautamateaturipukakapikimaungahoronukupokaiwhenuaki-tanatahu.

WAS PFEIFST DU DA?

In manchen Teilen Mittelamerikas, der Türkei und den Kanarischen Inseln haben Menschen eine Art der Kommunikation entwickelt, die durch Pfeifen statt durch Wörter funktioniert.

HÄUSER UND UNTERKÜNFTE

WESHALB HABEN BERGHÜTTEN GROSSE DÄCHER?

In den Schweizer Bergen haben die Holzhäuser wegen der Schneelast im Winter breite Dächer.

WORAUS WERDEN HÄUSER GEBAUT?

Aus Lehm, Stein, Schieferplatten, Felsbrocken, Ziegeln, Zweigen, Schilf, Stahlträgern, Beton, Glas, Brettern, Stroh, Altmetall, Torf, Eis, Bambus, Tierfellen, Verpackungsmaterial, Pappkartons – einfach aus allem! Auf der ganzen Welt verwenden Menschen, was sie finden oder herstellen können, um sich Unterkünfte und Häuser zu bauen. Heute sehen sich viele moderne Gebäude ähnlich, ganz gleich, ob sie in Brasilien oder Singapur stehen. Es gibt aber auch jede Menge ortstypischer Häuser.

WETTERSCHUTZ

Häuser müssen Menschen vor Kälte, Hitze, Regen, Schnee, Sturm und Fluten schützen.

WOZU BAUT MAN HÄUSER AUS SCHILF?

Es ist sinnvoll, alle Baumaterialien zu verwenden, die vor Ort verfügbar sind. Schilf wächst in den Sumpfgebieten des Südirak – also verwenden es die dort lebenden Menschen, um sich schöne Häuser zu errichten.

LEICHTBAU

Schilf wird von Südamerika bis Südwestasien als Baumaterial verwendet. Es wird auch zum Decken von Reetdächern in Teilen Norddeutschlands verwendet.

WESHALB LEBEN MENSCHEN UNTER DER ERDE?

Um es kühl zu haben! In Coober Pedy in Australien ist es so heiß, dass Minenarbeiter, die dort Opale fördern, Häuser und sogar eine Kirche unter der Erde errichtet haben.

WIE SEHEN DIE HÄUSER IN DER ARKTIS AUS?

Die Inuit (Eskimo) in Kanada leben heute meist in modernen Häusern. Früher waren ihre Häuser aus Stein und Torf erbaut. Sie errichteten sich auch Unterkünfte aus Schnee.

BEWEGLICHE WOHNBAUTEN

Beduinen verwenden Kamele, um von einem Teil der Wüste zu einem anderen zu gelangen. Sie transportieren auch ihre zusammenlegbaren Zelte. Ein Zelt kann einfach verpackt und von einem Ort zum nächsten transportiert werden.

WO WERDEN LEHMHÜTTEN GEBAUT?

Mit Gras gedeckte Hütten mit Mauern aus getrocknetem Lehm kann man nach wie vor in Teilen Afrikas, etwa in Mali finden. Sie sind billig, kühl und oft hübsch anzusehen.

Weshalb leben einige Menschen in Zelten?

In vielen Teilen der Welt leben die Menschen nicht das ganze Jahr über an derselben Stelle. Sie sind Nomaden, die ihren Schaf- und Ziegenherden von einer Oase zur anderen oder von Flachlandweiden zu Bergalmen folgen. Die Beduinen sind Nomaden, die in den trockenen Ländern Nordafrikas und Vorderasiens leben. Ihre Zelte werden aus Kamelhaar gewoben. Mittlerweile haben sich manche Beduinen in Städten angesiedelt.

EIN DOGONDORF IN MALI

Lehmhütten und Kornspeicher werden um einen Hof oder um ein Lager errichtet.

WELCHE MENSCHEN LEBEN IN WOHNWAGEN?

Viele Zigeuner in Europa leben in Wohnwagen und ziehen von einem Ort zum anderen. Zigeuner, die korrekt Roma, Sinti oder Manusch heißen, kamen vor ungefähr 1000 Jahren aus Indien nach Europa.

WESHALB WURDEN WOLKENKRATZER ERFUNDEN?

Damit mehr Menschen auf kleiner Grundfläche in einer Stadt untergebracht werden konnten. Die ersten Hochhäuser mit Wohnungen und Büros entstanden vor ungefähr 120 Jahren in Chicago und hatten bald die ersten Lifte.

Wer erbaute die ersten Städte?

Städte entstanden, als die Menschen sich der Landwirtschaft als Nahrungsgrundlage widmeten und allmählich sesshaft wurden. Die ersten Städte entstanden in Südwestasien. Çatal Hüyük in der Türkei wurde vor etwa 9000 Jahren errichtet.

WER LEBT AN DEN „RÄNDERN" DER WELT?

Eine der nördlichsten Ansiedlungen der Welt ist Ny-Alesund in der arktischen Region Svalbard. Die südlichste größere menschliche Ansiedlung ist Puerto Williams in Feuerland, Chile.

WESHALB IST LONDON BRIDGE EINGESTÜRZT?

Kinder in England singen heute noch ein Lied. Es heißt „London Bridge is falling down" („London Bridge stürzt ein"). Die alte Brücke über die Themse wurde von dem Wikinger Olaf II. vor beinahe 1000 Jahren abgerissen!

WELCHES IST DIE ÄLTESTE HAUPTSTADT DER WELT?

Damaskus, die Hauptstadt von Syrien, ist seit ungefähr 4500 Jahren bewohnt.

WO IST DER BIG APPLE?

Big Apple (Großer Apfel) ist eine beliebte Bezeichnung für New York. Hinfahren und abbeißen!

WELCHE PROBLEME WERDEN DURCH STÄDTE VERURSACHT?

Es kann aufregend sein, in Städten zu leben. Sie sind voller Geschäftigkeit. Aber oft gibt es auch große Probleme. So viele Menschen an einem Ort müssen versorgt werden. Sie benötigen Wasser, Elektrizität und ein gutes Abwassersystem, Feuerwehren und eine Polizei. Zu viel Verkehr verstopft oft die Straßen und verseucht die Luft mit Abgasen. In manchen Ländern strömen viele Menschen vom Land in die Städte. Wenn sie dort keine Arbeit finden, leben sie in Armut.

WELCHE STADT TRÄGT DEN NAMEN EINER GÖTTIN?

Athen, die Hauptstadt Griechenlands, trägt den Namen der antiken Göttin Athene. Ihr Tempel, der Parthenon, erhebt sich nach wie vor über der Stadt. Er wurde um 438 v. Chr. erbaut.

WO STEHT DAS HÖCHSTE GEBÄUDE DER WELT?

In Taipeh, der Hauptstadt Taiwans. Es ist das Teipei 101 (es hat 101 Stockwerke) und hat eine Höhe von 508 m. Silvester 2004/2005 wurde es eröffnet.

WO BEFINDEN SICH DIE GRÖSSTEN STÄDTE DER WELT?

In Japan, wo die großen Städte zu Riesenstädten zusammengewachsen sind! Japan besteht aus Inseln mit hohen Bergen, sodass die meisten Menschen auf den flachen Landstreifen an den Küsten leben. Um wachsen zu können, mussten sich die großen Städte ausdehnen, bis sie ineinander übergingen. Über 27 Millionen Menschen leben in und um die Hauptstadt Tokio, die immer weiterwächst. Auf der anderen Seite des Globus holt Mexico City aber schnell auf.

WESHALB SIND WAHRZEICHEN IN EINER STADT SO WICHTIG?

In jeder Stadt gibt es auffällige Gebäude und Monumente, die dem Besucher dabei helfen, sich zu orientieren. Paris hat den Eiffelturm, Berlin das Brandenburger Tor und London die berühmte Tower Bridge.

WELCHES GEBÄUDE SIEHT AUS WIE EIN SEGELSCHIFF?

Das Opernhaus von Sydney. Seine Dächer erheben sich über dem tiefblauen Wasser des Hafens wie die Segel einer riesigen Yacht.

SYDNEY, AUSTRALIEN

Das Opernhaus in Sydney ist eines der bekanntesten Bauwerke der Welt. Viele Touristen aus der ganzen Welt kommen eigens in die australische Metropole, um es zu bewundern.

WELCHES LAND HAT DREI HAUPTSTÄDTE?

Die wichtigste Stadt in einem Land nennt man Hauptstadt. Südafrika hat drei davon! Kapstadt ist der Sitz der Nationalversammlung, Pretoria ist der Regierungssitz, Bloemfontein das Gerichtszentrum.

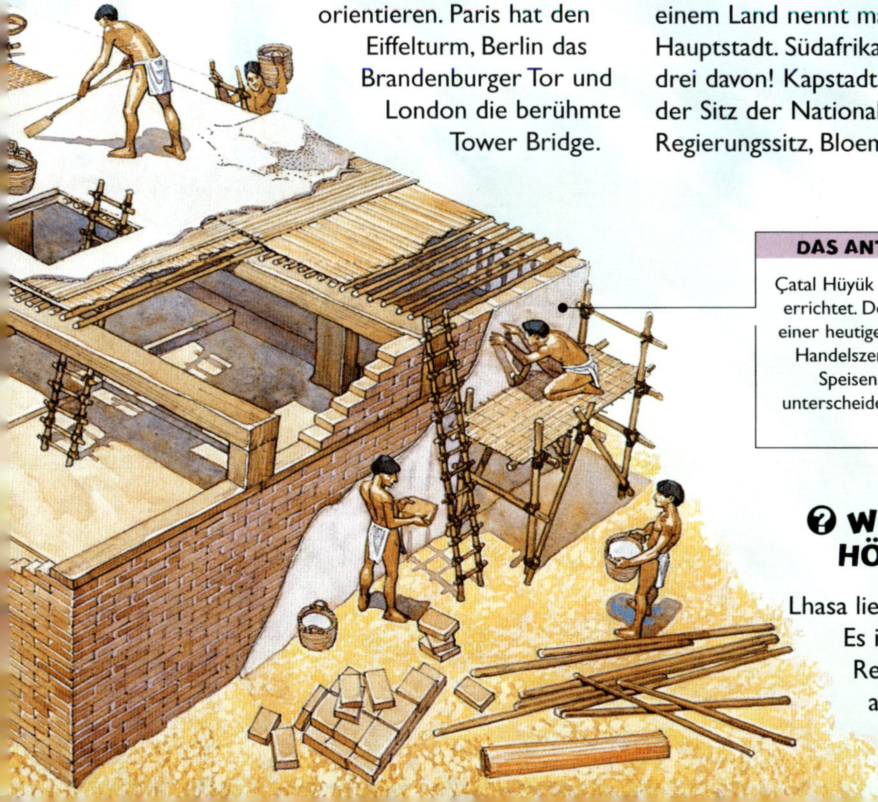

DAS ANTIKE ÇATAL HÜYÜK IN DER TÜRKEI

Çatal Hüyük in der Türkei wurde vor ungefähr 9000 Jahren errichtet. Dort lebten fast 5000 Menschen – vergleichbar einer heutigen Kleinstadt. Alte Städte wie diese wurden zu Handelszentren, in denen Menschen Tonwaren, Körbe, Speisen, Werkzeuge und Kleider fertigten. Worin unterscheidet sich nun diese alte Stadt von einer unseren modernen Städte?

WELCHE STADT IST AM HÖCHSTEN GELEGEN?

Lhasa liegt 3684 m über dem Meeresspiegel. Es ist die Hauptstadt von Tibet, einer Region im Himalajagebirge. Tibet wird auch als „Dach der Welt" bezeichnet.

VIELE ARTEN ZU REISEN

WIE DURCHQUERT MAN DEN ARKTISCHEN SCHNEE?

Man kann traditionell auf einem Schlitten fahren, der von Hunden gezogen wird. Die meisten Menschen benutzen heute jedoch Schneemobile, die so etwas wie Motorräder auf Kufen sind.

DURCHQUERUNG DER RUSSISCHEN ARKTIS

In Sibirien weitab der Zivilisation kann man in den Wintermonaten mit Schneemobilen zugefrorene Flüsse als Straßen benutzen.

WO KANN MAN EINEN ZUG IN DEN HIMMEL NEHMEN?

In den Anden in Südamerika. Eine Eisenbahnstrecke in Peru steigt bis auf 4818 m über dem Meeresspiegel an. In Salta, Argentinien, kann man eine weitere Bergbahn nehmen, die sich „Zug zu den Wolken" nennt.

WAS IST EINE KARAWANE UND WO KANN MAN DAMIT REISEN?

Eine Karawane ist eine Gruppe von Händlern, die mit Kamelen die Wüste durchqueren. Kamele können Menschen und Waren sechs Tage durch die Wüste befördern, ohne ein einziges Mal trinken zu müssen.

WO STARTETE DER ERSTE HEISSLUFTBALLON?

In Paris, der Hauptstadt Frankreichs, im Jahr 1783. Kaum zu glauben, aber die Passagiere waren ein Schaf, ein Hund und eine Ente! Später probierten Menschen den Ballon auch selbst aus.

WELCHE STRASSE DER WELT IST AM LÄNGSTEN?

Der Pan-American Highway. Er beginnt am oberen Ende der Welt, im kalten Herzen Alaskas, führt durch Kanada und die USA bis in die feucht-heißen Urwälder Mittelamerikas. Dort ist er für ein kurzes Stück unterbrochen, beginnt aber bald wieder. Dann windet er sich durch Argentinien und Brasilien und führt durch ganz Südamerika bis nach Chile. Die Gesamtstrecke? Beinahe 24 000 km.

WO GIBT ES DIE LÄNGSTEN LASTWAGEN?

Im „Outback", dem staubigen Hinterland Australiens, sind die Straßen lang, gerade und ziemlich leer. Lastwagen können drei oder vier riesige Anhänger hintereinander hängen, um einen „Road Train" zu bilden.

AUSTRALISCHER ROAD TRAIN

Ein „Road Train" fährt durch die endlose Weite der Nullarborwüste in Südaustralien.

Was ist eine Dschunke?

Ein großes chinesisches Holzboot. Seine großen Segel werden durch Holzlatten verstärkt. Dschunken sind nicht so oft wie früher im Einsatz, aber man kann sie noch immer im Südchinesischen Meer sehen.

WIE KANN MAN UNTER DEN ALPEN REISEN?

Die Alpen sind schneebedeckte Berge in Frankreich, Italien, der Schweiz und Österreich. Der höchste Berg der Alpen ist der Montblanc. Er ist 4810 m hoch. Zur Zeit des Römischen Reiches im Jahr 218 v. Chr. versuchte ein Feldherr namens Hannibal, die Alpen mit 37 Kriegselefanten zu überqueren! Heute fahren Züge und Autos in Tunneln durch die Alpen. Der Sankt-Gotthard-Tunnel in der Schweiz ist mit einer Länge von über 16 km einer der längsten und meistbefahrensten Straßentunnel der Welt.

WO LIEGT DER GRÖSSTE FLUGHAFEN DER WELT?

Riyadh Airport in Saudi-Arabien ist flächenmäßig größer als einige der umliegenden Länder. Er erstreckt sich über 225 km^2 in der arabischen Wüste.

WO VERWENDET MAN BOOTE ALS BUSSE?

In der schönen italienischen Stadt Venedig gibt es Kanäle statt Straßen. Menschen gelangen dort mit dem Boot von einem Stadtteil zum anderen.

EINE CHINESISCHE DSCHUNKE

In viele Ländern verwendet man nach wie vor traditionelle Holzboote von unterschiedlicher Größe und Bauart. Dhauen segeln vor den Küsten Arabiens und Ostafrikas, Feluken werden auf dem Nil in Ägypten eingesetzt und Dschunken segeln vor der chinesischen Küste.

Wie halten wir uns warm und trocken?

Seit prähistorischen Zeiten verwenden Menschen Pelze und Tierhäute, um sich gegen Kälte zu schützen. Die Inuit (Eskimo) in der Arktis tragen nach wie vor häufig traditionelle Kleidung aus Pelz, Seehundhäuten oder Karibu-(Rentier)fell. Die Lappen (Samen) in Nordfinnland verwenden ihre Rentierherden auch zur Herstellung von Lederwaren. Wolle, die zu Textilien verarbeitet oder zu Filz gepresst wird, findet überall dort Verwendung, wo es kalt ist.

VIELFÄLTIGE MATERIALIEN

Die Kleidung, die heute getragen wird, kann aus natürlichen Fasern wie Wolle, Seide oder Baumwolle bestehen. Sie kann jedoch auch aus künstlichen Fasern wie Nylon oder Acryl hergestellt sein.

❓ WELCHE DAMEN TRAGEN HOHE HÜTE AUS SPITZE?

Die Bretonen im Nordwesten Frankreichs sind stolz auf ihre Trachten, die sie zu besonderen Anlässen anlegen. Die Männer tragen Westen und große schwarze Hüte. Die Frauen tragen Hauben aus Spitze, von denen manche hoch und wie Schornsteine geformt sind.

❓ WELCHES IST DIE HAUPTSTADT DER MODE?

Mailand, London, New York und viele andere Städte veranstalten jedes Jahr fantastische Modeschauen. Aber Paris ist seit langer Zeit die Hauptstadt der Mode.

❓ WAS IST BATIK?

Eine Art, schöne Muster auf Stoffen zu erzeugen. Dazu wird auf Teile des Stoffs Wachs aufgetragen, sodass die Farbe nur an bestimmten Stellen in die Fasern eindringt. Diese Färbetechnik stammt aus Java in Indonesien.

❓ TRAGEN MENSCHEN NOCH NATIONALTRACHTEN?

Die meisten Menschen auf der Welt tragen heute normale Kleidung. Nur noch zu speziellen Anlässen wird die traditionelle Tracht angelegt. Doch in einigen Ländern tragen die Menschen ihre Tracht jeden Tag.

WIE KLEIDEN SICH MENSCHEN IN HEISSEN LÄNDERN?

In heißen Ländern schützen die Menschen den Kopf vor der Sonne. Dazu verwenden sie alle möglichen Arten breitkrempiger Hüte, von Sombreros in Mexiko bis hin zu den kegelförmigen Strohhüten, die Landarbeiter in Südchina und Vietnam tragen. Sie tragen auch wallende Gewänder und weite Baumwollhosen, wie die Araber. In Wüstenländern bedecken Menschen den Kopf mit Tüchern, um sich gegen den Flugsand zu schützen. Die Tuareg in der Sahara umhüllen ihre Gesichter mit Schals, bis nur noch die Augen zu sehen sind.

AFRIKANISCHE MASKE
Diese Maske wird bei speziellen Zeremonien in Baluba, Afrika, getragen.

WO WURDE ZUERST SEIDE HERGESTELLT?

Die Chinesen waren die Ersten, die vor tausenden Jahren aus den Kokons der Seidenraupen Seide herstellten. Die wunderschönen indischen Wickeltücher (Saris) und japanischen Roben (Kimonos) entstehen auch heute häufig noch aus Naturseide.

WO TRAGEN SOLDATEN RÖCKE?

Die Ehrengarden des griechischen Militärs heißen Evzonen. Ihre Uniform geht auf die alten Trachten der Bergvölker zurück – ein weißer Wollrock, wollene Strümpfe und eine Kappe mit einer schönen Quaste.

WO STAMMEN DIE ECHTEN HOLZSCHUHE HER?

Vor 100 Jahren wurden Holzschuhe in vielen Teilen Europas getragen. Die berühmtesten Clogs waren die aus Holland, die heute nach wie vor von Bauern und Markthändlern in den Niederlanden getragen werden.

WER TRÄGT FEDERN ZUM SINGSING?

Ein Singsing ist ein großes Fest in Papua-Neuguinea. Die Männer malen ihre Gesichter an und tragen Schmuck aus Knochen, Muscheln und Paradiesvogelfedern. Zur traditionellen Kleidung gehören oft auch noch Röcke aus Blättern und Gras.

WOHER STAMMEN PANAMAHÜTE?

Panamahüte wurden ursprünglich in Ecuador hergestellt, wo sie aus den Blättern der Jipijapapalme geflochten wurden. Sie wurden erstmals aus Panama exportiert und heißen deswegen heute Panamahüte.

WELCHES IST DIE SÜSSESTE ERNTEFRUCHT?

Zuckerrohr wird auf vielen Inseln der Karibik angebaut. Auf Barbados wird das Ende der Zuckerrohrernte mit einem Fest begangen. Es nennt sich Cropover und ist ein großartiges Spektakel mit Musik, Tänzen und Umzügen.

WER SIND DIE GAUCHOS?

Die Cowboys der Pampas Argentiniens. Die Gauchos waren früher für ihren wilden Lebensstil bekannt. Heute treiben sie nach wie vor die Rinder auf großen Ranches zusammen, die dort Estancias heißen.

WIE KÖNNEN WÜSTEN FRUCHTBAR GEMACHT WERDEN?

Wasser kann in Wüstengebiete geleitet werden, damit dort Nutzpflanzen wachsen. Aber die Bewässerung ist sehr teuer, und das Wasser kann Mineralien aus dem Boden spülen, sodass es schwierig wird, Pflanzen anzubauen.

WO SIND DIE GRÖSSTEN FARMEN DER WELT?

Die größten Schaf- und Rinderfarmen befinden sich im australischen Hinterland. Am besten kann man dieses Land in einem kleinen Flugzeug überqueren.

WO ZÜCHTEN BAUERN KOKOSNÜSSE?

Kokosnüsse sind groß und grün – das, was wir im Laden kaufen, ist nur ihr brauner Kern. Das weiße Fleisch in der Nuss kann getrocknet und als Kopra verkauft werden. Kokospalmen wachsen am besten an den Küsten des Indischen und Pazifischen Ozeans.

WELCHE NUTZPFLANZEN SIND TYPISCH AMERIKANISCH?

Vor 600 Jahren kannte noch niemand in Europa Kartoffeln, Mais oder Tomaten. Diese Erntefrüchte wurden erstmals von den Bewohnern Amerikas angebaut, lange bevor sich europäische Siedler dort niederließen.

Wo befinden sich die Kornkammern der Welt?

Die wichtigsten Weizen produzierenden Regionen der Welt nennt man „Kornkammern“, weil sie uns das Getreide liefern, das wir täglich essen. Weizen ist eine Art Graspflanze und wächst somit am besten in Gegenden, die früher natürliches Grasland waren. Dazu gehören die Präriegebiete Kanadas und der USA und die Steppen der Ukraine und Südrusslands. Riesige Mähdrescher sind tage- und wochenlang im Einsatz, um den Weizen zu ernten und die Spreu vom Weizen zu trennen.

MÄHDRESCHER

Weit verbreitete Nahrungsmittel wie Weizen und Reis (rechts) nennt man Grundnahrungsmittel.

FANGNETZE

Die Fische schwimmen in die Netze, die ins Wasser abgesenkt werden. Die Netze mit dem Fang werden anschließend hochgezogen und geleert.

WO VERWENDEN FISCHER FANGNETZE?

Riesige Fischnetze wie die oben abgebildeten können vom Strand aus in Süßwasserseen oder auch ins Meer abgesenkt werden. Sie werden häufig in China und Indien zum Fischfang eingesetzt.

WAS BEDEUTET „CASH CROP"?

Damit wird die Ernte bezeichnet, die verkauft wird. Viele Kleinbauern auf der Welt können nur genug anbauen, um sich und ihre Familien zu ernähren, zum Verkauf bleibt ihnen nichts übrig.

GIBT ES IM MEER GENÜGEND FISCHE?

Moderne Fangschiffe fangen so viele Fische, dass sie vielerorts selten geworden sind. Die ergiebigsten Fanggründe gab es bei Neufundland im Nordatlantik. Jetzt ist das Fischen dort verboten, bis die Bestände sich erholt haben.

VON HAND UND MIT MASCHINEN

Moderne Reissorten können mehrere Ernten pro Jahr abwerfen. Sie können von Maschinen gepflanzt werden, die für viele Bauern aber zu teuer sind.

WAS WÄCHST AM BESTEN IN WASSER UND SCHLAMM?

Reis hält die Welt am Leben. Milliarden von Menschen essen ihn täglich, vor allem in Asien. Reiskörner sind die Samen einer Art Gras, das in feuchten Flusstälern natürlich vorkommt. Um ihn zu züchten, pflanzen Bauern die Samen in überflutete Felder. In hügeligen Gegenden werden Terrassen angelegt, und das Wasser fließt durch Kanäle in die schlammige Erde.

TERRASSENFÖRMIGE REISFELDER

Manche terrassenförmige Reisfelder, wie die auf den Philippinen, sind zum Teil tausende von Jahren alt.

FRISCHE NAHRUNGSMITTEL AUS ALLER WELT

Was Menschen essen, hängt nicht nur davon ab, welche Pflanzen sie anbauen, welche Tiere sie züchten oder welche Fische sie fangen, sondern es hängt auch von ihren traditionellen Gebräuchen und ihrem Glauben ab. Viele Menschen auf der ganzen Welt, z. B. in Südindien, essen kein Fleisch – sie sind ausgesprochene Vegetarier.

Welches ist das köstlichste Essen?

Die Haute Cuisine stammt aus Frankreich und bedeutet qualitativ hochwertiges Kochen. Menschen auf der ganzen Welt lieben französisches Essen. Aber ist es wirklich das köstlichste Essen der Welt? Auch die chinesische Küche wird als hohe Kunst betrachtet. Aber in Wirklichkeit hängt es ganz vom persönlichen Geschmack ab, welche Speisen wir mögen. Auch Schafsaugen, Insektenlarven, Schlangen oder Schweinsohren tauchen auf den Speisekarten einiger Gegenden der Welt auf – und manche Menschen finden sie ganz köstlich.

EINE AFRIKANISCHE SPEISE

Afrikanische Speisen bestehen sehr häufig aus Maismehl und werden mit würzigem Gemüse, schmackhaftem Fisch oder machmal auch Fleisch serviert.

❓ WO KAUFT MAN MILCH IM KILO?

In Sibirien ist es im Winter so kalt, dass Milch in gefrorenen Blöcken im Kilo, und nicht in flüssiger Form wie bei uns, verkauft wird.

❓ WER MACHT DAS SCHÄRFSTE CURRY DER WELT?

Die Menschen in Südindien. Ein köstliches indisches Rezept enthält scharfe Gewürze wie etwa roten Chilipfeffer und frische grüne Chilischoten sowie Ingwer, Knoblauch und auch Kurkuma.

❓ WER WIDMETE DEM HAGGIS EIN GEDICHT?

Robert Burns, ein schottischer Dichter des 18. Jahrhunderts. Haggis ist eine traditionelle schottische Speise, bestehend aus Lammherz, -leber und -lunge, Nierenfett, Zwiebeln und Hafermehl und wird – rate mal! – in einem Schafsmagen zubereitet!

WIE HALTEN WIR NAHRUNGSMITTEL FRISCH?

Heute kann Butter aus Neuseeland problemlos nach Europa geschickt werden – gekühlt. Das erste Kühlschiff wurde im Jahr 1877 in Dienst gestellt, um Rindfleisch aus Argentinien zu verschiffen. Aber wie hielten Menschen früher ihre Nahrungsmittel frisch? Die traditionellen Methoden waren einfach – Einlegen, Räuchern oder Trocknen. Die Indianer trockneten Fleisch in der Sonne und mischten es mit Früchten, um Pemmikan herzustellen. Solch traditionelle Methoden werden heute noch verwendet, um einige der köstlichsten Delikatessen der Welt herzustellen – indische Pickles (Eingelegtes) und Chutneys, irischer Räucherlachs oder italienische sonnengetrocknete Tomaten.

KANN MAN SEETANG UND ALGEN ESSEN?

In Japan werden unterschiedliche Arten von Seetang verzehrt. Besonders bekannt ist bei uns Nori, das für Sushi (gesäuerter Reis mit Fisch oder Gemüse) verwendet wird. Agar-Agar besteht auch aus Tang und wird häufig verwendet, um Gerichte anzudicken.

WER HAT DIE NUDELN ERFUNDEN?

Welche Nudeln gab es zuerst – die italienischen Spaghetti oder die chinesischen mian-tiao? Manche behaupten, dass der Entdecker Marco Polo das Geheimnis der Nudelherstellung im Mittelalter aus China nach Italien mitbrachte. Nein! sagen andere – die Römer machten in Italien viel früher Pasta. Keiner weiß es genau.

WAS IST JAMBALAYA?

Reis mit Garnelen und Paprikaschoten in einer unglaublich scharfen Soße. Wo wird dieses Gericht serviert? Ausgerechnet in New Orleans, dem schwülheißen Süden des US-Staates Louisiana.

WIE ISST MAN MIT STÄBCHEN?

Stäbchen sind in China und Japan beliebt. Dabei hält man ein Stäbchen zwischen dem Daumen und dem Zeige- und Mittelfinger. Das zweite Stäbchen wird weiter hinten an Zeige- und Mittelfinger gehalten und mit dem Ringfinger gestützt.

WAS IST KAVIAR?

Eine der teuersten Speisen der Welt. Kaviar sind die Eier des Störs. Dieser seltene Fisch lebt in den Seen und Flüssen Russlands und anderer nördlicher Länder.

WAS IST YERBA MATÉ?

Ein bitteres, aber erfrischendes Heißgetränk aus der paraguayischen Stechpalme. Es wird aus einer Art Kürbisschale mit einem silbernen Trinkhalm getrunken und ist in Argentinien sehr beliebt.

Wo kaufen die Menschen ihr Essen?

In Indien kaufen die Menschen ihre frischen Waren auf dem Straßenmarkt. Unter den Waren befinden sich Okra, Tomaten, Bohnen, Blumenkohl, Mooli, Paprikaschoten und Zitronen. Wo kaufst du meist dein Essen? Im Supermarkt in der Stadt oder auf dem traditionellen Wochenmarkt?

? WO FÜHREN MENSCHEN GESCHÄFTE?

In Nigeria wechselt Geld auf dem geschäftigen Markt den Besitzer. Auf dem Boden sind allerlei Waren ausgebreitet, und die Kunden feilschen mit den Händlern. In Deutschland findet der Verkauf z.B. in einem großen Supermarkt statt, der am Samstag voller Menschen ist. In der Schweiz sitzen Bankiers vor ihren Computern, um Gewinne oder Verluste zu verfolgen, und an der New Yorker Börse halten sich die Händler an ihren Telefonen fest, während sie Anteile an Unternehmen kaufen und verkaufen.

STRASSENMARKT, INDIEN

Eine indische Händlerin wartet, dass Kunden kommen und ihre frischen Produkte kaufen. Auf einer Waage wiegt sie all ihre Waren ab.

❓ WAS KÖNNEN MENSCHEN ALS GELD VERWENDEN?

Heute hat jedes Land der Welt Münzen und Banknoten aus Papier, obwohl in vielen Regionen nach wie vor Güter getauscht statt gekauft werden. Im Laufe der Zeit wurden auf der Welt alle möglichen Dinge als Zahlungsmittel verwendet – Muscheln, große Steine, Glasperlen, Salz, Tabak, Blöcke von Tee, Haifischzähne oder auch Kakaobohnen. Sie hatten an sich keinen Wert, aber auch das Metall, Papier oder Plastik, das wir heute verwenden, hat ebenfalls keinen Wert an sich. Sie sind ebenfalls nur Wertersatz.

❓ WAS SIND WÄHRUNGEN?

Eine Währung ist ein Zahlungssystem, etwa der japanische Yen, der US-Dollar, der mongolische Tugrik oder der Ngultrum in Bhutan. Der Wechselkurs ist der Preis, den es kostet, eine Währung zu kaufen oder zu verkaufen bzw. umzutauschen.

❓ WER MACHT DAS MEISTE GELD?

Die Münzanstalt – es ist der Ort, wo Münzen und Banknoten hergestellt werden. Das Finanzministerium der USA in Philadelphia prägt pro Jahr Milliarden neuer US-Münzen.

❓ WER FÄNGT SCHMUGGLER?

Wenn man Waren aus einem Land in ein anderes mitnehmen möchte, muss man oft Zollgebühren an den jeweiligen Staat bezahlen. Zollbeamte können das Gepäck durchsuchen, um festzustellen, ob jemand nicht erlaubte Güter bei sich hat – also schmuggelt.

❓ WOZU VERKAUFT MAN AUF PITCAIRN BRIEFMARKEN?

Auf der einsamen Insel Pitcairn im Pazifik wohnen nur ungefähr 50 Menschen. Weshalb drucken die Inselbewohner also so viele Briefmarken? Weil sie sie an Briefmarkensammler verkaufen und damit viel Geld verdienen.

❓ WO WURDEN DIE BANKNOTEN ERFUNDEN?

Papiergeld wurde erstmals vor 1000 Jahren in China verwendet.

❓ WO BEFINDEN SICH DIE SCHWIMMENDEN MÄRKTE?

In Thailand und anderen Teilen Südostasiens verkaufen Händler häufig Gemüse, Obst, Blumen und Gewürze von kleinen Booten – den Sampans – aus, die an Flussufern und Stegen anlegen.

❓ WO BEFINDET SICH DIE SEIDENSTRASSE?

Diese alte Handelsroute verlief von China durch Zentralasien bis zum Mittelmeer. Vor hunderten von Jahren wurden Seide, Tee und Gewürze mit Karawanen entlang dieses Handelswegs nach Europa gebracht.

GELD

Alle möglichen Gegenstände dienten im Laufe der Zeit als Geld.

Wohin ziehen Pilger?

Pilger sind gläubige Menschen, die auf dem Weg zu heiligen Stätten auf der ganzen Welt sind. Moslems pilgern mindestens einmal im Leben in die heilige Stadt Mekka in Saudi-Arabien. Hindus begeben sich zum Beispiel in die Stadt Varanasi in Indien, um sich im heiligen Wasser des Ganges zu waschen. Christen fahren nach Bethlehem, dem Geburtsort Jesu, oder zu den großen Kathedralen, die im Mittelalter in Europa erbaut wurden, zum Beispiel nach Santiago de Compostela in Spanien.

IN WELCHEM LAND LEBEN DIE MEISTEN MOSLEMS?

Indonesien ist das größte islamische Land der Welt, obwohl einige Teile des Landes, z. B. die Insel Bali, größtenteils hinduistisch sind.

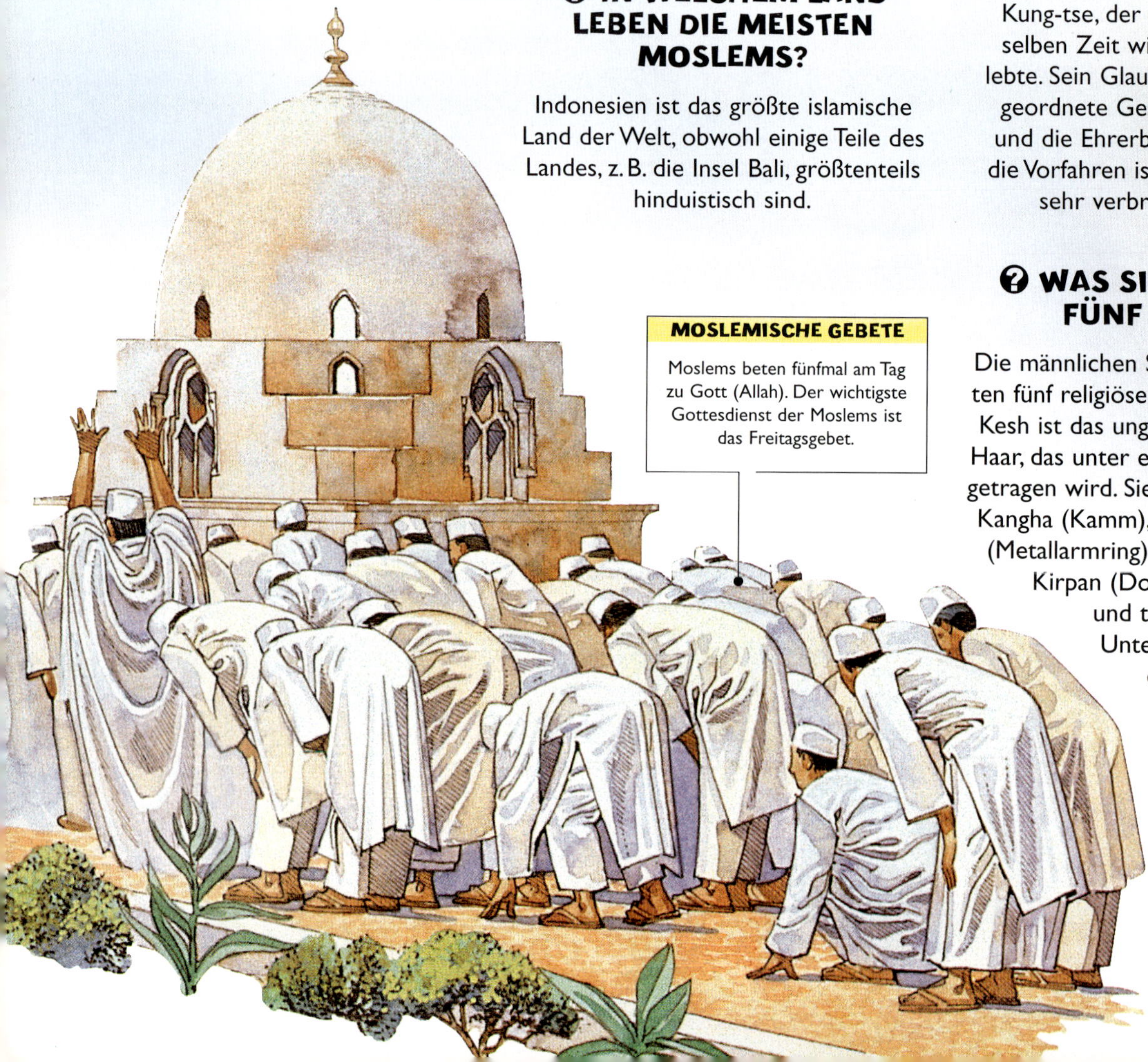

MOSLEMISCHE GEBETE

Moslems beten fünfmal am Tag zu Gott (Allah). Der wichtigste Gottesdienst der Moslems ist das Freitagsgebet.

WAS IST TAO?

Es wird wie „dao“ ausgesprochen und bedeutet „der Weg“. Es ist der Name der Glaubensrichtung, die auf den chinesischen Philosophen Laotse zurückgeht, der vor ungefähr 2600 Jahren lebte. Taoisten glauben an die Harmonie des Universums.

WER WAR KONFUZIUS?

Das ist der deutsche Name des chinesischen Denkers Kung-tse, der etwa zur selben Zeit wie Laotse lebte. Sein Glaube an eine geordnete Gesellschaft und die Ehrerbietung an die Vorfahren ist in China sehr verbreitet.

WAS SIND DIE FÜNF K?

Die männlichen Sikhs beachten fünf religiöse Traditionen. Kesh ist das ungeschnittene Haar, das unter einem Turban getragen wird. Sie führen eine Kangha (Kamm), eine Kkara (Metallarmring) und einen Kirpan (Dolch) mit sich und tragen eine Unterbekleidung, die Kaccha genannt wird.

BUNTGLASFENSTER EINER KIRCHE

Dieses runde Fenster – genannt Fensterrose – in der Kathedrale in Lincoln, England, ist aus schönem Buntglas gefertigt.

WESHALB FASTEN MENSCHEN?

In vielen Religionen fasten Menschen, das heißt, sie essen aus Glaubensgründen über eine gewisse Zeit nicht. Wenn man eine moslemische Stadt während des Ramadan besucht, dem neunten Monat des islamischen Jahres, wird man feststellen, dass während des Tages kein Essen serviert wird. Auch viele Christen verzichten während der Fastenzeit auf bestimmte Nahrungsmittel, während sie über den Tod Jesu nachdenken.

WO WERDEN KLEINE JUNGEN MÖNCHE?

In Myanmar (Burma) erhält ein vierjähriger Junge in einer Zeremonie sein Wissen über das Leben des Buddha. Er ist wie ein reicher Prinz gekleidet und zieht danach die einfachen Kleider eines buddhistischen Mönchs an.

WAS IST SHINTOISMUS?

Die alte Religion Japans. An heiligen Schreinen beten die Menschen um Glück und ehren ihre Vorfahren. Viele Japaner folgen auch dem buddhistischen Glauben.

WELCHE PRIESTER BEDECKEN DEN MUND?

Einige Priester der Jain-Religion in Indien tragen Masken vor dem Mund. Sie tun das, weil sie alle Lebewesen respektieren und nicht einmal dem kleinsten Insekt Schaden zufügen möchten, wenn es ihnen etwa in den Mund fliegen sollte.

WELCHER STADT SIND DREI GLAUBENSRICHTUNGEN HEILIG?

Jerusalem ist ein heiliger Ort für Juden, Moslems und Christen. Zu den heiligen Stätten Jerusalems gehören die Klagemauer, der Felsendom und die Grabeskirche.

WESHALB IST DER BERG ATHOS WICHTIG?

Diese felsige Landspitze im Norden Griechenlands ist den Christen der griechisch-orthodoxen Kirche heilig. Mönche verehren hier seit dem Mittelalter Gott. Sie tragen Bärte, große schwarze Hüte und Roben.

WER SIND DIE PARSEN?

Die Parsen-Religion entstand vor langer Zeit im alten Persien, dem heutigen Iran. Viele seiner Anhänger flohen vor über 1000 Jahren nach Indien und sind heute in vielen Ländern der Welt anzutreffen.

WAS IST CHANUKKA?

Dieses jüdische Lichterfest dauert acht Tage. Familien zünden täglich eine Kerze in einem speziellen Kerzenhalter an, der Menora genannt wird. An Chanukka wird die Wiedereroberung des Heiligtums in Jerusalem zur Zeit der Antike gefeiert.

WAS IST DIWALI?

Die Zeit im Herbst, zu der die Hindus Neujahr feiern und die Glücksgöttin Lakshmi ehren. Brennende Kerzen werden ins Fenster gestellt, und die Menschen überreichen einander Karten und Geschenke.

DIE DIWALILICHTER

Brennende Kerzen kennzeichnen das Fest Diwali der Hindus. Die hinduistische Religion entstand vor vielen tausenden Jahren in Indien. Licht und Feuer sind in vielen Religionen sehr wichtige Symbole für den Heiligen Geist.

Weshalb tanzen Menschen so gern?

Durch Tanzen kann man Gefühle jeder Art auf dramatische Weise zum Ausdruck bringen. In Spanien stampfen Flamencotänzer mit den Füßen und schnipsen mit den Fingern zur Gitarrenmusik. In England schwingen Morristänzer fröhlich Stöcke und klingeln mit kleinen Glocken, die an ihren Beinen angebracht sind. In Afrika gibt es rituelle Tänze fürs Erwachsenwerden und bei Begräbnissen. Die ersten Tänze sollten vermutlich prähistorischen Jägern Glück bringen. Dabei bekleidete sich ein Priester mit den Fellen und Hörnern der Tiere, die gejagt werden sollten.

MBUTI-TÄNZER

Junge Mbuti aus Zaire schmücken ihre Körper mit weißer Schminke für einen Tanz, der den Beginn ihres Erwachsenenalters zelebriert.

KABUKI – JAPANISCHES THEATER

Im Kabuki werden alle Rollen von männlichen Schauspielern gespielt; manche verkleiden sich als schöne Frauen.

? WAS IST KABUKI?

Kabuki ist eine Form des Dramas, das im 17. Jahrhundert in Japan populär wurde und heute noch aufgeführt wird. Die Schauspieler sind herrlich geschminkt und ebenso aufwändig kostümiert.

? WER TANZT DEN HAKKA?

In Neuseeland erhalten junge Maori viele ihrer traditionellen Tänze am Leben. Der Hakka war ein Tanz für Krieger, der ihnen Stärke für die bevorstehende Schlacht verleihen sollte.

? WER MACHT BILDER AUS SAND?

Die Navaho-Indianer im Südwesten der Vereinigten Staaten schaffen herrliche Muster aus unterschiedlich gefärbtem Sand.

WO BEFINDET SICH DAS ÄLTESTE THEATER DER WELT?

Das älteste Theater, das noch immer benutzt wird, heißt Teatro Olimpico und befindet sich in Vicenza, Italien. Es wurde vor über 400 Jahren eröffnet. Aber Menschen sahen sich schon viel früher Theateraufführungen an. Im antiken Griechenland konnten die Menschen maskierte Schauspieler in einigen der komischsten und traurigsten Stücke erleben, die je geschrieben wurden. Man führte sie in Freilufttheatern aus Stein, so genannten Amphitheatern, auf.

WO LIEGT STRATFORD?

Es gibt zwei bekannte Stratfords. Vor 400 Jahren war Stratford-upon-Avon in England die Heimat eines der berühmtesten Dramatikers aller Zeiten, William Shakespeare. Das andere Stratford liegt in Ontario (Kanada), wo jedes Jahr zu seinen Ehren ein großes Theaterfestival stattfindet.

WER SINGT IN PEKING?

Die Pekingoper ist eine eindrucksvolle Vorstellung! Musiker schlagen Becken und Schauspieler singen mit hohen Stimmen. Sie übernehmen die Rollen von Helden und Bösewichtern aus alten chinesischen Geschichten. Ihre Gesichter sind bemalt, und sie tragen Kostüme mit langen Fasanenfedern.

WER SPIELT AUF „ÖLFÄSSERN“?

Menschen in der Karibik zur Karnevalszeit. Es sind Stahltrommeln (steel drums), mit denen man feurige Rhythmen und Melodien hervorbringen kann.

WO BEFINDET SICH DAS GRÖSSTE KUNSTMUSEUM ?

In St. Petersburg in Russland. Es besteht aus zwei großen Gebäuden, der Eremitage und dem Winterpalast, in denen sich Millionen von Kunstwerken befinden.

WO SPRECHEN TROMMELN?

Die Tama heißt auch „sprechende Trommel“. Ihr Ton kann beim Trommeln verändert werden, um ein eigenartig pochendes Geräusch zu erzeugen. Sie wird in Senegal und Gambia in Afrika gespielt.

WO TANZT MAN WIE GOTT?

Kathakali ist eine Art Tanzdrama, das in Kerala in Südindien aufgeführt wird. Tänzer mit Masken und wunderbaren Kostümen spielen alte Sagen von Göttern und Dämonen nach.

WER MALT BILDER DER TRAUMZEIT?

Die Aborigines in Australien denken an die Traumzeit zurück, also an ein magisches Zeitalter, in der die Welt, die Tiere und Menschen entstanden. Sie malen davon wunderbare Bilder.

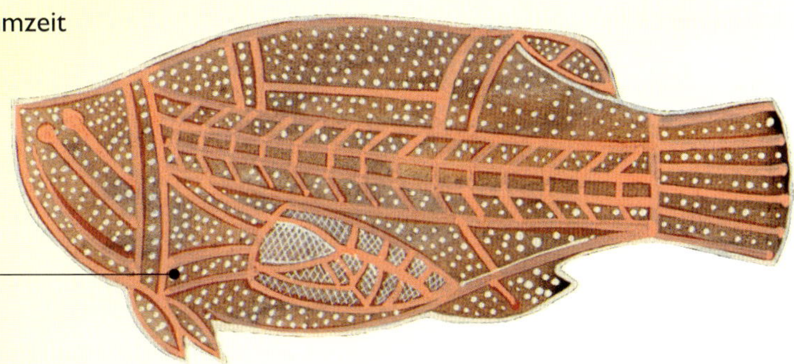

ABORIGINE-KUNST, AUSTRALIEN

Wie Tanz und Theater hat auch die Kunst häufig ihre Wurzeln in uralten religiösen und magischen Ritualen.

Wo tanzen die Drachen?

Dort, wo Chinesen zusammentreffen, um ihr Neujahrs- oder Frühlingsfest zu feiern. Der Glücksdrache schlängelt sich durch die Straßen, gehalten von Menschen, die unter seinem mächtigen Körper versteckt sind. Böller sollen böse Geister abschrecken. Das Fest ist eine Möglichkeit für Familientreffen. Man macht einander Geschenke und wünscht sich alles Gute fürs neue Jahr.

WO FINDET DAS BRÖTCHENFEST STATT?

Auf der Insel Cheung Chau bei Hongkong findet jedes Jahr im Mai ein großes Fest mit Paraden und religiösen Feiern statt. Während dieser Feiern klettern die Menschen auf hohe Türme, die aus Brötchen errichtet werden.

WER ERINNERT SICH AN DEN 5. NOVEMBER?

Menschen in Großbritannien. Das Datum ruft die Gefangennahme von Guy Fawkes in Erinnerung, der das Parlament in London vor beinahe 400 Jahren in die Luft sprengen wollte. Die Nacht wird mit lodernden Feuern, Feuerwerken und hausgemachtem Karamell gefeiert.

CHINESISCHES FEUERWERK
Das Feuerwerk wurde vor langer Zeit in China erfunden.

DRACHENTANZ
Beim traditionellen chinesischen Neujahrsfest ziehen die Menschen durch die Straßen und tragen einen riesigen Drachen.

WO IST DER NEUJAHRSTAG IMMER NASS?

In Myanmar feiern die Menschen das buddhistische Neujahrsfest, indem sie Wasser auf ihre Freunde spritzen!

WAS IST KARNEVAL?

Im alten Rom gab es ein Winterfest, genannt Saturnalia. Menschen im Mittelalter nahmen diese Tradition wieder auf. Sie feierten, bevor die dunklen, kalten Tage der Fastenzeit begannen, in der die Christen kein Fleisch essen durften. Menschen feiern auch heute noch Karneval. In Deutschland gibt es wilde Partys, und in Venedig tragen die Menschen elegante Masken und Umhänge. In New Orleans marschieren Jazzbands durch die Straßen. In Trinidad und Rio de Janeiro tanzen Menschen in glitzernden Kostümen und lassen spektakuläre Feuerwerke abbrennen.

DAS HOLI-FEST

Hindukinder in Indien werfen bei diesem ausgelassenen Frühlingsfest farbigen Puder über die anderen.

WER TRÄGT ZUM ST.-PATRICKS-TAG GRÜN?

Der St. Patricks-Tag am 17. März ist der Nationalfeiertag Irlands. Er wird überall gefeiert, wo sich Iren im Laufe der Zeit niedergelassen haben, von den USA bis Australien. Die Menschen tragen grüne Kleider oder stecken sich grüne Kleeblätter in ihre Knopflöcher.

WER REITET ZUR FERIA?

Jeden April reiten Bewohner von Sevilla in Spanien zu einem großen Festplatz am Ufer des Guadalquivir. Sie tragen traditionelle Trachten und tanzen die ganze Nacht.

WER SITZT IM CHEFSESSEL?

In der Türkei ist der 23. April der Tag der Kinder. Ein Kind darf sogar am Schreibtisch des Regierungschefs sitzen! Es gibt Puppenbühnen, Tänze und auch einen Wettbewerb im Drachensteigen.

WAS IST EIN POWWOW?

Es bedeutet in der Sprache der Algonkin „Zusammenkommen". Die Indianer aus den USA und Kanada treffen sich bei Powwows, um ihre Traditionen mit Tanz und Musik zu pflegen.

GESCHICHTE

Wer ging zu Fuß nach Amerika?

Die ersten Amerikaner! Über Millionen Jahre waren Nord- und Südamerika durch Meere von der restlichen Welt abgeschnitten. Niemand lebte dort. Während der letzten Eiszeit froren die Meere zu und Teile des Meeresbodens wurden freigelegt. Eine „Landbrücke“ verband nun Nordamerika mit Nordostasien. Viele wilde Tiere lebten auf dieser Landbrücke, und so zogen Gruppen von Jägern auf der Suche nach Nahrung den Tieren über diese Landbrücke hinterher. Schließlich erreichten sie Amerika und siedelten sich dort an. Historiker sind sich nicht ganz sicher, wann genau dies geschah, aber es war vermutlich vor ungefähr 18 000 Jahren.

DIE ERSTEN AMERIKANER

Hungrige Nomaden machen sich von Sibirien aus auf den langen Weg nach Amerika.

❓ WAS TRUGEN DIE ERSTEN AMERIKANER BEI SICH?

Alles, was sie zum Überleben benötigten – Speere und Netze zum Jagen, Samen, Beeren und getrocknetes Fleisch zum Essen, Pelze, um sie als Bekleidung oder Decken zu verwenden, und Tierhäute zum Bau von Zelten.

❓ WER LEBTE IN HÜTTEN AUS KNOCHEN?

Gruppen von Nomaden, die vor ungefähr 15 000 Jahren in den Ebenen Osteuropas lebten. Sie jagten Wollmammuts, aßen das Fleisch und bauten Hütten aus deren Fell und Knochen.

❓ WIE KLEIDETEN SICH PRÄHISTORISCHE MENSCHEN?

In kalten Ländern trugen sie Hosen und Umhänge aus Pelzen und Tierhäuten, die mit Knochennadeln und Sehnen, die als Faden dienten, zusammengenäht wurden. In heißen Ländern trugen sie Lendenschurze aus Tierhäuten – oder überhaupt nichts!

❓ LEBTEN MENSCHEN IN HÖHLEN?

Ja, aber nicht immer. Nomadisierende Jäger bauten sich Unterkünfte in Höhleneingängen und verwendeten das Höhleninnere als Vorratsraum. Auf ihren Jagdzügen lebten sie in Unterkünften aus Ästen, trockenem Gras und Farn.

Affe: Australopithecus
Dieser frühe Vorfahre des Menschen lebte vor ungefähr 3 Millionen Jahren.

Hominid: Homo habilis
Unsere ersten Vorfahren, die Werkzeuge herstellten, lebten vor etwa 2 Millionen Jahren.

Mensch: Homo sapiens sapiens
Die modernen Menschen entwickelten sich wahrscheinlich vor ungefähr 200 000 Jahren.

DIE ERSTEN MENSCHEN

Unsere frühen Vorfahren erlernten über Jahrtausende den aufrechten Gang und den Gebrauch von Werkzeugen.

? WOHER WISSEN WIR ÜBER AFFEN BESCHEID, DIE VOR MILLIONEN JAHREN LEBTEN?

Durch Fossilien, die entstehen, wenn Mineralien im Erdboden in abgestorbene Lebewesen eindringen und die Knochen versteinern.

? WANN BEGANNEN WIR ZU SCHREIBEN UND ZU LESEN?

Vor ungefähr 6000 Jahren. Die Sumerer (die im heutigen Irak lebten) waren die ersten Menschen, die die Schrift erfanden. Sie verwendeten kleine Bildsymbole, die sie in Tafeln aus weichem Lehm ritzten. Nur speziell ausgebildete Schreiber konnten sie lesen.

? WIE ENTWICKELTEN SICH DIE MODERNEN MENSCHEN?

Unsere ganz frühen Vorfahren waren die Primaten. Sie erschienen vor ungefähr 50 Millionen Jahren auf der Erde. Im Laufe von Millionen von Jahren passten sie sich den Veränderungen der Umwelt an. Sie erlernten neue Fertigkeiten, um sich den veränderten Lebensbedingungen anzupassen. Langsam entwickelten sie sich zu Affen, dann zu Hominiden (fast Menschen) und schließlich zum modernen Menschen.

? WANN BEGANNEN MENSCHEN, IN STÄDTEN ZU WOHNEN?

Jericho im Westjordanland (vor ca. 10 000 Jahren erbaut) und Çatal Hüyük in der Türkei (vor ca. 9000 Jahren erbaut) waren die ersten großen Städte der Menschheit. Sie waren Zentren des Handels und Handwerks und von dicken Mauern umgeben.

BEHAUSUNG DER EISZEIT

Diese eiszeitliche Behausung bestand aus Fellen und Knochen eines Wollmammuts.

? WIE SAHEN DIE ERSTEN HÄUSER AUS?

Es waren kleine, einstöckige Häuser aus getrocknetem Lehm. Sie wurden vor ungefähr 11 000 Jahren im Nahen und Mittleren Osten gebaut. Die ersten Dörfer entstanden in der Nähe von Flüssen, um die Wasserversorgung sicherzustellen.

? WAS WAREN NEANDERTALER?

Vorfahren des Menschen, die vor ca. 200 000 Jahren bis vor ca. 35 000 Jahren in Europa und Asien lebten. Sie waren klein und stämmig gebaut und hatten eine schmale, wulstige Stirn. Sie starben aus – niemand weiß, warum – und ihnen folgten im Laufe der Zeit die modernen Menschen, die aus Afrika kamen.

Weshalb wurden Pyramiden erbaut?

Die Pyramiden sind riesige, monumentale Grabstätten für Pharaonen und Angehörige der Königsfamilie. Die Ägypter glaubten, dass der Geist eines Toten nach dem Tod weiterleben könnte, wenn der Körper sorgfältig erhalten würde. Besonders wichtig war es, die Leichen der toten Pharaonen (der ägyptischen Könige) zu erhalten. Ihre Geister würden beim Weiterbestehen des Königreichs Ägypten helfen. Daher machten die Ägypter aus den Toten Mumien und begruben sie in diesen herrlichen Gräbern zusammen mit Kleidern, Juwelen und anderen Gegenständen, die das Leben nach dem Tod angenehmer machen sollten.

❓ WO BEFINDEN SICH DIE PYRAMIDEN?

In Ägypten, Nordafrika. Sie stehen am Westufer des Flusses Nil. Die Ägypter glaubten, dass dort das Land der Toten sei, weil die Sonne dort untergeht. Ihre Häuser bauten sie am Ostufer des Flusses – dem Land des Sonnenaufgangs und des Lebens.

❓ WIE ALT SIND DIE PYRAMIDEN?

Die erste wirkliche Pyramide wurde ungefähr 2575 v. Chr. gebaut. Davor wurden Menschen unter Hügeln mit flachen Dächern („Mastabas") und in Pyramiden mit Stufen an den Seiten begraben. Die letzte Pyramide wurde etwa 1570 v. Chr. gebaut.

❓ WESHALB WAR DER NIL SO WICHTIG?

Weil es in Ägypten kaum regnete. Aber jedes Jahr überschwemmte der Nil die Felder am Ufer und führte frisches Wasser und fruchtbaren Schlamm mit sich. Bauern gruben Kanäle, um Wasser zu weiter entfernten Feldern weiterzuleiten.

ZUR SONNE AUSGERICHTET

Die Form einer Pyramide war wichtig, denn sie stellte ein Abbild der jenseitigen Welt dar, in die der Verstorbene eintritt. Die Ägypter glaubten, die toten Pharaonen würden von den Strahlen der Sonne in den Himmel getragen.

❓ WIE WURDE MUMIFIZIERT?

Das Mumifizieren war ein komplizierter und teurer Vorgang. Zuerst wurden die innen Organe wie Magen, Herz und auch das Gehirn entfernt. Danach wurde dem Körper 40 Tage lang in Natron (Soda) Wasser entzogen. Schließlich wurde er in Harz getränkte Leinenbinden gewickelt und in einen herrlich verzierten Sarg gelegt.

SKARABÄUS

Die alten Ägypter legten aus einem grünen Stein geschnitzte Skarabäen wichtigen Persönlichkeiten entlang ihres mumifizierten Körpers in den Sarg.

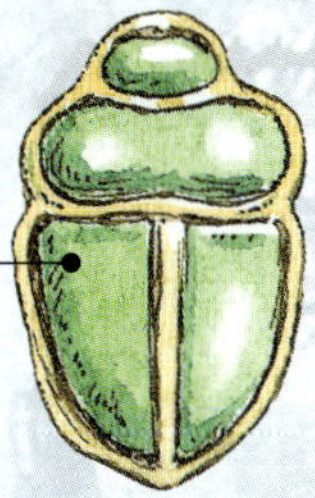

❓ WIE WURDEN PYRAMIDEN GEBAUT?

Tausende Arbeiter mühten sich in der glühenden Sonne ab, um die Fundamente zu legen, Baumaterial vom Steinbruch herbeizuschleppen und die Steinblöcke zusammenzusetzen. Die meisten waren einfache Bauern, die sich als Bauarbeiter verdingten, um ihre Steuern bezahlen zu können. Steinmetze bearbeiteten die Steine dann zu Blöcken.

❓ WIE SAHEN ÄGYPTISCHE HÄUSER AUS?

Klein und einfach, mit flachen Dächern, die als Zusatzräume dienten, und mit Höfen, in denen die Menschen arbeiteten. Die Häuser reicher Leute waren groß, reich verziert und hatten Gärten und Bäder.

❓ WELCHE BOOTE KONNTE MAN AUF DEM NIL SEHEN?

Flöße aus Papyrus, Boote mit flachem Boden, große, schwere Lastkähne, prunkvolle königliche Barkassen und Boote, die die Toten über den Fluss zu den Gräbern in den Pyramiden brachten.

❓ WESHALB TRUGEN DIE ÄGYPTER GESCHNITZTE SKARABÄEN BEI SICH?

Skarabäen (Mistkäfer) sammeln Tierdung und rollen ihn zu kleinen Bällen. Für die Ägypter sahen diese Dungbälle wie die Leben spendende Sonne aus, also hofften sie, dass die Skarabäen ihnen langes Leben bringen würden.

❓ WORAUS BESTEHEN DIE PYRAMIDEN?

Aus hartem, glattem Kalkstein. Sehr guter Stein wurde für die äußere Verkleidung verwendet und qualitativ minderwertiger Stein und Schutt für die innere Schicht.

ÄGYPTISCHER SARG

Der wunderschön dekorierte Sarg beschützt die darin aufbewahrte empfindliche Mumie vor Beschädigungen. Häufig wurden solche Särge auch mit Porträts des Toten bemalt.

Weshalb bauten die Griechen so viele Tempel?

Weil sie so viele Göttinnen und Götter verehrten! Die Griechen glaubten, dass jeder Gott und jede Göttin ein Heim brauchte, in dem ihr Geist leben konnte. Daher bauten sie prachtvolle Tempel mit wunderschönen Statuen. Jeder Gott und jede Göttin hatte bestimmte Eigenschaften und Kräfte, für die die Tempelbesucher beteten. Zeus war der Vater der Götter und der Menschen, Ares der Gott des Kriegs und Aphrodite die Göttin der Liebe.

DER PARTHENON IN ATHEN

Der Parthenon auf der Akropolis in Athen (447–438 v. Chr. erbaut) war einer der schönsten Tempel im alten Griechenland. Er war der Göttin Pallas Athene geweiht.

❓ WESHALB HATTEN DIE GRIECHISCHEN TEMPEL SO VIELE SÄULEN?

Weil ihr Aussehen die alten griechischen Königspaläste nachahmte, die viele Holzsäulen hatten, um das Dach zu tragen.

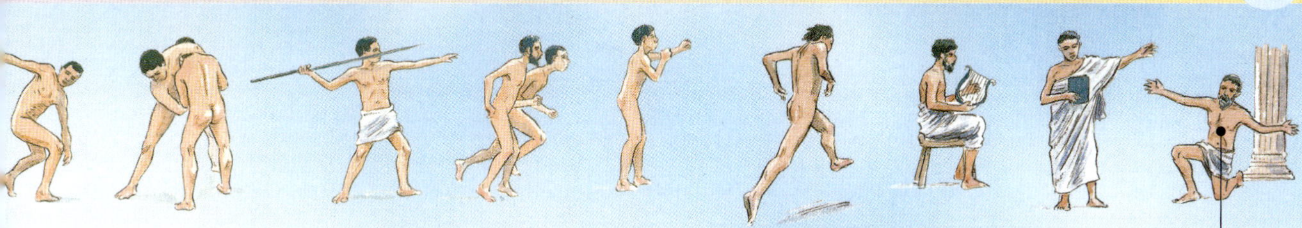

❓ WAS WAREN DIE URSPRÜNGLICHEN OLYMPISCHEN SPORTARTEN?

Anfangs war Laufen die einzige Sportart. Später kamen Boxen, Ringen, Wagenrennen, Pferderennen und der Fünfkampf (Laufen, Ringen, Weitsprung, Diskus- und Speerwerfen) dazu. Es gab auch Wettkämpfe in Musik, Dichtkunst und Drama.

❓ WIE SAHEN GRIECHISCHE KRIEGSSCHIFFE AUS?

Lang, schmal und schnell. Sie hatten einen scharfen Rammbock am Bug und wurden von 170 Ruderern und großen Leinensegeln vorangetrieben. Seeschlachten wurden von Schiffen ausgetragen, die sich entweder rammten oder sich nahe genug kamen, sodass Krieger auf das andere Schiff springen und auf dem feindlichen Schiff mit Schwertern und Speeren kämpfen konnten.

❓ ERFANDEN DIE GRIECHEN DAS GELD?

Nein. Die ersten Münzen wurden ungefähr um 600 v. Chr. in Lydien geprägt (Teil der heutigen Türkei). Aber die Griechen machten es den Lydiern bald nach und führten selbst Münzen ein.

GRIECHISCHE MÜNZEN

Die Eule war das Symbol der Stadt Athen.

❓ DURFTEN FRAUEN AN DEN OLYMPISCHEN SPIELEN TEILNEHMEN?

Nein. Frauen mussten den Spielen fernbleiben. Aber einmal alle vier Jahre gab es spezielle Spiele nur für Frauen. Sie wurden zu Ehren von Hera, der Gemahlin des Zeus, abgehalten.

❓ FÜHRTEN DIE GRIECHEN KRIEGE?

Ja. In den Jahren 490 und 480 v. Chr. schlugen die Griechen persische Eindringlinge zu Lande und zu Wasser. Zwischen 431 und 362 v. Chr. gab es viele Bürgerkriege. Im Jahre 338 v. Chr. wurde Griechenland von den Makedoniern erobert, und die Vorherrschaft endete.

DIE URSPRÜNGLICHEN OLYMPISCHEN SPIELE

Die Athleten waren nur wenig bekleidet oder nackt, wenn sie kämpften. Bei einem Sieg war ein Ölzweig die größte Auszeichnung und Ehre zugleich.

❓ WAS FAND VOR DEN TEMPELN STATT?

Opferrituale. Tiere und Vögel wurden getötet und auf Altären vor den Tempeln als Opfergaben den Göttern dargeboten. Die Menschen opferten aber auch Wein; dies nannte man „Libationen".

❓ WER WAREN DIE BARBAREN?

Fremde – Menschen, die kein Griechisch sprachen. Die Griechen dachten, ihre Wörter klängen wie „ba-ba".

❓ GAB ES SPIELE IN ANDEREN GRIECHISCHEN STÄDTEN?

Ja. Es gab über 200 verschiedene Sportwettkämpfe in Griechenland und den Ländern des Mittelmeerraums.

❓ WORAUS BESTANDEN DIE GRIECHISCHEN MÜNZEN?

Aus Silber und Gold. Sie waren mit Symbolen der Städte, in denen sie geprägt wurden, oder mit Porträts von Helden und Göttern verziert.

Weshalb erbaute Hadrian eine Mauer?

Um die Grenze des Römischen Reiches zu markieren und es vor Angriffen zu schützen. Der römische Kaiser Hadrian (herrschte von 117–138 n. Chr.) besuchte viele Grenzprovinzen, wie z. B. Britannien, um die Verteidigungsanlagen zu inspizieren und die dort stationierten römischen Truppen zu motivieren. Das Römische Reich erreichte unter seiner Herrschaft die größte Ausdehnung.

OLIVENÖLKRUG UND STRIGILLIES

Die Römer rieben sich Öl in die Haut und schabten dann das Öl und den Schmutz mit metallenen Strigillies (Schabern) ab, bevor sie ins entspannende Bad stiegen.

WESHALB VERBRACHTEN RÖMER SO VIEL ZEIT IM BAD?

Weil die römischen Bäder beste Orte zum Entspannen und zum Treffen mit Freunden waren. Die meisten großen Städte hatten öffentliche Badehäuser mit Dampfbädern, heißen und kalten Schwimmbädern, Sporteinrichtungen und Sklaven, die Massagen und Schönheitsbehandlungen verabreichten.

WIE ENTSPANNTEN SICH DIE RÖMER SONST?

Beim Essen und Trinken in Tavernen, mit Wettspielen, Theaterbesuchen und Besuchen bei Pferderennen und Gladiatorenkämpfen.

WIE LANGE DAUERTE DIE RÖMISCHE VORHERRSCHAFT?

Die Römer kamen ungefähr 200 v. Chr. an die Macht. Im Jahr 100 n. Chr. beherrschten sie bereits ein großes Reich. Die römische Herrschaft brach zusammen, nachdem die Stadt Rom ca. 400–500 n. Chr. von den Westgoten erobert wurde.

WAREN DIE RÖMER GUTE TECHNIKER?

Ja, sie zählten zu den besten der Welt! Sie bauten Straßen, Brücken, Aquädukte (oberirdische Bauwerke zum Transport von Wasser), Abwassersysteme und die ersten Appartements.

WER WOLLTE DIE WELTHERRSCHAFT?

Ungefähr 400 v. Chr. begannen die Römer mit den Eroberungszügen. 272 v. Chr. war ganz Italien unter ihrer Kontrolle – aber sie ließen es nicht dabei bewenden! Nachdem sie ihre Feinde in Karthago (Nordwestafrika) besiegt hatten, marschierten sie in die Länder um das Mittelmeer ein. 31 v. Chr. eroberten sie Ägypten. Zwischen 55 und 54 v. Chr. marschierten sie in Britannien ein. Im Jahr 117 n. Chr. erstreckte sich das Römische Reich von Schottland über Syrien bis zum heutigen Irak.

WER GRIFF ROM MIT ELEFANTEN AN?

Hannibal, der Befehlshaber der Karthager, die in Nordafrika lebten. Im Jahr 218 v. Chr. führte er eine große Armee mit Kriegselefanten durch Spanien und über die Alpen, um Rom anzugreifen.

HATTEN DIE RÖMER ZENTRALHEIZUNG?

Ja. Sie erfanden ein geniales System namens „Hypocaustus". Dabei wurde heiße Luft von einer zentralen Feuerstelle aus durch ziegelverlegte Rohre geleitet, die unter dem Fußboden verliefen.

WER GING ZUR RÖMISCHEN ARMEE?

Junge Männer aus dem gesamten Imperium. Rekruten mussten groß, stark und jünger als 25 Jahre alt sein und (vorzugsweise) lesen und schreiben können. Römische Bürger wurden Legionäre (reguläre Soldaten). Männer aus anderen Nationen kamen zu den Hilfstruppen.

RÖMISCHER ZENTURIO

Zenturionen waren ranghöhere Hauptleute des römischen Heeres. Bei Paraden trugen sie einen reich dekorierten Metallbrustpanzer und einen Helm, der einen üppigen Kamm aus Pferdehaar hatte.

WAS TRUGEN RÖMISCHE SOLDATEN?

Eine Uniform, die sie schützen und warm halten sollte. Es war eine Art Brustpanzer aus Metall über einer Woll- oder Leinentunika. Sie trugen außerdem feste Ledersandalen, einen dicken Umhang, einen gepolsterten Lederhelm.

WO LEBTEN DIE RÖMISCHEN SOLDATEN?

Während sie sich auf dem Marsch befanden, in Zelten aus Ziegenleder. Sonst in großen Baracken in befestigten Forts. Gruppen von acht gemeinen Soldaten teilten sich einen Raum. Zenturionen (Hauptleute) hatten ein eigenes Zimmer.

WIE LANGE DIENTEN RÖMISCHE SOLDATEN?

Ungefähr 25 Jahre lang. Danach gingen sie in den Ruhestand. Sie erhielten eine Pension und ein Zeugnis, das ihren Dienst bestätigte.

DER HADRIANSWALL

Der Hadrianswall im Norden Englands ist 120 km lang. Römische Soldaten patrouillierten entlang der Mauer und hielten Ausschau nach feindlichen keltischen Truppen. Die Kelten trugen Hosen mit Karomuster oder zogen nackt in die Schlacht, nachdem sie ihren Körper blau bemalt hatten.

Wer waren die Angreifer vom Meer?

Die Wikinger! Es waren kühne, blutrünstige Krieger, die die Völker in ganz Europa terrorisierten. Sie zogen von Schottland bis nach Italien und töteten, verbrannten oder plünderten alles, was sie nur konnten. Das Leben in der kalten Heimat der Wikinger war hart und entbehrungsreich, also segelten sie auf der Suche nach einem besseren Leben fort und hofften, durch die Eroberung reicherer Länder selbst zu Reichtum zu kommen. Allerdings waren nicht alle Wikinger Räuber. Viele waren friedliche Jäger und Bauern, die den Großteil ihres Lebens zu Hause verbrachten.

? ERREICHTEN DIE WIKINGER AMERIKA?

Ja, ungefähr im Jahr 1000 n. Chr. Ein Krieger namens Leif Eriksson segelte von Grönland in Richtung Westen, bis er „Winland" (das heutige Neufundland) erreichte. Er gründete dort eine Ansiedlung, beschloss aber, wieder in seine Heimat zurückzukehren.

? WORAUS WAREN IHRE SCHIFFE GEBAUT?

Aus schmalen, biegsamen Holzplanken, die an einem soliden hölzernen Kiel befestigt waren. Die Langschiffe der Wikinger waren schmal und äußerst schnell. Sie wurden durch Ruderer bewegt oder vom Wind über ein großes quadratisches Segel vorangetrieben.

? WESHALB KÄMMTEN DIE WIKINGER IHRE BÄRTE?

Weil sie gut aussehen wollten, um eine Frau zu finden! In ihrer Heimat achteten alle Wikinger auf ihr Äußeres und waren sehr reinlich. Sie kämmten sich das Haar und nahmen Dampfbäder. Der Dampf entstand durch das Begießen rot glühender Steine mit Wasser. Die Männer und Frauen trugen stolz die besten Kleider, die sie hatten, und beide Geschlechter liebten schönen Schmuck, schminkten sich die Augen und malten sich die Wangen rot an.

? WAREN DIE WIKINGER GUTE SEELEUTE?

Ja. Sie segelten tausende von Meilen in kleinen Holzbooten über die eisigen Nordmeere, den Elementen schutzlos ausgesetzt. Sie lernten zu navigieren, indem sie Fischschwärme, fliegende Vögel, Meeresströmungen, Wellen und die Sterne genau beobachteten.

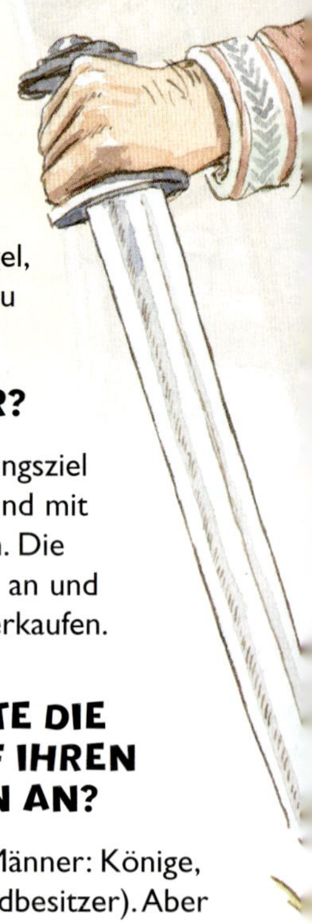

? WAS RAUBTEN DIE WIKINGER?

Alle möglichen Schätze. Kirchen waren ein Lieblingsziel ihrer Angriffe, weil sie voller goldener Kreuze und mit Edelsteinen verzierter heiliger Bücher waren. Die Wikinger griffen auch Bauernhöfe und Dörfer an und entführten Menschen, um sie als Sklaven zu verkaufen.

WIKINGERBROSCHE

Diese schöne handgefertigte Brosche diente dazu, einen Umhang schnell an der Schulter zu befestigen.

? WANN HERRSCHTEN DIE WIKINGER?

Die Wikinger segelten um 800 n. Chr. erstmals in Richtung Süden, um den Rest Europas zu erobern. Überfälle fanden bis ca. 1100 n. Chr. immer wieder statt.

? WER FÜHRTE DIE WIKINGER AUF IHREN RAUBZÜGEN AN?

Meist die mächtigsten Männer: Könige, Grafen und Thegne (Landbesitzer). Aber manchmal wurden die Krieger auch von Gesetzlosen angeführt, die von ihrem Stamm ausgestoßen worden waren, weil sie dauernd nur Unruhe stifteten.

WER HALF DEN KRIEGERN UND SIEDLERN?

Die Wikinger beteten zu vielen verschiedenen Gottheiten. Thor sandte den Donner und beschützte die Handwerker. Wodan war der Gott der Weisheit und des Krieges. Die freundliche Göttin Freya schenkte ihnen Frieden und reiche Ernten.

EIN WIKINGERKAMM

Der Griff dieses Wikingerkamms war aus einem Elchgeweih hergestellt.

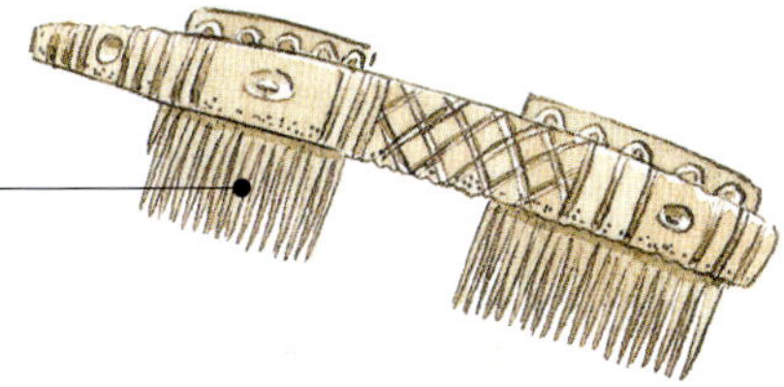

WO WAR DIE HEIMAT DER WIKINGER?

In den Ländern, die wir heute Skandinavien nennen also Norwegen, Schweden und Dänemark. Das Wort Wikinger leitet sich vom skandinavischen Wort „wik" her. Es bedeutet eine kleine Bucht am Meer. Dort versteckten sich die Wikinger, bevor sie zu ihren Raubzügen aufbrachen.

WIKINGERKRIEGER

Krieger der Wikinger springen aus ihren Langbooten und stürmen den Strand entlang, um einen ihrer Überraschungsangriffe zu starten.

Wer erklomm Treppen, um Sterne zu beobachten?

Priester und Schreiber der Maya, die in Mittelamerika in der Zeit zwischen ca. 200 und 900 n. Chr. herrschten. Sie errichteten riesige Stufenpyramiden mit Tempeln und Sternwarten auf deren Spitze. Die Maya waren hervorragende Astronomen und Mathematiker. Sie erstellten äußerst genaue Kalender und erfanden ein Zahlensystem, das aus nur drei Symbolen bestand – Muscheln, Streifen und Punkten.

DAS GOLD DER INKA

Die Inka brachten ihren Göttern Opfer aus Gold, wie diese Figur eines Lamas.

WESHALB WAREN LAMAS SO WICHTIG?

Weil sie in der Heimat der Inka in einer Höhe von über 3000 m überleben konnten. Dort war es kalt und windig und es gediehen nur wenige Pflanzen. Die Inka webten Kleidungsstücke und Decken aus der weichen, warmen Wolle der Lamas und nutzten Lamas, um schwere Lasten über die steilen Bergpässe zu transportieren.

WER WAREN DIE INKA?

Ein Volk, das hoch in den Anden Südamerikas lebte (Teil des heutigen Peru). Sie herrschten von 1438 bis 1532 n. Chr. über ein mächtiges Reich.

WORAUS WAREN DIE PALÄSTE DER MAYA ERBAUT?

Aus großen Steinquadern oder Lehmziegeln, die mit einer Schicht Gips überzogen und danach mit Bildern von Göttern und Königen verziert wurden. Die Mayatempel wurden auf gleiche Weise errichtet, aber leuchtend rot gestrichen.

WAS WAR EIN HUACA?

Ein heiliger Platz der Inka in den Bergen, in Flüssen und Höhlen. Die Inka glaubten, dass dort mächtige Geister wohnten. Sie hinterließen ihnen Opfergaben, die die Geister freundlich stimmen sollten. Reiche Inka opferten dort auch Speisen oder Kleider, arme Menschen Grashalme, Wassertropfen oder gar nur eine Augenwimper.

WER WAREN DIE AZTEKEN?

Die Azteken waren wandernde Jäger, die um 1200 n. Chr. Mexiko besiedelten. Sie kämpften gegen die einheimischen Stämme, bauten eine riesige Stadt auf einer Insel in einem sumpfigen See und wurden bald reich und mächtig.

WER SCHRIEB IN BILDERN?

Schreiber der Maya und Azteken. Die Maya erfanden die erste Schrift in Amerika. Sie verwendeten ein System aus Bilderzeichen, die so genannten Maya-Hieroglyphen. Die Maya und Azteken schrieben in Zickzack-Faltbüchern oder Codices aus Papier, das aus der Rinde des Feigenbaums gefertigt wurde.

WER FÜHRTE BLUMENKRIEGE?

Krieger der Azteken, die mit Pfeil und Bogen sowie mit Messern und Keulen bewaffnet waren. Im 15. und frühen 16. Jahrhundert bekämpften sie andere Stämme Mexikos in den so genannten Blumenkriegen. Die Azteken glaubten, dass das Blut ihrer Gegner die Erde fruchtbarer machen würde und dabei half, Blumen und Getreide besser wachsen zu lassen. Sie opferten Gefangene und boten ihre Herzen den Göttern als Opfer dar.

WER WAR DIE GROSSE GEFIEDERTE SCHLANGE?

Ein wichtiger Gott der Azteken – sein richtiger Name war Quetzalcoatl. Die Azteken glaubten, dass er sie eines Tages heimsuchen würde, um die Welt zu vernichten. Quetzalcoatl wurde in vielen aztekischen Zeichnungen und Skulpturen dargestellt. Er wurde auch von vielen anderen südamerikanischen Völkern verehrt und gefürchtet.

GEFIEDERTER GOTT
Der Gott Quetzalcoatl, gezeichnet von einem Aztekenschreiber

WIE ZEICHNETEN DIE INKA VERGANGENE EREIGNISSE AUF?

Auf Bündeln verknoteter Fäden, genannt Quipu. Das Muster der Knoten formte einen geheimen Code, den heute niemand mehr entschlüsseln kann.

WER ERFAND DIE SCHOKOLADE?

Die Azteken. Sie brauten ein sämiges Schokoladegetränk aus gemahlenen Kakaobohnen und Honig und schmeckten es mit Gewürzen ab. Auch heute verwenden wir noch ein ähnliches Wort wie die Azteken – „chocolatl".

WER WAR DER SOHN DER SONNE?

Der Herrscher der Inka – ein König, der verehrt und gefürchtet wurde. Die Inka glaubten, dass er von Inti, dem Sonnengott, abstammte. Der bedeutendste Inkaführer war Pachachuti Yupanqui (er herrschte von 1438 bis 1471), der viele Nachbarländer eroberte.

WIE VERLOREN DIE MAYA, AZTEKEN UND INKA IHRE MACHT?

Sie wurden von den spanischen Eroberern unterworfen, die Anfang des 16. Jahrhunderts nach Amerika kamen und dort nach Schätzen suchten – vor allem nach Gold.

MAYAPALAST, PALENQUE
Dieser hohe Turm wurde um 600 n. Chr. auf einem der prächtigen Königspaläste der Maya in Palenque errichtet. Schreiber und Priester erklommen die Spitze, um die Sterne zu beobachten.

Was waren die Wüstenschiffe?

Kamele, die den reisenden arabischen Händlern gehörten, die in Arabien lebten. Sie waren die einzigen Tiere, die lange genug ohne Nahrung und Wasser überleben konnten, um, schwer beladen mit wertvollen Handelsgütern, die anstrengenden Reisen durch die heißen, trockenen Wüstengebieten zu überstehen. Kamele rochen zwar schlecht und hatten oft üble Laune, aber sie waren für ihre Besitzer extrem wertvoll.

WAS IST DER ISLAM?

Der religiöse Glaube, der auf den Propheten Mohammed zurückgeht. Die Menschen, die dem Islam folgen, nennt man Moslems.

DURCH DIE WÜSTE

Moslemische Händler führten Kamelkarawanen, beladen mit wertvollen Gütern, durch die Wüsten Arabiens. Sie transportierten Weihrauch (das wohlriechende Harz eines arabischen Baums), Perlen, feine Glaswaren und vieles mehr.

WER LEBTE IN EINER KREISFÖRMIGEN STADT?

Die Bewohner der Stadt Bagdad, die 762 n. Chr. vom Kalifen Al-Mansur gegründet wurde, dem mächtigsten Moslemherrscher seiner Zeit. Er stellte die besten Baumeister an, um diese riesige Stadt zu errichten, die mit einer starken Mauer umgeben wurde. Sein Königspalast befand sich im Zentrum des Kreises, die Regierungsgebäude und Unterkünfte der Soldaten daneben. Es gab Moscheen, Krankenhäuser, Schulen, Bibliotheken, Märkte, Springbrunnen und Gärten.

ASTROLABIUM

Das Instrument diente den Seefahrern zur Navigation.

WO BEFAND SICH DIE MOSLEMISCHE WELT?

Zwischen 700 und 1200 umfasste die moslemische (islamische) Welt das südliche Spanien, Nordafrika, Nordwestindien, Zentralasien und beinahe den gesamten Nahen und Mittleren Osten. Sie wurde von moslemischen Herrschern regiert und unterstand deren Gesetzen. Moslemische Wissenschaftler und Gelehrte verfassten Bücher auf Arabisch, und die Menschen hatten viele gemeinsame Traditionen und Gebräuche.

WOHIN SEGELTEN DIE MOSLEMISCHEN HÄNDLER?

Über das Mittelmeer, entlang der Ostküste Afrikas, über den Indischen Ozean, bis nach Indonesien. Sie handelten mit Silber, Glas, Parfüm, Stoffen, Kräutern, Gewürzen, aber auch mit Sklaven.

WER WAREN DIE MONGOLEN?

Nomadische Stämme, die über die riesigen Ebenen Zentralasiens zogen. Sie züchteten Pferde, Schafe und Ziegen und lebten in Zelten aus Filz, die Jurten genannt wurden.

DAS MINARETT VON SAMARRA

Ein Muezzin (Gebetsrufer) stieg fünfmal am Tag auf die Turmspitze, um die Gläubigen zum Gebet zu rufen.

WER ERFAND DAS ASTROLABIUM?

Moslemische Wissenschaftler um das Jahr 000 n. Chr. Astrolabien waren wissenschaftliche Geräte, die Seeleuten halfen, ihre Position zu bestimmen, wenn sie sich auf hoher See befanden. Ihre Funktion beruhte auf der Höhenmessung der Sonne über dem Horizont.

WANN GRIFFEN DIE MONGOLEN AN?

Im Jahre 1206 n. Chr. vereinigten sich alle mongolischen Stämme unter ihrem Führer Temutschin. Er nahm den Titel Dschingis Khan (oberster Herrscher) an und brach auf, um die Welt zu erobern. Im Jahr 1258 n. Chr. zerstörten seine Armeen Bagdad. Um 1279 beherrschten die Mongolen ein riesiges Reich, das sich von China bis Osteuropa erstreckte.

WO BEFINDET SICH DIESES SPIRALMINARETT?

In Samarra im heutigen Irak. Es ist Teil einer Moschee (Gotteshaus), die für die Kalifen von Bagdad um das Jahr 848 n. Chr. erbaut wurde. Zu dieser Zeit gab es Moscheen von Afghanistan im Osten bis Spanien im Westen.

WER WAR DER PROPHET MOHAMMED?

Ein religiöser Führer, der von 570 bis 632 n. Chr. in Arabien lebte. Er lehrte die Menschen, Allah (Gott) zu verehren. Mohammed berichtete, dass er viele Offenbarungen (Nachrichten) von Gott erhalten habe, die besagten, wie man ein gottgefälliges Leben führt. Sie wurden im Koran niedergeschrieben.

WAS WAREN DIE KREUZZÜGE?

Eine Reihe von Kriegen zwischen Christen und Moslems um die Vorherrschaft in Jerusalem (im heutigen Israel), da die Stadt sowohl den Moslems aber auch den Christen und Juden heilig war. Die Kreuzzüge begannen im Jahr 1096 mit dem Angriff der Christen. Sie endeten im Jahr 1291, als moslemische Soldaten die Christen zum Rückzug zwangen.

Wodurch wurde China so reich?

Durch die Erfindungen der chinesischen Gelehrten wurde das Land produktiv und China wohlhabend. Im Mittelalter erzielten die Chinesen unglaubliche Fortschritte in der Landwirtschaft. Sie legten ein Netz von Bewässerungskanälen an, um Wasser zu den Reisfeldern zu leiten. Sie bauten Vorrichtungen wie fußbetriebene Pumpen (siehe unten), um Wasser aus Kanälen auf die Felder zu leiten. Sie ersannen Möglichkeiten, Obst und Gemüse mit menschlichen Exkrementen zu düngen.

WEM WAR DIE EHRE WICHTIGER ALS DAS LEBEN?

Japanischen Kriegern, den so genannten Samurai, die ab ca. 1200 n. Chr. sehr einflussreich waren. Sie lernten, entsprechend einem strengen Ehrenkodex zu kämpfen, und glaubten, es sei besser, Selbstmord zu begehen, als eine Niederlage zu erleiden.

WAS WAR DAS GRÖSSTE GEHEIMNIS CHINAS?

Die Erzeugung von Seide. Jahrhundertelang konnte niemand das Geheimnis ihrer Herstellung lüften. Chinesinnen fütterten die Larven des Seidenspinners mit Maulbeerblättern. Die Larven spannen Fäden, puppten sich darin ein und erzeugten so Kokons. Arbeiter dämpften diese Kokons, spannen den Faden, färbten ihn und verwebten ihn zu Tuchbahnen.

FUSSBETRIEBENE WASSERPUMPE

Mehrere Männer arbeiteten oft stundenlang auf dieser Vorrichtung. Hölzerne Bretter beförderten das Wasser aufwärts, damit Felder bewässert werden konnten.

MING-VASE

Chinesische Töpfer setzten Ton oft bis zu 40 Jahre lang der Witterung aus, bevor sie ihn zu Gefäßen formten und bei äußerst heißen Temperaturen brannten, bis er so glatt wie Glas wurde.

WARUM IST CHINESISCHES PORZELLAN SO BERÜHMT?

Wegen der feinen Gefäße und Figuren, die chinesische Töpfer herstellten. Sie wurden in vielen Teilen der Welt bewundert und hoch geschätzt. Chinesische Töpfer erfanden viele neue Techniken und Formen. Einige ihrer bekanntesten Stücke wurden mit blauer und weißer Glasur versehen wie diese Vase aus dem Jahr 1350 n. Chr.

WO VERLIEF DIE SEIDENSTRASSE?

Von den reichen chinesischen Städten durch die Wüste Gobi, die Gebirge Zentralasiens zu den Handelsstädten im Nahen und Mittleren Osten bis zum Mittelmeer. Europäische Händler waren mehrere Jahre entlang der Seidenstraße unterwegs, um Seide oder Porzellan nach Europa zu bringen.

WO BEFAND SICH DAS REICH DER MITTE?

Die Chinesen glaubten, dass ihr Land sich in der Mitte der Welt befände, deshalb nannten sie es das Reich der Mitte. China war tatsächlich über viele Jahrhunderte eine der größten, reichsten und fortgeschrittensten Zivilisationen der Erde. Während der Tang- und Song-Dynastien (die von 618–1270 n. Chr. herrschten) waren die chinesischen Städte Changan (heute Xian) und Kinsai (das heutige Huangzhou) die größten Städte der Welt und äußerst wohlhabend. Zur selben Zeit machten chinesische Wissenschaftler und Erfinder viele wichtige Erfindungen, zum Beispiel die Papierherstellung, das Porzellan, Raketen, das Schießpulver, Banknoten und Uhrwerke.

WANN WURDE DAS ERSTE BUCH DER WELT GEDRUCKT?

Keiner weiß das mit Sicherheit, aber vermutlich zwischen 600 und 800 n. Chr. in China. Das älteste noch existierende Buch der Welt ist „Das Diamant-Sutra", eine Sammlung religiöser Texte, das ebenfalls in China im Jahr 868 n. Chr. gedruckt wurde.

OCHSENKARREN

Tonmodell eines Ochsenkarrens auf der Seidenstraße. Die Wagen wurden aus Holz und geflochtenem Bambus hergestellt und hatte stabile Holzräder.

WER SCHRIEB EINEN DER ERSTEN ROMANE DER WELT?

Die Hofdame Murasaki, die um 1015 n. Chr. am japanischen Hof lebte. Japanische Höflinge liebten Musik, Dichtung, Malerei, anmutige Gebäude und exotische Gärten. Sie lebten abgeschottet von den einfachen Leuten, deren Leben schwierig und hart war.

WER FÜHRTE SEINE HERKUNFT AUF DIE SONNENGÖTTIN ZURÜCK?

Die Kaiser von Japan. Der erste japanische Kaiser lebte um 660 v. Chr. Seine Nachfolger waren bis 1192 n. Chr. an der Macht. Danach regierten Heerführer, Shogune genannt, und überließen den Kaisern nur religiöse und zeremonielle Aufgaben.

WER ERLIESS GESETZE ÜBER RÄDER?

Shi Huang, der erste chinesische Kaiser, der das Land vereinte, erließ strenge Gesetze, reformierte die Münzprägung und ließ alle Bücher verbrennen, deren Inhalt ihm nicht gefiel. Er regierte von 221–207 v. Chr. und wurde mit 6000 Soldaten aus Terrakotta begraben, die den Eingang zu seinem Grab bewachen sollten. Er wollte verhindern, dass Wagen zusammenstießen, und erließ daher ein Gesetz, dass alle Räder im selben Abstand angebracht werden mussten.

Wer kämpfte in Rüstungen?

Könige, Edelleute und Ritter, die im Mittelalter in Europa lebten. Zu dieser Zeit wurden Männer aus Adelsfamilien dazu erzogen, zu kämpfen und Soldaten in die Schlacht zu führen. Das war laut Gesetz ihre Pflicht. Um das Jahr 1000 n. Chr. trugen Ritter einfache Kettenhemden, aber um ca. 1450 n. Chr. bestand die Rüstung aus geformten Metallplatten, die sorgfältig aneinander gepasst wurden. Die teuersten Rüstungen wurden mit eingravierten Mustern oder Gold verziert.

❓ WELCHER RUSSISCHE ZAR WAR SCHRECKLICH?

Iwan IV., der 1533 im Alter von nur drei Jahren zum Zaren ernannt wurde. Er war intelligent, aber unbarmherzig und tötete jeden, der sich ihm widersetzte. Er eroberte weite Gebiete Sibiriens und erließ Gesetze, durch die russische Bauern zu Leibeigenen, also zu unfreien Menschen, ähnlich wie Sklaven, wurden.

RITTER BEIM ZWEIKAMPF

Zum Spaß und zur Übung fochten Ritter Scheinkämpfe aus, die Turniere oder Zweikämpfe genannt wurden.

❓ WANN WAR DAS MITTELALTER?

Manche sagen, das Mittelalter begann ungefähr im Jahr 500, andere sagen um 1000 n. Chr. Aber alle sind sich einig, dass es ungefähr um 1500 endete.

❓ WIE VIEL WAREN SCHLACHTRÖSSER WERT?

Das Schlachtross eines Ritters war sein wichtigster Besitz. Es kostete ihn so viel wie heute ein kleines Privatflugzeug oder das teuerste Luxusauto.

❓ WELCHE ARBEIT WAR DAMEN ANGEMESSEN?

Wenn die Ritter in den Krieg zogen, herrschten ihre Frauen im Schloss. Sie überwachten den Haushalt und besprachen Geschäfte und politische Fragen mit wichtigen Besuchern. Manche Frauen kämpften auch, um ihre Schlösser zu verteidigen.

DIE GUILLOTINE

Der Hals des Gefangenen wurde zwischen zwei ausgeschnittene Holzblöcke am Fuße der Guillotine geklemmt, und das Fallbeil sauste herab.

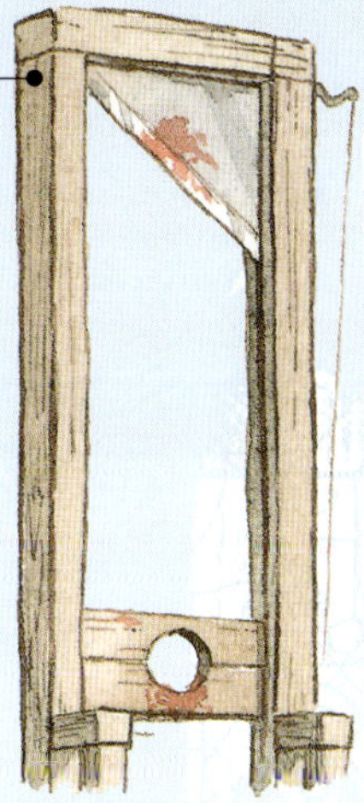

WER BESTELLTE LAND, DAS IHM NICHT GEHÖRTE?

Arme Bauern. Im Mittelalter gehörte alles Land dem König oder Adligen. Sie ließen die Bauern in ärmlichen Hütten wohnen und erhielten dafür Abgaben oder deren Arbeitskraft auf dem Feld. Manchmal lehnten sich die Bauern aber dagegen auf.

WAS WAR DAS „ANCIEN REGIME“?

Eine Regierungsform, die in vielen Teilen Europas zwischen 1600 und 1800 vorherrschte. Damals regierten Könige und Königinnen, ohne auf die einfachen Menschen in ihrem Land Rücksicht zu nehmen. Dadurch wurden die Könige und Adligen sehr reich und mächtig, fast alle anderen Menschen hingegen machtlos und arm.

WELCHER FRANZÖSISCHE KÖNIG VERLOR SEINEN KOPF?

Ludwig XVI. Er unterdrückte das Volk, das sich gegen den König erhob. Im Jahr 1789 begann die Französische Revolution. Drei Jahre später wurde Ludwig XVI. auf der Guillotine geköpft.

WER ERBAUTE SCHLÖSSER UND KATHEDRALEN?

Könige und reiche Adlige, die im Mittelalter in Europa lebten. Die ersten Schlösser waren eher finstere Trutzburgen. Später wurden sie zu prunkvollen Wohnsitzen. Sie wurden mit Schnitzereien, Gemälden und schönen Möbeln ausgestattet. Manche Schlösser besaßen sogar große Parks. Kathedralen waren sehr große Kirchen in Städten. Kaufleute, Handwerker und andere reiche Bürger spendeten Geld, um sie zu erbauen. Sie wollten dort beten – und auch ein schönes Bauwerk entstehen lassen, das ihrer Stadt zu Ruhm verhelfen sollte.

WER WAR DIE „JUNGFRÄULICHE KÖNIGIN“?

Elisabeth I. von England, die von 1556 bis 1603 regierte – zu einer Zeit, da viele Menschen glaubten, dass Frauen zum Herrschen nicht geeignet seien. Elisabeth zeigte, dass sie Unrecht hatten. Unter ihrer Führung wurde England immer mächtiger. Sie beschloss, nicht zu heiraten, weil sie keinen Mann finden konnte, der ihr nicht die Macht nehmen wollte.

WER BETETE DEN GANZEN TAG?

Mönche und Nonnen verbrachten ein Drittel ihres Lebens mit Beten. Sie gelobten, nie zu heiraten, und widmeten ihr Leben Gott.

WER TAUSCHTE SALZ GEGEN SANDELHOLZ UND GOLD?

Händler von der Nordküste Afrikas, die durch die Sahara zogen, um mit den Menschen in den westafrikanischen Königreichen Ghana, Mali und Songhay Handel zu treiben. Sie waren zwischen etwa 700 bis 1600 sehr mächtig. Zu dieser Zeit wurde in den Flussbetten westafrikanischer Flüsse Gold gefunden, und wohlriechendes Sandelholz stammte von tropischen Bäumen.

Wer baute seiner Frau ein schönes Grabmal?

Der Mogulkaiser Schah Dschahan (er herrschte von 1628–1658). Er war in großer Trauer, als seine Frau Mumtaz Mahal bei der Geburt ihres vierzehnten Kindes starb, sodass er eine wunderbare Grabstätte errichten ließ, die er Taj Mahal nannte. Das Gebäude besteht aus reinem weißem Marmor und ist mit Gold und Halbedelsteinen verziert.

WER WAR DIE GROSSE ELEFANTENKUH?

Es war eine Ehrenbezeichnung, die der Königinmutter in den südafrikanischen Königreichen, die heute zu Botswana und dessen Nachbarstaaten gehören, verliehen wurde. Der Titel ehrte sie als Mutter des Königs und bezeugte ihre Macht.

WER LEBTE IN EINEM ROSENBEDECKTEN PALAST?

Die Herrscher von Vijayanagar, einem Königreich in Südindien. Ihr Königspalast war mit geschnitzten Rosen und Lotosblüten bedeckt und von Teichen und Gärten umgeben. Vijayanagar wurde im Jahr 1565 von den Mogul-Kaisern erobert.

WOHIN SEGELTEN DHAUEN, UM ZU HANDELN?

Dhauen waren Schiffe reicher Händler, die in Häfen wie Kilwa in Ostafrika ihre Geschäfte betrieben. Sie segelten zum Roten Meer und zum Persischen Golf, um Perlen und Duftstoffe zu kaufen. Sie fuhren über den Indischen Ozean nach Indien, um mit Seide und Juwelen zu handeln, und nach Malaysia, um Gewürze zu kaufen.

WER WAR DER TIGERKÖNIG?

Tippu Sultan, der von 1785–1799 König des südindischen Staats Mysore war. Tippu heißt Tiger, und der Kaiser kämpfte wie ein wilder Tiger, um sein Land gegen britische Eindringlinge zu verteidigen.

TAJ MAHAL

Eines der schönsten Gebäude der Welt, der Taj Mahal bei Agra in Indien, wurde zwischen 1632 und 1652 erbaut.

❓ WELCHE KÖNIGE BAUTEN HOHE STEINTÜRME?

Die Shonakönige in Südostafrika, die eine Stadt namens Groß-Zimbabwe errichteten. Der Name Zimbabwe bedeutet Steingebäude – und die Stadt war ebenso eine Festung. Von dort aus herrschten die Shonakönige von 1200 bis 1600 über ein mächtiges Reich. Die Shona waren ursprünglich Bauern, die Hirse anbauten und Vieh züchteten. Später wurden sie geschickte Bergleute und Metallbearbeiter. Sie tauschten mit arabischen Händlern, die an der ostafrikanischen Küste lebten, Gold, Kupfer, Eisen, Elfenbein und Leder gegen Glas und feinstes Porzellan.

❓ WIE LANGE HERRSCHTEN DIE MOGUL-KAISER?

Über drei Jahrhunderte – von 1526 bis 1858. Aber ab ungefähr 1750 waren die Mogul-Kaiser schwach und machtlos. Der letzte Mogul-Kaiser verlor seinen Thron, als die britische Kolonialmacht nach einer Rebellion indischer Soldaten, die für die britische Ostindische Kompanie arbeiteten, im Jahr 1857 die Herrschaft über Indien übernahm.

❓ WER GRÜNDETE EINE NEUE RELIGION IN INDIEN?

Guru Nanak, ein religiöser Lehrer, der von 1469 bis 1539 in Nordwestindien lebte. Er lehrte, dass es einen einzigen Gott gibt, und dass alle Menschen einander respektieren sollten wie Brüder und Schwestern. Seine Anhänger sind die Sikhs.

❓ WESHALB GINGEN BRITISCHE HÄNDLER NACH INDIEN?

Um reich zu werden! Sie wussten, dass indische Güter – vor allem Baumwollstoffe, Arzneien und Farben – in Europa hohe Preise erzielen konnten. Im Jahr 1600 riefen sie die Ostindische Kompanie ins Leben, um den Handel zu organisieren. Die Gesellschaft wurde sehr reich und verfügte über ihre eigene Privatarmee.

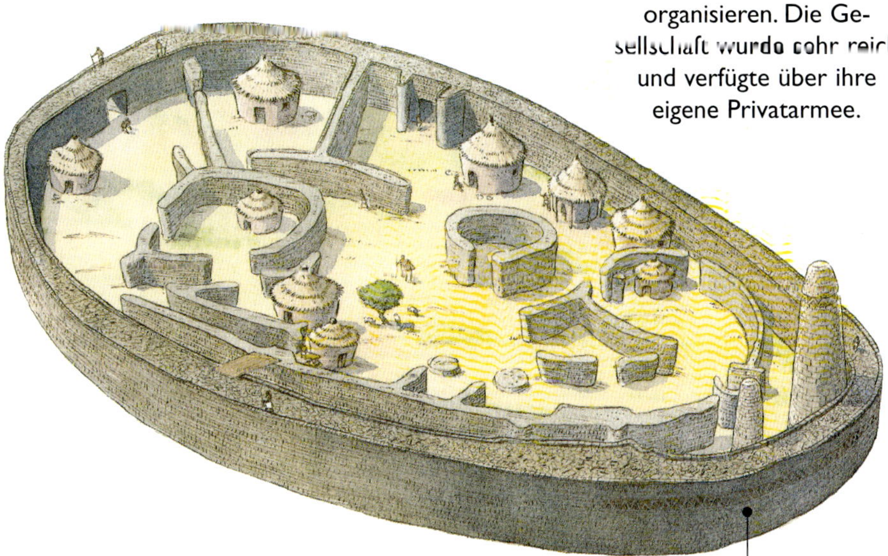

DIE BEFESTIGTE STADT GROSS-ZIMBABWE

Diese beeindruckende Stadt wurde aus sorgfältig geformten Steinquadern erbaut. Die Shonakönige lebten dort mit ihren Dienern und Kriegern. Getreide wurde in den hohen Türmen aufbewahrt. Die Häuser wurden aus Erde gefertigt und mit Gras gedeckt, das von Holzpfählen gestützt wurde.

❓ WELCHE AFRIKANISCHE STADT HATTE EINE BERÜHMTE UNIVERSITÄT?

Timbuktu im heutigen Mali, Westafrika. Die Stadt wurde im 11. Jahrhundert gegründet und entwickelte sich zu einem wichtigen Zentrum für gelehrte Moslems aus vielen Ländern. Timbuktu besaß auch viele Moscheen, Märkte, einen Königspalast und eine Bibliothek.

❓ WER SCHUF SCHÖNE STATUEN AUS MESSING UND BRONZE?

Künstler und Handwerker, die in dem Königreich Benin (Teil des heutigen Nigeria) lebten, das zwischen ca. 1400 und 1900 sehr mächtig war. Die Statuen schmückten den Königspalast und wurden zur Ehrung der Vorfahren auf Familienaltäre gestellt.

❓ WER EROBERTE MIT NUR 14 JAHREN EIN KÖNIGREICH?

Prinz Babur, der von dem großen Dschingis Khan abstammte. 1497 eroberte er die zentralasiatische Stadt Samarkand und machte sie zur Hauptstadt seines Königreichs. Er fiel in Afghanistan ein und eroberte im Jahr 1526 Nordindien. Er begründete in Indien eine neue Herrscherdynastie – die Mogul-Kaiser.

Wer umsegelte die Welt?

Die erste Weltumsegelung gelang den Seeleuten der „Vittoria", jenem Schiff, das Ferdinand Magellan, ein portugiesischer Entdecker, befehligte. Im Jahr 1519 segelte er von Europa in Richtung Osten, starb aber bei einem Kampf auf den Philippinen. Der Großteil seiner Besatzung starb ebenfalls an Hunger oder Krankheiten. Einige Überlebende unter der Führung des Kapitäns Sebastian del Cano führten jedoch die geplante Reise zu Ende und kehrten schwach, aber erfolgreich, im Jahr 1522 nach Europa zurück.

DIE „VITTORIA"

Magellan brach mit einer Flotte von fünf Schiffen von Europa aus auf, doch nur die „Vittoria" vollendete die Reise.

WIE ÜBERQUERTEN DIE MAORI DEN PAZIFIK?

Mit großen Auslegerkanus. Sie steuerten die Boote, indem sie die Wellen und Sterne beobachteten und aus Zweigen und Muscheln Karten anfertigten, die ihnen beim Navigieren halfen.

❓ HABEN DIE ABORIGINES IMMER SCHON IN AUSTRALIEN GELEBT?

Nein, sie kamen vermutlich ca. um 50 000 v. Chr. von Südostasien nach Australien. Historiker glauben, dass sie auf großen Flößen oder in langen Booten aus ausgehöhlten Baumstämmen über das Meer nach Australien gelangten.

❓ WIE HALFEN SEELEUTE DER WISSENSCHAFT?

Indem sie die Pflanzen, Fische und Tiere auf ihren Reisen beobachteten und einzelne Exemplare davon nach Europa brachten. Als James Cook die Südsee erforschte, hatte er Künstler und Wissenschaftler an Bord, um das Gesehene aufzuzeichnen.

❓ WER ENTDECKTE AUS VERSEHEN AMERIKA?

Der italienische Seefahrer Christoph Kolumbus. Im Jahr 1492 segelte er von Spanien über den Atlantik in Richtung Westen. Er hoffte, China oder Indien zu erreichen, kam stattdessen aber in Amerika an und wusste dies nicht einmal!

❓ KURZE GESCHICHTE ZUR ERFORSCHUNGEN DER OZEANE

1304–1377 Ibn Battuta segelt nach Indien und China.

1405–1433 Cheng Ho reist nach Afrika und Indonesien.

1419 Portugiesische Entdecker segeln entlang der Westküste Afrikas.

1492 Kolumbus entdeckt zufällig Amerika.

1497 Vasco da Gama segelt um Afrika nach Indien.

1519–1522 Magellans Schiff umsegelt die Welt.

1577–1580 Francis Drake umsegelt die Welt.

1642 Abel Tasman entdeckt Tasmanien bei Australien.

1768–1779 James Cook erforscht die Südsee.

❓ WER LEBT IN DER AUSTRALISCHEN WÜSTE?

Die Aborigines leben seit Jahrtausenden in der Wüste. Sie machten wertvolle Erfahrungen mit der Wüstenlandschaft und entwickelten besondere Fertigkeiten zum Überleben. Sie lernten, unter der Erde Wasser zu finden und die nahrhaften Wurzeln auszugraben, die tief in der Erde verborgen waren. Sie fanden heraus, welche Samen, Beeren, Larven und Tiere essbar waren. Sie fanden heraus, wie man das Feuer nutzen konnte, um die Erde fruchtbar zu machen, und wie man wilde Pflanzen kultivieren konnte. Außerdem erfanden sie Wurfhölzer, die Bumerangs genannt werden, um zu jagen.

ABORIGINE-JÄGER

Aborigines verwendeten Speere, um Kängurus zu jagen.

❓ WER WAREN DIE ERSTEN MENSCHEN, DIE NEUSEELAND ENTDECKTEN?

Die Maori. Sie verließen um 950 n. Chr. andere pazifische Inseln und landeten an der Küste Neuseelands, die bis dahin unbewohnt war. Um ungefähr 1400 hatten sich die Maori bereits über die gesamte Insel verbreitet

❓ WOZU DIENTEN DINGOS?

Dingos sind verwilderte Hunde. Sie kamen durch Seefahrer ungefähr 2000 v. Chr. nach Australien und dienten als Wachhunde. Sie hielten auch die Aborigines warm, wenn sie in der Wüste, in der es nachts sehr kalt wird, um ihr Lagerfeuer schliefen.

❓ WER ERFORSCHTE DIE ÖSTLICHEN MEERE?

Der Entdecker Ibn Battuta, der in Tanger, Nordafrika, geboren wurde, segelte im 14. Jahrhundert nach Indien und China. Ihm folgte Cheng Ho, ein chinesischer Admiral, der zwischen 1405 und 1433 sieben lange Reisen unternahm. Cheng erforschte die Meere vor Indien, Arabien und die Ostküste Afrikas. Er segelte auch in Richtung Süden nach Malaysia und Indonesien.

Wer lebte auf den großen amerikanischen Ebenen, den Plains, in Zelten?

Indianische Stämme, wie die Sioux/Dakota und die Cheyenne. Sie zogen im Sommer und Herbst über die weiten Grasländer der Plains und folgten Herden von Büffeln, die sie erlegten, um Fleisch und Häute zu erhalten. Im Winter siedelten sie in geschützten Tälern oder Wäldern. Bevor sich europäische Einwanderer in Amerika ansiedelten und ihre Pferde mitbrachten, zogen die Indianer zu Fuß über die Großen Ebenen. Sie hatten keine Reittiere – die uramerikanischen Pferde starben vermutlich schon 10 000 v. Chr. aus.

? LEBTEN INDIANER IN GROSSEN STÄDTEN?

Ja, einige. Die Menschen, die zwischen 700 und 1200 am Mississippi lebten, errichteten riesige Städte als Landwirtschafts- und Handelszentren. Die größte Stadt hieß Cahokia, und ungefähr 10 000 Menschen lebten dort.

ZU HAUSE IN DEN PLAINS

Eine indianische Frau und ihr Kind verabschieden sich von einem Jäger vor ihrem Tipi. Der Jäger reitet ohne Sattel. Das Abbrechen und das Wiederaufbauen der Zelte war reine Frauenarbeit. Wenn die Frauen gut zusammenarbeiteten, konnten sie einen ganzen Siedlungsplatz an nur einem Morgen abräumen und auf den Lasttieren verstauen.

? WER WAREN DIE ERSTEN EUROPÄISCHEN SIEDLER IN AMERIKA?

Spanische Missionare, die sich im heutigen Florida und Kalifornien ab ca. 1540 ansiedelten, und französische und englische Bauern, die ab 1584 im heutigen Virginia an der Ostküste erste Siedlungen errichteten.

TOTEMPFAHL

In diesen indianischen Totempfahl sind magische Wesen geschnitzt. Er entstand in Nordwestamerika, dem heutigen Kanada.

❓ ERZÄHLEN TOTEMPFÄHLE GESCHICHTEN?

Die Ureinwohner Amerikas, die in den Wäldern Nordwestamerikas lebten, schnitzten große Totempfähle, um die Geschichte ihrer Familien aufzuzeichnen und alte Legenden über die mächtigen Geister zu erzählen, die in Felsen, Bergen, wilden Tieren und Bäumen leben sollten.

❓ WER GING ZUR BOSTONER TEEPARTY?

Einwanderer nahmen an dieser Demonstration teil. Im Jahr 1773 schütteten sie Tonnen von Tee, der aus Großbritannien importiert worden war, ins Wasser des Bostoner Hafens. Sie protestierten damit gegen ihnen auferlegte Steuern, die der britischen Regierung helfen würden, im weit entfernten Europa Krieg zu führen. Sie wollten alle britischen Steuern abschaffen und sich selbst regieren.

❓ WER BAUTE DIE SONDERBAR GEFORMTEN HÜGEL?

Die Hopewell-Indianer, die zwischen 200 und 550 an den Ufern des Ohio-Flusses lebten. Sie begruben ihre Toten unter riesigen Erdhügeln und schufen Erdhügelskulpturen zu Ehren ihrer Götter. Der Hügel der Großen Schlange hat eine Ausdehnung von 400 Metern.

❓ WANN WURDEN DIE USA UNABHÄNGIG?

Am 4. Juli 1776 verkündeten 13 englische Kolonien die Unabhängigkeit. In der Unabhängigkeitserklärung lehnten sie es ab, weiterhin von Großbritannien regiert zu werden. Sie riefen einen neuen Staat aus – die Vereinigten Staaten von Amerika. Großbritannien sandte Truppen, um dieses Staatengebilde zu bekämpfen und die Kolonien zurückzugewinnen, wurde aber im Jahr 1783 besiegt.

❓ WER ODER WAS WAREN DIE DREI SCHWESTERN?

Bohnen, Mais und Kürbis – drei wichtige Erntefrüchte, die indianische Bauern überall dort pflanzten, wo es möglich war.

❓ WESHALB VERLIESSEN DIE PILGER IHRE HEIMAT?

Die Pilger waren englische Familien mit strengen Glaubensregeln. Sie stritten mit den Kirchenführern um den rechten Glauben. Im Jahr 1620 gelangten sie auf der „Mayflower" nach Amerika. Sie wollten eine neue Gemeinschaft gründen, die nur den eigenen Regeln unterworfen war.

❓ WAS FÜHRTE ZUM AMERIKANISCHEN BÜRGERKRIEG?

Dieser Bürgerkrieg wurde vor allem durch einen Streit über die Sklaverei ausgelöst. Der Krieg dauerte von 1861 bis 1865 und wurde zwischen den Nord- und Südstaaten ausgefochten. Die Wirtschaft der Südstaaten beruhte wesentlich auf der Arbeit schwarzer Sklaven, die nach Amerika gebracht worden waren, um auf den Baumwollplantagen reicher Weißer zu arbeiten. Die Nordstaaten hielten die Sklaverei für ein Unrecht und wollten sie abschaffen. Nach vier Jahren schwerer Kämpfe siegten schließlich die Nordstaaten und die meisten Sklaven wurden freigelassen.

SOLDAT DER KONFÖDERIERTEN

Ein Soldat der Konföderation der Südstaaten, die die Sklaverei unterstützten.

EIN UNIONIST

Ein Soldat der Union der Nordstaaten, die die Sklaverei abschaffen wollten.

Was war die Industrielle Revolution?

Sie war eine der bedeutenden Veränderungen der Produktionsweise des Menschen. Sie setzte ungefähr im Jahr 1775 in Großbritannien ein und breitete sich über Belgien, Deutschland, Norditalien, Frankreich und – nach 1850 – nach Japan und auch in die Vereinigten Staaten aus. Maschinen in riesigen Fabriken ersetzten allmählich die Menschen, die alle Arten von Gütern in Handarbeit zu Hause herstellten. Die Menschen mussten neue Berufe erlernen, bei denen sie die Maschinen bedienen mussten, die sehr große Mengen an Kleidern, Schuhen, Papier, Metall- und Holzerzeugnissen fertigen konnten, und das schneller und billiger, als es mit Handarbeit je möglich war.

? WANN FUHREN DIE ERSTEN ZÜGE?

Von Pferden gezogene Bahnen beförderten seit dem 17. Jahrhundert Kohlenwagen in Bergwerken, aber die erste reguläre Eisenbahnstrecke wurde 1825 von George Stephenson in Nordengland eröffnet. Ihre Lokomotiven wurden von Dampf angetrieben. Die Menschen saßen in offenen Wagen.

DIE LOKOMOTIVE „THE ROCKET"
Im Jahr 1830 verband die Eisenbahn die englischen Städte Liverpool und Manchester.

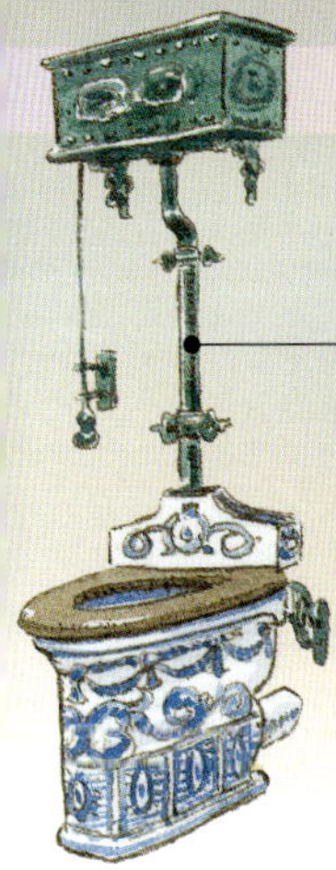

TOILETTE VOR 100 JAHREN

Im Jahr 1900 hatten viele Haushalte bereits Toiletten, aber nur die Reichen konnten sich einen polierten Sitz aus Holz und eine kunstvoll dekorierte Schüssel aus Keramik leisten.

? WESHALB WAREN ABFLÜSSE UND TOILETTEN SO WICHTIG?

Weil sich ohne sie Krankheitserreger in den übervölkerten Industriestädten schnell verbreiten konnten. Die Herstellung von Tonwaren war eine der ersten Industriezweige mit Massenproduktion. In diesen Fabriken stellte man mit Maschinen schon Millionen Tassen, Teller und Toilettenbecken her.

? MACHTEN DIE NEUEN FABRIKEN DIE MENSCHEN REICH?

Sie verhalfen einigen Fabrikbesitzern zu sehr großem Reichtum. Dies erzürnte viele einfache Arbeiter, die oft kaum genug verdienten, um davon leben zu können. Sie organisierten sich in Gewerkschaften, um für bessere Bedingungen zu kämpfen.

? WER ARBEITETE IN DEN ERSTEN FABRIKEN?

Tausende armer, hungriger, arbeitsloser Männer und Frauen, die vom Land in die schnell wachsenden Industriestädte gezogen waren. Sie hofften auf regelmäßige Arbeit und ein besseres Leben, denn die Löhne in Fabriken waren höher als auf dem Lande. Aber die Arbeitsbedingungen in den Fabriken waren häufig schlecht und gefährlich, und die Wohnhäuser in den Industriestädten waren überfüllt, laut und Herde vieler Krankheiten.

? HATTEN KINDER EIN BESSERES LEBEN?

Nein. Viele Kinder mussten 16 Stunden am Tag in Fabriken arbeiten. Viele starben bei Unfällen mit Maschinen oder durch das Einatmen von Kohlenstaub, Baumwollfasern oder chemischen Dämpfen. Nach 1830 begann man, Gesetze gegen die Kinderarbeit zu erlassen, und die Bedingungen verbesserten sich.

? WIE VERÄNDERTEN DIE EISENBAHNEN DAS LEBEN?

Sie verhalfen Handel und Industrie zum Wachstum, indem sie Rohstoffe in die Fabriken und fertige Produkte aus den Fabriken transportierten. Sie brachten frische Nahrungsmittel vom Land in die Städte und machten das Reisen leichter.

Wer warf die erste Atombombe?

Am 6. August 1945 bombardierten die USA Hiroshima in Japan und verwundeten oder töteten 150 000 Menschen. Durch den Einsatz dieser schrecklichen neuen Waffe gegen Japan hofften die USA, den Zweiten Weltkrieg (1939–1945) beenden zu können. Japan war der wichtigste Verbündete Adolf Hitlers, des Führers von Nazideutschland. Der Einmarsch Hitlers in einige europäische Länder und die Verfolgung der Juden durch die Nazis führten zum Kriegsausbruch im Jahr 1939. Am 14. August ergab sich Japan, nachdem die Amerikaner eine zweite Atombombe auf Nagasaki abgeworfen hatten. Der Krieg war zu Ende.

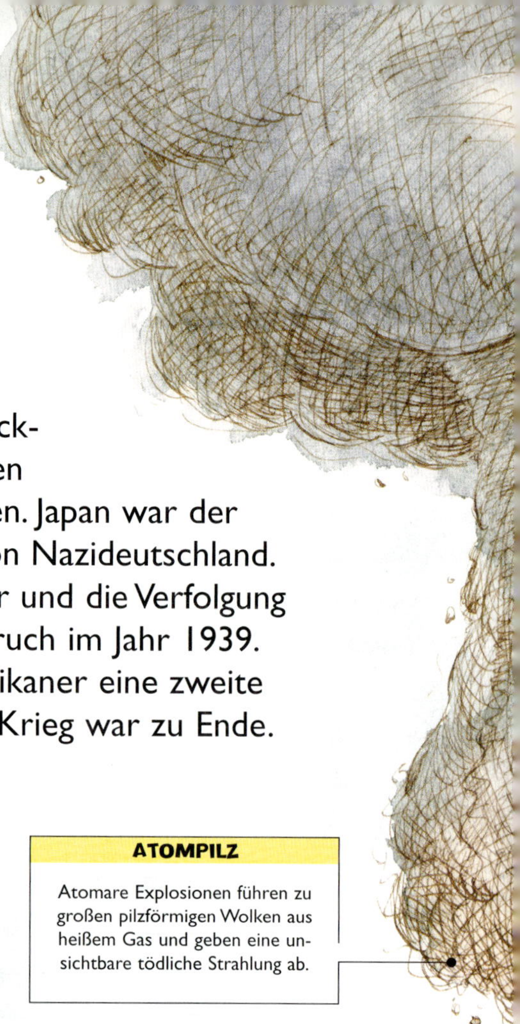

WER ERSCHOSS DEN RUSSISCHEN ZAREN?

Russische Rebellen, genannt Bolschewiken. Während der russischen Revolution im Jahr 1917 töteten sie die gesamte russische Zarenfamilie und schufen eine kommunistische Regierung.

ATOMPILZ

Atomare Explosionen führen zu großen pilzförmigen Wolken aus heißem Gas und geben eine unsichtbare tödliche Strahlung ab.

MAO TSE-TUNG

Im Jahr 1966 rief Mao die chinesiche Kulturrevolution aus. Er schrieb seine revolutionären Gedanken im so genannten „Roten Buch“ nieder.

WAS WAR DER LANGE MARSCH?

Ein zermürbender Marsch, den kommunistische Soldaten Chinas im Jahr 1934 auf sich nahmen. Sie entkamen so aus einer von ihren Feinden kontrollierten Region und begannen ihren eigenen kommunistischen Staat aufzubauen. Ihr Anführer war Mao Tse-tung, der 1949 Führer des kommunistischen China wurde.

WAS WAR DER KALTE KRIEG?

Eine Zeit gefährlicher Spannungen zwischen den USA und der UdSSR – den mächtigsten Nationen der Erde – in den Jahren von 1947 bis 1989. Ihre politischen Systeme waren sehr verschieden, und sie misstrauten und fürchteten einander. Die USA glaubten an Freiheit und große Geschäfte; die UdSSR war kommunistisch. Die Supermächte kämpften nie in einem Krieg direkt gegeneinander, aber sie unterstützten Kriege zwischen anderen, um so ihre Macht zu stärken.

WIE HAT SICH DIE WELT SEIT 1900 VERÄNDERT?

Auf viele Arten! Europäische Kolonien in Afrika und Asien wurden unabhängig, und neue Staaten traten an ihre Stelle. Frauen spielen eine wichtigere Rolle in der Politik. Neue wissenschaftliche Erkenntnisse haben Millionen von Leben gerettet; Autos und Flugzeuge lassen das Reisen schneller werden; Telefone, Fernsehen und Computer verbreiten Informationen immer schneller. Es gibt aber auch neue Gefahren – Überbevölkerung, Terrorismus und Umweltverschmutzung. Aber in mancherlei Hinsicht hat sich die Welt kaum geändert. Es gibt noch immer Unterschiede zwischen Arm und Reich. Und es werden noch immer viele Kriege ausgetragen.

WER KÄMPFTE UND STARB IN SCHÜTZENGRÄBEN?

Millionen junger Männer im Ersten Weltkrieg (1914–1918). Schützengräben waren Laufgräben tief in der Erde. Sie sollten Soldaten vor den feindlichen Angriffen schützen, aber sie boten nur wenig Schutz gegen die Granaten, die über ihren Köpfen explodierten. Bald füllten sich die Schützengräben mit Schlamm, Wasser, Ratten und Leichen, und viele Soldaten ertranken darin oder starben an Krankheiten.

WER MACHTE FÜNFJAHRPLÄNE?

Josef Stalin, der sowjetische Kommunistenführer, der von 1924–1953 regierte. Er organisierte das Land in einer Reihe von Fünfjahrplänen, ließ tausende neue Fabriken erbauen, enteignete das Land der einfachen Bauern und machte daraus große Kolchosen (kollektiv verwaltete Agrargenossenschaften).

WER NAHM AM WETTRENNEN IN DEN WELTRAUM TEIL?

Die UdSSR und die USA. Jedes Land versuchte, die Erfolge des anderen zu übertreffen, weil beide beweisen wollten, dass ihre Nation die bessere war. Die UdSSR übernahm die Führung: 1957 startete sie den ersten Satelliten und 1961 den ersten bemannten Raumflug, aber die Amerikaner gewannen, als sie 1969 den ersten Menschen auf den Mond brachten.

MENSCH AUF DEM MOND

Der amerikanische Astronaut Neil Armstrong war der erste Mensch auf dem Mond. Er betrat am 20. Juli 1969 die Mondoberfläche.

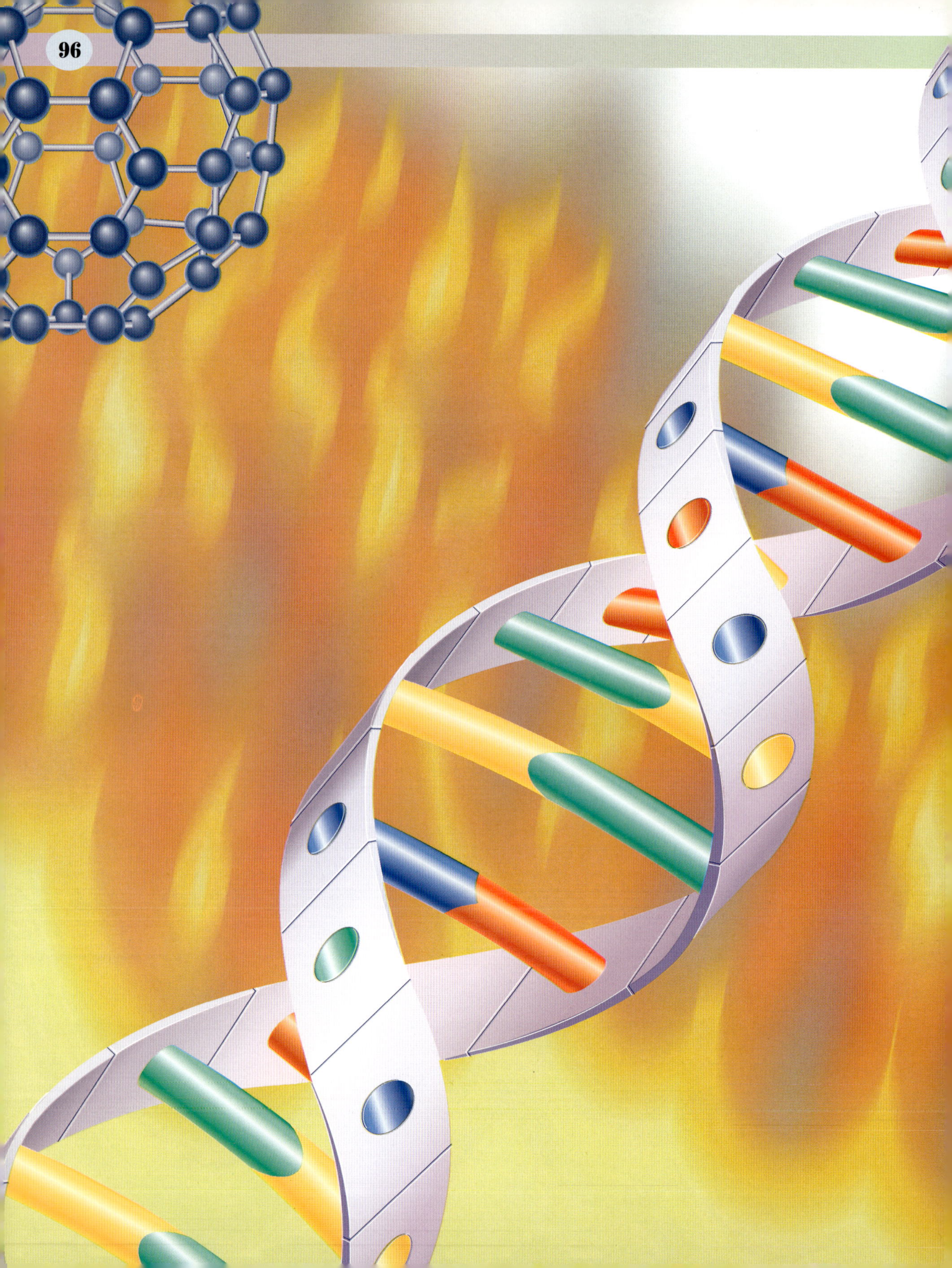

Wissenschaft

Was geschieht bei Verdampfung und Kondensation?

Es kommt zur Verdampfung, wenn eine Flüssigkeit erhitzt wird und sich in Dampf verwandelt. Dabei geraten die Partikel an der Oberfläche der Flüssigkeit so stark in Bewegung, dass sie vollständig entweichen. Eine Kondensation erfolgt, wenn Dampf abkühlt und flüssig wird. Verdampfung und Kondensation entstehen nicht nur am Siedepunkt, sondern auch bei niedrigeren Temperaturen.

? WELCHER STOFF HAT DEN NIEDRIGSTEN GEFRIERPUNKT?

Quecksilber hat den niedrigsten Gefrierpunkt aller Metalle (er liegt bei -38,87 °C). Helium hat mit -272,2 °C den niedrigsten Gefrierpunkt aller Stoffe. Er liegt bei weniger als 1 °C über dem absoluten Nullpunkt.

? WANN GEFRIEREN STOFFE?

Sie gehen vom flüssigen in den festen Zustand über (d. h. gefrieren), wenn sie ihren Gefrierpunkt erreichen. Die meisten Stoffe werden kleiner, wenn sie gefrieren, weil die Partikel enger aneinander gepresst werden. Wasser dehnt sich aus, wenn es zu Eis wird, deshalb bersten Wasserrohre im Winter, wenn das Wasser gefriert.

? WAS IST PLASMA?

Plasma ist der selten auftretende vierte Aggregatzustand. Er tritt nur dann ein, wenn ein Gas so heiß wird, dass seine Partikel aufgespalten werden. Dies geschieht in der Sonne, in Sternen, bei Blitzen sowie in Gasneonröhren. Plasmen sind gute elektrische Leiter.

FORMVERÄNDERUNG

Festkörper behalten ihre Form nicht immer bei. Gletschereis kann sich sehr langsam verändern.

? WANN SCHMELZEN STOFFE?

Stoffe gehen vom festen in den flüssigen Zustand über (d. h. schmelzen), wenn sie den Schmelzpunkt erreicht haben. Jeder Stoff hat seinen Schmelzpunkt. Der von Wasser liegt bei 0 °C, der von Blei bei 327,5 °C.

GEWITTERWOLKEN

Große Gewitterwolken bestehen aus Wassertröpfchen und Eiskristallen.

WAS SIND FESTE STOFFE?

Stoffe können entweder fest, flüssig oder gasförmig sein – es sind die drei Aggregatzustände. Stoffe gehen von einem Aggregatzustand in den anderen über, wenn sie erwärmt oder abgekühlt werden, indem die Energie der Teilchen (oder Partikel), aus denen sie bestehen, verstärkt oder verringert wird. Bei festen Stoffen sind die Partikel fest miteinander verbunden, sodass diese Stoffe eine feststehende Form und Volumen besitzen. Bei Flüssigkeiten bewegen sich die Partikel etwas, sodass sie jedwede Form bilden können – ihr Volumen bleibt gleich. Bei Gasen verteilen sich die Partikel in der Luft, daher können sich Gase ausbreiten und Behältnisse jeder Größe oder Form füllen.

WAS IST DRUCK?

Druck ist die Menge an Kraft, die auf etwas ausgeübt wird. Luftdruck ist die Kraft, die die Luft ausübt. Diese Kraft rührt vom Beschuss der sich bewegenden Luftpartikel her. Je mehr Partikel vorhanden sind und je schneller ihre Bewegung ist, desto größer ist der Druck.

WIE ÄNDERT SICH DRUCK?

Wenn man Gas auf die Hälfte seines Volumens komprimiert, verdoppelt sich der Druck (bei gleich bleibender Temperatur). Dies wird als Boylesches Gesetz bezeichnet. Wenn man ein Gas erhitzt, erhöht sich der Druck proportional (solange man dasselbe Volumen beibehält).

WANN SIEDEN STOFFE?

Stoffe gehen vom flüssigen in den gasförmigen Zustand über (d.h. sieden), wenn sie den Siedepunkt erreichen. Es ist die höchste Temperatur, die eine Flüssigkeit erreichen kann. Bei Wasser sind das 100 °C. Die Erhöhung des Drucks erhöht auch den Siedepunkt, deshalb können im Druckkochtopf Speisen bei höheren Temperaturen garen.

WELCHER STOFF HAT DEN HÖCHSTEN SCHMELZPUNKT?

Das Metall mit dem höchsten Schmelzpunkt ist Wolfram, das bei 3420 °C schmilzt. Den höchsten Schmelzpunkt überhaupt hat aber Kohlenstoff, der bei 3530 °C schmilzt.

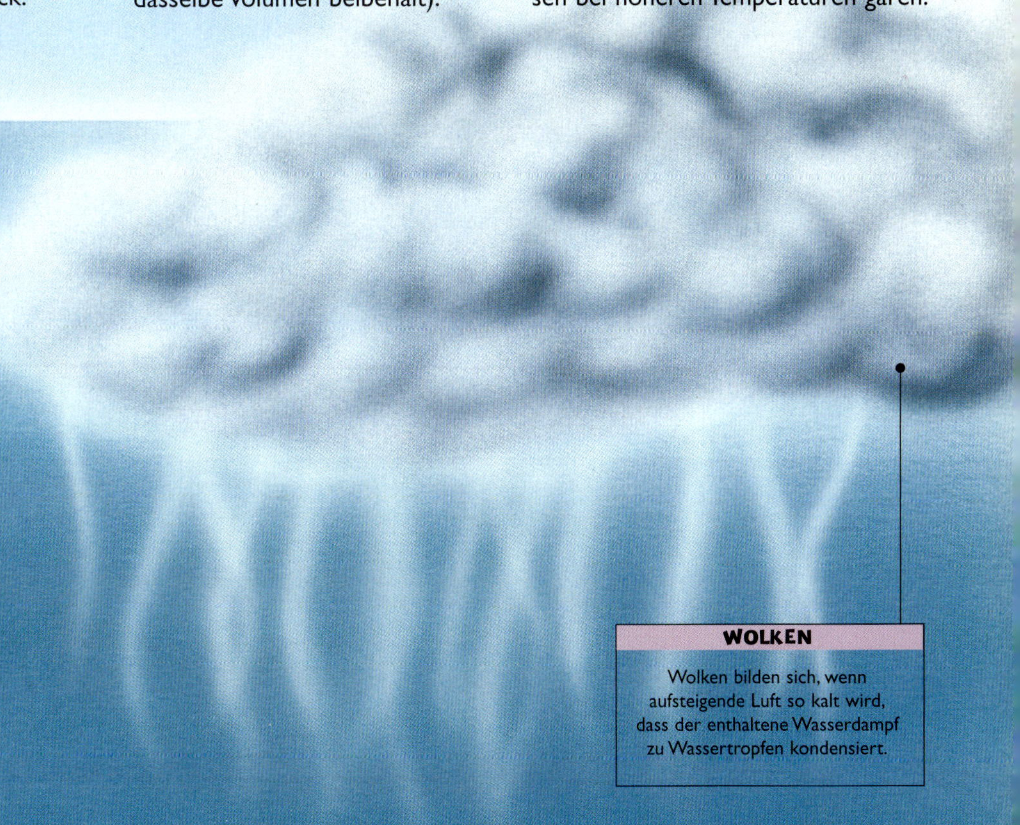

WOLKEN

Wolken bilden sich, wenn aufsteigende Luft so kalt wird, dass der enthaltene Wasserdampf zu Wassertropfen kondensiert.

Was ist ein Atom?

Atome sind die Bausteine all dessen, was man fühlen, sehen oder riechen kann. Sie sind die kleinsten Teile aller Stoffe und so klein, dass sie nur unter extrem starken Mikroskopen zu sehen sind – man könnte zwei Milliarden Atome in den Punkt am Ende dieses Satzes unterbringen. Und doch bestehen Atome hauptsächlich aus leerem Raum – leerer Raum, auf dem noch winzigere Energiewolken verstreut sind, die subatomare Partikel heißen.

WIE GROSS SIND ATOME?

Atome sind ungefähr 10 Milliardstel Zentimeter im Durchmesser und wiegen 113 Billionstel eines Billionstel Gramms – also extem wenig. Das kleinste Atom ist Wasserstoff; das größte ist Meitnerium. (Atome werden nach „Molen“ gemessen, das ist die Menge an Stoff, die dieselbe Anzahl von Atomen enthält wie 12 Gramm einer Form von Kohlenstoff namens Kohlenstoff 12).

WAS IST DER ATOMKERN?

Der Großteil eines Atoms besteht aus leerem Raum, aber direkt im Mittelpunkt befindet sich ein sehr kleines Zentrum, das aus Bausteinen besteht, die viel größer sind als die Elektronen. Es ist der Atomkern. Er baut sich normalerweise aus zwei Arten nuklearer Teilchen auf – Neutronen, die nicht elektrisch geladen sind, und Protonen, die positiv elektrisch geladen sind (das Gegenteil der negativen Elektronenladung).

WAS SIND ELEKTRONEN?

Elektronen sind die winzigen elektrisch geladenen Partikel, die sich rasend schnell um den Atomkern bewegen. Sie wurden vom englischen Physiker J. J. Thomson (1856–1940) im Jahr 1879 bei Experimenten mit Kathodenstrahlenröhren entdeckt. (Computer- und Fernsehbildschirme sind Kathodenstrahlenröhren, und Kathodenstrahlen sind Ströme von Elektronen.)

WER SPALTETE DAS ATOM?

Elektronen können leicht von Atomen abgespalten werden, aber im Jahr 1919 gelang es dem Physiker Ernest Rutherford, den Kern eines Atoms zu spalten, indem er Alphapartikel darauf schoss. (Alphapartikel sind die Kerne von Heliumatomen.)

WAS HÄLT ATOME ZUSAMMEN?

Elektronen werden durch elektrische Anziehung an den Kern gebunden. Die Partikel des Atomkerns werden durch eine Kraft zusammengehalten, die starke Kernfeldkraft genannt wird.

IN EINEM PROTON

Protonen können aus noch kleineren Bausteinen bestehen – durch Gluonen miteinander verbundene Quarks.

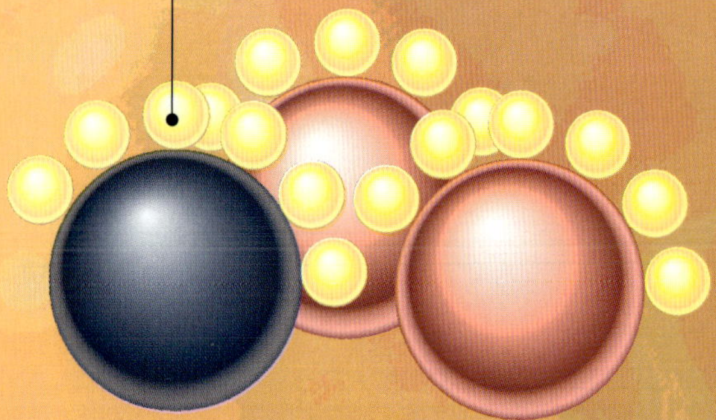

WAS SIND ELEKTRONENSCHALEN?

Elektronen verhalten sich, als ob sie auf unterschiedlichen Ebenen um den Kern angeordnet wären, wie die Häute einer Zwiebel. Diese Schichten nennt man Schalen, und es gibt nur Platz für eine bestimmte Anzahl von Elektronen in jeder Schale. Die Anzahl an Elektronen in der äußeren Schale bestimmt, wie das Atom mit anderen Atomen reagiert. Ein Atom mit einer vollen Außenschale, wie z. B. das Gas Argon, ist nicht reaktiv. Ein Atom, das Platz für ein oder mehr zusätzliche Elektronen in der Außenschale hat, wie z. B. Sauerstoff, ist sehr reaktiv.

WIE VIELE ARTEN VON PARTIKELN GIBT ES?

Seit den 20er-Jahren des 20. Jahrhunderts haben Wissenschaftler festgestellt, dass es neben Elektronen, Protonen und Neutronen mindestens 200 Arten subatomarer Partikel gibt. Die meisten entstehen unter besonderen Bedingungen und existieren jeweils nur für den Bruchteil einer Sekunde.

WAS IST DAS ALLERKLEINSTE PARTIKEL?

Das weiß niemand. Atome bestehen aus Protonen, Neutronen und Elektronen. Diese wiederum könnten aus noch winzigeren Teilchen bestehen – Quarks und Leptonen. Aber vielleicht entdecken wir eines Tages noch kleinere Kernbausteine ...

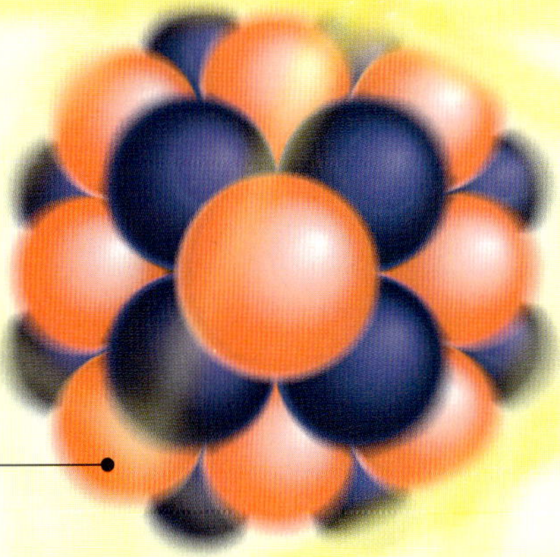

EIN ATOM

Im Mittelpunkt eines Atoms befindet sich der Kern, der aus Protonen und Neutronen besteht. Um diesen Atomkern bewegt sich in Lichtgeschwindigkeit eine Wolke kleiner negativ geladener Elektronen.

WAS IST EIN MOLEKÜL?

Oft können Atome nicht allein bestehen und müssen sich mit anderen Atomen verbinden – entweder mit Atomen derselben Art oder mit anderen Arten, um chemische Verbindungen einzugehen. Ein Molekül ist der kleinste Teil eines Stoffes, der allein bestehen kann.

WAS IST EIN ION?

Ein Ion ist ein Atom, das entweder ein oder mehrere Elektronen verloren hat, sodass seine Ladung positiv wird (Kation), oder einige dazugewonnen hat, die zu negativer Ladung führen (Anion). Ionen werden normalerweise gebildet, wenn sich Stoffe in einer Flüssigkeit auflösen.

WAS IST EIN ELEMENT?

Ein Stoff, der nicht weiter aufgespalten werden kann. Wasser ist kein Element, weil man es in Sauerstoff und Wasserstoff aufspalten kann. Sauerstoff und Wasserstoff sind Elemente, weil sie nicht weiter gespalten werden können. Jedes Element hat seine eigene Kernladungszahl. Das ist die Anzahl der Protonen im Kern, die durch dieselbe Zahl Elektronen ausgeglichen wird.

Fluor

WESHALB IST KOHLENSTOFF SO BESONDERS?

Kohlenstoff ist ein unentbehrliches Element. Es hat vier Elektronen in der Außenschale seines Atoms (also vier Lücken); daher verbinden sich Kohlenstoffatome sehr leicht mit anderen Atomen.

WAS SIND ÜBERGANGSMETALLE?

Übergangsmetalle sind die Metalle in der Mitte des Periodensystems, wie Chrom, Gold und Kupfer. Sie sind meist glänzend und hart, aber einfach zu formen. Sie leiten gut Elektrizität und haben hohe Schmelz- und Siedepunkte.

Silber

WAS IST DAS SCHWERSTE ELEMENT?

Das schwerste natürlich vorkommende Element auf der Erde ist Osmium mit einem Schmelzpunkt von 3050 °C.

				H Wasserstoff 1				
Li Lithium 3	Be Berylium 4							
Na Natrium 11	Mg Magnesium 12							
K Kalium 19	Ca Calcium 20	Sc Scandium 21	Ti Titan 22	V Vanadium 23	Cr Chrom 24	Mn Mangan 25	Fe Eisen 26	Co Kobalt 27
Rb Rubidium 37	Sr Strontium 38	Y Yttrium 39	Zr Zirkonium 40	Nb Niob 41	Mo Molybdän 42	Tc Technetium 43	Ru Ruthenium 44	Rh Rhodium 45
Cs Cäsium 55	Ba Barium 56	La Lanthan 57	Hf Hafnium 72	Ta Tantal 73	W Wolfram 74	Re Rhenium 75	Os Osmium 76	Ir Iridium 77
Fr Frankium 87	Ra Radium 88	Ac Actinium 89						

Ce Cer 58	Pr Praseodym 59	Nd Neodym 60	Pm Promethium 61	Sm Samarium 62
Th Thorium 90	Pa Protactinium 91	U Uran 92	Np Neptunium 93	Pu Plutonium 94

WAS SIND DIE LANTHANOIDEN?

Eine Gruppe von 15 Elementen in der Mitte des Periodensystems, deren Name von Lanthan hergeleitet wird. Es sind glänzende, silbrige, so genannte Übergangsmetalle und kommen in der Natur häufig gemeinsam vor. Sie haben zwei Elektronen an den äußeren Elektronenschalen. Daher sind sie einander chemisch ähnlich.

WELCHES IST DAS LEICHTESTE ELEMENT?

Das leichteste Element ist Wasserstoff. Er hat nur ein Proton im Kern und eine Atommasse von nur 1.

Kupfer

WAS IST DIE ATOMMASSE?

Die Atommasse ist das „Gewicht" eines ganzen Atoms eines Stoffes – das natürlich nur sehr winzig ist! Es schließt alle Partikel im Atom – Protonen, Neutronen und Elektronen – ein.

WESHALB SIND MANCHE ELEMENTE REAKTIV?

Elemente sind reaktiv, wenn sie leicht Elektronen aufnehmen oder abgeben. Elemente auf der linken Seite des Periodensystems, d.h. die Metalle, geben Elektronen sehr einfach ab – je weiter links sie sich befinden, desto reaktiver sind sie. Also sind Metalle der Gruppe I (Alkalimetalle) wie Natrium oder Kalium äußerst reaktiv.

Was ist das Periodensystem?

Alle Elemente können entsprechend ihren Eigenschaften angeordnet werden. Daraus entsteht eine Übersicht, die sich Periodensystem nennt. Die Spalten heißen Gruppen, die Zeilen Perioden. Elemente in derselben Gruppe verfügen über dieselbe Anzahl von Elektronen auf der Außenschale ihrer Atome und über ähnliches chemisches Verhalten.

								He Helium 2
			B Bor 5	C Kohlenstoff 6	N Stickstoff 7	O Sauerstoff 8	F Fluor 9	Ne Neon 10
			Al Aluminium 13	Si Silicium 14	P Phosphor 15	S Schwefel 16	Cl Chlor 17	Ar Argon 18
Ni Nickel 28	Cu Kupfer 29	Zn Zink 30	Ga Gallium 31	Ge Germanium 32	As Arsen 33	Se Selen 34	Br Brom 35	Kr Krypton 36
Pd Palladium 46	Ag Silber 47	Cd Cadmium 48	In Indium 49	Sn Zinn 50	Sb Antimon 51	Te Tellur 52	I Iod 53	Xe Xenon 54
Pt Platin 78	Au Gold 79	Hg Quecksilber 80	Ti Thallium 81	Pb Blei 82	Bi Bismut 83	Po Polonium 84	At Astat 85	Rn Radon 86

Eu Europium 63	Gd Gadolinium 64	Tb Terbium 65	Dy Dysprosium 66	Ho Holmium 67	Er Erbium 68	Tm Thulium 69	Yb Ytterbium 70	Lu Lutetium 71
Am Americium 95	Cm Curium 96	Bk Berkelium 97	Cf Californium 98	Es Einsteinium 99	Fm Fermium 100	Md Mendelevium 101	No Nobelium 102	Lr Lawrencium 103

HOCH RADIOAKTIV

Die Actinoiden sind eine Gruppe von 15 Elementen am unteren Ende des Periodensystems, deren Name von Actinium abgeleitet wird. Sie schließen Radium und Plutonium ein und sind allesamt äußerst radioaktiv.

WER ENTDECKTE RADIUM?

Die polnisch-französische Physikerin Marie Curie (1867–1934), geborene Maria Sklodowska. Sie ist die einzige Frau, die zwei Nobelpreise erhielt – einen im Jahr 1903 für ihren Beitrag zur Entdeckung der Radioaktivität und einen weiteren im Jahr 1911 für die Entdeckung der Elemente Polonium und Radium.

Schwefel

WIE VIELE ELEMENTE GIBT ES?

Ab und zu werden neue Elemente entdeckt, aber bisher wurden 112 bestimmt.

Uran

WAS SIND EDELGASE?

Gruppe 18 ist die Spalte ganz rechts im Periodensystem. Diese Gruppe bildet die Edelgase. Ihre äußeren Schalen sind mit acht Elektronen besetzt und verbinden sich kaum mit anderen Elementen. Sie werden auch inaktive Gase genannt.

WAS IST EIN METALL?

Die meisten Menschen kennen Metall. Es ist hart, dicht, glänzend und erzeugt einen klingenden Ton, wenn man mit einem anderen Metallgegenstand darauf klopft. Es leitet auch Elektrizität und Wärme gut. Chemiker definieren Metalle als elektropositive Elemente. Das heißt im Prinzip, dass Metalle leicht negativ geladene Elektronen verlieren. Diese verlorenen „freien" Elektronen machen Metalle zu solch hervorragenden elektrischen Leitern.

Gold

WAS SIND VERBINDUNGEN?

Stoffe, die aus zwei oder mehreren verbundenen Elementen bestehen, die eine Verbindung eingegegangen sind. Jedes Molekül in einer Verbindung hat dieselbe Kombination von Atomen. Natriumchlorid ist z. B. ein Natriumatom, das an ein Chloratom gebunden ist. Verbindungen haben andere Eigenschaften als die Elemente, aus denen sie bestehen. Natrium z. B. spritzt, wenn man es in Wasser gibt; Chlor ist ein giftiges gelbgrünes Gas. Natriumchlorid hingegen ist ganz normales Speisesalz!

WAS IST ELEKTROLYSE?

Elektrolyse ist eine chemische Reaktion, die eintritt, wenn elektrischer Strom durch eine Lösung – den Elektrolyt – geleitet wird. Dadurch werden positive Ionen (oder Kationen) zum negativen Ende (Kathode) und negative Ionen (Anionen) zum positiven Ende (der Anode) bewegt.

WAS IST EINE CHEMISCHE FORMEL?

Eine chemische Formel ist eine Abkürzung, um ein Atom, ein Ion oder ein Molekül zu beschreiben. Anfangsbuchstaben (oft mit einem zweiten Buchstaben) identifizieren in der Regel das Atom oder Ion; eine kurze Zahl zeigt an, wie viele Atome beteiligt sind. Die Formel für Wasser ist H_2O, weil jedes Molekül aus zwei Wasserstoffatomen und einem Sauerstoffatom besteht.

WORAUS BESTEHT DAS MEER?

Es besteht aus Wasser mit Sauerstoff, Kohlendioxid, Stickstoff und verschiedenen darin gelösten Salzen. Der Großteil des Salzes ist herkömmliches Salz (Natriumchlorid). Zu den weiteren Salzen gehören Epsomsalz (Magnesiumsulfat), Magnesiumchlorid, Kaliumchlorid, Kaliumbromid und Kaliumjodid.

WIE LÖSEN SICH STOFFE AUF?

Wenn Feststoffe sich in Flüssigkeiten auflösen, sieht es vielleicht so aus, als würden die Feststoffe verschwinden. Tatsächlich sind aber die Atome, Ionen oder Moleküle nach wie vor vorhanden, aber sie werden getrennt und in der Flüssigkeit gleichmäßig verteilt.

EINE AUTOBATTERIE

Bei einem Bleiakkumulator bilden abwechselnd Platten aus Blei und Bleidioxid negative und positive Pole, die durch ein Bad verdünnter Schwefelsäure verbunden sind – den Elektrolyt.

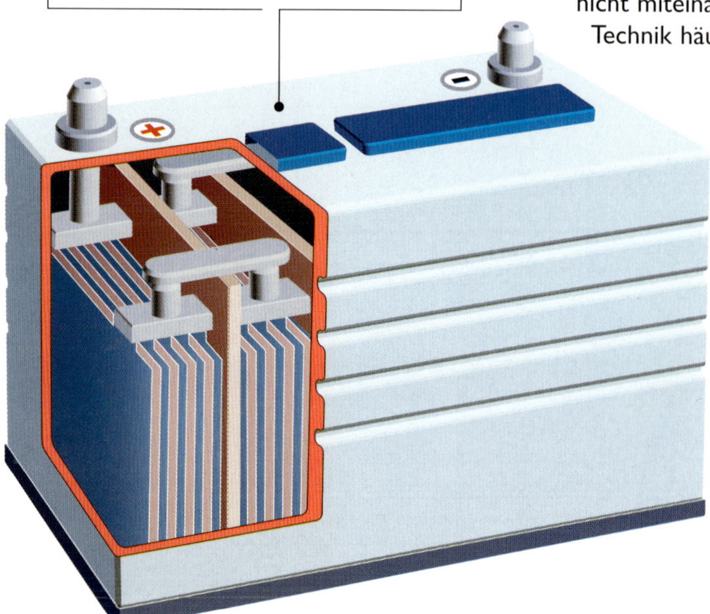

WAS IST EINE MISCHUNG?

Mischungen sind Stoffe, die mehrere chemische Elemente oder Verbindungen enthalten, die vermischt, aber nicht chemisch verbunden sind. Die Chemikalien vermengen sich, reagieren aber nicht miteinander und können mit Hilfe einer entsprechenden Technik häufig getrennt werden. Ein Beispiel dafür ist Milch.

WIE FUNKTIONIEREN BATTERIEN?

Batterien erzeugen durch die Reaktion zweier Chemikalien elektrischen Strom. Eine Chemikalie wirkt als positive Elektrode, die andere als negative. Die Reaktion führt zu einem Überschuss an Elektronen an der negativen Elektrode. Dadurch entsteht Strom. Zu den verwendeten Chemikalien zählen Zinkchlorid, stark alkalische Chemikalien und Lithium.

Wie reagieren Chemikalien?

Wenn Stoffe chemisch reagieren, wirken ihre Atome, Ionen und Moleküle aufeinander ein und bilden so neue Verbindungen – indem sie Elemente von Verbindungen abtrennen oder sie zusammenführen, um andersartige Zusammensetzungen zu bilden. Bei fast allen chemischen Reaktionen wird Energie freigesetzt – meist Wärme –, wenn die Bindungen zwischen den Bestandteilen aufgebrochen und umgewandelt werden.

WORAUS BESTEHT LUFT?

Reine Luft besteht aus 78,9 % Stickstoff und 20,95 % Sauerstoff. Spuren von Argon (0,93 %), Kohlendioxid (0,03 %), Helium (0,0005 %), Neon (0,018 %), Krypton (0,001 %), Xenon (0,0001 %) und Radon sind ebenfalls darin enthalten.

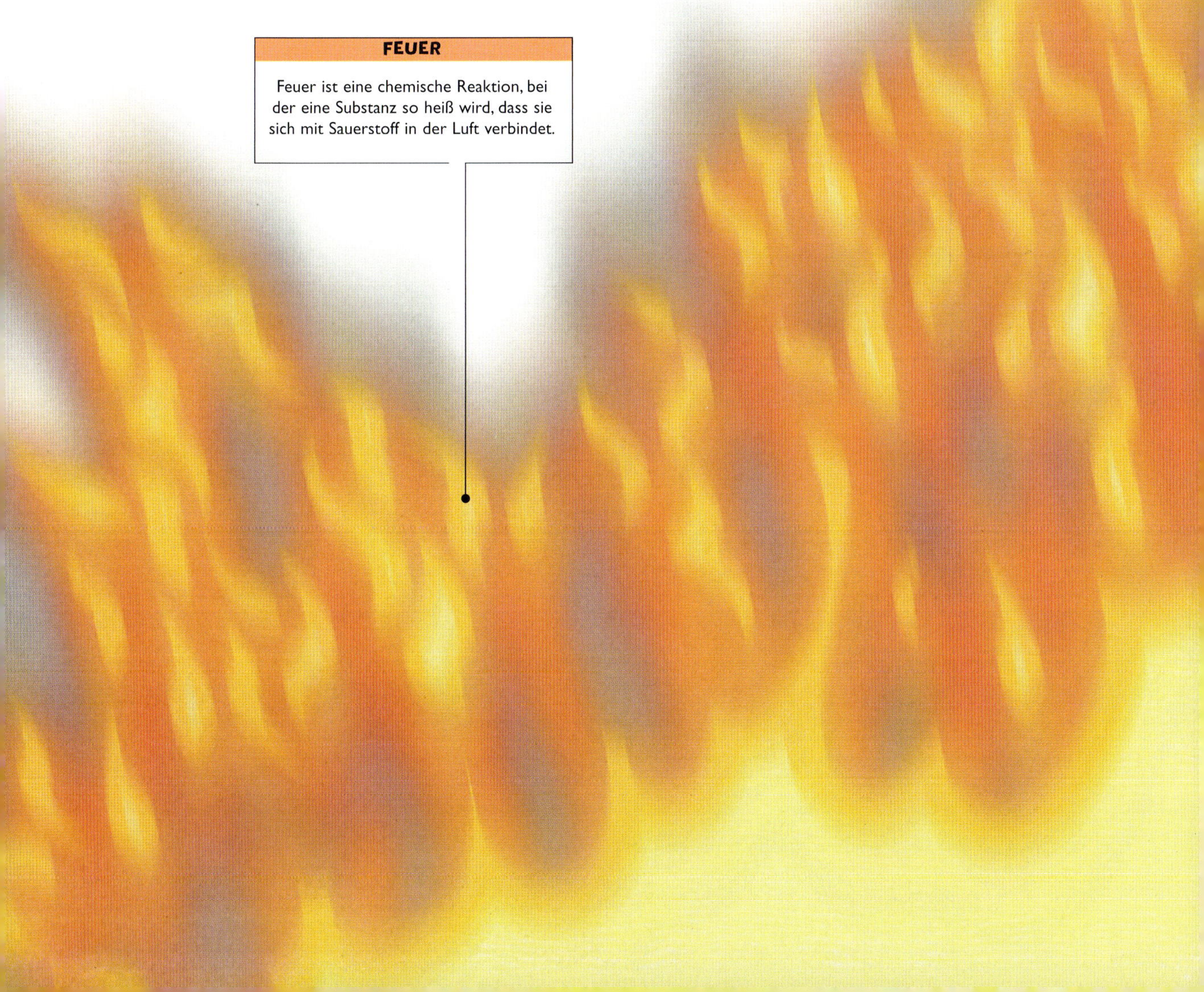

Wie funktionieren Kernkraftwerke?

Im Reaktor befinden sich Brennstäbe, die aus Tabletten aus Urandioxid bestehen und durch Distanzscheiben getrennt sind. Wenn ein Kraftwerk ans Netz geht, beginnt in den Brennstäben eine Kernspaltungskettenreaktion. Sie wird durch die Kontrollstäbe verlangsamt, die die Neutronen absorbieren, sodass stetig Hitze zum Antreiben der Dampfturbinen produziert wird, die Elektrizität erzeugen.

WER ERFAND DIE ATOMBOMBE?

Die ersten Atombomben wurden gegen Ende des Zweiten Weltkriegs in den USA von einem brillanten Wissenschaftlerteam unter der Leitung von Robert Oppenheimer (1904–1967) entwickelt.

WIE KANN RADIOAKTIVITÄT ZUR ALTERSBESTIMMUNG VERWENDET WERDEN?

Der Zerfallsprozess von Radioaktivität ist sehr gleichmäßig. Wenn man also misst, welcher Anteil eines Stoffes radioaktiv zerfallen ist, kann man sein Alter bestimmen. Für ehemals lebende Organismen ist Kohlenstoff C14 das zur Messung geeignetste Isotop. Man nennt dies Kohlenstoffdatierung.

WAS IST EINE ATOMBOMBE?

Die Atombombe ist eine der zwei verbreitetsten Arten von Nuklearwaffen. Sie beruht auf der explosiven Atomspaltung von Uran-235 oder Plutonium-239. Wasserstoffbomben, auch Thermonuklearwaffen genannt, beruhen auf der Fusion von Wasserstoffatomen und bewirken Explosionen, die tausendmal stärker sind.

WESHALB IST KERNKRAFT SO ÜBERWÄLTIGEND?

Die Energie, die einen Atomkern zusammenhält, ist enorm. Einstein wies in seiner Speziellen Relativitätstheorie in Jahr 1905 sogar nach, dass die Partikel des Atomkerns auch als reine Energie angesehen werden können. Dieser Umstand ermöglicht es Kernkraftwerken, riesige Mengen an Energie aus nur wenigen Tonnen nuklearen Brennstoffs zu erzeugen.

EIN KERNKRAFTWERK

Ein Sicherheitssystem (Betonmantel) enthält den Reaktorbehälter und schließt die Hitze, Radioaktivität und andere Energie ein.

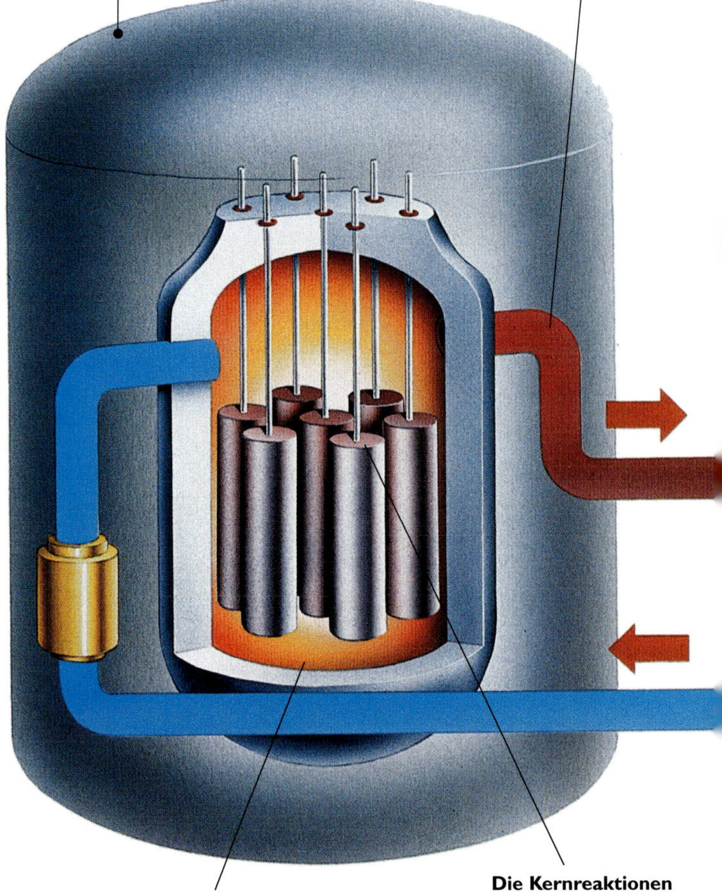

WAS GENAU IST RADIOAKTIVITÄT?

Die Atome eines Elements können in unterschiedlichen Formen oder Isotopen auftreten. Jede Form hat eine andere Anzahl von Neutronen im Kern, auf die der Name hinweist, wie zum Beispiel bei C12 und C14 (Kohlenstoff). Die Kerne einiger Isotope – Radioisotope – sind instabil und zerfallen (brechen auseinander). Dabei setzen sie Strahlung frei, die aus Partikelströmen namens Alpha-, Beta- und Gammastrahlen bestehen. Das ist Radioaktivität.

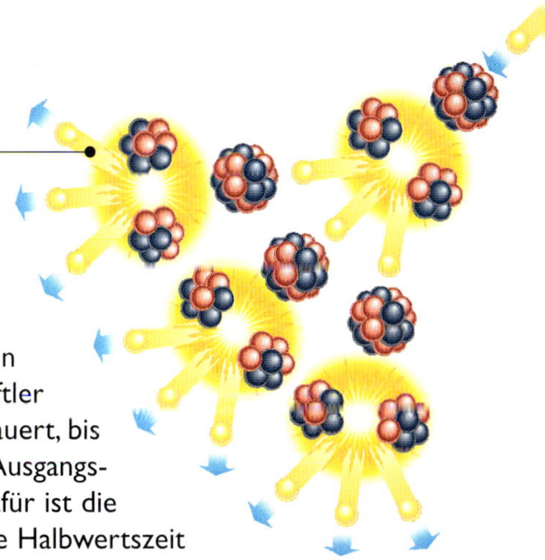

WAS IST DIE HALBWERTSZEIT?

Niemand kann vorhersagen, wann ein Atomkern zerfällt. Aber Wissenschaftler können voraussagen, wie lange es dauert, bis nur noch die Hälfte der Masse des Ausgangsmaterials vorhanden ist. Das Maß dafür ist die Halbwertszeit. Strontium-90 hat eine Halbwertszeit von 9 Minuten, Uran-238 von 4,5 Milliarden Jahren.

WAS IST KERNFUSION?

Kernenergie wird freigesetzt, wenn kleine Atome wie jene des Deuterium (eine Form von Wasserstoff) verschmolzen werden. Kernfusion ist die Reaktion, die die Sterne zum Leuchten bringt und die Energie für thermonukleare Sprengköpfe erzeugt. Wissenschaftler hoffen, in Zukunft Kernfusion zur Energieerzeugung einsetzen zu können.

WAS IST KERNSPALTUNG?

Sie setzt Kernenergie frei, indem große Atomkerne bestimmter Elemente – meist die von Uran – gespalten werden. Atomkerne werden mit Neutronen beschossen. Wenn die Neutronen auf die Kerne treffen, spalten sie weitere Neutronen ab, die wiederum andere Kerne beschießen und somit eine Kettenreaktion auslösen.

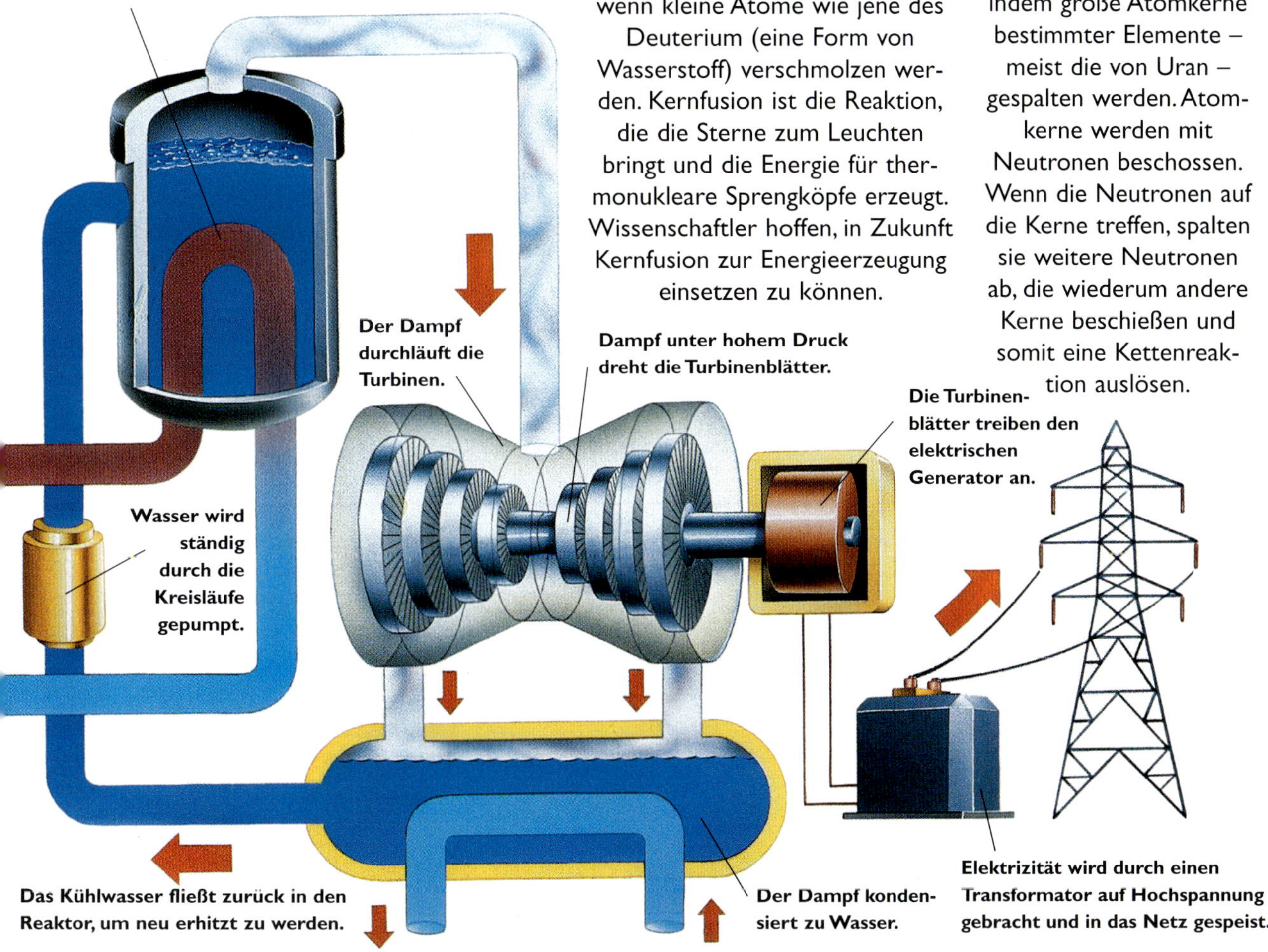

Was ist hydroelektrische Kraft?

Hydroelektrische Kraft oder Wasserkraft ist von Turbinen erzeugte Elektrizität. Die Turbinen werden durch herabstürzendes Wasser angetrieben. Meist sind Wasserkraftwerke in Staudämmen untergebracht, die erbaut wurden, um ein starkes Gefälle für das Wasser zu erzeugen.

❓ WER BAUTE DIE ERSTEN WASSERRÄDER?

Niemand weiß das genau, aber bereits vor über 2000 Jahren beschrieben griechische Gelehrte Räder zur Krafterzeugung mit Wasserantrieb.

❓ WAS IST SCHWERES WASSER?

Schweres Wasser ist Deuteriumoxid – es ist Wasser, das etwas schwerer ist als gewöhnliches Wasser, weil es das Wasserstoffisotop Deuterium statt des üblichen Wasserstoffs enthält. Schweres Wasser wird in der Nuklearindustrie zum Verlangsamen von Kernreaktionen verwendet.

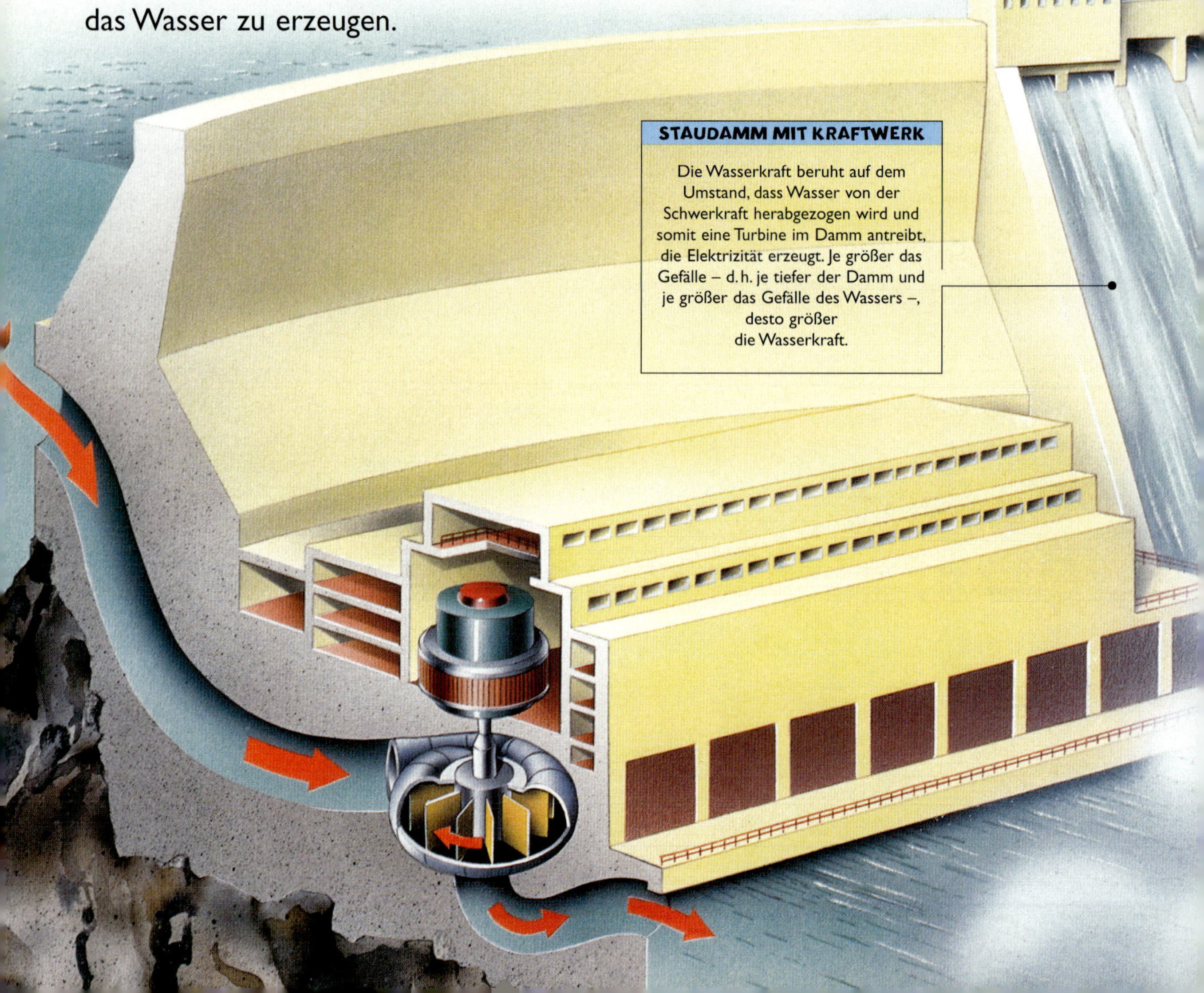

STAUDAMM MIT KRAFTWERK

Die Wasserkraft beruht auf dem Umstand, dass Wasser von der Schwerkraft herabgezogen wird und somit eine Turbine im Damm antreibt, die Elektrizität erzeugt. Je größer das Gefälle – d.h. je tiefer der Damm und je größer das Gefälle des Wassers –, desto größer die Wasserkraft.

WAS IST AM WASSER SO BESONDERS?

Wasser ist etwas Besonderes für alle Lebewesen. Wasser ist chemisch neutral, aber es löst viele Stoffe und ist deshalb für das Leben besonders wichtig. Es ist als Flüssigkeit dichter als im festen Zustand und dehnt sich daher aus, wenn es gefriert. Wasser kommt in allen drei Aggregatzuständen in der Natur vor – festes Eis, flüssiges Wasser und gasförmiger Wasserdampf. Das ist ungewöhnlich, da die Verbindungen zwischen seinen beiden Wasserstoffatomen und dem einen Sauerstoffatom sehr stark sind. Die meisten Stoffe, die ähnlich große Atome wie Wasser besitzen, gefrieren erst bei -30 °C – Wasser aber schon bei 0 °C.

WESHALB SCHWIMMEN EISBERGE?

Die meisten Dinge ziehen sich zusammen, wenn sie kälter werden, und die meisten Flüssigkeiten werden viel kleiner, wenn sie gefrieren. Wasser ist einzigartig, weil es sich nur bis zu einer bestimmten Temperatur (4 °C) zusammenzieht. Wenn es noch kälter wird, beginnt es sich auszudehnen, weil die speziellen Verbindungen zwischen den Wasserstoffatomen im Wasser aufbrechen. Wenn Wasser gefriert, dehnt es sich so sehr aus, dass das entstehende Eis sogar leichter (weniger dicht) als Wasser ist und daher schwimmt. Aber es ist nur ein wenig leichter, daher sind fast neun Zehntel eines Eisberges unter Wasser.

WESHALB KÜHLT MAN DURCH SCHWITZEN AB?

Weil Schweiß beinahe nur aus Wasser besteht und Wasser zum Verdampfen Wärme benötigt – man nennt dies „trocknen". Wässriger Schweiß trocknet auf der Haut, indem er dem Körper Wärme entzieht. Daher wird der Körper kühler.

WESHALB BRAUCHEN PFLANZEN WASSER?

Pflanzen brauchen Wasser, um Zellen aufzubauen und um Nährstoffe von den Wurzeln in die Blätter zu transportieren.

WAS IST HYDRAULISCHE KRAFT?

Flüssigkeiten wie Wasser sind nicht komprimierbar, d. h., sie können nicht zusammengedrückt werden. Wenn man diese Flüssigkeiten also durch ein Rohr drückt, treten sie am anderen Ende wieder aus. Die Hydraulik nutzt mit Flüssigkeit (meist mit Öl) gefüllte Rohre, die nach dem System arbeiten, um Maschinen anzutreiben.

HYDRAULISCHER GABELSTAPLER

Eine Flüssigkeit wird in die hydraulischen Leitungen des Gabelstaplers gepumpt, um die Ladung anzuheben. Das langsame Ablassen der Flüssigkeit bewegt die Ladung nach unten.

WIE VIEL WASSER IST IM KÖRPER ENTHALTEN?

Wasser ist in fast jeder Körperzelle zu finden, deshalb besteht der menschliche Körper etwa zu drei Vierteln aus Wasser. Der Körper von Frauen enthält etwas weniger Wasser als der von Männern, und der von Kindern noch etwas weniger.

WESHALB TREIBEN GEGENSTÄNDE IM WASSER?

Wenn ein Gegenstand ins Wasser gebracht wird, drückt sein eigenes Gewicht den Gegenstand nach unten. Aber das ihn umgebende Wasser drückt ihn mit einer Kraft, die dem Gewicht des verdrängten (aus dem Weg geschobenen) Wassers entspricht, wieder nach oben.

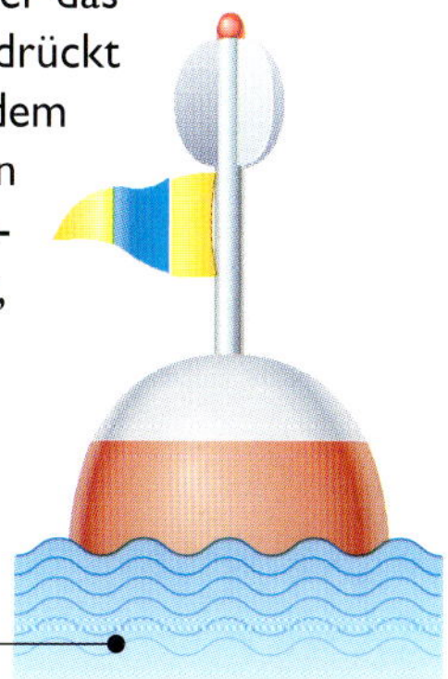

EINE BOJE IM MEER

Eine Boje im Wasser gibt den Kapitänen wichtige Informationen über die Wasserstraße und signalisiert der Schifffahrt Gefahren jeglicher Art.

WIE ENTSTEHT ERDÖL?

Öl entsteht aus winzigen Resten von Pflanzen und Tieren, die vor Millionen von Jahren in warmen Meeren lebten. Nachdem sie starben, wurden sie langsam unter dem Meeresboden begraben. Als die Sedimente des Meeresbodens versteinerten, wurden die Überreste der Organismen zu Öl, das in Gesteinsspalten gedrückt wurde.

WAS IST ZELLULOSE?

Eine natürliche Faser, die in den Wänden von Pflanzenzellen vorkommt. Sie ist ein Polymer aus langen Ketten von Zuckermolekülen. Diese langen Ketten machen Zellulose fest und strähnig, deshalb können wir sie nicht verdauen, wenn wir Pflanzen essen – sie geht beinahe unbeschadet durch unseren Körper.

WAS IST ORGANISCHE CHEMIE?

Die Chemie des Kohlenstoffs und seiner Verbindungen. Die einzigartige atomare Struktur des Kohlenstoffs bedeutet, dass er Atome zu langen Ketten, Ringen oder anderen Formen verbindet, woraus tausende Verbindungen entstehen. Dazu zählen komplexe Moleküle – wie DNS –, die die Grundlage des Lebens bilden.

Was ist DNS?

DNS ist Desoxyribonukleinsäure. Es ist ein Molekül in Form einer langen Doppelspirale und tritt in jeder lebenden Zelle auf. Es besteht aus langen Ketten von Zuckern und Phosphaten, die durch Paare chemischer „Basen" – Adenin, Zytosin, Guanin und Thymin – verbunden sind. Die Anordnung, in der diese Basen auftreten, bestimmt in Codeform die Anleitungen für alle Zellaktivitäten und für den Lebensplan des gesamten Organismus des Menschen.

WAS SIND POLYMERE?

Polymere sind Stoffe, die aus langen Ketten tausender kleiner Moleküle auf Kohlenstoffbasis (Monomere) zusammengesetzt sind. Manche Polymere wie Wolle und Baumwolle treten in der Natur auf, aber Kunststoffe wie Nylon oder Polyäthylen sind vom Menschen erzeugte Polymere.

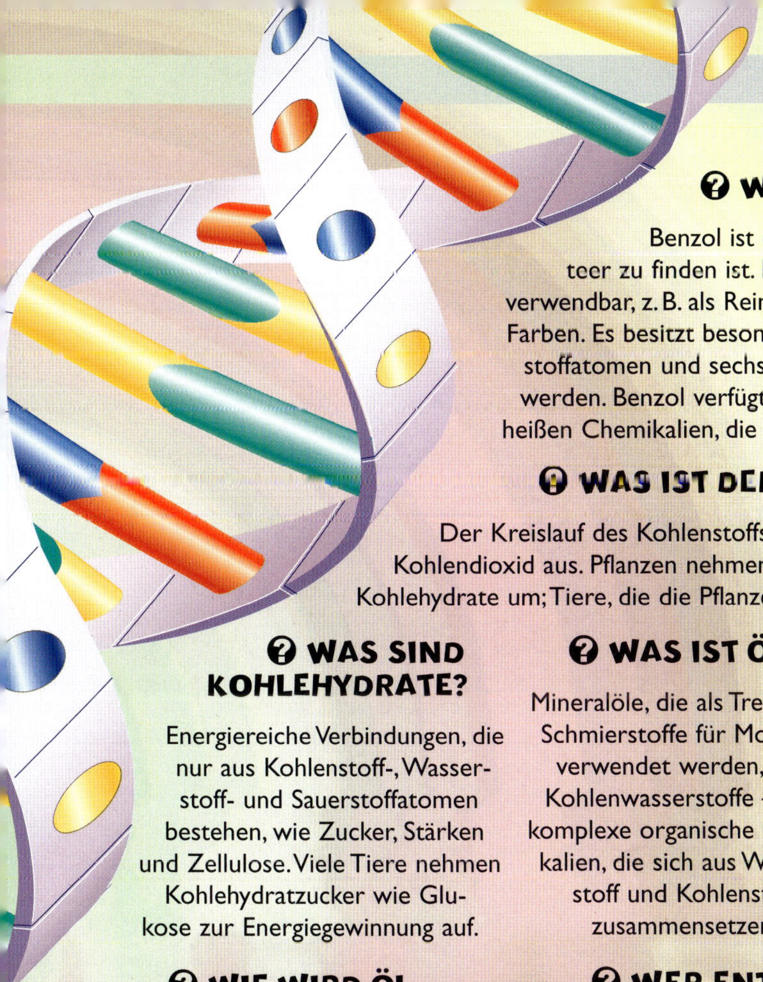

WAS SIND AROMATISCHE STOFFE?

Benzol ist eine klare organische Flüssigkeit, die in Kohlenteer zu finden ist. Es kann schädlich sein, ist aber auch vielseitig verwendbar, z. B. als Reinigungsflüssigkeit und bei der Herstellung von Farben. Es besitzt besondere sechseckige Moleküle aus sechs Kohlenstoffatomen und sechs Wasserstoffatomen, die Benzolring genannt werden. Benzol verfügt auch über ein einzigartiges Aroma. Deshalb heißen Chemikalien, die den Benzolring enthalten, aromatische Stoffe.

WAS IST DER KOHLENSTOFFKREISLAUF?

Der Kreislauf des Kohlenstoffs vollzieht sich so: Tiere atmen Kohlenstoff als Kohlendioxid aus. Pflanzen nehmen Kohlendioxid aus der Luft auf, wandeln es in Kohlehydrate um; Tiere, die die Pflanzen fressen, nehmen durch sie Kohlenstoff auf.

WAS SIND KOHLEHYDRATE?

Energiereiche Verbindungen, die nur aus Kohlenstoff-, Wasserstoff- und Sauerstoffatomen bestehen, wie Zucker, Stärken und Zellulose. Viele Tiere nehmen Kohlehydratzucker wie Glukose zur Energiegewinnung auf.

WAS IST ÖL?

Mineralöle, die als Treib- und Schmierstoffe für Motoren verwendet werden, sind Kohlenwasserstoffe – d. h. komplexe organische Chemikalien, die sich aus Wasserstoff und Kohlenstoff zusammensetzen.

WAS IST EINE KOHLENSTOFFKETTE?

Kohlenstoffatome verbinden sich häufig wie die Glieder einer Kette miteinander und formen dabei lange, dünne Moleküle – wie z. B. das Propanmolekül, das aus drei Kohlenstoffatomen nebeneinander besteht, an die Wasserstoffatome gebunden sind.

WIE WIRD ÖL RAFFINIERT?

Erdöl wird als Rohöl gefördert und in unterschiedliche Stoffe getrennt, meist durch Destillieren. D. h., das Rohöl wird erhitzt, bis es verdampft. Die Spaltprodukte werden bei unterschiedlichen Temperaturen raffiniert und kondensiert. Die Moleküle der schwereren Öle können danach durch Erhitzen bei Druck „gecrackt“ werden.

WIE WIRD KUNSTSTOFF HERGESTELLT?

Die meisten Kunststoffe werden aus Äthylen hergestellt. Wenn Äthylenmoleküle unter Druckeinwirkung erhitzt werden, schließen sie sich zu Ketten von 30 000 Molekülen oder mehr zusammen. Diese Moleküle bilden ein Knäuel ähnlich Spaghetti. Wenn die Stränge fest zusammengehalten werden, ist das Plastik steif, wenn sie übereinder rutschen, ist es biegsam.

WER ENTDECKTE DIE FORM DER DNS?

Die Entdeckung, dass jedes DNS-Molekül wie eine gedrehte Strickleiter oder „Doppelhelix“ geformt ist, war 1953 ein großer wissenschaftlicher Erfolg. Maurice Wilkins und Rosalind Franklin leisteten die Grundlagenforschung für die Entdeckung. Francis Crick und James Watson, zwei junge Forscher aus Großbritannien, erzielten den Durchbruch und erhielten den Nobelpreis.

WAS IST EIN BUCKYBALL?

Vor 1990 war Kohlenstoff in zwei Hauptformen oder Allotropen bekannt – Diamant und Graphit. Im Jahr 1990 wurde ein drittes Allotrop entdeckt. Sein Molekül sieht aus wie ein Fußball oder wie die Dachkonstruktionen des US-Architekten Buckminster Fuller. Daher wird es Buckyball oder Buckminsterfulleren genannt.

KOHLENSTOFF-BUCKYBALL

Diese Kohlenstoffform wird auch Buckminsterfulleren genannt. Es besteht aus dutzenden von Kohlenstoffatomen, die in Form eines Balls miteinander verbunden sind.

WAS IST DIE ANSTOSSWIRKUNG?

Wenn zwei Gegenstände zusammenstoßen, bleibt ihre kombinierte Bewegungsenergie gleich, solange nichts sonst auf sie einwirkt. Wenn ein Gegenstand an Bewegungsenergie verliert, muss diese Energie an den anderen Gegenstand weitergegeben werden und ihn in Bewegung bringen. Dies ist im Prinzip die Anstoßwirkung.

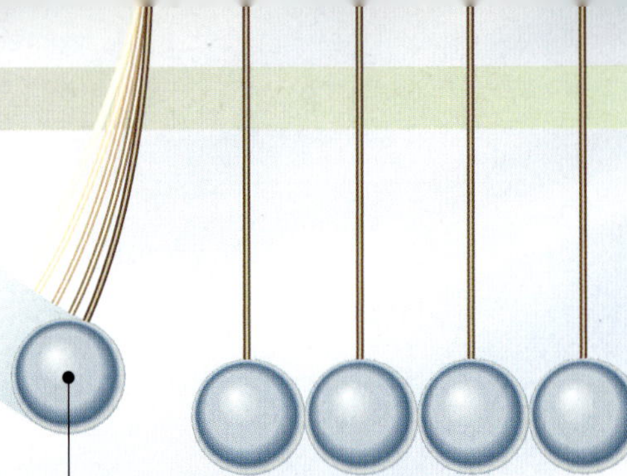

DIE ANSTOSSWIRKUNG

Bei diesem Spielzeug stößt jede Kugel gegen die nächste und leitet somit den Impuls weiter.

WER WAR EINSTEIN?

Albert Einstein (1879–1955) war ein wissenschaftliches Genie. Er revolutionierte die Wissenschaft mit seinen zwei großen Theorien – der Speziellen Relativitätstheorie (1905) und der Allgemeinen Relativitätstheorie (1915). Erstere entwickelte er, als er im Schweizer Patentamt von Bern arbeitete.

WAS IST DIE DREHKRAFT?

Wenn etwas an einem fest stehenden Ort, dem Drehpunkt, fixiert ist und in eine andere Richtung gestoßen oder gezogen wird, dreht es sich um den Drehpunkt. Wenn man zum Beispiel eine Tür zudrückt, ist diese Druckbewegung die Drehkraft und die Türangel der Drehpunkt.

Wie werden Objekte in Bewegung gesetzt?

Gegenstände bewegen sich nur dann, wenn sie zur Bewegung gezwungen werden. Wenn sich also etwas bewegt, muss eine Kraft daran beteiligt sein. Aber sobald sich Gegenstände beginnen zu bewegen, bewegen sie sich mit derselben Geschwindigkeit und in dieselbe Richtung weiter, bis eine andere Kraft auf sie einwirkt, das ist meist Reibung.

WAS IST DER UNTERSCHIED ZWISCHEN SCHNELLIGKEIT UND GESCHWINDIGKEIT?

Schnelligkeit beschreibt, wie schnell sich etwas bewegt. Geschwindigkeit bezeichnet den in einer bestimmten Zeit zurückgelegten Weg. Schnelligkeit ist daher ein Vektor, Geschwindigkeit ein Skalar.

Wenn der Schlitten gegen einen Stein fährt, fliegt die Mütze allein weiter. Ihre Bewegungsenergie schleudert sie nach vorn.

WIESO BEWEGEN SICH GEGENSTÄNDE IM KREIS?

Wenn nur eine Kraft wirkt, bewegen sich Gegenstände immer in einer geraden Linie. Es ist eine lineare Bewegung. Dinge bewegen sich im Kreis, wenn mehr als eine Kraft auf sie einwirkt. Ein Ball fliegt in einem Bogen durch die Luft, weil die Schwerkraft ihn nach unten zieht, während seine Bewegungsenergie ihn fortschleudert, aber immer schwächer wird. Ein Rad dreht sich um seine Achse, weil eine Kraft versucht, es in einer geraden Linie weiterzutreiben und eine andere es im gleichen Abstand von der Achse hält.

WAS IST DIE SPEZIELLE RELATIVITÄT?

Die Spezielle Relativitätstheorie weist nach, dass sowohl Raum als auch Zeit nur relativ gemessen werden können – d.h. im Vergleich zu etwas anderem. Das bedeutet, dass Zeit schneller oder langsamer werden kann, je nachdem, wie schnell man sich bewegt.

WAS IST DAS SCHNELLSTE DING IM UNIVERSUM?

Licht, das sich mit einer Geschwindigkeit von 300 000 km/s bewegt. Es ist die einzige Geschwindigkeit im Universum, die konstant ist, d.h., sie ist immer gleich, egal wie schnell man sich bewegt, wenn man misst.

WAS IST GLEICHFÖRMIGE BEWEGUNG?

Gleichförmige Bewegung entsteht, wenn sich ein Gegenstand mit gleich bleibender Geschwindigkeit in dieselbe Richtung bewegt.

WELCHEN DURCHBRUCH ERZIELTE NEWTON?

Sir Isaac Newton erzielte im Jahr 1687 folgenden Durchbruch: Er erkannte, dass jede Bewegung im Universum von drei einfachen Gesetzen bestimmt wird, die wir heute Newtons Axiome oder Grundgesetze der Bewegung nennen. Das erste Gesetz betrifft Trägheit und Impuls. Mehr zu den drei Gesetzen der Bewegung findest du in den folgenden Abschnitten.

WAS IST DER UNTERSCHIED ZWISCHEN TRÄGHEIT UND IMPULS?

Trägheit ist die Tendenz von Gegenständen, still zu stehen, wenn sie nicht zur Bewegung gezwungen werden. Impuls ist die Tendenz von Gegenständen, sich weiterzubewegen, wenn sie nicht gebremst oder aufgehalten werden. Es ist das 1. Newtonsche Axiom.

WAS IST BESCHLEUNIGUNG?

Sie zeigt an, wie schnell etwas an Geschwindigkeit zunimmt. Je größer die Kraft und je leichter der Gegenstand, desto stärker die Beschleunigung. Dies ist das 2. Newtonsche Axiom.

WAS PASSIERT MIT JEGLICHER AKTION?

Das 3. Newtonsche Axiom besagt, dass es für jede Aktion eine gleichwertige und entgegengesetzte Reaktion gibt. Das bedeutet, wann immer sich etwas bewegt, gibt es einen Ausgleich von Kräften, die in die entgegengesetzte Richtung wirken. Wenn man zum Beispiel die Beine gegen das Wasser drückt, um zu schwimmen, drückt das Wasser gleich stark gegen die Beine.

Weshalb umkreisen Satelliten die Erde?

Satelliten kreisen in genau der richtigen Höhe entsprechend ihrer Geschwindigkeit um die Erde. Die Erde versucht, sie zum Erdmittelpunkt zu ziehen, aber sie sind so schnell unterwegs, dass sie weiterhin um die Erde kreisen, und zwar so schnell, wie die Erde sie anzieht.

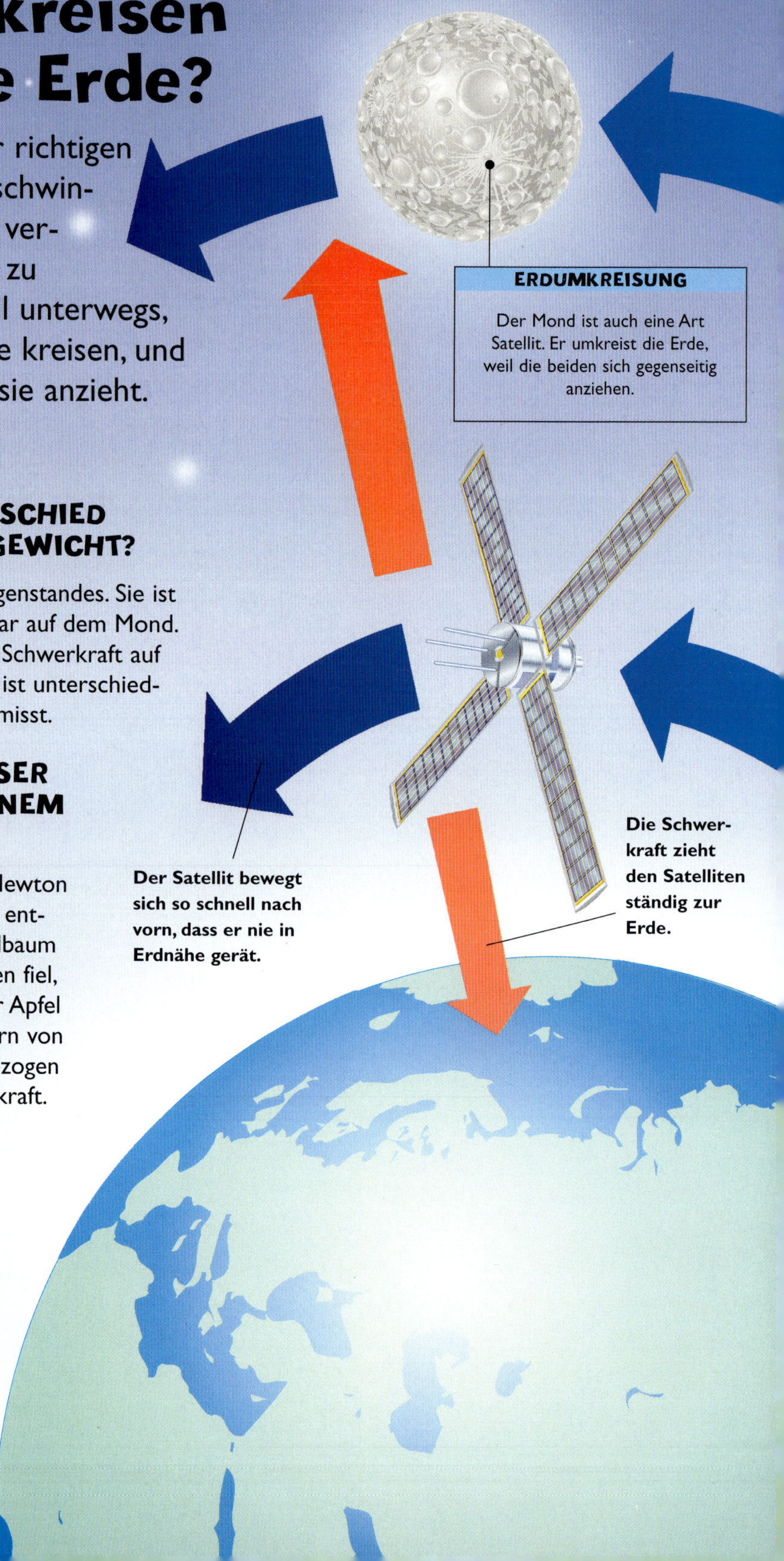

WAS IST DER UNTERSCHIED ZWISCHEN MASSE UND GEWICHT?

Masse ist die stoffliche Menge eines Gegenstandes. Sie ist immer gleich, egal wo man sie misst, sogar auf dem Mond. Gewicht ist ein Maß der Kraft, die die Schwerkraft auf einen Gegenstand ausübt. Das Gewicht ist unterschiedlich, je nachdem, wo man es misst.

WAS LERNTE EIN GROSSER WISSENSCHAFTLER VON EINEM APFEL?

Der Mathematiker und Physiker Isaac Newton soll seine Ideen über die Schwerkraft entwickelt haben, als er unter einem Apfelbaum saß. Als er zusah, wie ein Apfel zu Boden fiel, schoss es ihm durch den Kopf, dass der Apfel nicht einfach nur nach unten fiel, sondern von einer unsichtbaren Kraft nach unten gezogen wurde. Diese Kraft nannte er Schwerkraft.

WAS IST ENERGIE?

Energie ist ein Maß für die Fähigkeit, Dinge in Bewegung zu setzen – ein starker Motor ist eine Energiequelle, die ein Objekt mit großem Gewicht sehr schnell bewegen kann. Energie ist auch das Ausmaß, in dem Energie übertragen wird – eine große Menge elektrischer Energie ist notwendig, um eine große Menge Wasser zu erhitzen.

❓ WAS IST SCHWERKRAFT?

Schwerkraft ist die unsichtbare Anziehungskraft zwischen allen Körpern im Universum. Ihre Stärke hängt von der Masse der Körper und dem Abstand zwischen ihnen ab.

❓ WAS MACHTE GALILEO AUF DEM SCHIEFEN TURM VON PISA?

Der italienische Astronom Galileo Galilei (1564–1642) soll unterschiedlich schwere Metallkugeln vom Schiefen Turm von Pisa fallen gelassen haben, um zu zeigen, dass sie alle dieselbe Fallgeschwindigkeit haben.

❓ WIE SCHNELL FÄLLT EIN STEIN?

Zunächst fällt ein Stein immer schneller mit einer Geschwindigkeit von 9,8 m/s. Während die Fallgeschwindigkeit des Steins zunimmt, nimmt aber auch der Luftwiderstand zu, bis er so groß ist, dass der Stein nicht mehr schneller fallen kann. Er fällt nun mit einer gleich bleibenden Geschwindigkeit weiter, die Endgeschwindigkeit genannt wird.

❓ WAS IST EINE KRAFT?

Als Kraft bezeichnet man, was einen Gegenstand in Bewegung setzt – indem sie ihn in eine bestimmte Richtung bewegt. Es kann sich um eine unsichtbare Kraft handeln, wie die Schwerkraft, oder um eine sichtbare Kraft wie einen Tritt, aber sie bewirkt immer, dass etwas beschleunigt, langsamer wird oder die Form ändert. Kräfte wirken grundsätzlich in Paaren – wo immer eine Kraft einwirkt, entsteht eine gleich große Gegenkraft –, deshalb haben Gewehre einen so starken Rückstoß, wenn sie abgefeuert werden.

RAKETENSTART

Die Raketenmotoren verbrennen den Treibstoff und flüssigen Sauerstoff. Beim Verbrennen dehnt sich der Treibstoff in einem Hochgeschwindigkeitsstrom von Wasserdampf aus. Gemäß Newtons Gesetz der Bewegung verleiht die Bewegungsgröße des Gases der Rakete eine entsprechende Bewegungsgröße in die entgegengesetzte Richtung.

❓ WESHALB KANN MAN AUF DEM MOND HÖHER SPRINGEN?

Der Mond ist viel kleiner als die Erde. Seine Schwerkraft ist daher viel geringer. Astronauten wiegen auf dem Mond sechsmal weniger als auf der Erde – und sie können viel höher springen!

❓ WIE HÄLT DICH DIE SCHWERKRAFT FEST?

Die Anziehung zwischen der Masse deines Körpers und der Masse der Erde zieht beide zueinander. Wenn du zum Beispiel von einer Mauer springst, zieht dich die Erde zu Boden. Du ziehst aber auch die Erde an, aber weil du winzig bist und die Erde riesig, bewegst du dich viel und die Erde kaum.

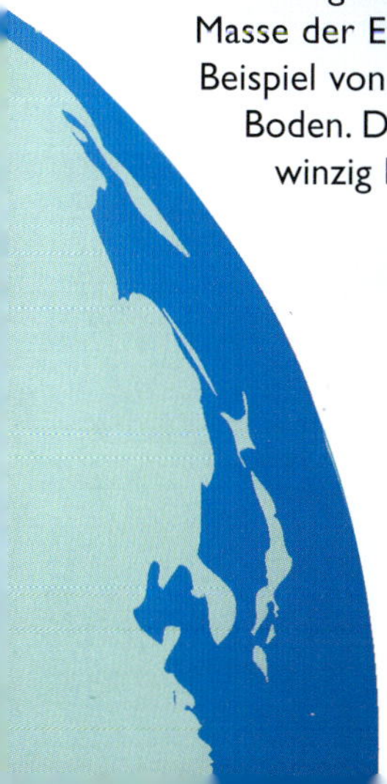

❓ WAS IST REIBUNG?

Die Kraft zwischen zwei Gegenständen, die aneinander reiben, etwa Bremsbacken am Fahrrad oder die Luftmoleküle an einem Flugzeug. Reibung neigt dazu, Gegenstände zu verlangsamen und sie zu erwärmen, wenn ihr Impuls in Wärme verwandelt wird.

❓ WIE WIRD KRAFT GEMESSEN?

Kraft wird zu Ehren Isaac Newtons in Newton gemessen. Ein Newton ist die Kraft, die benötigt wird, um 1 Kilogramm um 1 Meter pro Sekunde zu beschleunigen.

❓ ÄNDERT SICH DIE SCHWERKRAFT?

Die Gravitationskraft hängt von der Masse eines Körpers und dem Abstand zu einem anderen Körper ab. Die Schwerkraft nimmt sogar direkt proportional zur zum Quadrat erhobenen Entfernung eines Körpers ab. Man kann die Anziehung zwischen zwei Körpern errechnen, indem man ihre Massen multipliziert und sie durch das Quadrat des Abstands zwischen beiden dividiert.

Woher kommt unsere Energie?

Beinahe unsere gesamte Energie kommt in letzter Konsequenz von der Sonne. Einen Teil dieser Energie erhalten wir direkt über Solarzellen. Die meiste erhalten wir jedoch indirekt über fossile Brennstoffe (Kohle und Erdöl), deren Energie von den fossilen Pflanzen (und anderen Organismen) stammt, aus denen sie bestehen. Die Pflanzen erhalten ihre Energie wiederum durch einen Vorgang, der als Photosynthese bezeichnet wird, direkt von der Sonne.

WIE FOSSILE BRENNSTOFFE ENTSTANDEN

Vor Millionen Jahren absorbierten die Pflanzen die Energie der Sonne und wandelten sie während des Wachstumsprozesses in neue Pflanzenfasern um. Die in den Pflanzenfasern gespeicherte Energie wurde zu Kohle verdichtet, als die Fasern begraben und im Verlauf von Millionen von Jahren unter Sedimentschichten zusammengepresst wurden.

❓ IN WELCHEM ZUSAMMENHANG STEHEN ENERGIE UND MASSE?

Energie ist eine Form von Masse; Masse ist eine Form von Energie. Bei Kernreaktionen werden winzige Mengen Masse in riesige Mengen Energie umgewandelt.

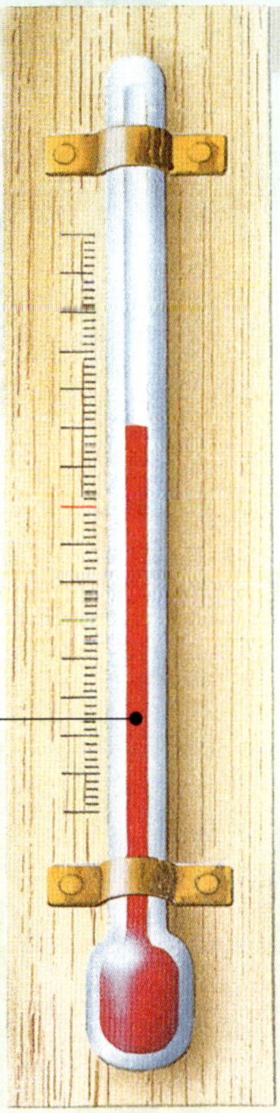

AUSSENTHERMOMETER ZUM MESSEN DER NORMALEN LUFTTEMPERATUR

400 Millionen °C (720 Millionen °F) ist die höchste Temperatur, die je gemessen wurde – bei einer Kernfusion in den USA.

Die höchste Lufttemperatur betrug 58 °C (136 °F) und wurde in Libyen gemessen.

Die tiefste je gemessene Lufttemperatur auf der Erde betrug -88 °C (-190 °F) in der Antarktis.

Die tiefste je gemessene Temperatur betrug beinahe -273,15 °C (-459,67 °F) in einem finnischen Labor.

WIE WIRD TEMPERATUR GEMESSEN?

Temperaturen werden meist mit einem Thermometer gemessen. Manche Thermometer haben einen Metallstreifen, der sich biegt, je nachdem wie hoch die Temperatur ist. Aber die meisten Thermometer enthalten eine Flüssigkeit, z. B. Quecksilber, in einem Röhrchen. Wenn die Flüssigkeit wärmer wird, dehnt sie sich aus und steigt in der Röhre an. Die Flüssigkeitshöhe zeigt die Temperatur an.

WIE WIRD ENERGIE ERHALTEN?

Energie kann weder geschaffen noch zerstört werden. Wenn Energie von einer Form in eine andere umgewandelt wird, bleibt stets dieselbe Menge Energie erhalten.

WAS IST DER UNTERSCHIED ZWISCHEN WÄRME UND TEMPERATUR?

Wärme ist die Bewegung von Molekülen. Sie ist eine Form von Energie – die kombinierte Energie aller sich bewegenden Moleküle. Temperatur ist hingegen die Maßeinheit, die sagt, wie schnell sich die Moleküle bewegen.

WIE RECHNET MAN FAHRENHEIT IN CELSIUS UM?

Man kann Fahrenheit in Celsius umrechnen, indem man 32 abzieht, dann durch 9 dividiert und mit 5 multipliziert. Man kann von Celsius in Fahrenheit umrechnen, indem man durch 5 dividiert, mit 9 multipliziert und 32 addiert.

WAS IST LEITUNG?

Leitung ist eine der drei Arten, wie Wärme in einem Stoff transportiert wird. Dabei breitet sich Wärme von heißen Bereichen in kalte aus, wenn sich bewegende Partikel ineinander stoßen. Die anderen Arten der Ausbreitung sind Konvektion, bei der warme Luft oder warmes Wasser aufsteigt, und Strahlung unsichtbaren infraroten Lichts.

WAS IST DER ABSOLUTE NULLPUNKT?

Der absolute Nullpunkt ist die niedrigste Temperatur, die möglich ist. Es ist jene Temperatur, bei der Atome aufhören, sich zu bewegen. Dies geschieht bei -273,15 °C oder 0° auf der Kelvinskala.

WAS IST ENERGIESPAREN?

Manche Maschinen verbrauchen viel Energie, andere nur sehr wenig. Wie Energie sparend eine Maschine ist, wird daran gemessen, welchen Anteil an Energie sie verschwendet. Verschwendete Energie geht meist als Wärme verloren.

WAS IST ENERGIE?

Energie hat viele Formen. Wärmeenergie bringt Wasser zum Kochen, hält uns warm und treibt Motoren an. Chemische Energie bewegt Autos und Flugzeuge. Elektrische Energie treibt viele kleine Maschinen an und bringt Lampen zum Leuchten. Beinahe jede Form von Energie kann in eine andere Form umgewandelt werden. Aber egal, in welcher Form sie auftritt, Energie ist prinzipiell die Möglichkeit, etwas zu bewirken oder, wie Wissenschaftler sagen, etwas „zum Arbeiten zu bringen".

Wie funktioniert ein Spiegel?

Die meisten Spiegel bestehen aus herkömmlichem Glas, aber die Rückseite ist versilbert, d. h. mit einem glänzenden Metall überzogen, das das Licht, das darauf fällt, reflektiert – und zwar in genau demselben Winkel.

WIE ABSORBIEREN OBJEKTE LICHT?

Wenn Lichtstrahlen auf eine Oberfläche treffen, werden einige davon zurückgeworfen, aber andere werden von den Atomen an der Oberfläche absorbiert, und die Oberfläche wird etwas erwärmt. Unterschiedliche Atome absorbieren besondere Wellenlängen (Farben) von Licht. Die Farbe der Oberfläche hängt davon ab, welche Wellenlängen des Lichts absorbiert und welche reflektiert werden.

REFLEXION

Man kann einen Gegenstand, wie zum Beispiel diese Topfpflanze, durch das von ihm reflektierte Licht sehen.

WAS GESCHIEHT AN EINEM INTERFERENZRAND?

Von Interferenz ist dann die Rede, wenn zwei Lichtwellen aufeinander treffen. Wenn die Lichtwellen im Gleichklang sind, verstärken sie einander. Dies nennt man positive Interferenz, und man sieht helles Licht. Wenn sie nicht im Gleichklang sind, können sie einander aufheben. Das ist negative Interferenz, und man sieht einen Schatten. Interferenzränder sind Licht- und Schattenbänder, die durch abwechselnd positive und negative Interferenz entstehen.

WAS IST EIN EINFALLENDER STRAHL?

Redet man über Reflexionen, unterscheidet man zwischen Licht, das auf einen Reflektor fällt (z. B. einen Spiegel), und dem reflektierten Licht. Einfallende Strahlen sind die, die auf den Reflektor treffen.

WAS SIND PHOTONEN?

Photonen sind beinahe unendlich winzige Lichtpartikel. Sie haben keine Masse, und in einem einzigen Lichtstrahl sind Milliarden davon enthalten.

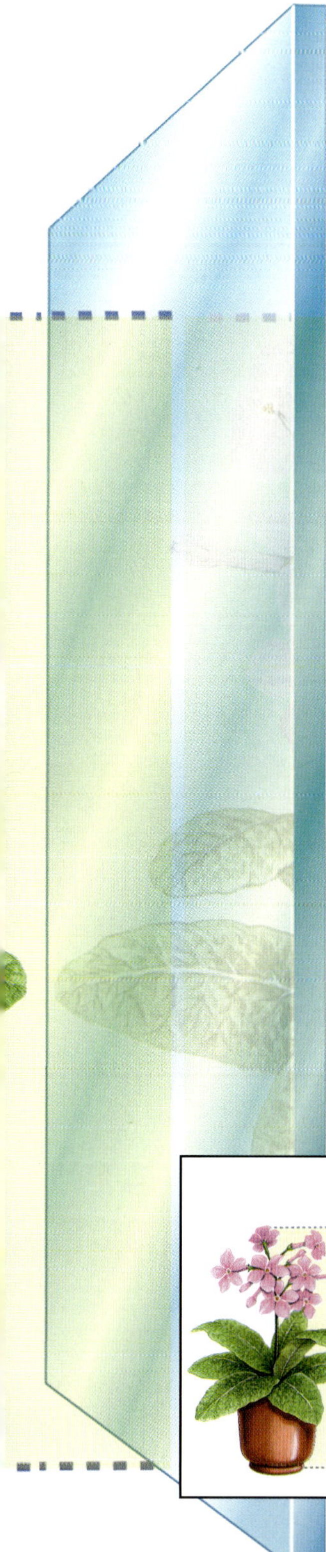

BEWEGT SICH LICHT IN WELLEN FORT?

Früher dachten die Wissenschaftler, dass Licht sich in Form winziger Wellen fortbewegt und nicht als kugelähnliche Teilchen. Heute stimmen sie überein, dass es in beiden Formen vorkommen kann. Licht ist also ein vibrierendes Energiepaket.

WESHALB IST DER HIMMEL BLAU?

Sonnenlicht ist weiß – das bedeutet, es enthält alle Farben des Regenbogens. Der Himmel ist blau, weil Luftmoleküle mehr Blau aus dem Sonnenlicht an unsere Augen gelangen lassen als andere Farben.

EIN ABBILD

Die Reflexion der Pflanze schafft ein Bild, das sich hinter dem Spiegel zu befinden scheint, so als sähe man sie durch ein geschlossenes Fenster.

WIE WIRD LICHT GEBEUGT?

Lichtstrahlen werden in ihrer Richtung abgelenkt, wenn sie gebrochen werden. Dies geschieht, wenn sie schräg auf ein lichtdurchlässiges Material wie Glas oder Wasser fallen. Diese Materialen verlangsamen die Ausbreitung der Lichtwellen, sodass sie durchdrehen, wie Autoreifen auf Eis.

BRECHUNG

Ein gerader Stab, der in ein Glas Wasser gestellt wird, scheint in der Mitte zu zerbrechen oder sich zu biegen, weil das Glas und das Wasser das Licht brechen (biegen)

WIE KÖNNEN UNSERE AUGEN OBJEKTE SEHEN?

Lichtquellen wie die Sonne, Sterne und elektrisches Licht senden Lichtstrahlen direkt in unsere Augen. Alles andere sieht man nur über reflektiertes Licht – also Lichtstrahlen, die von Gegenständen zurückgeworfen werden. Daher kann man Gegenstände nur sehen, wenn Licht auf sie trifft. Andernfalls sehen sie schwarz aus, und man kann sie nicht sehen.

WESHALB IST DIE SONNE ROT?

Die Sonne ist nur bei Sonnenauf- und -untergang rot, wenn uns das Sonnenlicht nur erreicht, nachdem es durch die dichten unteren Schichten der Atmosphäre gewandert ist. Partikel in der Luft absorbieren die kürzeren, blauen Wellenanteile des Lichts oder reflektieren sie so, dass nur die roten Anteile übrig bleiben.

WIE BEUGEN GLASFASERKABEL LICHT?

Sie beugen Licht nicht, aber sie reflektieren es z. B. um Kurven. In einem Kabel befinden sich viele Glasfaserbündel. Das Licht verläuft innerhalb jedes dieser Lichtwellenleiter im Zickzack und reflektiert dabei erst eine Seite, dann die andere. So kann Licht auf jedem Weg durch das Glasfaserkabel weitergeleitet werden.

WAS IST DAS ELEKTROMAGNETISCHE SPEKTRUM?

Licht ist nur ein kleiner Teil des breiten Strahlungsspektrums, das von Atomen ausgesandt wird – der einzige Teil, den wir sehen können. Dieses Strahlenspektrum wird als elektromagnetisches Spektrum bezeichnet und reicht von langen Wellen, wie Radiowellen und Mikrowellen, zu kurzen Wellen, wie zum Beispiel Röntgenstrahlen oder Gammastrahlen.

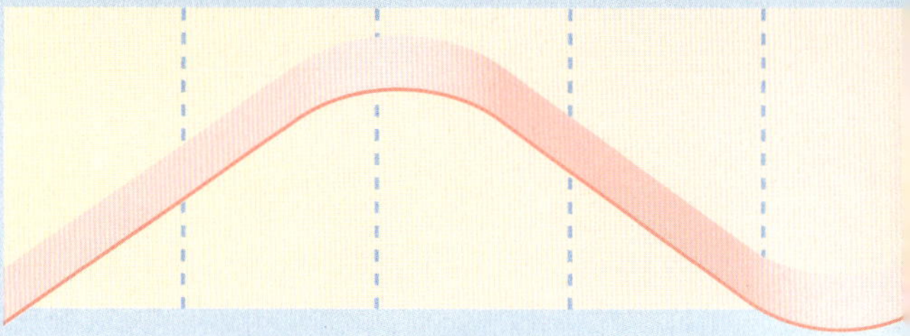

WAS IST INFRAROT?

Infrarot ist Licht mit einer Wellenlänge, die zu lang ist, um mit dem menschlichen Auge gesehen zu werden. Aber man kann infrarotes Licht oft in Form von Wärme spüren.

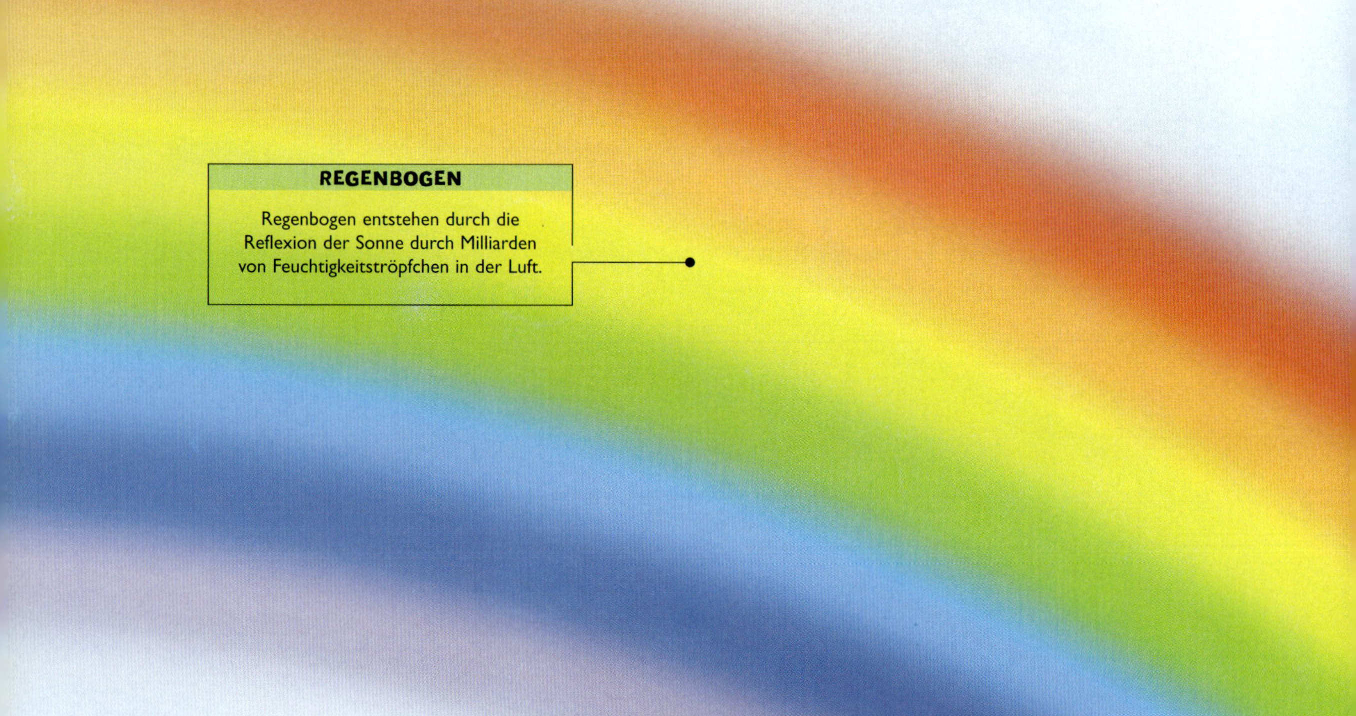

REGENBOGEN

Regenbogen entstehen durch die Reflexion der Sonne durch Milliarden von Feuchtigkeitströpfchen in der Luft.

Was sind die Farben des Regenbogens?

Die Farben des Regenbogens sind all jene Farben, die in weißem Licht enthalten sind. Wenn weißes Licht auf Wassertröpfchen in der Luft trifft, wird es in ein Farbband zerlegt, weil jede Wellenlänge des Lichts auf unterschiedliche Weise beim Regenbogen gebrochen wird. Die Farben des Regenbogens erscheinen in dieser Reihenfolge: Rot, Orange, Gelb, Grün, Blau, Indigo, Violett.

ELEKTROMAGNETISCHES SPEKTRUM

Die verschiedenen Farben des Lichts verfügen über unterschiedliche Wellenlängen. Die längsten für uns sichtbaren Wellen sind rot (links außen). Die kürzesten Lichtwellen, die wir sehen können, sind violett (siehe oben).

WIE WERDEN FERNSEHSIGNALE ÜBERTRAGEN?

Auf eine von drei Arten. Terrestrische Sendungen werden von Funksendern als Radiowellen abgestrahlt und von Antennen empfangen. Satellitensendungen werden als Mikrowellen zu Satelliten gesandt und dann von Satellitenschüsseln aufgefangen. Kabelsendungen wandern als elektrische oder Lichtsignale durch ein Kabel.

WESHALB KANN MAN ULTRAVIOLETT NICHT SEHEN?

UV-Licht ist Licht mit Wellenlängen, die zu kurz sind, um mit dem menschlichen Auge gesehen werden zu können.

WIE FUNKTIONIEREN COMPUTERTOMOGRAPHIEN?

Computertomographien senden Röntgenstrahlen rund um den Körper und nehmen mit speziellen Sensoren auf, wie viel davon absorbiert wird. Ein Computer analysiert die Daten und erstellt so einen kompletten „Querschnitt" des Körpers.

WIE SPALTET EIN PRISMA DIE FARBEN?

Prismen brechen weißes Licht und zerlegen es in einzelne Farben. Je länger die Wellenlänge des Lichts, desto mehr wird gebrochen. Daher kommen die Farbanteile der langen Wellenlängen an einer anderen Stelle aus dem Prisma als die der kurzen Wellenlängen.

WER MACHTE DIE ERSTE RADIOSENDUNG?

Der italienische Erfinder Guglielmo Marconi sandte im Jahr 1895 erstmals Radiosignale über eine Entfernung von 1,6 km. Im Jahr 1897 sandte er eine Nachricht im Morsecode über den Ärmelkanal. Im Jahr 1901 sandte er eine Radionachricht über den Atlantik.

TROPFEN

Durch einen Regentropfen gebrochenes Licht

WIE KÖNNEN RÖNTGENSTRAHLEN DURCH JEMANDEN SEHEN?

Röntgenstrahlen können Knochen und dichtere Gewebeteile im Körper weniger gut durchdringen. Dünnere Gewebeteile sind durchlässiger für Röntgenstrahlen. Deshalb ist auf dem Röntgenfilm der Umriss des Skeletts gut zu sehen.

Wie entsteht ein Blitz?

Blitze erzeugen bis zu 100 Millionen Volt statischer Elektrizität. Blitz entsteht, wenn Regentropfen und Eiskristalle in einer Gewitterwolke elektrisch geladen werden, weil sie mit hoher Geschwindigkeit aufeinander treffen und dabei Elektronen verlieren und voneinander aufnehmen. Negativ geladene Partikel laden sich an der Unterseite der Wolke auf. Wenn sich diese Ladung ausreichend angereichert hat, entlädt sie sich als Blitz, der entweder in der Wolke selbst blitzt oder aus der Wolke in den Boden fährt.

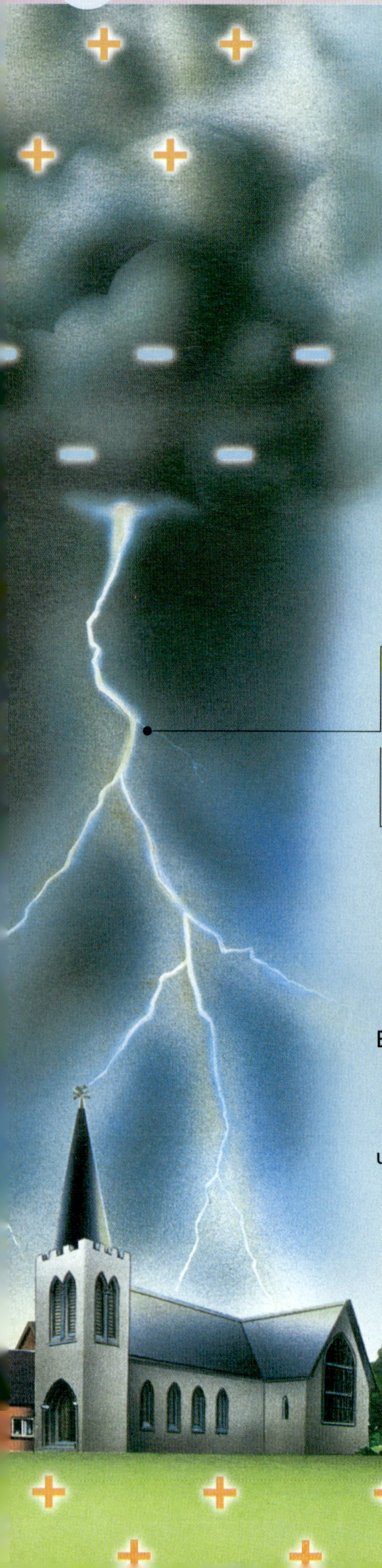

ENTLADUNG

Der Blitz fährt herab, um sich im Erdboden zu entladen, weil er immer eine leicht positive elektrische Ladung enthält.

? WAS IST ELEKTRISCHER STROM?

Ein kontinuierlicher Strom elektrischer Ladung. Er entsteht nur dann, wenn es einen kompletten, ununterbrochenen „Kreislauf" gibt, durch den der Strom fließen kann – meist eine Schlaufe aus Kupferdraht.

? WIE FLIESST ELEKTRISCHER STROM?

Die Ladung des elektrischen Stroms sind frei bewegliche Elektronen, die sich von ihren Atomen gelöst haben. Die Elektronen bewegen sich nicht weit voneinander weg, aber der Strom wird weitergeleitet, wenn sie wie Murmeln aneinander stoßen.

? WAS IST EIN SILIKONCHIP?

Ein Silikonchip ist ein elektronischer Kreislauf, der in einen kleinen Kristall des Halbleiters Silizium implantiert ist. Auf diese Weise kann er in großen Mengen hergestellt werden. Er war der Vorläufer des Mikroprozessors, das Herzstück eines modernen Computers.

SILIKONCHIP

Komplexe elektrische Kreisläufe können auf einen kleinen Silikonchip aufgedruckt werden.

GLÜHBIRNE

Der Druck des elektrischen Stroms, der durch den dünnen Drahtfaden der Glühbirne fließt, bringt ihn zum Glühen.

WAS BRINGT HAARE ZUM KNISTERN?

Wenn man trockenes Haar kämmt, werden winzige Elektronen von den Atomen im Kamm geschlagen. Das Haar wird mit diesen kleinen negativen elektrischen Ladungen überzogen und daher von allem angezogen, was einen normalen Elektronenanteil oder mehr hat. Eine derart erzeugte Ladung nennt man „statisch", weil sie sich nicht bewegt. Du kannst einen Luftballon an deinem Pulli reiben, um eine statische Ladung zu erzeugen – danach kannst du ihn an die Wand kleben!

WAS IST WECHSELSTROM?

Gleichstrom fließt nur in eine Richtung. Die meisten Taschenlampen verwenden Gleichstrom. Elektrizität im Haushalt ist Wechselstrom, d. h., der Strom wechselt entlang der um die Elektroden gewundenen Generatorspule ständig die Richtung.

WER ERFAND DIE TRANSISTOREN?

Transistoren wurden im Jahr 1948 von drei Wissenschaftlern in den Bell-Laboratorien in den USA entwickelt – William Shockley, Walter Brattain und John Bardeen.

WAS SIND DIE BESTEN LEITER?

Die besten Leiter sind Metalle wie Kupfer und Silber. Wasser ist auch ein guter Leiter. Supraleiter sind Materialien wie Aluminium, das gekühlt wird, bis es Elektrizität beinahe ohne Widerstand leitet.

WAS IST EIN VOLT?

Elektrischer Strom fließt, solange zwischen zwei Punkten in einem Kreislauf ein Unterschied in der Ladung besteht. Dieser Unterschied wird Potenzial genannt und in Volt gemessen. Je größer der Unterschied, desto höher die Voltzahl.

GEWITTERBLITZE

Blitze zucken aus einer Gewitterwolke, wenn sich im unteren Teil der Wolke eine sehr massive negative elektrische Ladung bildet.

WAS IST EIN HALBLEITER?

Halbleiter sind Materialien wie Silizium oder Germanium, die teilweise Nichtleiter sind Strom aber auch teilweise leiten. Sie können so eingestellt werden, dass die Leitfähigkeit aktiviert oder deaktiviert wird. Man verwendet sie zur Herstellung von Dioden, Transistoren und Chips. Sie sind somit für die Elektronik unabdingbar.

WIE FUNKTIONIERT ELEKTRISCHES LICHT?

Eine elektrische Glühbirne besteht aus einem äußerst dünnen Wolframdraht in einem Glaskolben, der mit Argon oder Stickstoff gefüllt ist. Wenn Strom durch einen derart dünnen Draht fließt, ist der Widerstand so groß, dass sich der Draht erhitzt und hell glüht. Wäre der Draht nicht von nichtreaktivem Stickstoff oder Argon umgeben, würde er schnell verbrennen.

WAS IST WIDERSTAND?

Nicht alle Stoffe leiten elektrischen Strom gleich gut. Widerstand ist die Fähigkeit eines Stoffes, den Fluss des elektrischen Stroms zu unterbrechen.

Was ist ein magnetischer Pol?

Magnetismus ist die unsichtbare Kraft, die einige Metalle anzieht, wie z. B. Eisen oder Stahl – oder sie voneinander abstößt. Diese Kraft ist an jedem Ende eines Magneten besonders stark. Eines dieser Enden heißt Nordpol (oder nordsuchender Pol), weil dieser Pol schwenkt, wenn er frei aufgehängt ist, bis er nach Norden zeigt. Der andere heißt Südpol. Wenn die entgegengesetzten Pole zweier Magnete aufeinander treffen, ziehen sie sich an. Wenn sich die gleichen Pole treffen, stoßen sie einander ab.

? WESHALB WIRKT DIE ERDE WIE EIN MAGNET?

Auf Grund der Drehbewegung der Erde wird ihr eiserner Kern zu einem riesigen Magneten. Dies funktioniert ungefähr in gleicher Weise, wenn ein Fahrraddynamo elektrischen Strom erzeugt. Wie kleinere Magnete hat auch der Erdmagnet zwei Pole, einen Nord- und einen Südpol. Weil die Erde ein Magnet ist, zeigen kleine Magnete immer in die gleiche Richtung, wenn sie frei schwingend aufgehängt werden.

DAS MAGNETFELD DER ERDE

Das Magnetfeld der Erde wird Magnetosphäre genannt und reicht bis weit in den Weltraum.

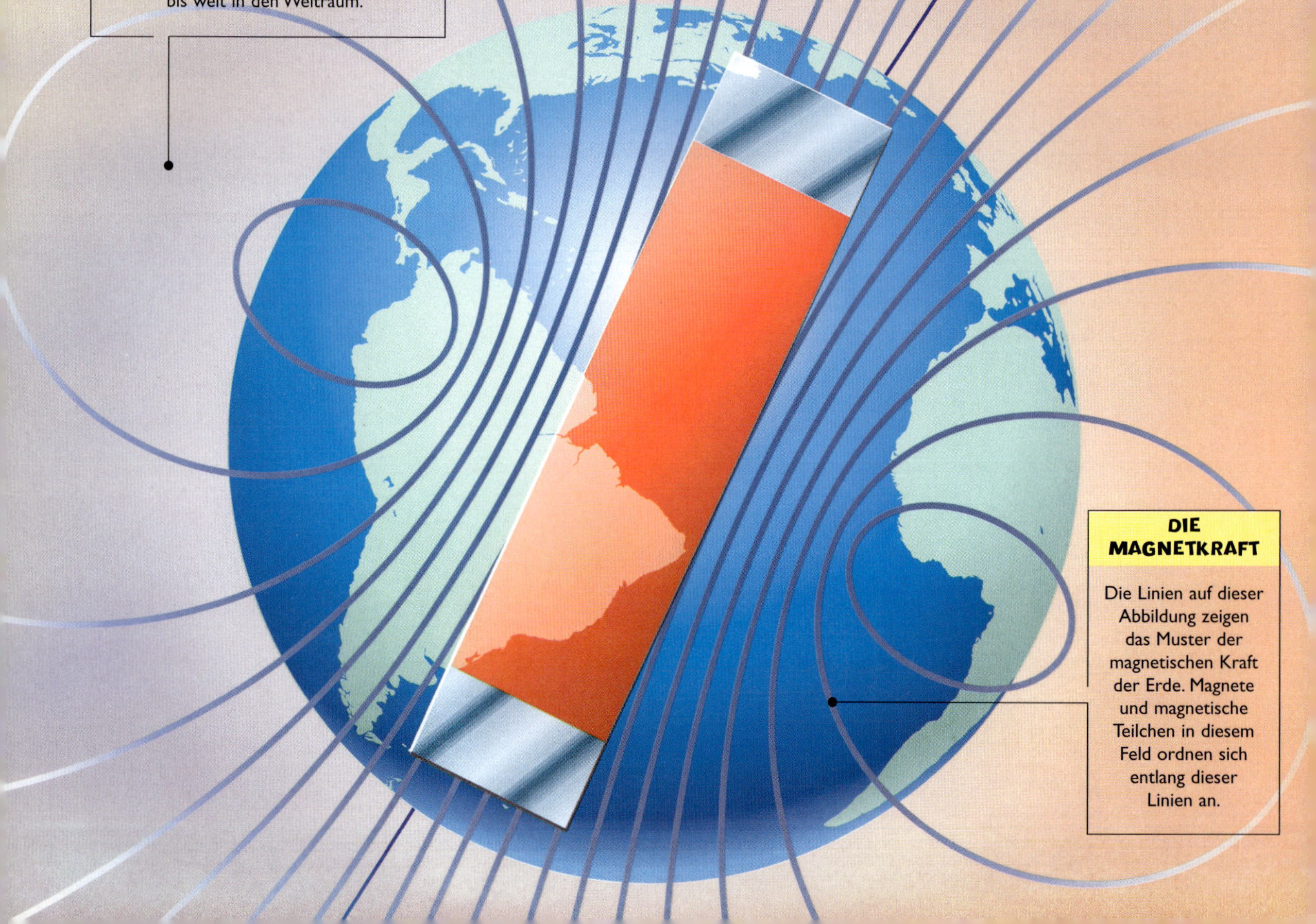

DIE MAGNETKRAFT

Die Linien auf dieser Abbildung zeigen das Muster der magnetischen Kraft der Erde. Magnete und magnetische Teilchen in diesem Feld ordnen sich entlang dieser Linien an.

❓ WIE BEWEGT SICH KLANG FORT?

Jeder Klang wird durch Schwingung erzeugt, egal ob es sich um ein Gummiband oder eine Lautsprechermembran handelt. In einem Vakuum kann man aber keinen Klang hören, weil der Klang dort das Ohr nicht als Schwingung erreicht. Um einen Klang zu hören, muss aber etwas vorhanden sein, das schwingt. Meist ist das Luft. Wenn eine Klangquelle vor- und zurückschwingt, bewegt sie die sie umgebende Luft ebenfalls vor und zurück. Der Klang wandert durch die Luft, während sie sich in einer Kettenreaktion vor- und zurückbewegt, d.h. abwechselnd ausgedehnt und komprimiert wird. Diese Streck- und Druckbewegung der Luft heißt Klangwelle.

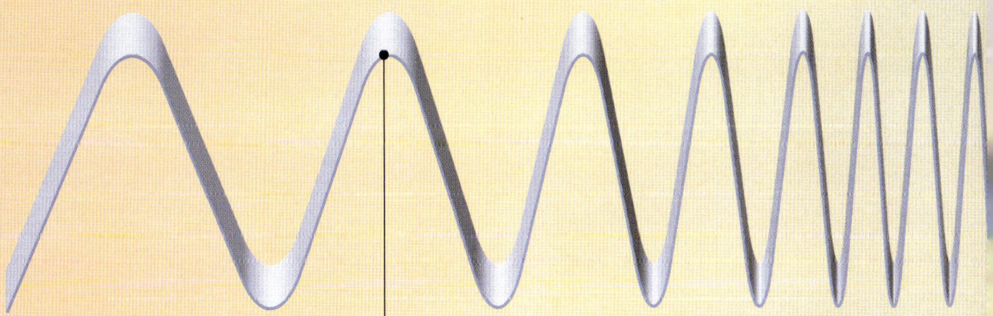

KLANGWELLEN

Lange Klangwellen mit niedriger Frequenz erzeugen tiefe Töne, kurze Klangwellen mit hoher Frequenz erzeugen hohe Töne.

❓ WAS IST RESONANZ?

Jeder Gegenstand, der frei vibrieren kann, neigt dazu, gleichmäßig zu vibrieren. Dies ist seine natürliche Frequenz. Man kann Gegenstände dazu bringen, schneller zu vibrieren, wenn man sie anstößt. Wenn man sie mit derselben Frequenz wie ihre natürliche anstößt, vibrieren sie im Einklang, und die Vibrationen werden stärker. Dies ist Resonanz.

❓ WAS IST MAGNETIT?

Tausende Jahre bevor die Menschen lernten, wie man Magnete aus Stahl herstellt, fanden sie heraus, dass bestimmte Gesteinsbrocken oder Metalle sich anziehen oder auch abstoßen. Diese Gesteine heißen Magnetit, enthalten Eisenoxid und wirken so auf natürliche Weise magnetisch.

❓ WAS IST DIE KLANGFREQUENZ?

Manche Töne, wie z. B. das Kreischen von Autobremsen, sind äußerst hoch. Andere, wie eine dröhnende Pauke, sind sehr tief. Der Unterschied entsteht durch die Frequenz der Klangwellen. Wenn die Klangwellen sehr schnell aufeinander folgen, sind sie hochfrequent und erzeugen einen hohen Ton. Wenn es lange Abstände zwischen jeder Welle gibt, sind sie niedrigfrequent und erzeugen einen tiefen Ton (von ca. 20 Hz oder Wellen pro Sekunde). Ein Hochfrequenzton liegt bei ca. 20 000 Hz oder Wellen pro Sekunde.

HUFEISENMAGNET AUS STAHL

Wenn die Büroklammern in die Reichweite des Magnetfelds gelangen, werden sie ebenfalls magnetisch und ziehen dann wieder andere Büroklammern an.

❓ WAS IST EIN ECHO?

Ein Echo entsteht, wenn man z. B. in eine große, leere Halle hineinruft und den Klang etwas später zurückhallen hört. Das Echo ist also der Ton der Stimme, der von den Wänden zurückgeworfen wird. Man hört normalerweise keine Echos, weil der Ton nur von glatten, harten Oberflächen und in beengten Räumen reflektiert wird. Sogar auf engem Raum muss die Wand mindestens 17 Meter entfernt sein, weil man nur dann ein Echo hört, wenn der Ton mindestens 0,1 Sekunden, nachdem er erzeugt wurde, zurückgeworfen wird.

❓ WAS IST EIN MAGNETFELD?

Das Magnetfeld ist das Gebiet um den Magneten, in dem seine Wirkung spürbar ist. Weiter weg vom Magneten wird sie allmählich schwächer. Das Magnetfeld der Erde erstreckt sich über ungefähr 80 000 km in den Weltraum.

TIERE

Weshalb bauen Biber Dämme?

Biber bauen ihre Behausungen – oder Burgen – in Bächen oder Flüssen. Aber zuvor müssen sie einen Damm bauen, um das fließende Wasser aufzustauen, weil die Strömung sonst die Wohnburg wegreißen würde. Mit ihren riesigen Vorderzähnen fällen Biber Bäume, um damit den Damm zu erbauen. Sie verputzen die Seiten mit Schlamm und füllen Löcher mit Steinen und Ästen. Die Burg besteht aus Ästen, die hinter dem Damm zusammengesteckt werden, und verfügt über einen Eingang unter Wasser. Die Biber verwenden die Burg als Schlafplatz, zum Aufbewahren ihrer Nahrung und als Aufzuchtstätte für ihre Jungen. Sie müssen den Damm und den Bau stets mit neuen Steinen und Ästen ausbessern. Biber leben in Nordamerika und in Teilen Europas und Asiens.

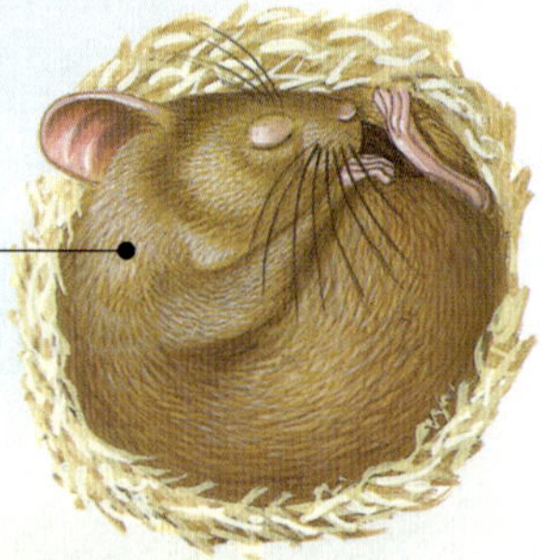

HASELMAUS

Die Haselmaus wiegt für gewöhnlich bis zu 25 g, aber sie legt vor dem Winterschlaf noch ein zusätzliches Fettpolster an.

EINE BIBERBURG

Die Wohnhöhle der Biberburg befindet sich trocken gelegen über der Wasseroberfläche.

SCHLAFEN HASELMÄUSE SO VIEL?

Sie schlafen den ganzen Winter lang. Dieser Winterschlaf kann im Oktober beginnen und bis April dauern, in kälteren Klimazonen sogar länger. Die Haselmaus schläft in einem Nest auf dem Boden oder in einem Bau.

WIE GROSS WIRD EIN BIBER?

Ein vollständig ausgewachsener Biber wird mit seinem langen flachen Schwanz bis zu 1,70 m lang. Er wiegt bis zu 27 kg und ist damit das zweitschwerste Nagetier der Welt.

WELCHES IST DAS GRÖSSTE NAGETIER?

Das größte Nagetier der Welt ist die Capybara oder das Wasserschwein, das in Südamerika lebt. Es misst bis zu 1,30 m und wiegt bis zu 64 kg. Capybaras leben am Wasser und ernähren sich von Gräsern.

WIE VIELE ARTEN VON NAGETIEREN GIBT ES?

Über 1600 unterschiedliche Arten von Nagetieren, u.a. Hamster, Biber, Ratten oder Mäuse. Nagetiere leben auf der ganzen Welt in ganz unterschiedlichen Lebensräumen, von der eisigen Arktis bis zu den heißen Wüsten und den schwül-warmen Regenwäldern.

STACHELSCHWEIN

Wenn ein Stachelschwein angegriffen wird, läuft es rückwärts auf den Feind zu und bohrt seine spitzen Stacheln in ihn.

WO LEBEN STACHELSCHWEINE?

Es gibt zwei Gruppen von Stachelschweinen. Die Stachelschweine der Neuen Welt sind Baumbewohner und leben in Nord- und Südamerika. Stachelschweine der Alten Welt sind Bodenbewohner und leben in Afrika und Teilen Asiens. Alle Stachelschweine haben lange, spitze Stacheln, die beängstigend aussehen und sie vor ihren Feinden schützen.

WELCHES IST DAS KLEINSTE NAGETIER?

Eines der kleinsten Nagetiere ist die nordamerikanische Zwergmaus. Sie wird nur ca. 10 cm lang (mit Schwanz) und wiegt gerade einmal 7 g. Zwergmäuse in Europa und Asien sind nur ein bisschen größer.

WAS FRESSEN BIBER?

Pflanzen! Im Frühjahr und Sommer fressen sie frische grüne Blätter und Gräser. Im Herbst sammeln sie Baumrinde als Nahrungsvorrat, den sie teilweise nahe der Burg unter Wasser aufbewahren, um ihn frisch zu halten.

KÖNNEN FLUGHÖRNCHEN FLIEGEN?

Nein, aber sie können über eine bestimmte Strecke von Baum zu Baum gleiten. Wenn das Flug- oder Gleithörnchen in die Luft springt, breitet es die Hautlappen an den Seiten seines Körpers aus. Sie wirken dann wie ein Fallschirm zum Gleiten.

WESHALB BEKOMMEN NAGETIERE LANGE ZÄHNE?

Die beiden scharfen Zähne vorn im Gebiss der Nagetiere – die Schneidezähne – sind jene Zähne, die sie zum Nagen einsetzen. Sie nutzen sich beim Nagen ab, wachsen aber das ganze Leben lang wieder nach.

WELCHER HUND IST EIN HÖRNCHEN?

Präriehunde sind keine Hunde, sondern Nagetiere, die in Nordamerika leben. Jede Präriehundfamilie, auch Verband genannt, legt einen Bau mit verbundenen Kammern an. Ein Verband besteht aus einem erwachsenen Männchen und bis zu vier Weibchen und ihren Jungen. Gruppen von Verbänden leben in riesigen Kolonien. Präriehunde ernähren sich hauptsächlich von Gräsern und anderen Pflanzen. Wenn die Familie beim Fressen ist, hält ein Tier Wache, um alle zu warnen.

IST DAS MEERSCHWEINCHEN EIN NAGETIER?

Es ist ein Nagetier. Wilde Meerschweinchen oder Cavia leben in Südamerika und ernähren sich von Blättern und Gräsern. Die meisten Meerschweinchen werden ungefähr 22 cm lang, aber eine Art, der langbeinige, hasenähnliche Mara, wird bis zu 75 cm lang.

DER NAGER

Ein Biber kann mit seinen scharfen Zähnen in wenigen Minuten einen kleinen Baum fällen.

SCHLAFEN BÄREN DEN GANZEN WINTER?

Braunbären und amerikanische und asiatische Schwarzbären, die im hohen Norden leben, schlafen den Großteil des Winters. Nahrung ist im Winter rar, und die Bären ziehen sich in warme Höhlen zurück, wo sie von ihren Fettreserven leben. Vor der langen Winterruhe fressen Bären so viel sie nur können, um Körperfett aufzubauen, da sie vielleicht sechs Monate lang nichts zu fressen oder trinken bekommen. Die Körpertemperatur eines Bären sinkt während des Winterschlafs kaum, und er wacht leicht auf, wenn er gestört wird. Weibchen bringen in dieser Zeit ihre Jungen zur Welt.

WAS FRESSEN PANDABÄREN?

Die Hauptnahrung der Pandas ist Bambus. Ein erwachsener Panda frisst bis zu 15 kg Bambusblätter und -stiele pro Tag. Pandas fressen ab und zu auch andere Pflanzen und manchmal sogar Eier.

DER BRAUNBÄR

Ein stehendes Braunbärenmännchen erreicht eine Höhe von bis zu 2,13 m und ein Gewicht von bis zu 380 kg. Bären mögen Pflanzen und holen sich von Bäumen saftige Früchte oder Beeren.

WIE GROSS IST EIN BÄRENJUNGES?

Obwohl erwachsene Bären sehr groß werden, sind ihre Jungen ganz klein. Ein riesiger Eisbär bringt beispielsweise Jungen zur Welt, die nur etwa 800 g wiegen und viel kleiner sind als die meisten Menschenbabys. Pandajungen sind noch kleiner. Die ausgewachsene Mutter wiegt bis zu 100 kg, aber ihr neugeborener Nachwuchs wiegt nur 85 bis 140 g.

WIE ERLERNEN WOLFSJUNGEN DAS JAGEN?

Wolfsjungen lernen das Jagen, indem sie ihre Eltern und andere Mitglieder des Rudels beobachten und spielen. Wenn die Jungen herumlaufen und aufeinander springen, lernen sie gleichzeitig, ihrer Beute aufzulauern und sie anzugreifen.

Wie viele Bärenarten gibt es?

Es gibt acht Bärenarten unterschiedlicher Größe, vom Malaienbär, der nur ca. 27 kg wiegt, bis hin zum riesigen Eisbär und Braunbär. Der Braunbär ist am meisten verbreitet. Er lebt im Norden Nordamerikas und in Teilen Europas und Asiens. In Nordamerika wird der Braunbär auch Grislibär genannt. Braunbären ernähren sich von einer abwechslungsreichen Kost. Sie fressen Gräser, Wurzeln und Beeren, fangen aber auch Insekten, Fische und andere größere Tiere bzw. fressen die Kadaver toter Tiere wie die von Rehen und Seehunden.

RIESENPANDA

An den Vorderpfoten hat der Panda ist einen zusätzlichen „Daumen", mit dessen Hilfe er Bambusstämme festhalten kann.

IST DER RIESENPANDA EIN BÄR?

Lange waren sich Experten uneinig, ob er als Bär, als Waschbär oder als eigene Art eingestuft werden sollte. Genetische Untersuchungen weisen nun darauf hin, dass der Panda zur Familie der Bären gehört.

WO LEBEN RIESENPANDAS?

In den Bambuswäldern Zentralchinas. Die meisten dieser Wälder sind spezielle Reservate zum Schutz der seltenen Pandas. Einige Tiere leben auch in Zoos einiger Länder.

WAS IST EIN DINGO?

Dingos sind wilde Hunde, die in Australien leben. Sie stammen von Hunden ab, die vor über 3500 Jahren von den ersten Aborigines gezähmt wurden. Sie leben in Familienverbänden und jagen Schafe und Hasen. Ein Zaun in der Länge von 5322 km wurde quer durch Südostaustralien gezogen, um Dingos und wilde Kaninchen von den großen Schafweiden fern zu halten.

WIE GROSS IST EIN WOLFSRUDEL?

In Gegenden, wo es viele Beutetiere gibt, kann ein Rudel aus bis zu 20 Wölfen bestehen. Wenn sie im Rudel jagen, können Wölfe Tiere zur Strecke bringen, die viel größer sind als sie selbst, z. B. Elche. Ein Wolfsrudel hat ein Revier oder Territorium, das es gegen andere Wölfe verteidigt.

KÖNNEN EISBÄREN SCHWIMMEN?

Sie sind gute Schwimmer und verbringen lange Zeit im eisigen Wasser. Sie sind gut ausgerüstet, um die Kälte zu ertragen. Ein Eisbär hat neben seinem schweren Außenpelz einen dichten Unterpelz und unter der Haut eine dicke Schutzschicht Fett.

WIE VIELE ARTEN WILDHUNDE GIBT ES?

Es gibt ca. 35 Arten in der Hundefamilie, eingeschlossen Füchse, Wölfe, Kojoten und Jagdhunde. Wilde Hunde leben auf der ganzen Welt, außer auf Neuseeland, Papua-Neuguinea und einigen anderen Inseln. Sie alle sind hervorragende Läufer und jagen andere Tiere.

WELCHER BÄR IST AM GRÖSSTEN?

Der Eisbär in der Arktis. Ausgewachsene Männchen werden bis zu 2,60 m groß. Eisbären haben ein dickes Fell, das sie in ihrem eisigen Lebensraum warm hält. Sie jagen Seehunde und manchmal auch junge Walrosse und Vögel.

GIBT ES IM DSCHUNGEL BÄREN?

Ja, es gibt zwei Bärenarten, die im Dschungel oder Regenwald leben. Manche Brillenbären leben im südamerikanischen Regenwald, und der Malaienbär lebt in den Regenwäldern von Teilen Südostasiens.

WAS FRESSEN FÜCHSE?

Füchse wie der Rotfuchs sind Raubtiere. Sie töten und fressen kleine Tiere, u. a. Ratten, Mäuse und Hasen. Füchse können sich jedoch sehr gut anpassen – sie fressen so ziemlich alles, was ihnen in den Weg kommt, zum Beispiel Vögel und Vogeleier, Insekten und sogar Früchte und Beeren. Immer mehr Füchse leben in Städten und ernähren sich von den Nahrungsresten des Menschen, die sie in Mülltonnen oder auf Komposthaufen finden.

ROTFUCHS

Rotfüchse werden bis zu 63 cm lang, ihr buschiger Schwanz hat eine Länge von bis zu 40 cm.

WESHALB HABEN TIGER STREIFEN?

Die Streifen erleichtern es dem Tiger, sich zu verstecken und an seine Beute anzuschleichen. Tiger können nicht über lange Strecken schnell laufen, also müssen sie sich dicht an ihre Beute heranpirschen, bevor sie angreifen. Wegen der Streifen sind sie für Beutetiere schwerer zu erkennen.

WELCHE KATZE LÄUFT AM SCHNELLSTEN?

Der Gepard ist die schnellste Katze und auf Kurzstrecken eines der schnellsten Tiere überhaupt. Es wurden Geschwindigkeiten von 105 km/h über 100 m gemessen. Olympische Kurzstreckenläufer erreichen nur ca. 48 km/h.

WAS IST EIN SCHNEELEOPARD?

Eine große Katze, die im Himalaja lebt. Er hat ein schönes helles Fell mit dunklen Markierungen. Dieses Fell hat ihn zum Ziel von Wilderern gemacht. Es ist inzwischen verboten, Schneeleoparden zu jagen, aber es gibt immer noch Wilderer.

STREIFEN

Das Streifenmuster auf dem Fell jedes Tigers ist einzigartig. Es gibt keine zwei Tiger, die genau das gleiche Muster haben.

Welche Großkatze ist die größte?

Tiger sind die größten unter den Großkatzen. Sie werden (mit Schwanz) bis zu 3 Meter lang und wiegen 250 kg oder mehr. Tiger werden immer seltener. Sie leben in Teilen Asiens, vom Schnee bedeckten Sibirien im Norden bis zu den tropischen Regenwäldern Sumatras. Es gibt nur eine Art Tiger, aber die im Norden lebenden Tiere sind etwas größer und haben dickeres, helleres Fell als ihre Verwandten im Süden. Tiger sind Einzelgänger und kommen nur zur Paarungszeit zusammen. Das Weibchen zieht ihre Jungen ohne Hilfe des Männchens auf. Anfangs bleiben die Jungen in der Nähe der Höhle, aber im Alter von ca. sechs Monaten fangen sie an, mit ihrer Mutter auf Jagd zu gehen und zu lernen, selbstständig Beute zu machen.

WIESO SIND LÖWEN SO BESONDERS?

Die meisten Katzen leben allein. Löwen leben und jagen in einer Gruppe, das als Rudel bezeichnet wird. Ein Löwenrudel umfasst mehrere erwachsene Männchen und eine Anzahl von Weibchen, Junglöwen und Jungen. Da sie in einer Gruppe leben, gibt es immer einige erwachsene Tiere, die auf die Jungen aufpassen, während die anderen auf der Jagd sind. Weil sie bei der Jagd zusammenwirken, können Löwen auch Tiere reißen, die größer sind als sie.

WAS MACHEN LÖWEN DEN GANZEN TAG?

Wie Hauskatzen verschlafen auch Löwen einen erstaunlich großen Teil des Tages. Bis zu 22 Stunden am Tag verbringen sie mit Ausruhen und Putzen. Der Rest der Zeit wird mit der Suche nach Beute und dem Fressen verbracht. Die Jagd wird hauptsächlich von den Löwinnen erledigt, aber sie teilen die Beute mit dem Rest des Rudels.

WAS FRISST EIN MUNGO?

Der Mungo ist ein kleines, flinkes Jagdtier. Er tötet Tiere wie Ratten, Mäuse und Frösche und frisst auch alles andere, was er findet, einschließlich Insekten und Vogeleier. Ein Mungo greift sogar große Schlangen an.

ERDMÄNNCHENWACHE

Erdmännchen können auch in der lebensfeindlichen Kalahariwüste überleben, weil sie im Team agieren. Eine Gruppe Erwachsener hält Ausschau nach Raubtieren, während die anderen auf der Jagd sind.

WO LEBEN JAGUARE?

Jaguare leben in den Wäldern Mittel- und Südamerikas. Sie sind die größten Katzen Südamerikas und werden bis zu 1,80 m lang. Dabei wird ihr Schwanz allein schon bis zu 90 cm lang. Trotz seiner Größe ist der Jaguar ein geschickter Kletterer, der häufig Bäume erklimmt, um nach Beute Ausschau zu halten. Er jagt andere Waldtiere, wie Pekaris (Bisamschweine) und Capybaras (Wasserschweine) sowie Vögel, Schildkröten und Fische.

WAS IST EIN ERDMÄNNCHEN?

Eine Art Mungo und lebt in Afrika. Erdmännchen bilden große Gruppen mit 30 Tieren oder mehr, die gemeinsam Jungen aufziehen und auf Nahrungssuche gehen. Die Wachen der Erdmännchen stehen auf den Hinterbeinen, um nach Gefahren Ausschau zu halten.

IST DIE ZIBETKATZE EINE KATZE?

Nein, sie gehört zu einer Familie, zu der auch Mungos, Erdmännchen und Ginsterkatzen gehören. Die meisten Zibetkatzen leben in den tropischen Regenwäldern Südostasiens oder Afrikas. Sie haben einen langen, schlanken Körper, kurze Beine und einen langen Schwanz. Die afrikanische Zibetkatze ist ca. 95 cm lang und hat einen 50 cm langen Schwanz.

WIE VIELE KATZENARTEN GIBT ES?

Es gibt ungefähr 35 Arten von Wildkatzen, vom Tiger bis zur afrikanischen Wildkatze, dem Vorfahren unserer Hauskatze. Katzen leben in den meisten Teilen der Welt, vom tropischen Regenwald und der Wüste bis hin zu den eisigen Tundragebieten Sibiriens. Es gibt allerdings keine Wildkatzen in der Antarktis sowie in Australien oder Neuseeland.

WAS IST EIN PANTER?

Ein Panter ist ein Leopard, der statt Flecken ein schwarzes Fell hat. Es ist keine besondere Katzenart. Leoparden leben in Afrika und Asien.

GIRAFFE

Die Giraffe kann ihre Zunge bis zu 46 cm weit herausstrecken, um damit Blätter von hohen Bäumen zu pflücken.

WIE GROSS WERDEN GIRAFFEN?

Ein Giraffenbulle wird bis zu 5,50 m groß (bis zu den Spitzen seiner Stirnzapfen). Giraffen haben einen langen Hals und längere Vorder- als Hinterbeine, sodass der Körper nach hinten abgeschrägt ist. Der lange Hals ermöglicht es der Giraffe, Blätter zu fressen, die hoch oben in den Baumkronen wachsen und von anderen Tieren nicht erreicht werden.

WIE LANG SIND DIE STOSSZÄHNE EINES ELEFANTEN?

Die Stoßzähne eines Elefanten wachsen sein ganzes Leben lang, daher haben die ältesten Bullen die längsten Stoßzähne. Die Stoßzähne eines alten Männchen können bis zu 3,50 m lang sein und 100 kg wiegen.

AFRIKANISCHER ELEFANT

Die graue Haut des Elefanten ist bis zu 4 cm dick und mit vielen feinen Haaren bedeckt.

WIE VIELE KNOCHEN HAT DER HALS EINER GIRAFFE?

Eine Giraffe hat sieben Halsknochen wie alle anderen Säugetiere, Menschen eingeschlossen. Aber die Halsknochen der Giraffe sind viel länger als die anderer Tiere, und sie haben biegsamere Gelenke zwischen den Wirbeln.

KÖNNEN FLUSSPFERDE SCHWIMMEN?

Das Flusspferd verbringt den Großteil des Tages im oder nahe am Wasser und kommt nachts an Land, um Pflanzen zu fressen. Es schwimmt nicht wirklich, sondern geht oder läuft unter Wasser oder am Flussbett mit erstaunlich hoher Geschwindigkeit.

WAS IST DAS OKAPI?

Das Okapi ist ein Verwandter der Giraffe und lebt im afrikanischen Regenwald. Es wurde erst um 1900 von einem britischen Forscher entdeckt. Es hat kleine Hörner auf dem Kopf und eine lange Zunge wie die Giraffe – aber es hat keinen langen Hals.

Wozu verwenden Elefanten ihren Rüssel?

Der Elefantenrüssel ist sehr wichtig. Ohne den Rüssel könnte der Elefant nicht zum Boden reichen, um zu fressen, weil sein Hals so kurz ist. Der Rüssel wird auch verwendet, um Futter hoch oben aus Bäumen zu holen und um Äste abzubrechen. Der Elefant kann mit dem Rüssel riechen, kleine Gegenstände aufnehmen und seine Jungen liebkosen. Er trinkt, indem er Wasser in den Rüssel saugt und es sich damit in den Schlund spritzt. Er verteilt mit dem Rüssel auch Wasser und Staub über sich selbst, um seine Haut zu schützen und zu reinigen.

Der Elefant wedelt mit seinen riesigen Ohren, um sich abzukühlen.

Die Stoßzähne eines Elefanten sind verlängerte Schneidezähne.

SIND NASHÖRNER GEFÄHRLICH?

Trotz ihres wilden Aussehens und der großen Hörner sind Nashörner friedliche, Pflanzen fressende Tiere. Aber wenn sie bedroht werden, greifen Nashörner ihre Feinde an, indem sie mit hohem Tempo und zum Angriff gesenktem Kopf drauflos galoppieren. Mütter, die ihre Jungen verteidigen, können besonders gefährlich sein.

WIE VIEL FRESSEN ELEFANTEN?

Ein ausgewachsener Elefant frisst pro Tag 100 bis 200 kg Pflanzennahrung wie Gräser, Zweige, Blätter und Früchte.

WIE GROSS IST EIN ELEFANTENBABY?

Ein neugeborenes Elefantenbaby wiegt bis zu 120 kg und ist bis zu 1 m groß. Es ernährt sich mindestens zwei Jahre lang von Muttermilch. Zu diesem Zeitpunkt wiegt es oft schon über 600 kg, und es säugt manchmal bis zu sechs Jahre.

WIE UNTERSCHEIDET MAN EINEN AFRIKANISCHEN VON EINEM ASIATISCHEN ELEFANTEN?

Der afrikanische Elefant ist größer, hat größere Ohren und längere Stoßzähne. Kopf und Körper des afrikanischen Elefanten werden bis zu 7,50 m lang. Der asiatische Elefant wird bis zu 6,50 m lang und hat einen etwas stärker gebogenen Rücken. Es gibt einen weiteren Unterschied: die Spitze des Rüssels. Der Rüssel des afrikanischen Elefanten hat zwei biegsame, fingerähnliche Lippen, während der Rüssel des asiatischen Elefanten nur eine Lippe hat.

❓ WIE VIEL FRISST EIN KOALA PRO TAG?

Ein Koala frisst ungefähr 500 g Eukalyptusblätter pro Tag, die er zu einem feinen Brei zerkaut. Die Blätter liefern nicht viel Energie, aber die Koalas bewegen sich langsam und schlafen bis zu 18 Stunden pro Tag.

❓ LEBEN ALLE BEUTELTIERE IN AUSTRALIEN?

Die meisten der ca. 260 Arten leben in Australien und Neuguinea, aber es gibt ungefähr 80 Arten von Beutelmardern in Südamerika. Eine davon lebt auch in Nordamerika.

KOALABÄR

Der Koala hat kräftige Krallen, mit deren Hilfe er sich an den Ästen festkrallt, an denen er auf der Futtersuche hochklettert.

❓ WAS IST EIN TASMANISCHER TEUFEL?

Der Tasmanische Teufel oder Beutelteufel ist das größte Fleisch fressende Beuteltier. Er ist mit Schwanz ca. 90 cm lang, hat scharfe Zähne und einen kräftigen Kiefer. Der Beutelteufel frisst hauptsächlich Aas – das Fleisch toter Tiere –, aber er tötet auch Tiere wie Schafe und Vögel.

Ist der Koala wirklich ein Bär?

Nein, er ist ein Beuteltier wie das Känguru und überhaupt nicht mit den Bären verwandt. Koalas leben in Eukalyptuswäldern Australiens. Sie ernähren sich ausschließlich von Eukalyptusblättern und mögen nur wenige Arten davon. Ein Babykoala verbringt seine ersten sechs bis sieben Lebensmonate im Beutel und reitet später auf dem Rücken seiner Mutter, bis das Junge für sich selbst sorgen kann. Ein Baby ist bei der Geburt 19 mm lang, aber ein ausgewachsener Koala misst im Schnitt 78 cm und wiegt bis zu 11 kg. Weibchen sind viel kleiner als Männchen.

HABEN ALLE BEUTELTIERE BEUTEL?

Die meisten weiblichen Beuteltiere haben einen Beutel, aber nicht alle. Einige kleinere Beuteltiere, wie die Spitzmausbeutelratte in Südamerika, haben keinen Beutel. Andere, wie das amerikanische Opossum, haben an Stelle eines richtigen Beutels einen offenen Hautbeutel um die Zitzen. Die winzigen Jungen halten sich an den Zitzen fest.

WIE VIELE ARTEN VON KÄNGURUS UND WALLABYS GIBT ES?

Es gibt ungefähr 50 verschiedene Arten von Kängurus und Wallabys. Alle Arten leben in Australien oder Neuguinea. Das Rote Riesenkänguru, das ca. 90 kg wiegt, ist das größte, und das winzige Bisamrattenkänguru, das nur 0,5 kg wiegt, ist das kleinste seiner Art.

WELCHES IST DAS KLEINSTE BEUTELTIER?

Das kleinste Beuteltier ist das mäuseähnliche Ningaui, das in Australien lebt. Diese kleinen Tiere sind nur ca. 5 cm lang und wiegen nur ein paar Gramm. Sie ernähren sich von Insekten.

WAS SIND BANDIKUTS?

Bandikuts sind eine Gruppe kleiner kaninchenartiger Beuteltiere, die in Australien und Neuseeland leben. Die meisten von ihnen haben kurze Beine, einen runden Körper und eine lange, spitze Nase. Sie haben kräftige Krallen, mit denen sie Würmer und andere kleine Tiere aus dem Boden graben.

WOZU HAT DAS KÄNGURU EINEN BEUTEL?

Bei der Geburt sind Kängurus ganz winzig und sehr schlecht entwickelt. Tatsächlich ist ein Känguru nach der Geburt nur 2 cm lang. Das Känguruweibchen hat einen Beutel, damit seine Jungen sich darin sicher weiterentwickeln können. Das winzige Neugeborene krabbelt selbst in den Beutel und saugt darin an einer Zitze. Ein junges Känguru („Joey“) bleibt im Beutel, bis es ungefähr 3,5 kg wiegt. Tiere mit Beuteln wie das Känguru nennt man Beuteltiere.

IST DAS SCHNABELTIER EIN BEUTELTIER?

Nein. Es ist ein ungewöhnliches Tier, das in Australien lebt. Anders als die meisten Säugetiere, die lebende Jungen zur Welt bringen, legt das Schnabeltier Eier. Das Weibchen legt ihre zwei oder drei Eier in eine Bruthöhre im Erdreich. Nach bis zu zwei Wochen schlüpfen die Jungen und ernähren sich von der Milch, die aus dem Milchdrüsenfeld der Mutter fließt.

WAS IST EIN WOMBAT?

Ein Wombat ist ein kleines bärenähnliches Beuteltier mit einem schweren Körper und kurzen kräftigen Beinen. Er gräbt sich unterirdische Gänge und ernährt sich hauptsächlich von Gras. Sein Beutel öffnet sich nach hinten, damit er sich beim Graben nicht mit Erde füllt.

GIBT ES SCHWIMMENDE BEUTELTIERE?

Der Schwimmbeutler, der in Südamerika lebt, ist ein hervorragender Schwimmer und hat an den Hinterpfoten Schwimmhäute. Starke Muskeln verschließen den Beutel im Wasser.

WIE SCHNELL SIND KÄNGURUS?

Sie springen mit Hilfe der kräftigen Hinterbeine bei Geschwindigkeiten von bis zu 65 km/h. Sie können mit einem Sprung 12 m zurücklegen.

WOVON ERNÄHREN SICH KÄNGURUS?

Kängurus fressen Gras und die Blätter kleiner Sträucher, ähnlich wie die Rehe und Antilopen auf der nördlichen Erdhalbkugel.

RIESENKÄNGURU

Nur das männliche Rote Riesenkänguru hat ein rotes Fell. Die Weibchen sind hingegen blaugrau.

AFFEN UND MENSCHENAFFEN

SCHIMPANSE

Schimpansen sind gute Kletterer und finden einen Großteil ihrer Nahrung auf Bäumen.

WO LEBEN ORANG-UTANS?

Orang-Utans leben in Südostasien in den Regenwäldern von Sumatra und Borneo. Dieser Menschenaffe hat ein langes rötliches Fell und verbringt den Großteil seines Lebens auf Bäumen. Seine Hauptnahrung sind Früchte von Bäumen, aber auch deren Blätter und Zweige. Der Orang-Utan ist tagaktiv. In der Nacht schläft er in einem Nest aus Zweigen auf einem Baum oder auf dem Boden.

WO LEBEN SCHIMPANSEN?

Schimpansen leben in den Wald- und Graslandschaften West- und Zentralafrikas. Es gibt eine weitere, weniger bekannte Schimpansenart, die Zwergschimpansen oder Bonobos, die im Regenwald in Zaire/Kongo in Afrika lebt. Sie ist schlanker und leichter als der herkömmliche Schimpanse und verbringt mehr Zeit auf Bäumen.

WOZU HABEN AFFEN LANGE SCHWÄNZE?

Um das Gleichgewicht zu halten und ihre Bewegungen zu kontrollieren, wenn sie von Ast zu Ast springen. Der Schwanz der südamerikanischen Affen ist sogar noch nützlicher, weil er zum Greifen geeignet ist. Ein zum Greifen geeigneter Schwanz verfügt über spezielle Muskeln, mit deren Hilfe der Affe den Schwanz um Äste wickeln und besser klettern kann – beinahe so, als hätte er ein fünftes Bein. Die nackte Haut an der Unterseite des Schwanzes ist gerippt, um seinen Halt zu verbessern.

WOVON ERNÄHREN SICH GORILLAS?

Gorillas fressen Blätter, Knospen, Zweige und Früchte. Weil ihre Nahrung so wasserhaltig ist, trinken Gorillas selten.

WAS SIND MENSCHENAFFEN?

Menschenaffen sind die am höchsten entwickelten Tiere in der Gruppe der Primaten, zu der auch Tiere wie Lemuren, Bushbabys (Nachtaffen) und andere Affenarten gehören. Es gibt zwei Familien von Menschenaffen. Die eine Familie umfasst alle Gibbonarten, die zweite Gorillas, Schimpansen und Orang-Utans.

LEBEN SCHIMPANSEN IN GRUPPEN?

Ja, in großen Gruppen, die aus 25 bis zu 100 Tieren bestehen können und von einem dominanten Männchen angeführt werden. Jede Gruppe hat ihr eigenes Revier.

WIE VIELE ARTEN VON AFFEN GIBT ES?

Es gibt ca. 133 Arten, die in drei Hauptgruppen unterteilt sind. Eine Gruppe lebt in Afrika und Asien. Die anderen beiden Gruppen leben in Mittel- und Südamerika.

JAGEN SCHIMPANSEN BEUTETIERE?

Ja. Obwohl sie sich hauptsächlich von Früchten ernähren, fressen sie auch Insekten und jagen kleinere Säugetiere, besonders Primaten. Meist gehen die männlichen Tiere auf die Jagd. Sie arbeiten in einer Gruppe zusammen, von der einige die Beutetiere von ihrer Herde abdrängen und zu anderen Schimpansen treiben, die die Beutetiere töten. Die Beute wird dann in der Gruppe aufgeteilt.

Welches ist der größte Affe?

Der Gorilla – ein ausgewachsenes Männchen wird bis zu 1,70 m groß und bis zu 180 kg schwer. Gorillas leben im Regenwald West- und Zentralafrikas. Eine Gruppe besteht aus einem älteren Männchen, jüngeren Männchen, mehreren Weibchen und einer Anzahl von Jungen. Das älteste Männchen wird Silberrücken genannt und führt die Gruppe an.

❓ LEBEN AFFEN AUCH AN KALTEN ORTEN?

Die meisten Affen findet man in warmen Gebieten nahe dem Äquator, aber manche Makaken leben an kälteren Orten. Der Rhesusaffe lebt im Himalajagebirge und in Teilen von China und Indien, und der japanische Makake überlebt mit Hilfe seines dicken Fells sogar kalte Winter.

❓ SETZEN SCHIMPANSEN WERKZEUGE EIN?

Ja. Der Schimpanse kann sich Nahrung beschaffen, indem er einen Stock in einen Ameisenhaufen steckt. Er zieht den Stock heraus und leckt die Ameisen daran ab. Er kann auch Steine verwenden, um Nüsse aufzubrechen, und formt Schwämme aus gekauten Blättern, um Wasser aufzusaugen oder sich den Körper abzuwischen.

❓ WELCHER IST DER KLEINSTE AFFE?

Der kleinste Affe ist der Koboldmaki, der im südamerikanischen Regenwald lebt. Er ist ca. 40 cm lang (die Hälfte davon entfällt auf den Schwanz), und er wiegt nur ca. 150 g.

❓ WER MACHT DEN MEISTEN LÄRM?

Brüllaffen schreien nicht nur lauter als andere Affen – sie gehören zu den lautesten Tieren überhaupt. Rudel dieser Affen verständigen sich durch Rufe, und ihre Stimmen hört man über mehr als einen Kilometer.

Was sind Seehunde und was Seelöwen?

Sowohl Seehunde als auch Seelöwen haben stromlinienförmige Körper, die an das Leben im Meer angepasst sind, und Flossen an Stelle von Gliedmaßen. Aber es gibt zwischen ihnen auch viele Unterschiede. Seelöwen haben kleine Ohrlappen, während Seehunde nur Ohröffnungen haben. Seelöwen können ihre Hinterflossen unter den Körper schieben und sich so besser an Land fortbewegen. Seehunde können das nicht – sie schleppen sich an Land dahin. Seelöwen schwimmen durch Schlagen der Vorderflossen. Seehunde schwimmen, indem sie die Rückenflossen und den hinteren Teil ihres Körpers bewegen.

WIE TIEF TAUCHEN SEEHUNDE?

Die Weddellrobbe, die in den Gewässern der Antarktis lebt, gehört zu den am tiefsten tauchenden Seehunden. Sie kann bei der Nahrungssuche in Tiefen von über 500 m tauchen. Wenn der Seehund taucht, wird seine Blutversorgung bis auf die wichtigsten Organe, wie das Herz, unterbrochen.

SIND MANCHE ROBBENARTEN SEHR SELTEN?

Ja, Mönchsrobben, die in der Karibik, dem Mittelmeer und den Gewässern rund um Hawaii leben, sind äußerst selten. Diese Robbenart ist die einzige, deren Lebensraum warme Gewässer sind. Mönchsrobben leben näher bei den Menschen als andere Arten, und ihr Lebensraum wurde daher mehr gestört.

WIE GROSS SIND SEELÖWEN?

Der größte Seelöwe, der Steller-Seelöwe, ist etwa 2,30 m lang und wiegt bis zu 1000 kg. Die Weibchen sind viel kleiner und wiegen nur ungefähr 270 kg. Der kleinste Seelöwe ist vermutlich der Galapagosseelöwe, der nur ungefähr 64 kg wiegt.

WIE GROSS SIND WALROSSE?

Die größten männlichen Walrosse werden mehr als 3 m lang und wiegen 1200 kg. Die Weibchen sind kleiner, durchschnittlich 2,70 m lang und wiegen ungefähr 800 kg. Die Haut des Walrosses ist bis zu 4 cm dick und mit groben Borsten bedeckt. Die dicke Haut schützt das Walross vor den Stoßzähnen anderer Walrosse.

WELCHES IST DIE GRÖSSTE ROBBE?

Die männliche Elefantenrobbe ist die größte aller Robben. Sie ist 5 m lang und wiegt 2400 kg, beinahe so viel wie ein Elefant.

SATTELROBBE

In den Sommermonaten ziehen Sattelrobben in großen Gruppen um Grönland herum zu den arktischen Küstengebieten Russlands.

WERDEN SEEHUND- UND SEELÖWENJUNGEN IM WASSER GEBOREN?

Nein, sie werden an Land geboren. Seehunde und Seelöwen verbringen die meiste Zeit im Wasser, aber sie gehen an Land, um ihre Jungen zur Welt zu bringen. Sie bleiben einige Wochen an Land und säugen ihre Jungen mit fetter Milch.

LEBEN SEEHUNDE IN SÜSSWASSER?

Ja, es gibt eine Art Süßwasserseehund im Baikalsee in Russland. Der Baikalsee ist der tiefste Süßwassersee der Welt und enthält mehr Wasser als jeder andere See. Tausende Seehunde leben dort und ernähren sich von Süßwasserfischen. Sie ruhen sich auf Inseln in der Mitte des Sees aus.

WIE HALTEN SICH SEEHUNDE IM KALTEN MEER WARM?

Eine bis zu 10 cm dicke Speckschicht unter der Haut hält Seehunde und Seelöwen warm. Außerdem haben sie einen Pelz.

WIE VIELE SEEHUND- UND SEELÖWENARTEN GIBT ES?

Es gibt ungefähr 14 Seelöwenarten, 18 Seehundarten und eine Walrossart. Die meisten Seelöwen leben an der nördlichen Pazifikküste und an den südlichen Küsten Afrikas, Australiens und Südamerikas. Die meisten Seehunde leben in Gewässern im Norden und Süden der Erde; das Walross lebt in arktischen Gewässern.

PELZROBBE

Pelzrobben haben einen besonders dicken Pelz und sehen wie echte Seehunde aus. Aber ihre kleinen Ohrlappen zeigen, dass sie in Wirklichkeit eine Art Seelöwe sind.

WIE LANG SIND DIE STOSSZÄHNE EINES WALROSSES?

Bei einem ausgewachsenen Walrossbullen können sie bis zu 55 cm lang werden. Die Walrosse verwenden ihre Stoßzähne dazu, um Futter im Meeresboden zu finden, aber auch, um Weibchen zu imponieren.

WIE SCHNELL SIND SEEHUNDE UND SEELÖWEN?

Bei einem kalifornischen Seehund wurde eine Schwimmgeschwindigkeit von 40 km/h gemessen. Auf dem Land kann die Krabbenfresserrobbe mit bis zu 19 km/h über das Eis schlittern.

WELCHER IST DER KLEINSTE SEEHUND?

Die Ringelrobbe ist einer der kleinsten Seehunde. Das Männchen wird ca. 1,40 m lang und wiegt bis zu 90 kg, obwohl einige Tiere nur 50 kg schwer sind. Die Weibchen sind etwas kleiner als die Männchen. Ringelrobben leben in arktischen Gewässern und fressen Fische und Schalentiere.

ATMEN SEEHUNDE UND SEELÖWEN?

Sie sind Säugetiere und müssen daher regelmäßig an die Wasseroberfläche kommen, um zu atmen. Aber sie können viel länger als die Menschen unter Wasser bleiben. Tauchgänge von 20 Minuten sind ganz normal. Bei der Weddellrobbe wurde ein über 70 Minuten langer Tauchvorgang beobachtet.

WAS FRESSEN SEEHUNDE UND SEELÖWEN?

Fisch ist ihre Hauptnahrung, aber manche Arten fangen größere Beutetiere. Die Krabbenfresserrobbe ernährt sich hauptsächlich von Krill, also von tierischem Plankton. Die Bartrobbe frisst Tiere vom Meeresboden, z. B. Muscheln, und die Leopardenrobbe hat die Jungen anderer Seehunde sowie Vögel und Fische als Beutetiere.

KALIFORNISCHER SEELÖWE

Der Seelöwe schiebt die Hinterflossen unter seinen Körper, wenn er sich an Land fortbewegt.

Welches ist der größte Wal?

Der Blauwal ist der größte aller Wale und eines der größten Säugetiere aller Zeiten. Er wird über 30 m lang und wiegt mindestens 100 t. Die größten Blauwale können mehr als doppelt so viel wiegen. Obwohl er so riesig ist, ist der Blauwal kein großer Jäger. Er frisst winzige garnelenartige Tiere, die Krill genannt werden. Er kann bis zu vier Millionen dieser winzigen Tiere am Tag verschlingen.

DELFINE

Delfine springen beim Schwimmen aus dem Wasser und tauchen kopfüber wieder hinein.

? WIESO WANDERN MANCHE WALE?

Wale wie die Buckelwale wandern von Ort zu Ort, um die besten Nahrungsbedingungen und ideale Bedingungen zur Fortpflanzung zu finden. Sie verbringen einen Großteil des Jahres in den Gewässern der Arktis und Antarktis, wo es viel Krill gibt. Wenn es Zeit ist, die Jungen zur Welt zu bringen, wandern die Buckelwale in Gewässer nahe dem Äquator.

? WIE FRESSEN BLAUWALE?

Blauwale filtern kleine, garnelenartige Lebewesen, genannt Krill, aus dem Wasser. Vom Oberkiefer des Wals hängen viele fransig-borstige Platten, die so genannten Barten. Der Wal öffnet das Maul, und Wasser und Krill fließen hinein. Der Wal drückt mit seiner Zunge das Wasser wieder durch die Barten. Das Wasser fließt an den Seiten des Mauls heraus, der Krill bleibt auf den Barten zurück, und der Wal kann ihn verspeisen.

? WELCHER WAL TAUCHT AM TIEFSTEN?

Der Pottwal taucht bis zu einer Tiefe von mindestens 1000 m und kann sogar noch tiefer tauchen, wenn er etwa einen Riesenkraken jagt.

? SINGEN BUCKELWALE WIRKLICH?

Ja. Sie geben manchmal stundenlang Töne von sich, darunter hohe Pfeiftöne und ein tiefes Knurren. Niemand weiß genau, weshalb der Buckelwal singt, aber der Gesang könnte dazu dienen, einen Partner anzulocken oder mit den anderen Walen in Kontakt zu bleiben.

❓ SIND DELFINE EINE ART WAL?

Delfine sind kleine Wale. Die meisten der ungefähr 37 Delfinarten leben im Meer, aber es gibt fünf Arten, die in Flüssen leben. Der größte Delfin ist unter dem Namen Killerwal oder Schwertwal (Orka) bekannt und wird bis zu 9,40 m lang. Delfine haben einen stromlinienförmigen Körper und eine spitze Schnauze voller scharfer Zähne. Sie sind schnelle Schwimmer und fangen Meeresbewohner wie Fische und Tintenfische als Nahrung. Eine Art Ultraschall hilft Delfinen, ihre Beute zu finden. Ein Delfin gibt eine Reihe von Hochfrequenz-Klickgeräuschen von sich, die von allen Objekten auf seinem Weg reflektiert werden. Die Echos teilen dem Delfin mit, wie groß die Beute ist und wo sie sich befindet.

❓ WIE GROSS IST EIN BLAUWALBABY?

Ein Blauwalbaby ist bei der Geburt ungefähr 7 m lang und das größte Neugeborene im Tierreich. Es wiegt ungefähr 8 t – das ist mehr als ein ausgewachsener Elefant.

❓ KOMMEN WALE JE AN LAND?

Nein, Wale verbringen ihr ganzes Leben im Meer. Aber sie atmen Luft und müssen regelmäßig an die Meeresoberfläche kommen, um zu atmen.

❓ WAS IST EIN TÜMMLER?

Ein Tümmler ist ein kleiner Wal mit einem runden Kopf statt einer spitzen Schnauze wie der Delfin. Es gibt ungefähr sechs Arten von Tümmlern, die in den Küstengewässern des Atlantiks und Pazifiks leben. Sie ernähren sich meist von Fischen.

❓ WIE SCHNELL SCHWIMMEN WALE?

Blauwale schwimmen meist mit 8 km/h, aber sie können sich bis zu 30 km/h schnell fortbewegen, wenn sie gestört werden. Einige kleine Wale, wie Pilotwale und Delfine, können schneller als 50 km/h schwimmen.

❓ GEBÄREN WALE IM WASSER?

Ja. Das Neugeborene kommt mit dem Schwanz zuerst aus dem Körper seiner Mutter, damit es während der Geburt nicht ertrinkt. Sobald der Kopf herausgleitet, helfen die Mutter und andere weibliche Tiere dem Walbaby, an die Wasseroberfläche zu schwimmen, um seinen ersten Atemzug zu machen.

BLAUWAL

Blauwale lebten früher in allen Weltmeeren. Jetzt findet man die meisten von ihnen in antarktischen Gewässern.

❓ WAS IST EIN NARWAL?

Ein Wal mit einem einzigen langen Stoßzahn an der Vorderseite seines Kopfes. Der Stoßzahn ist ein Zahn, der aus dem Oberkiefer wächst. Er kann bis zu 2,70 m lang werden. Nur männliche Narwale haben Stoßzähne, die sie im Kampf mit anderen Männchen einsetzen können.

Wie groß ist ein großer Weißer Hai?

Der große Weiße Hai ist ungefähr 7 m lang, aber manche Tiere können bis zu 12 m lang werden. Sie leben in warmen Gewässern auf der ganzen Welt. Große Weiße Haie sind gefährliche Jäger und greifen große Fische und andere Lebewesen wie Seelöwen und Tümmler an. Ihre wichtigsten Waffen sind ihre großen gezackten Zähne, die sie zum Töten und Auseinanderreißen der Beute verwenden. Hinter diesen Zähnen befinden sich Reihen neuer Zähne, die beschädigte oder abgebrochene Zähne weiter vorn ersetzen.

SCHARFE ZÄHNE

Die Zähne des Hais werden bis zu 7,5 cm lang.

GROSSER WEISSER HAI

Ein Hai kann kurze Strecken mit einer Geschwindigkeit von bis zu 40 km/h zurücklegen.

SIND ZITTERAALE WIRKLICH ELEKTRISCH?

Ja. Im Körper des Zitteraals befinden sich spezielle Muskeln, die Stromstöße ins Wasser leiten können. Sie sind stark genug, seine Beute zu lähmen und zu töten.

WER IST DER GEFÄHRLICHSTE SÜSSWASSER-FISCH?

Der Piranha, der in den tropischen Gewässern Mittel- und Südamerikas lebt. Jeder Fisch ist nur ungefähr 30 cm lang, aber wenn ein Schwarm Piranhas gemeinsam angreift, können sie viel größere Tiere in Sekundenschnelle töten und fressen. Die Waffen des Piranha sind seine scharfen, dreieckigen Zähne, mit denen er Fleisch vom Körper seiner Opfer reißt. Aber nicht alle Piranhas sind gefährliche Raubtiere. Manche Arten ernähren sich nur von Pflanzen.

SIND ALLE HAIE KILLER?

Nein, zwei der größten Haiarten, der Walhai und der Riesenhai, fressen nur kleine garnelenartige Lebewesen. Sie filtern sie durch spezielle siebähnliche Vorrichtungen im Maul aus dem Wasser.

WERDEN PLATTFISCHE FLACH GEBOREN?

Nein. Junge Plattfische haben eine normale Körperform mit einem Auge auf jeder Seite. Wenn sie wachsen, wird der Körper flach, und ein Auge verschiebt sich, sodass sich beide an der Oberseite befinden.

KUGELFISCH

Dieser Fisch bläst bei Gefahr seinen Körper auf und sieht dann wie eine Kugel aus.

STICHT DER STACHELROCHEN?

Sein Name stammt von dem spitzen Stachel an der Unterseite seines Schwanzes. Er enthält Gift und kann eine böse Wunde zufügen, wenn der Fisch ihn seinen Feinden in den Körper stößt.

WESHALB „FLIEGT" DER FLIEGENDE FISCH?

Ein Fliegender Fisch springt meist aus dem Wasser, um Gefahren zu entfliehen. Er hat besonders große Flossen, die wie „Flügel" wirken. Wenn der Fisch im Wasser eine bestimmte Geschwindigkeit erreicht hat, hebt er die Flossen und gleitet kurz über dem Wasser.

GIBT ES GIFTIGE FISCHE?

Ja – und der Kugelfisch ist einer der giftigsten überhaupt. In manchen seiner inneren Organe, wie dem Herzen und der Leber, befindet sich ein starkes Gift, das einen Menschen töten kann. Trotzdem ist der Kugelfisch eine Delikatesse in Japan, wo Meisterköche speziell ausgebildet werden, die giftigen Teile zu entfernen und den Fisch zuzubereiten. Der Kugelfisch hat noch eine weitere Methode, sich zu verteidigen. Er kann seinen Körper mit Wasser aufblasen, bis er mindestens zweimal so groß ist wie normal. Dadurch ist es für jeden Jäger schwierig, ihn zu schlucken. Manche Kugelfische sind mit Stacheln bedeckt, die aufragen, wenn sein Körper aufgeblasen ist.

WIE SCHNELL SIND FISCHE?

Der Seglerfisch ist einer der schnellsten Fische. Bei ihm wurden Geschwindigkeiten von über 100 km/h gemessen. Speerfische und Tunfische schwimmen auch sehr schnell. All diese Fische haben schlanke, stromlinienförmige Körper.

WIE VIELE HAIFISCHARTEN GIBT ES?

Es gibt ungefähr 370 verschiedene Arten von Haien, die auf der ganzen Welt leben. Sie reichen von winzigen Fischen, die nur 25 cm groß sind, bis zum riesigen Walhai, der bis zu 15 m lang werden kann.

WIE VIELE ARTEN VON FRÖSCHEN UND KRÖTEN GIBT ES?

Es gibt über 2500 Arten. Sie leben auf allen Kontinenten außer der Antarktis. Die meisten leben in Gegenden mit ausreichend Regen, manche können aber auch in trockeneren Gebieten leben, indem sie sich in einem Bau verstecken.

WAS FRESSEN FRÖSCHE?

Erwachsene Frösche fangen Insekten, Spinnen und andere kleine Lebewesen wie Flusskrebse und sogar andere Frösche. Kaulquappen ernähren sich meist von kleinen Wasserpflanzen.

WESHALB QUAKEN FRÖSCHE?

Männliche Frösche quaken, um Weibchen anzulocken. Der Frosch hat einen speziellen Kehlsack unter dem Kinn, den er aufbläst und dadurch den Ruf verstärkt.

WIE KÖNNEN BAUMFRÖSCHE AUF BÄUME KLETTERN?

Sie sind hervorragende Kletterer. Auf jeder ihrer langen Zehen befindet sich ein runder Saugnapf, mit dessen Hilfe sie sich an der Unterseite von Blättern festhalten und sogar besonders glatte Oberflächen entlanglaufen können. Baumfrösche verbringen den Großteil ihres Lebens auf Bäumen und fangen Insekten. Sie steigen nur hinab, um ihre Eier im Wasser abzulegen.

Kann der Flugfrosch fliegen?

Nein, aber er kann bis zu 12 m weit von Baum zu Baum durch die Luft gleiten. Wenn der Frosch in die Luft springt, streckt er seine Beine und Zehen aus, sodass die Häute zwischen den Zehen wie kleine Fallschirme wirken. Kleine Hautfalten an den Beinen helfen dem Frosch ebenfalls beim Gleiten. Der Flugfrosch lebt in den Regenwäldern Südostasiens und verbringt die meiste Zeit seines Lebens auf Bäumen. Weil er auf diese Weise „fliegen“ kann, muss er nicht die Bäume hinunter- und wieder hinaufklettern, um von Baum zu Baum zu gelangen.

WAS IST EINE AMPHIBIE?

Ein Lebewesen, das im Wasser und auf dem Land lebt. Amphibien entwickelten sich aus Fischen und waren die ersten Wirbeltiere (Tiere mit Rückgrat), die auf dem Land lebten. Es gibt ungefähr 3000 Arten, wie z. B. Frösche, Kröten, Wassermolche und Salamander.

❓ LEGEN ALLE FRÖSCHE IHRE EIER IM WASSER?

Nein, manche Frösche haben sehr ungewöhnliche Brutgewohnheiten. Das Beutelfroschweibchen trägt beispielsweise die Eier auf dem Rücken herum. Eine Schicht Haut wächst zum Schutz über die Eier. Der männliche Darwinsfrosch behält die Eier seiner Partnerin im Maul, bis sie sich zu winzigen Fröschen entwickelt haben.

❓ WOHER HAT DIE SPATENFUSSKRÖTE IHREN NAMEN?

Die Spatenfußkröte erhielt ihren Namen wegen der harten spatenähnlichen Fortsätze an jedem Hinterfuß, die sie zum Graben ihrer Behausung verwendet. Die Kröte bewegt sich rückwärts in die Erde und schiebt dabei das Erdreich mit ihren „Spaten" beiseite. Sie verbringt den Tag meist tief in der Erde vergraben und kommt nachts zur Futtersuche heraus.

❓ WAS IST EIN SALAMANDER?

Ein Salamander sieht wie eine Echse aus und hat einen langen Körper und Schwanz. Er ist aber eine Amphibie wie Frösche und Kröten. Es gibt ungefähr 350 verschiedene Arten. Die größte ist der Riesensalamander, der bis zu 1,50 m lang werden kann.

❓ WAS IST EINE KAULQUAPPE?

Das Junge oder die Larve einer Amphibie wie eines Frosches oder eines Lurchs. Die Eier von Amphibien werden meist im Wasser abgelegt, und die Jungtiere schlüpfen als schwimmende Lebewesen mit langem Schwanz: Diese Jungtiere werden als Kaulquappen bezeichnet.

ERDBEERFROSCH

Der Erdbeerfrosch aus den tropischen Regenwäldern ist eines der giftigsten Tiere überhaupt.

❓ WELCHER IST DER KLEINSTE FROSCH?

Der kleinste Frosch und gleichzeitig die kleinste Amphibie ist eine Art auf Kuba, die nur etwa 1 cm lang ist. Der winzige Goldfrosch, der in den brasilianischen Regenwäldern lebt, ist mit 2 cm nur etwas größer.

❓ GIBT ES GIFTIGE FRÖSCHE UND KRÖTEN?

Einige – die Aga-Kröte kann aus Drüsen neben den Augen Gift auf Feinde spritzen, und die Haut der Rotbauchunke enthält ebenfalls ein Gift. Aber die tödlichsten Giftfrösche sind die Erdbeerfrösche, die in den südamerikanischen Regenwäldern leben. Ihre Haut enthält eines der stärksten bekannten Gifte. Ein kleiner Tropfen davon kann einen Menschen töten. Eingeborene reiben ihre Jagdpfeile mit dieser tödlichen Substanz ein, indem sie die Pfeilspitze über den Körper des Frosches streichen. Erdbeerfrösche leben auf Bäumen und sind meist sehr bunt. Die leuchtende Farbe signalisiert möglichen Feinden, dass sie giftig sind und in Ruhe gelassen werden sollten. Aber es gibt eine Frosch fressende Schlange im Regenwald, die diese Frösche unbeschadet fressen kann.

❓ WIE GROSS IST DIE RIESENKRÖTE?

Die Riesenkröte, die in Teilen des Südens der USA lebt, wird bis zu 24 cm lang. Sie ernährt sich von Käfern und wurde in vielen Teilen der Welt von Bauern eingeführt, um der Käferplage in ihren Zuckerrohrplantagen ein Ende zu setzen.

SUPPENSCHILDKRÖTE

Der breite Panzer der Suppenschildkröte ist bis zu 1,50 m lang. Meeresschildkröten „fliegen" mit Hilfe ihrer paddelförmigen Flossen durch das Wasser.

❓ KOMMEN WASSERSCHILDKRÖTEN AUCH AN LAND?

Wasserschildkröten verbringen beinahe ihr gesamtes Leben im Wasser, aber die Weibchen kommen an Land, um Eier zu legen. Das Weibchen der Suppenschildkröte schleppt sich auf einen Sandstrand und gräbt eine tiefe Grube. Dort legt sie 100 oder mehr Eier ab und bedeckt sie mit Sand. Danach kehrt sie ins Meer zurück. Wenn die Jungen ausschlüpfen, müssen sie sich selbst ausgraben und sich über den Strand zum Meer vorkämpfen.

❓ WELCHE IST DIE GRÖSSTE SCHILDKRÖTE?

Die Lederschildkröte. Sie wird bis zu 1,60 m lang und bis zu 500 kg schwer.

❓ WAS FRESSEN WASSERSCHILDKRÖTEN?

Die meisten Wasserschildkröten fressen Muscheln, Garnelen oder Schnecken, aber manche konzentrieren sich auf bestimmte Beute. Die Karettschildkröte ist eines der wenigen Lebewesen, das sich hauptsächlich von Schwämmen ernährt. Die Lederschildkröte frisst Quallen und die Suppenschildkröte Seegras.

Wie unterscheidet man ein Krokodil von einem Alligator?

Man erkennt ein Krokodil an den hervorstehenden Zähnen auch bei geschlossenem Maul! Bei vielen Merkmalen sind sich Krokodile und Alligatoren sehr ähnlich. Sie haben beide lange Körper, die mit dicken Schuppen bedeckt sind. Und sie haben lange Kiefer mit vielen scharfen Zähnen. Aber wenn sie ihr Maul schließen, gibt es einen Unterschied, der leicht zu erkennen ist. Bei Alligatoren verschwindet das vierte Zahnpaar in einer Furche im Oberkiefer, aber bei Krokodilen liegen diese Zähne seitlich offen in Furchen außerhalb des Oberkiefers und sind daher sichtbar, auch wenn das Maul geschlossen ist.

DAS NILKROKODIL

Der Körper des Krokodils ist mit vielen harten Schuppen und Reihen von Knochenplatten gepanzert.

WIE GROSS SIND RIESENSCHILDKRÖTEN?

Riesenschildkröten werden bis zu 1,10 m lang und wiegen bis zu 250 kg. Sie leben auf den Galapagosinseln im Pazifik und auf der Insel Aldabra im Indischen Ozean. Es wurde angenommen, dass die auf den Seychellen lebenden Riesenschildkröten völlig ausgestorben sind, aber einige Tiere wurden vor kurzem entdeckt. Es wird versucht, Schildkröten in Gefangenschaft zu züchten, um sie dann freizulassen.

WELCHES IST DAS GRÖSSTE KROKODIL?

Das Nilkrokodil wird bis zu 6 m lang, aber das indopazifische Leistenkrokodil ist noch größer. Dieses Krokodil lebt in Teilen Südostasiens und wird bis zu 7 m lang.

WAS FRESSEN KROKODILE?

Krokodiljungen fressen Insekten und Spinnen. Wenn sie größer werden, machen Fische und Vögel einen größeren Teil ihrer Nahrung aus. Vollständig ausgewachsene Krokodile machen auf alles Jagd, was in die Nähe kommt, sogar auf so große Tiere wie Giraffen. Das Krokodil liegt an Wasserstellen, zu denen Tiere zum Trinken kommen, und stürzt sich plötzlich auf seine Beute.

WIE VIELE ARTEN VON KROKODILEN GIBT ES?

Es gibt 14 Arten von Krokodilen, sieben Arten von Alligatoren und als eine gesonderte Art das Gavial-Krokodil. Der Gavial ähnelt Krokodilen und Alligatoren, hat aber eine sehr lange, schlanke Schnauze.

LEGEN KROKODILE EIER?

Krokodile legen Eier und passen sehr gut auf sie auf. Das Krokodilweibchen gräbt eine Grube, in die es 30 oder mehr Eier ablegt. Sie deckt sie mit Erde oder Sand zu. Während die Eier ungefähr drei Monate brüten, bleibt das Krokodilweibchen in der Nähe und passt auf das Nest auf. Wenn die Jungen ausschlüpfen, hört die Mutter sie schreien und hebt sie mit dem Maul aus der Grube.

CHAMÄLEON

Ein Chamäleon kann über längere Zeit völlig unbeweglich seiner Beute, meist Insekten, auflauern.

WO LEBEN CHAMÄLEONS?

Es gibt ungefähr 85 verschiedene Arten von Chamäleons, und die meisten von ihnen leben in Afrika und auf Madagaskar. Es gibt einige asiatische Arten, und eine Art des Chamäleons lebt in Teilen Südeuropas.

WELCHE IST DIE GRÖSSTE ECHSE?

Der Komodowaran, der auf einigen Inseln in Südostasien lebt. Er wird bis zu 3 m lang und jagt Tiere wie Wildschweine und kleine Rehe.

WIE VIELE ECHSENARTEN GIBT ES?

Es gibt ungefähr 3000 verschiedene Echsenarten. Sie gehören zu verschiedenen Gruppen oder Familien, wie Geckos, Leguane, Skinke und Chamäleons. Es gibt Echsen auf allen Kontinenten außer der Antarktis, aber die meisten leben in warmen Regionen der Welt.

WARUM KLAPPERT DIE KLAPPERSCHLANGE?

Klapperschlangen machen das Klappergeräusch, um Feinde zu warnen. Die Klapper besteht aus einigen harten Hautringen am Schwanzende, die das Geräusch verursachen, wenn sie geschüttelt werden. Jeder Ring war einmal die Schwanzspitze. Ein neuer Ring entsteht jedes Mal, wenn die Schlange wächst und sich häutet.

Weshalb wechselt das Chamäleon seine Farbe?

Das Ändern der Farbe hilft dem Chamäleon, sich seiner Beute zu nähern, ohne gesehen zu werden, und sich vor seinen eigenen Feinden zu verstecken. Die Farbänderung wird vom Nervensystem des Chamäleons gesteuert. Die Nerven veranlassen Farbbereiche in der Haut dazu, sich auszudehnen oder zu kleinen Punkten zu schrumpfen. Es heißt auch, dass Chamäleons dunkler werden, wenn sie aggressiv sind, und deutlich heller werden, wenn sie sich bedroht fühlen.

WIE VIELE ARTEN VON SCHLANGEN GIBT ES?

Es gibt ungefähr 2700 Arten von Schlangen auf der Welt. Sie leben auf allen Kontinenten außer der Antarktis, aber es gibt keine Schlangen in Irland, Island oder Neuseeland. Alle Schlangen sind Fleischfresser – d.h., sie fressen andere Tiere.

WELCHE IST DIE GEFÄHRLICHSTE SCHLANGE?

Die Arabische Sandrasselotter ist vermutlich die gefährlichste Schlange der Welt. Sie ist äußerst aggressiv, und ihr Gift kann Menschen töten. Sandrasselottern leben in Afrika und Asien.

WIE SCHNELL KÖNNEN SICH SCHLANGEN FORTBEWEGEN?

Die schnellste Schlange an Land ist vermutlich die Schwarze Mamba, die sich mit bis zu 19 km/h fortbewegen kann.

GIBT ES GIFTIGE ECHSEN?

Es gibt nur zwei giftige Echsenarten auf der Welt – die Gila-Krustenechse und die Skorpionskrustenechse, die beide im Südwesten der USA leben. Das Gift wird in Drüsen am Unterkiefer erzeugt. Wenn die Echse ihre Beute mit einem Biss packt, gerät Gift in die Wunde. Vom Gift betäubt, hört das Beutetier bald auf, sich zu wehren und stirbt.

LEBEN SCHLANGEN IM MEER?

Ja, es gibt ungefähr 47 verschiedene Arten von Schlangen, die ihr gesamtes Leben im Meer verbringen. Die meisten davon sind auf dem Land vollkommen hilflos. Sie fressen Fische und andere Meeresbewohner, wie z.B. Garnelen. All diese Schlangen sind äußerst giftig. Die Schnabelseeschlange verfügt über das tödlichste Gift aller Schlangenarten.

WESHALB HÄUTEN SICH SCHLANGEN?

Schlangen häuten sich, um wachsen zu können, und weil ihre Haut sich abnützt und verletzt wird. Im ersten Jahr, wenn die Schlange stark wächst, kann sich eine Schlange sieben Mal oder öfter häuten. Danach häutet sie sich einmal pro Jahr oder seltener.

SIND ALLE SCHLANGEN GIFTIG?

Nur ungefähr ein Drittel aller Schlangen ist giftig, und eine noch geringere Zahl verfügt über Gift, das stark genug ist, Menschen zu schaden. Nicht giftige Schlangen erdrücken entweder ihre Beute oder schlingen sie einfach ganz hinunter.

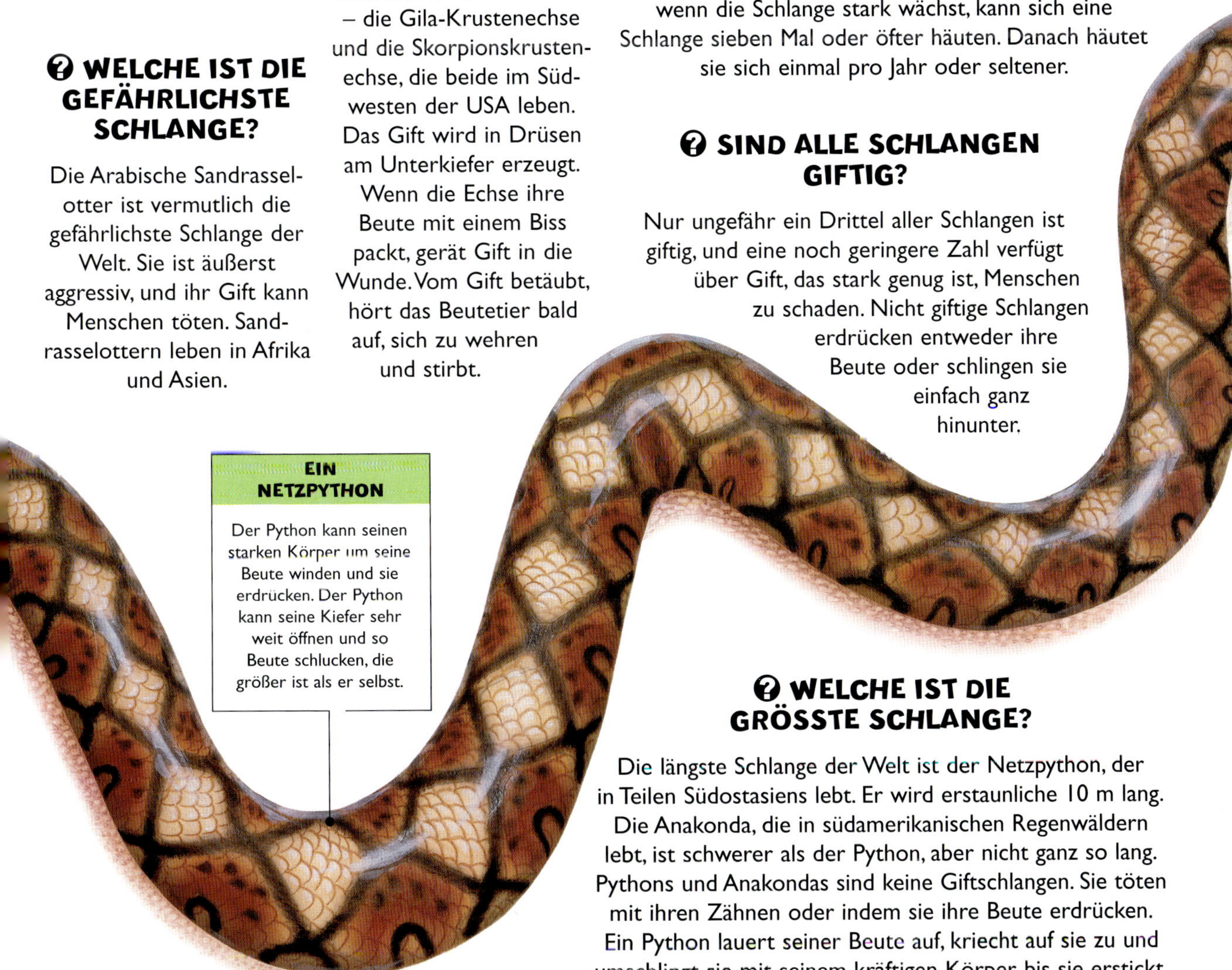

EIN NETZPYTHON

Der Python kann seinen starken Körper um seine Beute winden und sie erdrücken. Der Python kann seine Kiefer sehr weit öffnen und so Beute schlucken, die größer ist als er selbst.

WELCHE IST DIE GRÖSSTE SCHLANGE?

Die längste Schlange der Welt ist der Netzpython, der in Teilen Südostasiens lebt. Er wird erstaunliche 10 m lang. Die Anakonda, die in südamerikanischen Regenwäldern lebt, ist schwerer als der Python, aber nicht ganz so lang. Pythons und Anakondas sind keine Giftschlangen. Sie töten mit ihren Zähnen oder indem sie ihre Beute erdrücken. Ein Python lauert seiner Beute auf, kriecht auf sie zu und umschlingt sie mit seinem kräftigen Körper, bis sie erstickt.

Welches ist der größte Pinguin?

Der Kaiserpinguin lebt in der Antarktis und ist der größte Pinguin der Welt. Er wird ungefähr 95 cm groß. Wie alle Pinguine kann der Kaiserpinguin nicht fliegen, ist aber ein hervorragender Schwimmer und Taucher, wobei er seine Flügel als Ruder verwendet. Er verbringt den Großteil seines Lebens im Wasser, wo er Fische und Tintenfische fängt. Kaiserpinguine kommen an Land, um sich fortzupflanzen. Das Weibchen legt ein Ei, das das Männchen auf seinen Füßen warm hält. Das Weibchen kehrt ins Meer zurück, aber das Männchen bleibt auf dem Land und brütet das Ei ca. 60 Tage lang aus. Er frisst während dieser Zeit nicht, weil er nicht auf die Jagd gehen kann. Das Weibchen kehrt zurück, wenn das Küken schlüpft, und kümmert sich darum, während das ausgehungerte Männchen auf Nahrungssuche geht.

WAS IST EIN TROPIKVOGEL?

Ein Tropikvogel ist ein Seevogel mit zwei sehr langen mittleren Schwanzfedern. Es gibt drei Arten von ihnen, die alle über den tropischen Meeren zu Hause sind.

WIE SCHNELL SCHWIMMEN PINGUINE?

Es wurde gemessen, dass Pinguine mit Geschwindigkeiten von 10 km/h schwimmen, aber auf kurzen Strecken können sie vielleicht noch schneller sein. Sie können zwei Minuten oder länger tauchen. Man sagt, dass Kaiserpinguine über 18 Minuten unter Wasser bleiben können.

WELCHER IST DER KLEINSTE PINGUIN?

Der Kleine oder Zwergpinguin ist der kleinste Pinguin – er wird nur etwa 40 cm lang. Er lebt in Gewässern nahe der Küste Neuseelands und Tasmaniens.

KAISERPINGUINE

Der Kaiserpinguin hat wasserdichte Federn und eine dicke Fettschicht unter den Federn, die die Kälte der Antarktis abhält.

LEBEN ALLE PINGUINE IN DER ANTARKTIS?

Die meisten der 18 Pinguinarten leben in oder nahe der Antarktis, doch manche leben auch in wärmeren Gegenden. Es gibt einige Arten rund um Neuseeland, eine auf den tropischen Galapagosinseln und eine an den Küsten Südafrikas. Keine Pinguine gibt es auf der Nordhalbkugel.

WIE VIELE MÖWENARTEN GIBT ES?

Es gibt etwa 45 Möwenarten. Sie leben in allen Teilen der Welt, aber es gibt mehr Arten nördlich des Äquators. Möwen sind unterschiedlich groß, von der kleinen Möwe mit nur 28 cm bis zur großen Mantelmöwe mit 65 cm Länge. Viele Möwen finden Nahrung sowohl auf dem Land als auch im Meer, und manche von ihnen suchen ihr Futter sogar in Städten.

WIE FÄNGT EIN TÖLPEL SEINE BEUTE?

Tölpel fangen Fische und Tintenfische mit spektakulären Tauchflügen im Meer. Dieser anmutige Seevogel fliegt auf der Suche nach Beute über das Wasser. Wenn er ein Beutetier entdeckt, stößt er aus Höhen von bis zu 30 m aufs Wasser hinab, taucht mit zurückgelegten Flügeln unter und fängt die Beute in seinem dolchähnlichen Schnabel.

WELCHER VOGEL HAT DIE GRÖSSTE FLÜGELSPANNWEITE?

Der Wanderalbatros hat die größte Spannweite aller lebenden Vogelarten. Vollständig ausgebreitet erreichen die Flügel 3,30 m von Flügelspitze zu Flügelspitze. Dieser majestätische Seevogel verbringt einen Großteil seines Lebens im Flug weit draußen über dem Ozean, und er kann mehrere hundert Kilometer pro Tag zurücklegen. Er legt seine Eier und zieht seine Jungen auf Inseln nahe der Antarktis groß.

KÖNNEN ALLE SEEVÖGEL SCHWIMMEN?

Nein. Fregattvögel können nicht schwimmen und vermeiden es, ins Wasser zu gehen. Sie fangen ihre Beute auf der Wasseroberfläche oder stehlen die Beute anderer Vögel. Sturmschwalben landen auch selten auf dem Wasser und ziehen es vor, nahe darüber zu fliegen.

WELCHER VOGEL LEGT DIE LÄNGSTE WANDERUNG ZURÜCK?

Die Flussseeschwalbe legt die längste Strecke von allen Vögeln zurück. Jedes Jahr macht sie eine Reise von über 40 000 km. Die Vögel nisten im nördlichen Sommer in der Arktis und ziehen dann in den Süden, um in der Antarktis den südlichen Sommer zu verbringen, wo es ausreichend Futter gibt.

KÖNNEN ALLE KORMORANE FLIEGEN?

Es gibt ca. 30 Kormoranarten, und alle bis auf eine können fliegen. Der flugunfähige Kormoran lebt auf den Galapagosinseln nahe der Küste Südamerikas. Er hat winzige Flügel und kann nicht fliegen, ist aber ein hervorragender Schwimmer. Er fängt seine Nahrung im Meer.

IST DER PAPAGEIENTAUCHER EINE ART PINGUIN?

Nein, er gehört zu einer anderen Vogelfamilie, den Alken. Sie leben auf der Nordhalbkugel, vor allem rund um die Arktis. Alke sind gute Schwimmer und Taucher wie Pinguine, sie können aber auch fliegen.

WESHALB HAT DER PELIKAN EINEN BEUTEL?

Der Pelikan hat einen Kehlbeutel, um damit Fische zu fangen. Wenn der Vogel seinen offenen Schnabel ins Wasser taucht, füllt sich der Beutel mit Wasser und Fischen. Wenn er seinen Kopf wieder hebt, fließt das Wasser aus dem Beutel ab, und alle Fische bleiben zurück.

Jagen und töten Geier ihre Beute?

Geier töten ihre Beute nicht selbst. Sie sind Aasfresser, die sich von Tieren ernähren, die bereits tot sind oder von Jägern wie z. B. Löwen zur Strecke gebracht wurden. Sie haben starke Klauen und Schnäbel, und der kahle Kopf ermöglicht es ihnen, ihn in Kadaver zu stecken, ohne ihre Federn zu verschmutzen. Bart- oder Lämmergeier nehmen oft Knochen auf und lassen sie auf Felsen fallen, um sie aufzubrechen. Danach können sie das Mark fressen.

? WELCHER VOGEL FLIEGT AM SCHNELLSTEN?

Wenn der Wanderfalke sich auf andere Vögel in der Luft stürzt, kann er Geschwindigkeiten von bis zu 160 km/h erreichen, schneller, als jeder andere Vogel. Der Falke kreist über seiner Beute, bevor er sich auf sie stürzt und mit einem Stoß seiner kräftigen Krallen tötet.

? FANGEN ADLER WIRKLICH SCHLANGEN?

Ja, Schlangenadler ernähren sich besonders von Schlangen und Eidechsen. Die raue Oberfläche der Klauen hilft dabei, Schlangen zu halten.

BARTGEIER VERSAMMELN SICH UM EINEN KADAVER

Der Bartgeier erhielt seinen Namen wegen der schwarzen Borsten unter seinem Schnabel. Er frisst nur mürbes Fleisch von Kadavern.

HOCH IN DEN LÜFTEN

Der Bartgeier schwebt mit seinen langen, schmalen Flügeln hoch über den Bergen des südlichen Europas, Asiens und Afrikas.

WIE VIELE EULENARTEN GIBT ES?

Es gibt etwa 142 verschiedene Eulenarten, die sich in zwei Familien gliedern. Die Schleiereulen-Familie umfasst ungefähr 12 Arten und die Familie der echten Eulen ungefähr 130. Eulen leben in den meisten Teilen der Welt, außer auf einigen Inseln. Sie jagen meist bei Nacht und fangen kleine Säugetiere, Vögel, Frösche, Eidechsen, Insekten und sogar Fische.

WIE KÖNNEN EULEN NACHTS JAGEN?

Eulen sehen hervorragend, sogar bei schlechtem Licht, und haben ein besonders gutes Gehör. Sogar bei vollkommener Dunkelheit können sie feststellen, woher ein Geräusch kommt, und darauf zufliegen. Eulen haben auch speziell geformte Flügel, die sehr wenig Geräusche im Flug verursachen. Daher können sie sich beinahe geräuschlos ihrer Beute nähern.

BAUEN ADLER NESTER?

Ja, und das Nest des Weißkopf-Seeadlers ist das größte aller Vogelnester. Manche Seeadlernester sind bis zu 5,50 m breit. Sie werden immer wieder verwendet, und jedes Jahr fügt der Adler neues Nistmaterial hinzu.

WELCHES IST DER GRÖSSTE RAUBVOGEL?

Der Andenkondor ist der größte Raubvogel der Welt. Er misst bis zu 1,10 m und wiegt bis zu 12 kg. Seine Spannweite beträgt über 3 m.

WELCHES IST DER GRÖSSTE ADLER?

Der größte Adler ist die Harpyie, die in Regenwäldern Südamerikas lebt. Sie wird bis zu 1,10 m lang und hat riesige Klauen mit scharfen Krallen, mit denen sie ihre Beute tötet. Anders als andere Adler fliegt die Harpyie auf der Beutesuche nicht hoch in der Luft. Sie sucht ihre Beutetiere wie Affen und Faultiere auf den Bäumen und jagt sie von Ast zu Ast. Der seltene Philippinische Adler oder Affenadler, der in Regenwäldern der Philippinen lebt, ist beinahe genauso groß.

HARPYIE

Die Harpyie hat kürzere Flügel als andere Adler, sodass sie zwischen den Kronen der Bäume des Regenwalds fliegen kann.

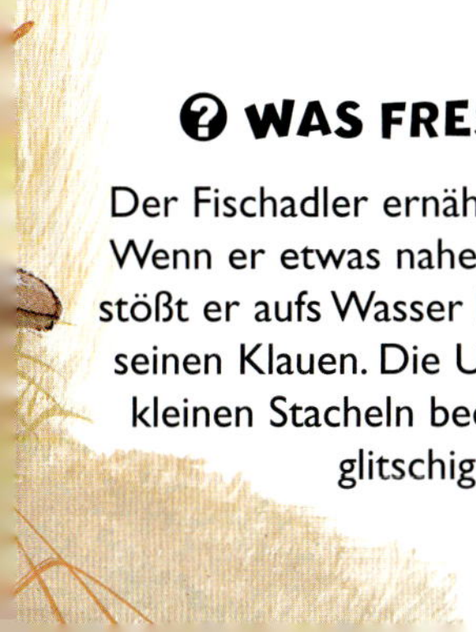

WAS FRESSEN FISCHADLER?

Der Fischadler ernährt sich hauptsächlich von Fisch. Wenn er etwas nahe der Wasseroberfläche erspäht, stößt er aufs Wasser hinab und ergreift den Fisch mit seinen Klauen. Die Unterseiten der Klauen sind mit kleinen Stacheln bedeckt, die es ihm ermöglichen, glitschige Fische zu halten.

WIE TÖTEN ADLER IHRE BEUTE?

Ein Adler tötet mit den vier langen, gebogenen Krallen an jeder Klaue. Er stürzt sich auf die Beute, fängt sie in seinen langen Krallen und drückt sie zu Tode. Dann reißt der Adler das Fleisch mit seinem starken gebogenen Schnabel auseinander. Die Krümmung am Schnabel des Goldadlers wird bis zu 10 cm lang.

PFLANZEN

Wie kann eine Blüte so rasch entstehen?

Wenn eine Blüte aus der Knospe sprießt, kann sie wie von Zauberhand innerhalb nur eines Tages oder weniger Stunden aufblühen. Das ist deshalb möglich, weil die Blüte bereits als ausgebildete Miniatur in der Knospe vorhanden war und nur darauf wartete, aufzublühen. Wenn man eine Knospe aufschneidet, kann man erkennen, dass alle Teile der Blüte bereits in der Knospe angelegt sind. Die Knospe öffnet sich, wenn ihre Zellen Wasser aufnehmen und wachsen. Viele Blumen formen ihre Knospen im Herbst, Winter oder frühen Frühjahr und sind bereit, sich schnell zu öffnen, wenn wärmeres, sonnigeres Wetter im Frühling oder Frühsommer einsetzt.

WESHALB SIND DIE MEISTEN PFLANZEN GRÜN?

Die meisten Pflanzen sind grün, weil sie den grünen Farbstoff Chlorophyll enthalten. Manchmal wird der grüne Farbstoff von anderen Farben überdeckt, zum Beispiel rot. Das bedeutet, dass nicht alle Pflanzen, die Chlorophyll enthalten, auch grün sein müssen.

WIE ERNÄHREN SICH GRÜNE PFLANZEN?

Grüne Pflanzen erzeugen ihre eigenen Nährstoffe durch Photosynthese. Sie fangen mit Hilfe von Chlorophyll, dem grünen, in Pflanzen enthaltenen Farbstoff, Sonnenenergie ein. Pflanzen verwenden diese Energie, um Wasser und Kohlendioxid in Zucker und Stärke umzuwandeln.

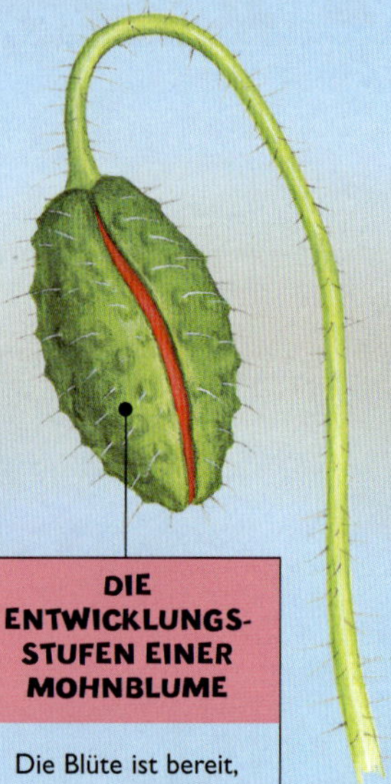

DIE ENTWICKLUNGSSTUFEN EINER MOHNBLUME

Die Blüte ist bereit, aus der Knospe hervorzubrechen.

Die Knospe beginnt sich im Sonnenschein zu öffnen.

Die Knospe dreht sich zur Sonne, und die Blütenblätter öffnen sich weiter.

WESHALB WACHSEN SCHÖSSLINGE NACH OBEN?

Die meisten Schösslinge wachsen zum Sonnenlicht. Die wachsende Spitze eines Schösslings kann die Richtung des Lichteinfalls bestimmen und somit den Schössling durch Freisetzung bestimmer Substanzen nach oben hin ausrichten.

WAS BRINGT SAMEN ZUM WACHSEN?

Samen benötigen Feuchtigkeit, Wärme und Luft zum Wachsen. Manche Samen können nur keimen, wenn sie zuvor Wintertemperaturen ausgesetzt waren. Einige Samen können jahrelang ruhend (inaktiv) bleiben, bevor sie keimen.

WAS BENÖTIGT EINE PFLANZE ZUM WACHSEN?

Sie braucht Wasser, Mineralsalze und Nährstoffe wie Kohlenhydrate. Grüne Pflanzen erzeugen ihre Nährstoffe selbst, während andere Pflanzen sie aus verwesenden Pflanzen oder Tieren bzw. direkt von anderen lebenden Pflanzen aufnehmen.

WIE NEHMEN PFLANZEN WASSER AUF?

Pflanzen verwenden ihr Wurzelsystem zur Wasseraufnahme. Jede Wurzel verzweigt sich zu einem Netzwerk kleiner Wurzeln, die wiederum Wurzelhärchen tragen. Wasser dringt über die Zellwände der Wurzelhärchen in die Wurzel.

WESHALB WACHSEN WURZELN NACH UNTEN?

Wurzeln wachsen nach unten, weil sie der Schwerkraft ausgesetzt sind. Die Wurzel reagiert auf die Schwerkraft, indem sie Stoffe freisetzt, die stärkeres Wachstum an der Oberseite bewirken. So wird die Wurzel nach unten gekehrt.

Die Blütenblätter sind abgefallen, und die Samenkapsel ist übrig geblieben.

Die Fruchtkapsel, die die reifen Samen enthält, ist vollständig ausgebildet.

IN VOLLER BLÜTE

Die Mohnblume hat sich nun vollständig geöffnet und die Blütenblätter entfaltet.

WIE FÄNGT EINE VENUSFLIEGENFALLE IHRE BEUTE?

Die Venusfliegenfalle ist eine Fleisch fressende Pflanze, die Insekten und andere Kleintiere fängt. Die Falle ist eine Art mit Borsten versehenes flaches, zusammenklappbares Kissen am Ende jedes Blattes. Wenn ein Insekt sich darauf niederlässt und eines seiner empfindlichen Härchen berührt, schnappt die Falle über dem Insekt zu.

WIE VIEL ZUCKER WIRD PRO JAHR DURCH PHOTOSYNTHESE ERZEUGT?

Pflanzen wandeln den durch Photosynthese erzeugten Zucker in andere chemische Verbindungen um, die sie zum Wachstum und zur Entwicklung benötigen. Sie verwenden Zucker auch zur Energiegewinnung und zum Ingangsetzen von Zellreaktionen. Wissenschaftler schätzen, dass alle grünen Pflanzen pro Jahr durch Photosynthese mehr als 150 000 Millionen Tonnen Zucker erzeugen.

WIE ERNÄHRT SICH EINE SCHMAROTZERPFLANZE?

Schmarotzerpflanzen, die oft nicht grün sind, brauchen ihre Nährstoffe nicht selbst zu bilden. Stattdessen wachsen sie ins Gewebe einer anderen Pflanze, Wirtspflanze genannt, und zapfen ihr Nährstoff- und Wassertransportsystem an.

WIE SCHNELL STEIGT SAFT IM BAUM NACH OBEN?

Bei warmer Witterung und ausreichender Wasserversorgung der Wurzeln kann der Saft 1 m pro Stunde in einem Baum nach oben steigen.

BLATT IM QUERSCHNITT

Das Blatt besteht aus Zellen.

Die dunkelgrünen Flecke enthalten Chlorophyll.

Wie werden Blumen bestäubt?

Die Bestäubung ist ein wichtiger Teil der Fortpflanzung. Der Pollen, der die männlichen Geschlechtszellen enthält, befruchtet die Eizellen, die weiblichen Geschlechtszellen. Dies kann auf unterschiedliche Arten geschehen. Die Blüten vieler Bäume setzen Unmengen von winzigen Pollenkörnern frei, und der Wind trägt einige davon ans Ziel. Viele Blüten haben sich so entwickelt, dass ihre Struktur, Farbe und Geruch Tiere, meist Insekten, anlockt, die sie bestäuben. Das Insekt landet dann auf der Blüte, um ihren Nektar zu trinken, nimmt dabei Pollen auf und fliegt weiter. Auf diese Weise trägt es den Pollen zur nächsten Blüte, die es aufsucht. Insekten wie Bienen, Hummeln und Schmetterlinge bestäuben so Blüten, aber manche (tropische) Blumen werden von Vögeln, Fledermäusen und sogar kleinen Säugetieren bestäubt.

KÖNNEN SICH PFLANZEN OHNE SAMEN FORTPFLANZEN?

Einige Pflanzen wie Moose oder Farne erzeugen keine Samen. Stattdessen breiten sie sich durch die Verteilung von Sporen aus. Aber auch unter den besamenden Pflanzen ist Fortpflanzung ohne Samen möglich. Viele Pflanzen können sich vegetativ fortpflanzen, indem sie Ableger oder Ausläufer aussenden.

EINE BLÜTE IM QUERSCHNITT

Am Ende des Blütenstängels befindet sich die Blüte, in der sich alle nötigen Teile befinden, um eine Blüte zu befruchten.

WELCHE BLÜTEN HALTEN SICH NUR EINEN TAG?

Die Blüten der Winde öffnen sich am Morgen, vertrocknen und sterben am Abend ab. Taglilien bringen ebenfalls Blüten hervor, die sich nur einen Tag halten.

? WAS GESCHIEHT NACH DER BESTÄUBUNG?

Der Pollen, der auf der Narbe einer anderen Blüte derselben Art gelandet ist, beginnt zu keimen, wenn die Bedingungen stimmen. Er schiebt eine Art Röhre in den Griffel und schließlich in den Fruchtknoten der Blüte, um eine Samenanlage zu befruchten.

? WELCHES SIND DIE KLEINSTEN SAMEN?

Orchideen erzeugen die kleinsten Samen. Sie sind mikroskopisch klein und werden in riesiger Zahl freigesetzt. Sie fliegen fast unsichtbar durch die Luft.

? WESHALB SIND VIELE SAMEN GIFTIG?

Viele Säugetiere und Vögel fressen Samen. Manche Pflanzen haben Samen, die für Säugetiere und Vögel giftig sind, damit sie nicht gefressen werden. Giftige Samen haben oft grelle Farben, damit die Samenfresser schnell lernen, sie zu erkennen und zu meiden.

? WELCHE BLÜTEN WERDEN VON SÄUGETIEREN BESTÄUBT?

Die Blüten des afrikanischen Affenbrotbaums werden von Bushbabys (Riesengalagos oder Nachtaffen) und Fledermäusen bestäubt, die des Riesenkaktus von Vögeln.

? WO ENTWICKELT SICH SAMEN?

Der Samen entwickelt sich innerhalb der Samenzelle der Blüte. Eine Samenzelle besteht aus der Zygote (der befruchteten Keimzelle), umgeben vom Endosperm, der anfänglichen Nahrungsreserve des Samens.

? WIE VIEL POLLEN KÖNNEN BLÜTEN ERZEUGEN?

Blumen können riesige Mengen an Pollen erzeugen. Einige amerikanische Ambrosiapflanzen können innerhalb einer Stunde 1,5 Milliarden Pollenkörner erzeugen. Somit können sie 18 Milliarden Pollenkörner an einem einzigen Tag freigeben.

? WIE WERDEN SAMEN VERBREITET?

Viele Samen werden von Tieren verbreitet. Vögel fressen Beeren und scheiden die härteren Samen unverdaut aus. Manche Fruchtkapseln haben Haken, die sich im Fell von Tieren festsetzen und auf diese Weise weitertransportiert werden, bis sie schließlich an einem anderen Ort abfallen. Orchideen haben mikroskopisch kleine Samen, die durch Luftbewegung verbreitet werden.

EINE ERDBEERPFLANZE

Erdbeeren vermehren sich vegetativ, indem sie Ausläufer bzw. Ableger bilden. Das Pflänzchen entwickelt sich am Ende des Ausläufers oder Ablegers und wächst schließlich zu einer eigenständigen Pflanze heran.

? WIE VIELE SAMEN KANN EINE PFLANZE PRODUZIEREN?

Ein Trompetenbaum in den tropischen Wäldern Mittel- und Südamerikas produziert bis zu 900 000 winzige Samen. Sie gelangen in die Erde, wo sie keimen, wenn sich ein Spalt im Blätterdach des Regenwalds auftut.

? WESHALB ÖFFNEN SICH BLÜTEN IM FRÜHJAHR/SOMMER?

In unseren Regionen öffnen sich viele Blüten zu dieser Jahreszeit, weil dies die beste Zeit im Jahr ist, um Insekten anzulocken. Meist öffnet sich eine Blüte so früh wie möglich, um den Sommer zum Wachsen zu nutzen.

❓ WAS PASSIERT MIT ABGEFALLENEN BLÄTTERN?

Riesige Mengen von Blättern fallen in fast jeder Jahreszeit von den Bäumen, aber sie häufen sich nicht von Jahr zu Jahr auf dem Boden an. Die abgestorbenen Blätter werden zersetzt – z.B. von Pilzen und Bakterien – und werden allmählich Teil des Bodens. Die Blätter werden auch von vielen Tieren wie Würmern, Insekten, Schnecken, Tausendfüßern und Asseln gefressen.

Wer bevölkert einen Baum?

Bäume dienen als Lebensraum zahlloser Tiere und auch Pflanzen. Die Blätter des Baums werden von Schmetterlingsraupen und anderen Insekten gefressen, und viele Käferarten legen ihre Eier in die Baumrinde. Vögel suchen sich eine Astgabel aus, um dort ein Nest zu bauen, oder verwenden ein natürliches Loch im Stamm dazu. Auch wilde Bienen nisten manchmal in hohlen Bäumen. Viele Säugetiere sind ebenfalls Baumbewohner, wie Eichhörnchen, Affen, Faultiere, Fledermäuse oder Koalas. In feuchten Klimaregionen können andere Pflanzen – vor allem Moose und Farne und in den Tropen auch Orchideen und Bromelien (Ananasgewächse) – direkt auf einem Baum wachsen, und zwar meist in Höhlen, wo sich herabgefallenes Laub sammelt. Diese Pflanzen werden auch Epiphyten genannt.

DAS LEBEN AUF EINER EICHE

Eichen bieten vielen Vögeln ein Zuhause, z.B. Eichelhähern, Eulen und Spechten. Spechte klettern auf der Nahrungssuche den Stamm hinauf, und einige von ihnen hämmern sogar ein Nistloch in den Stamm. Waldkäuze schlafen häufig auf einem starken Ast, und Eichelhäher ernähren sich von den Eicheln des Baums.

WIE VERBESSERN WÄLDER DIE LUFTQUALITÄT?

Wälder helfen, die Qualität unserer Atemluft zu erhalten, indem sie enorme Mengen Wasserdampf und Sauerstoff in die Atmosphäre abgeben. Pflanzen absorbieren auch Kohlendioxid und hindern es daran, sich in der Atmosphäre schädlich zu konzentrieren.

WIE MACHEN PFLANZEN LAND URBAR?

Einige Grasarten wie Dünengras können auf Dünen an der Küste gepflanzt werden. Ihre Wurzeln halten den Sand fest und verhindern, dass er verweht wird. Die Pflanzen erzeugen auch eine Schicht Humus (zerfallenes Pflanzenmaterial), die die Erde fruchtbarer macht. Mit Hilfe von Pflanzen kann Land allmählich sogar urbar gemacht werden, das durch industriellen Giftmüll verseucht ist. Einige Pflanzenarten haben sich so entwickelt, dass ihnen toxische (giftige) Substanzen nicht schaden.

REINIGEN PFLANZEN ABWÄSSER?

Kläranlagen verwenden Algen und andere mikroskopische Organismen in ihren Klärbecken. Diese Algen und andere Organismen ernähren sich von den Schadstoffen im Wasser und tragen somit zu seiner Reinigung bei.

PILZE

Viele Pilze, wie etwa dieser Eichenwirrling, können aus dem Baumstamm wachsen.

KÖNNEN PFLANZEN EROSION STOPPEN?

Zur Erosion kommt es, wenn Boden durch die Einwirkung von Wind und Wasser abgetragen wird. Diese Entwicklung kann mit Hilfe von Pflanzen verhindert werden. Die Wurzeln verhindern, dass lockerer Boden abgetragen wird.

WIE RECYCELN PFLANZEN WASSER?

Pflanzen geben durch einen Vorgang, der als Transpiration bezeichnet wird, Wasser an die Luft ab. Dies geschieht, wenn Wasser aus den Stämmen und Blättern von Pflanzen verdunstet. Zuvor ist das Wasser über die Wurzeln in die Pflanze gelangt. Eine Wassersäule ist in der Pflanze nach oben gestiegen, und zwar von den Wurzeln durch den Stamm oder Stiel bis in die Blätter.

WIE MACHEN PFLANZEN DIE ERDE FRUCHTBARER?

Wenn Pflanzen absterben und verwesen, werden ihre Bestandteile zersetzt und bilden eine Mischung aus verfaulenden Blättern und anderem Pflanzenmaterial in der Erde, den so genannten Humus. Er macht die Erde fruchtbarer.

WAS IST DER STICKSTOFFZYKLUS?

Bakterien im Erdboden entziehen der Luft Stickstoff und wandeln ihn in eine Form um, die von Pflanzen aufgenommen werden kann. Pflanzen verwenden danach den Stickstoff in ihren Zellen. Wenn Tiere Pflanzen fressen, führen sie diesen Zyklus fort. Der Stickstoff gelangt über den Kot von Tieren oder über verwesende Pflanzen dann wieder in den Boden.

WIE EROBERN PFLANZEN KAHLE BÖDEN?

Manche Pflanzen können sich kahle Böden rasch aneignen. Sie tun das, indem sie aus leichten, vom Wind verwehten Samen sprießen. Einige kolonisierende Pflanzen verbreiten sich, indem sie Ableger hervorbringen.

WELCHER IST DER GRÖSSTE KAKTUS?

Der Riesenkaktus oder Saguaro im Südwesten der USA und in Mexiko. Saguaros können bis zu 20 m hoch und 60 cm dick werden. Sie können bis zu 12 t wiegen und bis zu 200 Jahre alt werden.

WELCHE IST DIE KÄLTESTE WÜSTE?

Die Antarktis wird oft als kalte Wüste bezeichnet. Sie ist tatsächlich sehr trocken, weil das gesamte Wasser als Eis „eingesperrt" ist. Die Wüsten Zentralasiens – in der Mongolei und Westchina – kühlen im Winter durch Luft aus der Arktis extrem ab. Sogar im Sommer, wenn die Tage heiß sind, kann die Temperatur bei Nacht unter den Gefrierpunkt fallen.

Was ist eine Wüste?

Wüsten nehmen ungefähr ein Drittel der Landmasse der Erde ein. Sie sind überall dort zu finden, wo es nicht genügend Wasser gibt, um ein ausreichendes Pflanzenwachstum zu gewährleisten. Beispiele für Wüsten sind die Sahara, die Namibwüste und die Kalahari in Afrika, die Atacamawüste in Chile und die Sonorawüste in Nordamerika. Zentralasien und Australien verfügen ebenfalls über große Wüstengebiete. Auch die Antarktis wird manchmal als Wüste bezeichnet – sie ist zwar gefroren, gleichzeitig aber auch sehr trocken.

WELCHE WÜSTE IST DIE TROCKENSTE?

In Teilen der Sahara liegt die durchschnittliche jährliche Niederschlagsmenge bei unter 1 mm; somit ist sie eine der trockensten Wüsten der Erde. Teile der Atacamawüste in Chile sind ebenfalls sehr trocken.

IN WELCHER WÜSTE IST ES AM HEISSESTEN?

Teile der Sahara und der Mojavewüste in Nordamerika erreichen extrem hohe Temperaturen. Die durchschnittliche Sommertemperatur liegt bei etwa 40 °C. Im Death Valley (Tal des Todes) in der Mojavewüste wurden Temperaturen von 57 °C gemessen.

EINE KAKTUSBLÜTE

Kakteen sind durch spitze Stacheln geschützt. Viele Arten erzeugen auch große farbenprächtige Blüten.

WAS LEBT AUF ODER IN EINEM GROSSEN KAKTUS?

Kakteen sind das Zuhause verschiedener Tiere. Ihre Blüten werden von Schmetterlingen oder Kolibris besucht. Löcher im Stamm des Kaktus bieten Wüstennagern und Vögeln wie dem winzigen Elfenkauz Nistplätze.

WIE ÜBERLEBEN BLUMEN EINE TROCKENZEIT?

Viele Wüstenblumen leben nur eine kurze Zeit lang und bilden während der Regenzeit rasch Samen. Sie leben als Samen in der Wüstenerde weiter, bis die nächsten Regenfälle die Samen zum Keimen bringen.

WAS IST EINE OASE?

Eine Oase ist ein Ort in der Wüste, an dem ausreichend Wasser vorhanden ist. Viele Pflanzen können in einer Oase gedeihen, sogar in der Wüstenhitze. In Oasen werden häufig Schatten spendende Dattelpalmen gepflanzt, die zudem leckere Früchte tragen.

WIE TIEF REICHEN WURZELN VON WÜSTENPFLANZEN?

Einige Wüstenpflanzen haben sehr lange Wurzeln, die tief im Boden verborgene Wasserquellen erreichen können. Die Wurzeln des Süßhülsenbaums wachsen oft bis zu 10 m tief, und es gibt Berichte über Wurzeln, die bis zu 50 m unter die Erdoberfläche reichen.

WIE ÜBERSTEHT DIE ROSE VON JERICHO DÜRRE?

Wenn es extrem trocken ist, verkümmern ihre Blätter und werden braun. Dadurch wird der Wasserverlust minimiert. Wenn es regnet, nehmen die Blätter Wasser auf, breiten sich aus und werden wieder grün.

WELCHE IST DIE SONDERBARSTE WÜSTENPFLANZE?

Vermutlich die Welwitschia. Sie lebt über Jahrhunderte, wächst sehr langsam und bringt dabei nur zwei ledrige Blätter hervor. Sie wächst in den Wüsten Südwestafrikas und holt sich das benötigte Wasser vom Nebel des nahen Ozeans.

AMERIKANISCHE WÜSTE

Manche Wüsten werden nach Regenfällen zu blühenden Gärten.

WAS SIND LEBENDE STEINE?

Lebende Steine (Lithops) sind besondere Wüstenpflanzen aus dem Süden Afrikas. Sie haben geschwollene Blätter und wachsen im Sand und Geröll der Wüste. Sie sehen selbst wie kleine Steine oder Felsen aus. Erst wenn sie blühen, zeigen sie ihre wahre Natur.

WIE ÜBERLEBT EIN KAKTUS IN DER WÜSTE?

Kakteen haben blattlose dicke Stämme, in denen sich Wasser ansammelt, und sie werden daher manchmal auch als Sukkulenten bezeichnet. Da sie keine Blätter haben, verlieren sie nicht viel Wasser durch Transpiration. Die meisten Kakteen haben Stacheln, die sie davor schützen, von Wüstentieren gefressen zu werden.

WAS IST EIN JOSUABAUM?

Ein Baum, der in der kalifornischen Mojavewüste wächst. Er wächst äußerst langsam – nur ungefähr 10 cm pro Jahr –, und seine Blätter können 20 Jahre lang leben. Die Blätter werden manchmal zur Papierherstellung verwendet.

BREITEN SICH WÜSTEN AUS?

Ja. Das ist zum Teil dadurch bedingt, dass sich das Klima allmählich erwärmt, aber rührt vor allem daher, dass die Vegetation an den Rändern z. B. der Sahara von den dort weidenden Tieren zerstört wurde.

WO LIEGEN DIE PAMPAS?

Die Pampas erstrecken sich von Argentinien über Uruguay nach Südostbrasilien an den Ebenen entlang des Rio de la Plata. Sie sind das größte Graslandgebiet der südlichen Halbkugel.

WO LIEGT DIE STEPPE?

Die Steppe – das Grasland Asiens – erstreckt sich über eine enorme Fläche, von Osteuropa über Südrussland, durch ganz Asien bis hin zur Mongolei im Osten.

WELCHE TIERE LEBEN IN DEN STEPPEN ASIENS?

Wilde Pferde grasten einst zusammen mit Antilopen und Rehen auf den asiatischen Steppengebieten. Heute sind sie selten geworden. Viele Nagetiere leben in der Steppe, z. B. Hamster, Wühlmäuse und Ziesel (eine Art am Boden lebendes Hörnchen).

Wie entsteht Grasland?

In gemäßigten Klimaregionen mit warmen oder heißen Sommern und kalten Wintern entwickelt sich natürliches Grasland in den Gebieten, wo der Regen für das Wachstum von Bäumen nicht ausreicht. Viele Grasarten beherrschen diesen Lebensraum. Neben den Gräsern gedeihen dort auch andere, zumeist niedrig wachsende Pflanzen. Viele von ihnen haben bunte Blüten, um im Frühjahr und Sommer Insekten anzulocken. Der Boden von Graslandregionen ist sehr ergiebig. Generationen von Gräsern und Kräutern wachsen heran, sterben wieder ab und machen so allmählich den Boden fruchtbar.

WIE ÜBERLEBEN PFLANZEN FEUER?

Indem sie als verdickte Wurzeln weiterbestehen und wieder keimen, wenn das Feuer erloschen ist. Einige Pflanzen sterben ab, sprießen aber später wieder aus ihren Samen in der Erde.

WO FINDET MAN GRASLAND?

Es gibt Grasland in Zentralasien, in den Ebenen Nordamerikas, in Argentinien und Südafrika. Die asiatischen Graslandschaften werden Steppe genannt, die nordamerikanischen Prärie. In Argentinien nennt man sie Pampas und in Südafrika Veld. Kleinere Gebiete natürlichen Graslands finden sich auch in Teilen Neuseelands und Australiens. Die Steppe ist das größte Graslandgebiet und erstreckt sich mit Unterbrechungen von Ungarn bis in die Mandschurei.

EINE LANDSCHAFT IN DEN PAMPAS SÜDAMERIKAS

Viele Teile der Pampas werden von Bültgras beherrscht, und nur wenige Bäume unterbrechen die Monotonie der Landschaft.

WELCHE TIERE LEBEN IN DEN GRASLANDSCHAFTEN SÜDAMERIKAS?

Solch eigenartige Lebewesen wie das Mara (auch Pampashase genannt) und das Viscacha (ein Verwandter des Chinchillas) sowie wilde Meerschweinchen, Riesenameisenbären, der Mähnenwolf und der Nandu, ein großer flugunfähiger Vogel.

WOZU SIND GRASLANDSCHAFTEN GUT?

Graslandschaften werden seit langem genutzt, um Herden von Nutztieren (vor allem Rinder) dort weiden zu lassen. Doch weil der Boden so fruchtbar ist, wurde ein großer Teil der Prärie inzwischen kultiviert und mit Feldfrüchten bepflanzt, wie z. B. Weizen und Mais.

WIE ENTSTEHEN GRASLANDFEUER?

Vor allem in den trockenen Sommermonaten wüten oft Feuer in den Graslandregionen. Die Feuer können ganz natürlich entstehen, etwa wenn der Blitz in vertrocknetes Gras einschlägt. Wenn Wind bläst, können sich die Funken schnell in ein Feuer verwandeln, das sich rasch überall im Grasland ausbreitet.

WESHALB ÜBERNEHMEN BÄUME NICHT DAS GRASLAND?

Für Bäumen ist es nicht leicht, in den natürlichen Graslandgebieten zu überleben, vor allem deshalb, weil zu wenig Regen fällt, um ihr Wachstum zu unterstützen. Aber in Gebieten mit mehr Niederschlag übernehmen Bäume langsam die Herrschaft über das Grasland, sofern sie nicht gerodet werden.

WELCHE GARTENBLUMEN STAMMEN AUS DEM GRASLAND?

Zu den Blumen der Prärielandschaften in Nordamerika gehören der Sonnenhut, die Sonnenblume und die Prachtscharte. Aus den europäischen und asiatischen Steppen stammen die Adonisblumen, Anemonen, Rittersporn und Skabiosen (Grindkraut).

WELCHE TIERE LEBEN IN DEN GRASLANDSCHAFTEN NORDAMERIKAS?

Die einheimischen Tiere der Prärie waren Bisons und Rehe sowie kleinere Tiere wie Backenhörnchen und Präriehunde. Einst gab es rund 40 Millionen wilde Bisons, aber sie wurden von weißen Siedlern fast völlig ausgerottet.

WO BEFINDET SICH DIE PRÄRIE?

Die Prärie erstreckt sich von der Mitte Südkanadas über den Mittleren Westen der USA bis nach Nordmexiko östlich der Rocky Mountains. Dieses offene, größtenteils baumlose Gebiet wird auch als Great Plains bezeichnet.

GAUCHOS IN ARGENTINIEN

Die weiten Graslandschaften der Pampas mit ihren großen Weideflächen sind ideal für die Rinderzucht.

Wie ändern sich die Pflanzen, wenn man einen Berg hinaufsteigt?

Je höher ein Berg, desto rauer werden die Klimabedingungen. Die Pflanzen passen sich diesem Umstand an. In den Talgebieten kann es noch Mischwald geben, aber wenn man höher ins Gebirge steigt, ändert sich die Vegetation. Meist kommen zuerst Nadelwälder, danach Sträucher, gefolgt von Gras und schließlich mit zunehmender Höhe folgt eine tundraähnliche Vegetation, die zuletzt von Geröll und Schneefeldern abgelöst wird.

? WIE VERMEHREN SICH GEBIRGSPFLANZEN OHNE BLÜTEN?

Viele Gebirgspflanzen haben keine Blüten, weil es kaum Insekten gibt, um sie zu bestäuben. Stattdessen vermehren sie sich vegetativ. Einige Gebirgsgräser bringen Miniaturpflanzen an jener Stelle hervor, an der sich die Blüten befinden sollten – diese fallen ab und wachsen zu neuen Pflanzen heran.

? WESHALB WACHSEN AUF DEN VERSCHIEDENEN SEITEN EINES BERGES ANDERE PFLANZEN?

An den verschiedenen Seiten eines Berges herrschen andere Klimabedingungen. An der Südseite gibt es mehr Sonne und bessere Wachstumsbedingungen, während auf der anderen Seite Schnee und Eis länger liegen bleiben.

BLUMEN DER ALPENREGION

In den Alpen gedeihen oberhalb der Baumgrenze auf dem kargen felsigen Boden nur noch wenige Pflanzen wie Edelweiß und Bergnelkenwurz.

WODURCH WIRD DAS PFLANZENWACHSTUM IN DEN BERGEN EINGESCHRÄNKT?

Das Klima ändert sich mit zunehmender Höhe. Es wird kälter und auch windiger. Zudem gibt es weniger ebene Flächen in den Bergen, und der Boden ist karger. Andere Faktoren, die das Pflanzenwachstum beeinflussen, sind die Sonneneinstrahlung sowie Eis und Schnee. An äußerst exponierten Stellen kühlt der Wind den Boden stark aus und verhindert, dass sich Schnee festsetzt. Dadurch entstehen Bedingungen, denen nicht einmal die winterfestesten Pflanzen gewachsen sind.

ENZIAN

Viele alpine Pflanzen wie dieser Enzian besitzen große auffallende Blüten.

AUF WELCHE WEISE LOCKEN BERGPFLANZEN BESTÄUBER AN?

Viele Gebirgspflanzen haben große bunte Blüten, um die wenigen Insekten anzulocken. Manche Pflanzen, wie der Bergnelkenwurz, richten sich zur Sonne aus und lassen ihre Blüten wärmen, wodurch Insekten angelockt werden, die sich darauf sonnen.

WIE KÖNNEN PFLANZEN IN EIS UND SCHNEE ÜBERLEBEN?

Nur wenige Pflanzen überleben starken Frost, aber viele können unter dem Schnee gedeihen. Schnee wirkt wie eine Isolierdecke, die das Eis und den Wind fern hält, und rettet damit die Pflanzen vor dem Absterben. Gebirgsgräser überleben unter der Schneedecke und grünen, sobald der Schnee schmilzt.

WESHALB IST ES AUF DEN BERGEN KÄLTER?

Die Sonne erwärmt den Boden, und diese Wärme wird in Bodennähe von der Erdatmosphäre gehalten. Je höher man einen Berg hinaufsteigt und über jene Zone hinausgelangt, in der die Wärme gehalten wird, desto dünner wird die Atmosphäre, und die Luft wird kälter. Sie fällt ungefähr 1°C pro 100 m Höhenzuwachs.

WIE FINDEN PFLANZENFRESSER IM GEBIRGE IHRE NAHRUNG?

Viele Tiere graben unter dem Schnee und finden sogar in großen Höhen weiterhin Pflanzen. Andere Gebirgsbewohner, wie die Murmeltiere, speichern Fettreserven im Körper und halten Winterschlaf.

WESHALB SIND GEBIRGSBLUMEN IN GÄRTEN SO BELIEBT?

Viele Gebirgspflanzen wie Enzian und Steinbrech sind als Alpinpflanzen bekannt – weil sie aus den Alpen stammen. Sie sind wegen ihrer farbenfrohen Blüten beliebt, und sie gedeihen auch bei ungünstigen Bedingungen, wie z. B. im Steingarten.

WIE ÜBERLEBEN PFLANZEN KÄLTE?

Pflanzen haben verschiedene Überlebensstrategien für die Bedingungen im Gebirge. Viele wachsen nahe am Boden in polsterähnlichen Formen. So sind sie vor Wind geschützt. Einige Pflanzen haben dicke wächserne oder haarige Blätter als Kälteschutz.

WAS IST DIE BAUMGRENZE?

Bäume können nicht hoch oben auf Bergen wachsen. Die höchste Stelle, an der sie wachsen, heißt Baumgrenze. Ihre Höhe hängt von den Klimabedingungen in der Region ab, liegt aber in den Alpen bei ungefähr 2800 m. Die Bäume in dieser Höhe wachsen langsam und sind oft verkrüppelt.

NATURSTEINGARTEN

Diese Alpenblumen wachsen in einem natürlichen Steingarten.

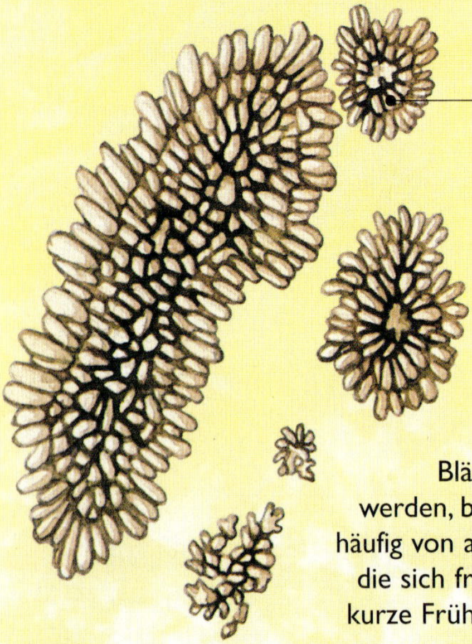

FLECHTEN

Viele Flechten können auf Grund ihrer Widerstandsfähigkeit die Kälte und den Wind der Tundra überleben.

? WESHALB SIND VIELE ARKTISCHE STRÄUCHER IMMERGRÜN?

Viele Sträucher behalten den ganzen Winter über die Blätter. Blätter, die im Spätsommer gebildet werden, bleiben an der Pflanze und werden häufig von abgestorbenen Blättern geschützt, die sich früher gebildet haben. Sobald das kurze Frühjahr einsetzt, können die grünen Blätter sofort mit der Photosynthese beginnen.

? WESHALB GIBT ES IN DER ARKTIS MEHR PFLANZEN?

Die Arktis ist von Landmassen umgeben – von Kanada und Grönland, Nordeuropa und Sibirien – und hat viele Inseln. Dadurch entstehen zahlreiche Lebensräume für Pflanzen, vor allem im Sommer. Ungefähr 900 Arten sind in der arktischen Tundra heimisch.

? WIE BRINGEN EINIGE POLARPFLANZEN SCHNEE ZUM SCHMELZEN?

Einige arktische und alpine Pflanzen, die unter der Schneedecke überleben, haben dunkel gefärbte Blätter und Stiele. Wenn die Sonne zu scheinen beginnt, absorbieren sie die Wärme und bringen den umliegenden Schnee zum Schmelzen.

Wie ist es in der Tundra?

Das auffallendste Merkmal der Tundra ist das völlige Fehlen von Bäumen. Sie können in der Tundra nicht überleben, es sei denn, sie sind ganz klein, denn es gibt in den Sommermonaten einfach nicht genug Wärme für ihr Wachstum. Die vorherrschenden Pflanzen sind Gräser, Moose und Flechten sowie Sträucher, Zwergweiden und -birken. Es gibt auch einige Blumen wie Steinbrech, Nelkenwurz und arktischen Mohn.

❓ WIESO HABEN VIELE ARKTISCHE PFLANZEN SO DICKE WURZELN?

Viele arktische Pflanzen haben dicke Wurzeln oder unterirdische Stiele. Sie enthalten die Nahrungsreserven, die einen schnellen Wachstumsschub im Sommer ermöglichen.

❓ WIESO SIND VIELE BLUMEN DER TUNDRA WEISS ODER GELB?

Die meisten Blumen in der Tundra werden von Insekten bestäubt. Es gibt dort aber relativ wenige Bienen, und die Hauptbestäuber sind Fliegen. Weil Fliegen aber keine Farben sehen, müssen die Blumen nicht so farbenfroh sein.

❓ WO LIEGT DIE TUNDRA?

Am südlichen Rand des Nordpolargebiets. Sie bedeckt eine riesige Fläche von ungefähr 25 Millionen Quadratkilometern und erstreckt sich von Alaska über Kanada, Grönland, Island bis in den Norden Norwegens und Schwedens und rund um die arktische Küste Sibiriens. Nur in einem kleinen Gebiet der Antarktis findet man noch ähnliche Bedingungen.

❓ WAS FRESSEN RENTIERE?

Rentiere (oder Karibus) überleben den arktischen Winter, indem sie mit den Hufen und dem Geweih im Schnee graben, um zarte Flechten, Moose, Riedgras und Gräser zu finden.

❓ WESHALB GIBT ES IN DER ANTARKTIS SO WENIGE PFLANZEN?

Der Großteil der Antarktis ist das ganze Jahr über mit Schnee und Eis bedeckt. Nur auf der antarktischen Halbinsel gibt es für Pflanzen geeignete Lebensräume. Zwei Arten blühender Pflanzen – eine Art Haargras und eine Art Polsterpflanze – sind in der Antarktis heimisch.

❓ WAS IST PERMAFROST?

Sogar dort, wo in der Arktis im Sommer die Oberfläche des Bodens taut, ist er tiefer ständig gefroren. Diese eisige Schicht nennt man Permafrost. Weil das Eis das Einsickern von Regenwasser verhindert, ist der Boden oft nass.

❓ WELCHES IST DIE NÖRDLICHSTE BLUME?

Eine Art Mohn. Er wurde hoch im Norden gefunden – bei 83° nördlicher Breite (auf etwa derselben Höhe wie Grönland).

ARKTISCHE LANDSCHAFT

Zu den Pflanzen der Arktis gehören hübsch anzusehende Blumen wie der arktische Mohn, niedrig wachsende Kissenpflanzen und winzige Bäume wie die Zwergbirke oder -weide.

Wie sieht der heimische Mischwald im Sommer aus?

Er ist voller Leben – Vögel zwitschern, und Insekten summen in den Bäumen, Mäuse rascheln im Unterholz, und das Pflanzenwachstum erreicht seinen Höhepunkt. Das Blätterdach ist vollständig entwickelt und hält einen großen Teil des Sonnenlichts vom Waldboden fern. Trotzdem haben sich in den meisten Wäldern auch am Boden Pflanzen entwickelt wie Geißblatt, Hornstrauch und Haselnuss oder Blumen wie Anemonen, Sauerampfer, Veilchen, Fingerhut und Immergrün.

WAS LEBT AUF DEM WALDBODEN?

Der Waldboden ist eine Ansammlung von abgestorbenen Blättern, Zweigen, Pilzen und den Wurzeln und Stielen von Pflanzen. Wirbellose Tiere sind hier besonders vielfältig. Es gibt Käfer, Asseln, Würmer, Nacktschnecken, Schnecken, Ameisen, Milben und Tausendfüßer, um nur einige zu nennen. Sie helfen dabei, das organische Material zu zersetzen, und bilden die Nahrung für kleine Säugetiere wie Mäuse und Wühlmäuse.

WELCHE BÄUME KÖNNEN DURCH IHR GERÄUSCH ERKANNT WERDEN?

Die Blätter der Espe bewegen sich im Wind und rascheln. Sogar die sanfteste Brise bringt sie dazu, auf ihre typische Weise zu rascheln, sodass das geübte Ohr eine Espe leicht erkennen kann.

WIE ALT KÖNNEN BÄUME WERDEN?

Viele Bäume erreichen ein hohes Alter, vor allem Eichen, die 400 bis 500 Jahre alt werden können. Manche Bäume wie einige Ulmenarten vermehren sich durch Wurzeltriebe. Sie sind im Grunde fast unsterblich, weil der ursprüngliche Baum sich immer wieder reproduziert.

WIE SIEHT UNSER MISCHWALD IM WINTER AUS?

Im Winter haben die Laubbäume alle Blätter verloren, und Insekten sind nicht zu hören, und nur wenige Vögel zwitschern. Viele der Singvögel sind in den Süden gezogen. Die meisten Blumen am Waldboden sind abgestorben. Viele Pflanzen legen Nährstoffsvorräte für das nächste Frühjahr an. Immergrüne Pflanzen und Bäume wie Efeu und Eibe fallen zu dieser Jahreszeit besonders auf, denn sie geben Vögeln und anderen Tieren Schutz vor der Winterkälte.

WAS LIEFERN UNSERE WÄLDER AUSSERDEM?

Die Wälder versorgen uns neben Holz mit einer ganzen Palette von Produkten. Holzkohle wird durch das Verkohlen bestimmter Holzarten erzeugt. Viele essbare Pilze wie Pfifferlinge, Steinpilze und Maronen wachsen in unseren Wäldern. Einige Pflanzen wie Brombeeren und wilde Erdbeeren haben essbare Früchte, und auch Kirschen und Johannisbeeren waren ursprünglich Waldpflanzen. Wildschweine und Rehe sind bei vielen Feinschmeckern sehr beliebt.

DAS JAHR IN UNSEREN WÄLDERN

Die Bäume in unseren Wäldern verlieren in jedem Herbst die Blätter. Frühblüher können vom ersten Sonnenlicht profitieren, das im Frühjahr durch die Baumkronen scheint.

WESHALB VERLIEREN DIE BÄUME IM HERBST IHRE BLÄTTER?

Bäume, die jedes Jahr die Blätter verlieren, nennt man Laub wechselnd. Der Großteil der Laubbäume des Mischwalds verliert die Blätter im Herbst. Sie unterbrechen damit ihre wichtigsten Lebensfunktionen wie Transpiration und Photosynthese und ruhen weitgehend bis zum Frühjahr.

WIE WERDEN UNSERE WÄLDER BEWIRTSCHAFTET?

Viele unserer Wälder sind nicht natürlich gewachsen, sondern werden seit langem bewirtschaftet, um Holz zu gewinnen. Die traditionelle Forstwirtschaft geht beim Holzeinschlag so vor, dass immer nur ein Teil des Baumbestandes abgeholzt wird. Dadurch kann sich der Wald regenerieren.

WESHALB SPRIESSEN DIE MEISTEN BLUMEN DES WALDES IM FRÜHJAHR?

Um schon das erste Sonnenlicht zu erhaschen, bevor es vom Blätterdach abgeschirmt wird. Es ist auch möglich, dass es für Insekten einfacher ist, die Blumen zu finden, bevor sich die restliche Vegetation voll ausgebildet hat.

WELCHER NADELBAUM VERLIERT SEINE NADELN?

Die Lärche ist ein Nadelbaum. Aber anders als die meisten Nadelbäume verliert die Lärche im Herbst all ihre Nadeln, wie die Laubbäume ihr Laub. Es gibt aber auch Laubbäume in den USA, die immergrün sind.

WIE VIEL REGEN FÄLLT IM REGENWALD?

Die tropischen Regenwälder sind warm und feucht. In vielen Regenwäldern fallen Niederschläge von über 4 m pro Jahr. Es kann jederzeit regnen, aber häufig setzen am Nachmittag auch Stürme ein.

WAS SIND LIANEN?

Lianen sind Pflanzen, die an Regenwaldbäumen hochklettern und von ihnen herabhängen. Sie können sehr lang werden und verwenden die Bäume als Halt. Tiere wie Affen und Eichhörnchen verwenden Lianen, um besser auf die Bäume klettern zu können.

Wie reich sind die Regenwälder?

Die Regenwälder sind die komplexesten aller natürlichen Ökosysteme und verfügen über einen großen Reichtum an Pflanzen- und Tierarten – man findet bis zu 40% aller Pflanzenarten der Welt. Sie sind die vielfältigsten Lebensräume der Erde – zum Beispiel kann nur 1 Hektar malaysischen Regenwalds bis zu 180 verschiedene Baumarten enthalten. Die Wälder enthalten auch unermessliche Reichtümer in Form von Holz, Früchten und Pflanzen. Die Regenwälder sind nicht nur wegen der reichhaltigen Flora und Fauna für uns von Bedeutung, sondern auch, weil sie dabei helfen, das Klima der Erde aufrecht zu erhalten. Ohne die Regenwälder würden sich Klimaveränderungen sicherlich beschleunigen, denn die Wälder helfen bei der Erhaltung der Atmosphäre.

KLETTERPFLANZEN

Die Äste vieler Regenwaldbäume tragen Girlanden aus Kletterpflanzen.

WESHALB SIND DIE TROPISCHEN REGENWÄLDER SO ARTENREICH?

Niemand weiß das genau, aber es kann sein, dass sich dort so viele Arten entwickeln konnten, weil sie lange ungestört waren und das Klima stabil und warm ist.

WAS IST EINE LUFTPFLANZE?

Eine Luftpflanze wächst, ohne sich mit Wurzeln zu verankern. Luftpflanzen kommen in einigen tropischen Regenwäldern häufig vor. Sie entziehen die benötigte Feuchtigkeit direkt der Luft.

WO BEFINDEN SICH DIE REGENWÄLDER?

Der größte Regenwald der Welt befindet sich im Amazonasgebiet in Brasilien und am Fuße der Anden. Die größten Flächen tropischen Regenwalds der Welt liegen in Süd- und Mittelamerika, in West- und Zentralafrika, in Südostasien und im nördlichen Queensland in Australien.

WAS KOMMT AUS DEN REGENWÄLDERN?

Wir beziehen aus den Regenwäldern viele Dinge, unter anderem Holz, Paranüsse, Früchte, Gummi, Rattan (Palmenholz, aus dem Möbel hergestellt werden), Kosmetika und Rohstoffe für Arzneien.

WELCHE PFLANZEN KÖNNEN SELBST REGENWASSER EINFANGEN?

Im tropischen Regenwald regnet es sehr häufig, und viele Pflanzen fangen das Wasser auf, bevor es die Erde erreicht. Bromelien haben zu diesem Zweck besondere Blätter in Form einer Schale.

WIRTSPFLANZEN DER REGENWÄLDER

Epiphyten wie Farne und Bromelien (Ananasgewächse) finden in den Spalten und Hohlräumen von Baumstämmen und Ästen Halt für ihre Wurzeln.

WESHALB WERDEN DIE HOHEN BÄUME NICHT VOM WIND UMGEKNICKT?

Viele der hohen Bäume haben besondere Stützwurzeln nahe am Fuß des Stamms, die man Stelzen oder Pfeiler nennt. Durch sie ist der Baum weniger anfällig, bei einem Sturm umgestoßen zu werden.

WESHALB WERDEN REGENWÄLDER GERODET?

Viele Regenwälder werden zerstört, damit das Land zum Anbau von Nutzpflanzen oder als Weideland verwendet werden kann. Der Boden tropischer Regenwälder ist sehr fruchtbar, und viele Feldfrüchte wie Kakao oder Zuckerrohr können nach der Rodung des Waldes dort angebaut werden. Aber die Fruchtbarkeit des Bodens hält nicht lange an – siehe unten.

WIE SCHNELL WERDEN DIE REGENWÄLDER ZERSTÖRT?

Jedes Jahr geht eine Fläche von der Größe Belgiens verloren oder wird geschädigt. In Brasilien schätzt man, dass 80 000 km^2 Wald pro Jahr verloren gehen, und ähnliche Zerstörungen werden auch anderswo angerichtet. Wenn der Wald gerodet ist, waschen tropische Regengüsse den Boden aus, Erosion setzt ein, und nach kurzer Zeit wird die fruchtbare Humusschicht abgetragen, wodurch der Boden für den Anbau von Nutzpflanzen ungeeignet wird.

WIE HOCH SIND DIE GRÖSSTEN BÄUME IM REGENWALD?

Das Blätterdach des Regenwalds wird bis ca. 30 m hoch. Gelegentlich ragen auch höhere Bäume (Urwaldriesen) daraus hervor, die bis zu 50 m oder noch höher werden können.

Können Wasserpflanzen schwimmen?

Einige Wasserpflanzen können auf dem Wasser treiben, weil ihr Gewebe Luftkammern enthält. Andere, wie die Seerosen, haben flache, abgerundete Blätter, die wie ein Boot auf der Wasseroberfläche liegen. Einige Pflanzen haben auch wachsartige Blätter, die Wasser abweisend wirken, oder nach oben gebogene Blattränder. Manche Wasserpflanzen sind durch eine Kombination von Wachs und Härchen wasserfest. Einige Wasserlinsenarten (Entengrütze) sind so klein und leicht, dass die Oberflächenspannung des Wassers ausreicht, um sie treiben zu lassen, und die Wasserpest besitzt Luft gefüllte Blattansätze, die sie an der Oberfläche halten.

WIE VERBREITEN WASSERPFLANZEN IHRE FRÜCHTE?

Die Strömung von Bächen und Flüssen trägt Früchte mit sich fort. Viele auf dem Wasser treibende Früchte haben feste Schalen, die sie davor bewahren, zu schnell zu keimen, sodass sie weite Strecken zurücklegen können.

WIE WERDEN FEUCHTGEBIETE GESCHÄDIGT?

Wenn der Boden angrenzender Landflächen zu stark entwässert wird, werden die Feuchtgebiete beeinträchtigt, da der Wasserspiegel fällt. Feuchtgebiete können leicht von der Umweltverschmutzung betroffen werden. Abwässer aus Fabriken gelangen oft in Gewässer, wo sie das Gleichgewicht der Natur stören.

WIE LASSEN WASSERPFLANZEN IHRE BLÜTEN BESTÄUBEN?

Obwohl sie hauptsächlich unter Wasser wachsen, befinden sich ihre Blüten meist über der Wasseroberfläche, um durch den Wind oder von Insekten bestäubt zu werden. Manche Pflanzen wie der Sumpf-Wasserstern, besitzen schwimmende Pollen, die zu den weiblichen Blüten treiben.

WESHALB WACHSEN WASSERPFLANZEN HÄUFIG IN SEICHTEN GEWÄSSERN?

Die meisten Pflanzen benötigen Wurzeln, um sich in der Erde zu verankern, sogar wenn sie unter Wasser wachsen. Im tiefen Wasser reicht das Sonnenlicht für ein Pflanzenwachstum meist nicht aus.

WIE WERDEN WASSERPFLANZEN MIT DER STRÖMUNG FERTIG?

Nur wenige Pflanzen können in der Strömung rasch fließender Gewässer leben. Aber am Flussufer mit weniger starker Strömung finden die Wurzeln Halt. Doch die Pflanzen müssen sich mit ihren Wurzeln fest im Boden verankern. Sie haben meist schmale band- oder streifenförmige Blätter, die sich der Strömung kaum widersetzen.

WIE ERNÄHRT SICH DER WASSERSCHLAUCH?

Diese Fleisch fressende Pflanze ist in sumpfigen Teichen zu finden. An ihren Unterwasserstielen hat sie kleine Blasen, jede davon mit einer Art Auslöser. Wenn ein kleines Tier an den „Auslöser" gerät, geht die Blase auf und saugt mit dem eindringenden Wasser das Tier ein.

WESHALB SIND WASSERHYAZINTHEN EIN PROBLEM?

Es sind schwimmende Pflanzen mit schönen lila Blüten. Aber sie sind auch ein Unkraut, das sich schnell ausbreitet, Flussläufe verstopft und die Umwelt beeinflusst.

GIBT ES IN EINIGEN SEEN NUR WENIGE PFLANZEN?

Wasser kann unterschiedlich sein. Das Wasser von Seen, das aus kalkhaltigen Erdschichten stammt, ist sehr nährstoffreich und kann eine üppige Vegetation hervorbringen. Andere Seen, vor allem jene, deren Wasser sauer ist (wie in Granitgebieten), sind nährstoffarm und daher arm an Vegetation.

WAS IST PAPYRUS?

Papyrus ist ein hohes Riedgras, das an Flüssen und in Sümpfen wächst. Er wurde im alten Ägypten ab ca. 3000 v. Chr. zur Papierherstellung verwendet, aber heute ist die Pflanze dort selten.

WIE WIRD EIN SEE ZU LAND?

Im Laufe der Zeit kann ein See nach und nach verlanden. Diese Veränderung nennt man Sukzession. Es kommt dabei zu einer allmählichen Zunahme der Pflanzen, die an seichten Stellen wachsen. Dadurch wird das Wasser noch seichter. Schließlich trocknen die Seeufer aus.

WELCHE NAHRUNG KOMMT AUS FEUCHTGEBIETEN?

Die wichtigste Nutzpflanze in Feuchtgebieten ist der Reis, der in vielen Regionen der Welt angebaut wird, vor allem in China. Reis wächst am besten auf überfluteten Feldern. Ein weiterer Nahrungslieferant aus dem Wasser ist der sehr verbreitete Kanadische Wildreis, eine traditionelle Nutzpflanze der Indianer.

IM WASSER ZUHAUSE

Zahlreiche Tiere, wie Libellen, Wasserschnecken, Frösche, Fische und Lurche haben ihren Lebensraum in und am Wasser.

WICHTIGE NAHRUNGSMITTEL

Hirse und Sorghum sind Hauptnahrungsmittel in großen Teilen Afrikas. Reis ist die Hauptnahrungsquelle in Asien.

SONNENBLUMEN

Sonnenblumensamen und Oliven werden gepresst, um Öl zu gewinnen.

? WAS IST DER AMAZONEN-KUHBAUM?

Der Kuh- oder Milchbaum ist eine tropische Feigenart. Er wird so genannt, weil er einen milchähnlichen Saft (Latex) hervorbringt, der wie Milch getrunken werden kann.

? VON WELCHEN BÄUMEN ERHALTEN WIR ZUCKRIGEN SIRUP?

Der süße Saft des Zuckerahorns wird verwendet, um daraus Ahornsirup herzustellen. Der meiste Ahornsirup kommt aus Kanada.

Was sind die wichtigsten Feldfrüchte?

Es sind uns ungefähr 12000 Pflanzenarten bekannt, die im Laufe der Zeit von Menschen als Nahrungsmittel verwendet wurden, und ungefähr 150 davon werden heute regelmäßig angebaut. Die wichtigsten Feldfrüchte sind Zerealien (Getreide) – wie Weizen, Reis und Mais, gefolgt von Gerste, Sorghum (Hirseart), Hafer, Hirse und Roggen. Sie sind die Grundnahrungsmittel vieler Menschen. Hackfrüchte werden ebenfalls weltweit angebaut. Dazu zählen Kartoffeln in den gemäßigten Klimazonen und Süßkartoffeln, Yamswurzeln und Cassava oder Maniok in tropischen Gebieten. Alle diese Nahrungsmittel sind eine Quelle von Kohlenhydraten, während Samen der Erbsenfamilie (Hülsenfrüchte) reich an Eiweiß sind. Dazu gehören u.a. Erbsen, Bohnen oder Sojabohnen.

? WELCHE FRÜCHTE WERDEN ALS NAHRUNGSMITTEL ANGEBAUT?

Zu den Früchten der gemäßigten Klimazonen gehören Äpfel, Birnen, Trauben, Pflaumen, Kirschen, Johannisbeeren, Erdbeeren, Himbeeren, Brombeeren und Stachelbeeren. In wärmeren Regionen gibt es andere Früchte wie Orangen, Grapefruits, Zitronen und Mandarinen, Ananas, Melonen, Datteln, Feigen oder Bananen. Manche Früchte haben einen pikanteren Geschmack und werden als Gemüse verwendet wie Tomaten, Avocados und Paprika.

? WELCHE PFLANZEN LIEFERN ÖL?

Die Samen vieler Pflanzen enthalten Öl als Nährstoff- und Energiequelle. Aus einigen dieser Pflanzen gewinnt man Speiseöl, zum Beispiel aus Oliven, Sonnenblumen, Mais, Sojabohnen, Erdnüssen, Raps, Sesam und der afrikanischen Ölpalme.

TEEBLÄTTER

Die frischen, jungen Teeblätter werden gesammelt, um daraus Tee herzustellen.

WIE WIRD TEE ERZEUGT?

Tee kommt von Blättern einer Kamelienart. Er wird vor allem in Indien, auf Sri Lanka, in Indonesien, Japan und China angebaut. Die jungen Blattspitzen werden gepflückt, getrocknet und dann zerkleinert.

WO KOMMT KAFFEE HER?

Die Kaffeepflanze ist ein großer Strauch, dessen Beeren zur Kaffeeproduktion verwendet werden. Die reifen Beeren werden geerntet und dann getrocknet, um das Fleisch von den harten Kernen zu entfernen. Dies sind die Kaffee-„Bohnen“, die danach geröstet werden.

WO KOMMEN DIE KARTOFFELN HER?

Wilde Kartoffeln wachsen in den Anden Südamerikas und wurden erstmals als Nahrungsmittel von den Ureinwohnern dieser Region genutzt. Die vielen Arten, die heute angebaut werden, stammen von diesen wilden Kartoffeln ab.

WIE WIRD SCHOKOLADE ERZEUGT?

Der Kakaobaum stammt ursprünglich aus Südamerika. Die Früchte, die man Schoten nennt, wachsen an der Seite des Stamms, und jede Schote enthält ungefähr 20 bis 30 Samen – die Kakao-„Bohnen“. Die Bohnen müssen fermentiert, geröstet und gemahlen werden, bevor daraus Kakaopulver entsteht, der Rohstoff zur Schokoladenherstellung. Kakao wird heute vor allem in Westafrika und in der Karibik angebaut.

AUS WELCHEN PFLANZEN WIRD ZUCKER GEWONNEN?

Die Hauptquelle für Zucker ist das Zuckerrohr. Es ist eine hoch wachsende Pflanze, die in tropischen Ländern angebaut wird. In Europa gibt es große Zuckerrübenfelder. Diese Pflanze lagert in ihren verdickten Wurzeln Zucker ab. In manchen Teilen der Tropen wird aus dem Saft der Zuckerpalme Zucker gemacht.

WOHER STAMMT DER WEIZEN?

Weizen ist eine der ältesten bekannten Kulturpflanzen. Er wurde vermutlich erstmals vor über 6000 Jahren in Mesopotamien – dem heutigen Irak – angebaut. Viele wichtige Kulturpflanzen haben ihren Ursprung im Nahen oder Mittleren Osten, wie Gerste, Hafer und Roggen, Erbsen und Linsen, Zwiebeln, Oliven, Feigen, Äpfel und Birnen.

ZEREALIEN

Weizen, Mais und Gerste kommen in gemäßigten Klimazonen häufig vor.

WAS IST DER BROTFRUCHTBAUM?

Der Brotfruchtbaum ist in Polynesien beheimatet, wird bis zu 20 m hoch und trägt große essbare Früchte mit einem Durchmesser von bis zu 30 cm. Sie werden gekocht und wie Gemüse verzehrt. Der verwandte Jackbaum in Indien und Malaysia trägt auch essbare Früchte, die sogar noch größer sind.

In welchen Ländern werden viele natürliche Arzneien eingesetzt?

In vielen Teilen der Welt, vor allem in China und Indien, werden Heilkräuter häufiger verwendet als jede andere Medizin. Pflanzen werden seit mindestens 10 0000 Jahren als Arzneien verwendet, und schon 3000 v. Chr. waren den Chinesen über 350 Heilkräuter bekannt. Heute verwenden die Chinesen rund 5000 pflanzliche Arzneien; über 8000 Heilkräuter werden in Indien und Südostasien eingesetzt.

WAS IST GINSENG?

Ginseng ist eine mit dem Efeu verwandte Pflanze, die seit Jahrhunderten in der Kräuterheilkunde verwendet wird. Sie soll bei vielen Beschwerden helfen, wie z. B. Müdigkeit und Depressionen, Nierenleiden, Herzproblemen und Kopfschmerzen.

WELCHEN ZUSAMMENHANG GIBT ES ZWISCHEN WEIDEN UND ASPIRIN?

Früher kaute man Weidenzweige, um Schmerzen zu lindern. Eine dem Aspirin ähnliche Verbindung wurde früher aus Weidenrinde und dem Weißen Spierstrauch gewonnen. Der Spierstrauch ist auch unter dem Namen Spirea bekannt – daher stammt das Wort für Aspirin.

WIE KANN SCHLAFMOHN LEBEN RETTEN?

Aus vielen nützlichen Heilpflanzen können auch gefährliche Drogen hergestellt werden, und der rosa-violette Schlafmohn ist keine Ausnahme. Dieser Mohn ist Quelle von Morphium, das als Betäubungsmittel breite Anwendung findet. Er ist auch der Grundstoff von Kodein, das für Hustensäfte und andere Medikamente verwendet wird. Es werden aber auch gefährliche und süchtig machende Substanzen aus Mohn hergestellt, z. B. die gefährliche Droge Heroin.

KÖNNEN PFLANZEN IM KAMPF GEGEN KREBS HELFEN?

Einige Pflanzen werden zur Bekämpfung von Krebs eingesetzt. Die bekannteste ist Immergrün. Eines seiner Bestandteile, Vincristin, ist sehr wirkungsvoll gegen einige Arten von Leukämie (Blutkrebs).

WAS SIND KOKA UND KOLA?

Das berühmte Sprudelgetränk enthielt ursprünglich Extrakte zweier südamerikanischer Pflanzen namens Koka und Kola. Die Samen von Kola werden als Muntermacher gekaut, weil sie Koffein enthalten. Koka ist der natürliche Grundstoff des Betäubungsmittels Kokain, das auch in der Zahnbehandlung eingesetzt wird.

WELCHE PFLANZEN HELFEN BEI ATEMBESCHWERDEN?

Lungenkraut wird zur Behandlung von Asthma und Katarrh verwendet. Ephedrin aus der Ephedra (Gemeines Meerträubel) wird zur Behandlung von Asthma und Heuschnupfen eingesetzt.

WERTVOLLE NATÜRLICHE HEILPFLANZEN

Die Wissenschaft entdeckt heute immer neue natürliche Wirkstoffe in Pflanzen.

WAS HILFT GEGEN MALARIA?

Chinin aus der Rinde des Chininbaums, der in den südamerikanischen Anden wächst, kann Malaria heilen oder vorbeugend wirken. Vor dem Einsatz von Chinin starben etwa 2 Millionen Menschen pro Jahr durch Malaria.

WELCHES MITTEL HILFT BEI KOPFSCHMERZEN?

Frauenminze ist eine stark riechende Pflanze, die der Familie der Gänseblümchen angehört. Sie wird seit langem als Fieber senkendes Mittel verwendet und hilft auch bei Kopfschmerzen.

WAS HABEN YAMSWURZELN MIT GEBURTENKONTROLLE ZU TUN?

Wilde Yamswurzeln bildeten den Grundstoff für die ersten Verhütungspillen, denn sowohl weibliche als auch männliche Geschlechtshormone können unter Verwendung von Extrakten der Yamswurzel produziert werden.

WAS FÖRDERT DIE VERDAUUNG?

Viele Pflanzen, einschließlich Kräuter und Gewürze, die zum Kochen verwendet werden, können die Verdauung ankurbeln. So ist der bittere Extrakt des wilden Enzians ein gutes Mittel bei Verdauungsproblemen. Der Wegerich ist ein weiteres Kraut, das hierfür verwendet wird.

WELCHE ARZNEI STAMMT VON DER TOLLKIRSCHE?

Tollkirschen sind farbenfroh und saftig, aber auch sehr giftig. Allerdings können sie zur Herstellung von Atropin verwendet werden, mit dessen Hilfe die Pupille des Auges für medizinische Untersuchungen erweitert wird.

Welche Pflanzen dienen der Papierherstellung?

Papier wird hauptsächlich aus Bäumen hergestellt. Das Holz wird zunächst zu Brei verarbeitet. Einige Waldflächen werden speziell für die Papiererzeugung angelegt, aber viele Wälder wurden von der Papierindustrie vernichtet. Die Bäume, die hauptsächlich dafür verwendet werden, sind Fichten- und Föhrenarten, aber auch Espe, Pappel und Eukalyptus. In Indien und Südostasien wird Bambus verwendet, um Papier herzustellen. Stroh und Zuckerrohr, Schilfgras und Hanf sind ebenfalls geeignet.

? WAS KANN MAN AUS BAMBUS MACHEN?

Bambus ist einer der nützlichsten pflanzlichen Rohstoffe der Welt. Neben der Papiererzeugung kann Bambus auch zum Bau von Baugerüsten, zum Hausbau, für Möbel, Rohre und Leitungen, Gehstöcke und (aufgespalten) für Matten, Hüte, Regenschirme, Körbe, Rollos, Fächer und Bürsten verwendet werden. Die jungen Sprossen einiger Bambusarten sind essbar.

WAS IST JOJOBA?

Jojoba ist ein Busch, der in der Sonorawüste Mexikos und im Südwesten der USA vorkommt. Aus den Früchten wird öliges Wachs gewonnen, das in Druckfarben sowie für Körperpflegemittel verwendet wird.

WAS IST BALSA?

Balsa ist das leichteste Holz der Welt, das hervorragend auf dem Wasser schwimmt. Balsabäume wachsen in den tropischen Wäldern Südamerikas. Das Holz wird im Modellbau, aber auch für Schwimmhilfen und zur Isolierung verwendet.

WAS IST RAFFIABAST?

Raffiabast ist eine Naturfaser, die aus den jungen Blättern der Raffiapalme gewonnen wird, die in den Tropen Afrikas wächst. Raffiabast wird für die Korbflechterei verwendet.

AUS WELCHEM HOLZ SIND DIE BESTEN BASEBALLSCHLÄGER?

Aus dem harten und elastischen Holz der Weißen Esche. Diese Holzart hat eine schöne Maserung und ist auch ein beliebtes Holz für die Herstellung von Schränken und anderen Möbeln.

WIE WIRD KORK HERGESTELLT?

Kork gewinnt man aus der Rinde der Korkeiche. Dieser Baum wächst im Mittelmeerraum und wird dort sogar kultiviert. Der Kork muss immer vorsichtig vom Stamm gelöst werden, um den Baum nicht zu schädigen – er wird vom unteren Teil des Stamms gelöst und wächst dann bis zu zehn Jahre nach. Kork wird zur Herstellung vieler Dinge verwendet – von Flaschenkorken über Pinnwände bis hin zu Fußbodenbelag.

WAS IST KAPOK?

Kapok ähnelt der Baumwolle und stammt vom Kapok- oder Seidenbaumwollbaum, der in Südamerika und Afrika wächst. Die flauschigen Samenfasern werden zum Füllen von Matratzen, Jacken, Decken und Schlafsäcken verwendet.

KÖNNEN PFLANZEN TREIBSTOFF ERZEUGEN?

Wenn er wie ein Gummibaum angezapft wird, kann aus dem Copaivabaum des Amazonas-Regenwalds ein dieselähnliches Öl gewonnen werden. Dieser Treibstoff kann zum Betreiben von Motoren verwendet werden. Der Petroleumnussbaum auf Borneo und den Philippinen erzeugt in den Samen ein Öl, das durch Auspressen gewonnen und zu alternativem Autotreibstoff verarbeitet wird.

PFLANZLICHE ROHSTOFFE

Pflanzliche Rohstoffe sind ein wichtiger Teil unseres Alltags. Sie halten uns trocken und warm und sehen zudem gut aus.

RIESENSEETANG

Der Stamm des Riesenseetangs ist durch die Wurzel fest im Meeresboden verankert, aber die Wedel können sich bis zu einer Länge von 100 m durch das Wasser ziehen.

Welcher ist der längste Seetang?

Der Riesenseetang ist ein enorm langer Seetang, der in den Küstengewässern Kaliforniens wächst. Seine riesigen Wedel können eine Länge von bis zu 100 m erreichen.

WELCHE PFLANZE HAT DAS LÄNGSTE BLATT?

Die Raffiapalme im tropischen Afrika hat die längsten bekannten Blätter. Der Stiel kann beinahe 4 m lang werden und der Blatthalm ca. 20 m.

WELCHE IST DIE ÄLTESTE PFLANZE?

Die älteste bekannte Pflanze ist vermutlich der Creosote-Strauch in der Mojavewüste Kaliforniens. Manche dieser Sträucher sollen 11 700 Jahre alt sein. Die Borstenkiefer, die vor allem im Südwesten der USA wächst, ist auch sehr langlebig. Die älteste von ihnen ist ungefähr 4600 Jahre alt.

WELCHE PFLANZE KANN SICH AM WEITESTEN AUSBREITEN?

Der Banyanbaum in Indien und Pakistan beginnt häufig als Epiphyt, d. h. als kleine Pflanze, die auf einem anderen Baum wächst. Dabei breiten sich seine holzigen Luftwurzeln nach unten aus. Wenn sie den Boden erreicht haben, beginnen sie allmählich einem Baumstamm zu ähneln. Nach und nach bedecken sie eine große Fläche und sehen wie ein Wäldchen aus dicht stehenden Bäumen aus. Ein 200 Jahre alter Banyanbaum bedeckt 412 m^2, hat 100 einzelne „Stämme“ und 1775 Stützwurzeln. Auch die Zitterpappel (Espe) kann sich ähnlich ausbreiten und eine Baumgruppe bilden, deren Bäume unabhängig voneinander zu wachsen scheinen, aber in Wirklichkeit miteinander verbunden sind.

WIE TIEF REICHEN DIE TIEFSTEN WURZELN?

Es wurden Wurzeln einer südafrikanischen Feige gefunden, die sich 120 m in die Erde gegraben hatten.

WELCHE IST DIE KLEINSTE BLÜHENDE PFLANZE?

Eine winzige tropische schwimmende Entengrütze. Manche Arten messen weniger als 0,5 mm im Durchmesser, selbst wenn sie vollständig ausgewachsen sind.

WELCHES IST DER HÖCHSTE BAUM?

Der kalifornische Redwood, der an der nordamerikanischen Pazifikküste wächst, ist der höchste Baum der Welt. Er wird bis zu 112 m hoch. Einige australische Eukalyptusbäume werden ebenso hoch.

WELCHE PFLANZE WÄCHST AM LANGSAMSTEN?

Den Rekord hält vermutlich die Dioonpflanze. Sie wächst in Mexiko, und an einem Exemplar wurde ein durchschnittliches Wachstum von 0,76 mm pro Jahr gemessen.

WELCHE PFLANZE WÄCHST AM SCHNELLSTEN?

Der Riesenbambus in Myanmar (Burma) wächst ca. 46 cm pro Tag und ist somit eine der am schnellsten wachsenden Pflanzen überhaupt. Allerdings wird der Rekord im Gewächshaus von einer anderen Pflanzenart aus Indien, dem Stachelbambus, gehalten – er wuchs 91 cm pro Tag.

ZWEIG UND ZAPFEN EINES KALIFORNISCHEN REDWOOD

Die großen Zapfen der kalifornischen Redwoods dienen der Fortpflanzung des Baums.

WELCHES IST DER GRÖSSTE SAMEN?

Der Coco de Mer auf den Seychellen hat die größten Samen. Jeder Samen wird 50 cm lang. Sie entstehen innerhalb einer großen, holzigen Frucht, die zur Entwicklung sechs Jahre benötigt.

WELCHE PFLANZE HAT DIE GRÖSSTEN SCHWIMMENDEN BLÄTTER?

Die Viktoriaseerose des Amazonas hat sehr große Blätter. Sie erreichen einen Durchmesser von 2 m und können sogar das Gewicht eines Kindes tragen.

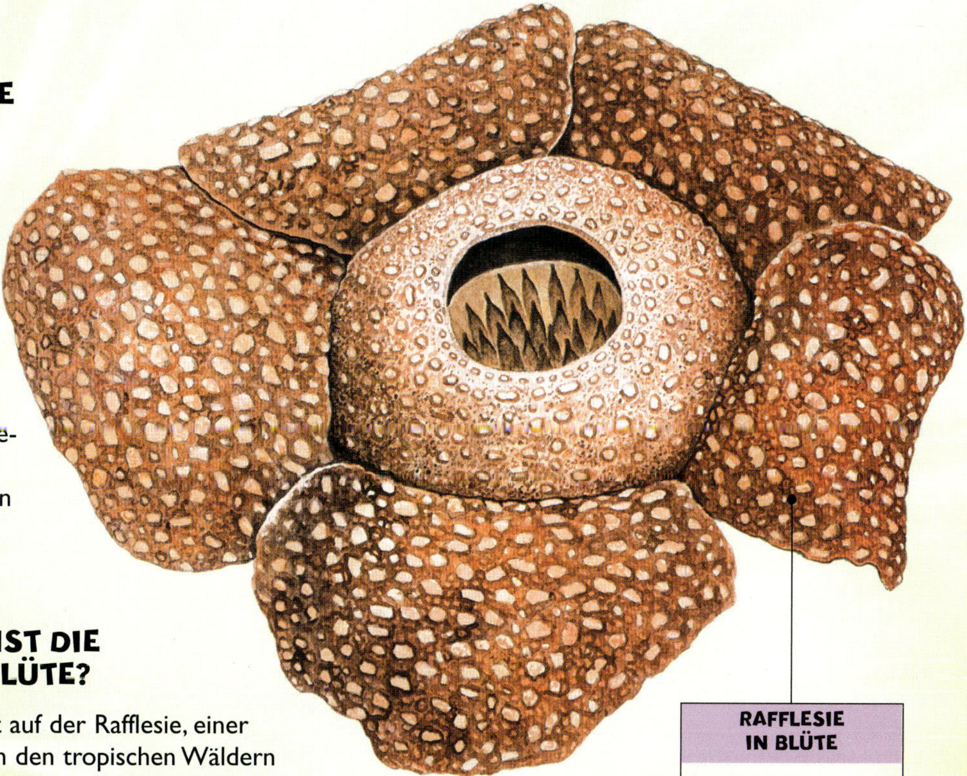

RAFFLESIE IN BLÜTE

Die Rafflesie hat fleckige rote und weiße Blütenblätter. Fliegen werden von ihrem unangenehmen Geruch angelockt.

WELCHE IST DIE GRÖSSTE BLÜTE?

Die größte Blüte wächst auf der Rafflesie, einer blattlosen Pflanze, die in den tropischen Wäldern Südostasiens gedeiht. Sie ist ein Parasit, der auf Lianen wächst. Einzelne Blüten können bis zu 1 m Durchmesser erreichen. Die rot-weißen Riesenblüten mögen hübsch aussehen, aber sie stinken wie verfaulendes Fleisch. Der größte Blütenstand ist der einer bolivianischen Pflanze, der Puya raimondii. Sie besteht aus über 8000 Blüten und kann bis zu 10,70 m hoch werden.

Die Erde

DIE ENTSTEHUNG DER ERDE

Die Erde entstand vor ungefähr 4600 Millionen Jahren aus einer riesigen Gas- und Staubwolke.

PRÄKAMBRIUM

Archaikum und Proterozoikum bilden zusammen 87 % der Erdgeschichte.

Wie wird die Geschichte der Erde eingeteilt?

Man teilt die letzten 590 Millionen Jahre der Erdgeschichte in drei Hauptabschnitte ein: das Paläozoikum (das Word bedeutet „altes Leben“), das Mesozoikum („mittleres Leben“) und das Kenozoikum („neues Leben“). Die Zeitalter werden weiter in Zeitperioden unterteilt – und einige Zeitperioden werden weiter in Epochen aufgegliedert. Die erste Zeitperiode im Paläozoikum war das Kambrium. Der gesamte geologische Zeitabschnitt vor dem Kambrium heißt Präkambrium. Das Präkambrium wird in zwei Zeitalter eingeteilt, das Archaikum und das Proterozoikum. Wissenschaftlern ist nur wenig über das Leben im Präkambrium bekannt, da Fossilien aus dieser Zeit sehr selten sind.

WIE SAH DIE ERDE NACH IHRER ENTSTEHUNG AUS?

Die Oberfläche der Erde war vermutlich viele Millionen Jahre nach ihrer Entstehung noch nicht fest (heiß und flüssig). Die ältesten bekannten Gesteine sind ungefähr 3960 Millionen Jahre alt.

WANN GAB ES DIE ERSTEN LEBEWESEN AUF DER ERDE?

Die ältesten bekannten Lebewesen sind einzellige Organismen und ungefähr 3500 Millionen Jahre alt. Primitive Lebensformen dürften erstmals vor ungefähr 3850 Millionen Jahren auf der Erde erschienen sein.

AB WANN WUCHSEN AUF DEM LAND PFLANZEN?

Die ersten Landpflanzen gab es im Silur. Pflanzen erzeugten Sauerstoff und boten den ersten Landtieren, den Amphibien, Nahrung. Amphibien erschienen erstmals im Devon.

WANN GAB ES DIE ERSTEN SÄUGETIERE?

Säugetiere lebten spätestens seit dem Beginn der Jurazeit auf der Erde. Aber sie waren vor dem Aussterben der Dinosaurier nicht weit verbreitet.

WANN GAB ES DIE ERSTEN MENSCHEN AUF DER ERDE?

Hominide (affenähnliche Lebewesen, die aufrecht gingen) erschienen erstmals vor über vier Millionen Jahren auf der Erde. Aber den modernen Menschen gibt es erst seit ungefähr 100 000 Jahren.

WELCHES WAREN DIE ERSTEN TIERE MIT WIRBELSÄULE?

Kieferlose Fische waren die ersten Wirbeltiere. Sie gibt es seit dem Ordovizium. Fische mit Knorpelskeletten wie Haie tauchen erstmals im Devon auf.

WESHALB STARBEN DIE DINOSAURIER AUS?

Die Dinosaurier erschienen erstmals während der Triaszeit auf der Erde. Sie waren während der Jurazeit die dominanten Lebewesen, aber am Ende der Kreidezeit vor 65 Millionen Jahren starben sie aus. Wissenschaftler sind sich immer noch nicht einig, weshalb sie verschwanden. Aber viele Experten glauben heute, dass vor ungefähr 65 Millionen Jahren ein enormer Asteroid auf der Erde einschlug. Der Aufprall wirbelte eine riesige Staubwolke auf, die lange Zeit das Sonnenlicht verdunkelte. Pflanzen auf dem Land starben ab, und deshalb verhungerten die Dinosaurier.

WESHALB IST DIE KAMBRISCHE ZEITPERIODE WICHTIG?

Während des Präkambriums waren die meisten Lebewesen Weichtiere, von denen nur wenige Fossilien erhalten sind. Während des Kambriums hatten viele Lebewesen harte Schalen, die als Fossilien in Gesteinsschichten erhalten blieben.

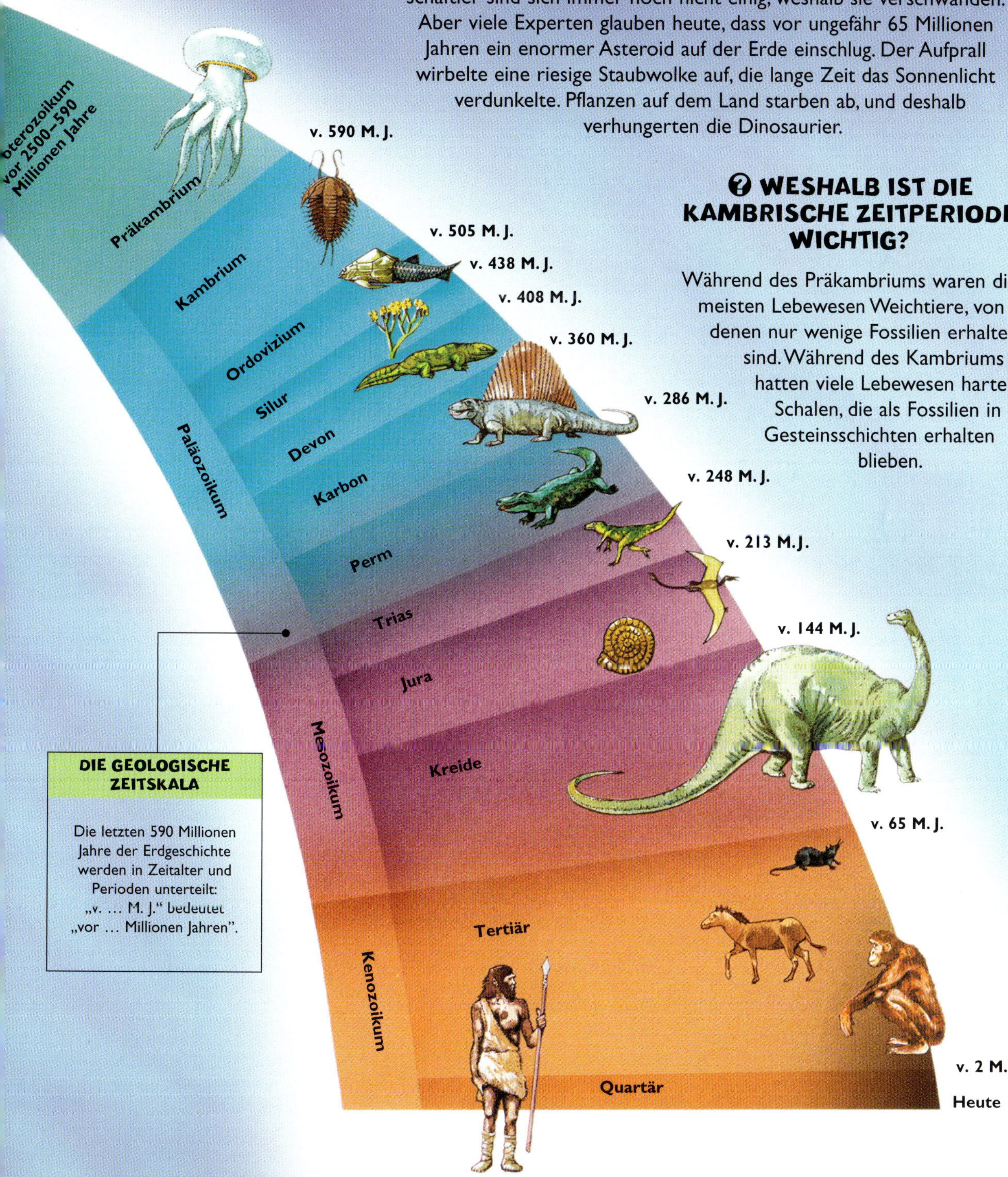

DIE GEOLOGISCHE ZEITSKALA

Die letzten 590 Millionen Jahre der Erdgeschichte werden in Zeitalter und Perioden unterteilt: „v. … M. J." bedeutet „vor … Millionen Jahren".

WAS SIND PLATTEN?

Die harten äußeren Schichten der Erde. Bewegungen in den teilweise geschmolzenen Gesteinsmassen innerhalb der Erde bewegen diese Platten langsam.

WIE GROSS SIND DIE PLATTEN?

Es gibt sieben große und ungefähr 20 kleinere Kontinentalplatten. Die Platten sind zwischen 70 und 100 km dick.

BEWEGEN SICH PLATTEN SEITLICH?

Platten bewegen sich nicht nur auseinander oder drücken aneinander, sie können sich auch seitlich entlang riesiger Risse im Boden bewegen, die man Transformverwerfungen nennt.

WAS IST, WENN PLATTEN ZUSAMMENSTOSSEN?

Entlang tiefer Ozeangräben gleitet eine Platte unter die andere. Sie schmilzt und wird zerstört. Wenn Kontinente zusammenstoßen, werden an ihren Rändern neue Gebirgszüge aufgetürmt.

WIE SCHNELL BEWEGEN SICH DIE PLATTEN?

Die Platten bewegen sich durchschnittlich zwischen 1 und 10 cm pro Jahr. Diese kleinen Plattenbewegungen haben das Aussehen der Erde über Millionen Jahre dramatisch verändert.

WER ENTWICKELTE DIE THEORIE VON DER KONTINENTALVERSCHIEBUNG?

Anfang des 19. Jahrhunderts entwickelten sowohl der Amerikaner F. B. Taylor als auch der Deutsche A. Wegener die Theorie der Kontinentalverschiebung. Wissenschaftler konnten sich allerdings lange nicht erklären, wie sich die Platten bewegten.

Wie bewegen sich Platten auseinander?

Platten bestehen aus der Erdkruste und der obersten Schicht des Mantels. Die Platten treiben auf einer teilweise geschmolzenen Schicht des Erdmantels. Riesige Unterwassergebirgszüge, ozeanische Rücken, erheben sich vom Meeresboden. Entlang der Mitte dieser Rücken befinden sich Gräben, in denen die Platten von Strömungen in den unteren Gesteinsschichten auseinander gerissen werden.

WIE PLATTEN DAS AUSSEHEN DER ERDE VERÄNDERN

Die Platten bewegen sich, und mit ihnen die Kontinente.

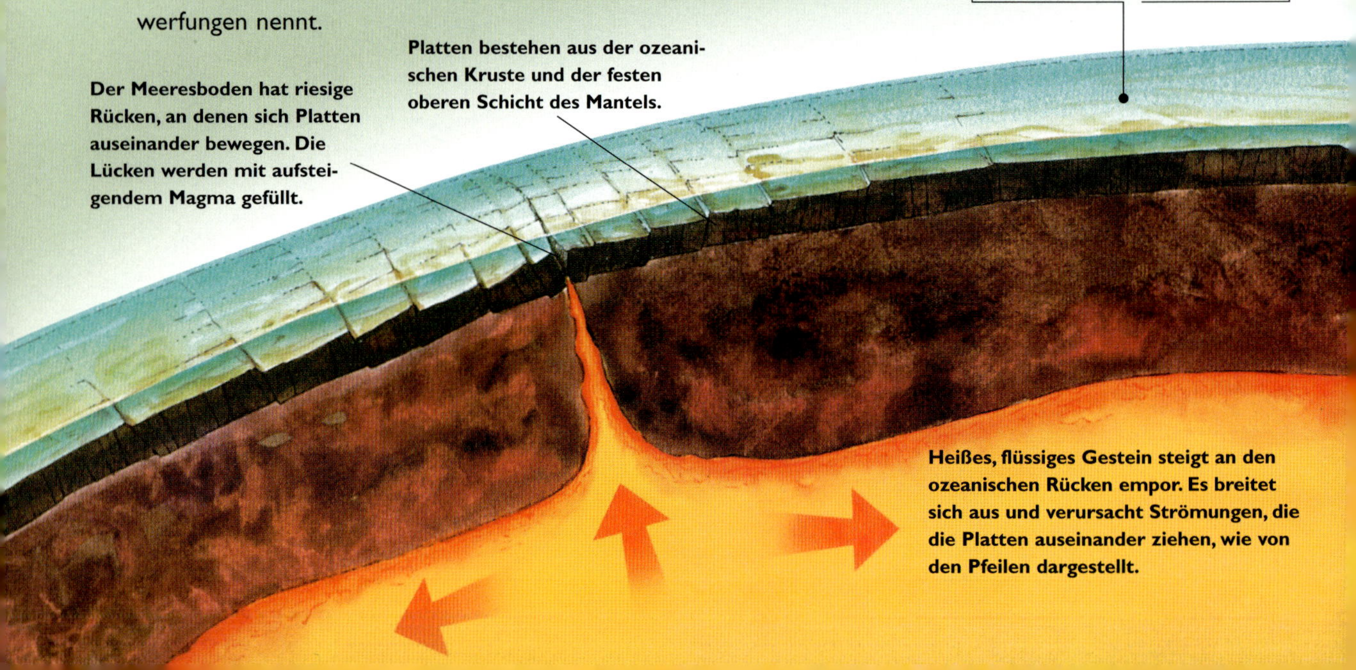

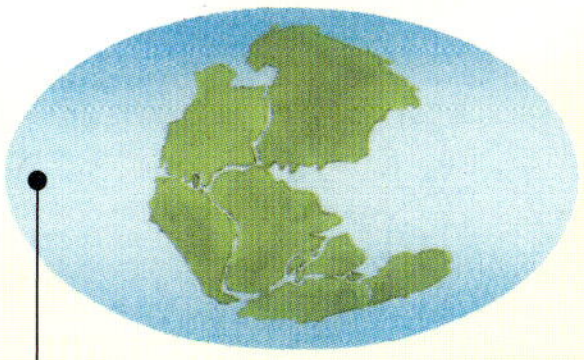

Vor ca. 280 Millionen Jahren schlossen sich die Landmassen der Erde zusammen und formten einen Superkontinent namens Pangäa.

Pangäa driftete vor ungefähr 180 Millionen Jahren auseinander.

Vor ungefähr 65 Millionen Jahren öffnete sich der Atlantik, und Indien bewegte sich in Richtung Asien.

Die Karte zeigt unsere Welt von heute, aber Plattenbewegungen verändern nach wie vor das Aussehen der Erde.

DIE KONTINENTE

Diese vier Karten zeigen, wie sich die Kontinente in den vergangenen 200 Millionen Jahren verschoben haben.

? WIE ENTSTEHEN VULKANISCHE INSELN MITTEN IM MEER?

Vulkanische Inseln entstehen, wenn Magma aus dem Erdmantel aufsteigt. Lava (der Name für Magma, das die Erdoberfläche erreicht) türmt sich auf, bis sie über den Meeresspiegel hinausragt.

? KONNTEN FOSSILIEN BEIM NACHWEIS DER KONTINENTALVERSCHIEBUNG HELFEN?

Fossilien von Tieren, die nicht durch Ozeane geschwommen sein konnten, wurden auf unterschiedlichen Kontinenten gefunden. Das legte nahe, dass die Kontinente einst verbunden waren und die Tiere von einem Kontinent zum anderen wandern konnten.

? HAT DIE ERDE IMMER SCHON GLEICH AUSGESEHEN?

Wenn Außerirdische die Erde vor 200 Millionen Jahren besucht hätten, hätten sie nur einen riesigen Kontinent namens Pangäa vorgefunden, der von einem einzigen Ozean umgeben war. Vor ungefähr 180 Millionen Jahren begann Pangäa aufzubrechen. Vor 135 Millionen Jahren driftete bereits die Platte mit Südamerika von Afrika ab, und es entstand der Südatlantik. Vor 100 Millionen Jahren trieben die Platten, die Indien, Australien und die Antarktis unterstützen, ebenfalls von Afrika weg, und Nordamerika entfernte sich von Europa.

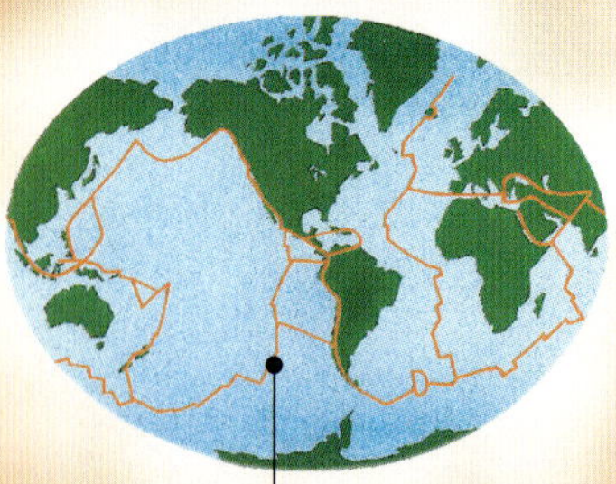

PLATTENGRENZEN RUND UM DIE WELT

Schwere Erdbeben treten entlang der Ränder tektonischer Platten auf, die die äußeren, festen Schichten der Erde bilden.

? WIE VERURSACHEN ERDBEBEN SCHÄDEN?

Erdbeben bewegen die Gesteinsschichten. Sie bringen Gebäude zum Schwingen und schließlich zum Einsturz. Ein Beben zerstört manchmal Gasleitungen oder führt zu elektrischen Kurzschlüssen, die Brände verursachen. Erdbeben nahe hohen Bergketten führen zu Erdrutschen, die Orte in den nahe gelegenen Tälern verschütten können. Erdbeben am Meeresboden lösen Flutwellen aus, die man Tsunamis nennt. Tsunamis bewegen sich mit Geschwindigkeiten von bis zu 800 km/h durch das Meer. Wenn sie sich dem Festland nähern, türmt sich das Wasser zu mehreren Meter hohen Wellen auf. Diese Wellen verursachen große Schäden und fordern Menschenleben.

? WELCHE GERÄTE ZEICHNEN ERDBEBEN AUF?

Seismographen sind Instrumente zum Aufzeichnen von Erdbeben. Das Beben der Erde wird von einer Nadel aufgezeichnet, die die Erdewegungen registriert.

? TRETEN ERDBEBEN UND VULKANE AN DENSELBEN ORTEN AUF?

Die meisten aktiven Vulkane treten in der Nähe der sich auseinander bewegenden Plattenkanten auf und auch dort, wo sie zusammenstoßen. Erdbeben kommen in diesen Gebieten ebenfalls häufig vor.

Wo sind Erdbeben am wahrscheinlichsten?

Erdbeben können überall dort entstehen, wo sich Gesteinsschichten entlang Verwerfungen (Rissen) in der Erdoberfläche bewegen. Aber die schwersten Erdbeben treten meist an den Plattenkanten auf. Tektonische Platten bewegen sich nicht sanft. Die meiste Zeit sind ihre Kanten ineinander verkeilt. Aber allmählich baut die Bewegung unter den Platten zunehmenden Druck auf. Schließlich halten die Platten den Druck nicht mehr aus und brechen oder verschieben sich mit einem heftigen Ruck. Diese plötzliche Bewegung rüttelt das Gestein in der Umgebung durch und verursacht ein Erdbeben.

SCHÄDEN

Erdbeben können die Erde derart erschüttern, dass Häuser, Brücken und Straßen zerstört werden.

Schwere Erdbeben entstehen entlang Ozeanrücken und nahe von Ozeangräben. Sie treten auch in der Nähe einer anderen Art der Plattenkante auf, die als Verwerfung bezeichnet wird. Verwerfungen sind Brüche in der Erdkruste, an denen sich Platten aneinander bewegen.

? WAS IST DER SAN-ANDREAS-GRABEN?

Der San-Andreas-Graben ist eine lange seismische Verwerfung in Kalifornien. Bewegungen entlang dieser Plattenkante haben schwere Erdbeben in San Francisco und Los Angeles verursacht.

? WELCHES NEUERE ERDBEBEN RIEF DIE GRÖSSTEN SCHÄDEN HERVOR?

Im Jahr 1923 wurde Tokio von einem Erdbeben erschüttert. Ungefähr 575 000 Häuser wurden in Tokio und dem nahe gelegenen Kanto zerstört, und ungefähr 142 800 Menschen kamen ums Leben.

? KANN MAN ERDBEBEN VORHERSAGEN?

Im Jahr 1975 sagten chinesische Wissenschaftler exakt ein Erdbeben voraus und retteten somit das Leben vieler Menschen. Aber Wissenschaftler haben noch keine zuverlässige Methode zur Vorhersage von Erdbeben gefunden.

? SPÜREN TIERE EIN ERDBEBEN VORAUS?

Wissenschaftler haben festgestellt, dass Tiere sich vor einem Erdbeben oft sonderbar verhalten. Pferde gehen durch, Hunde bellen, und Schlangen kommen aus ihren Höhlen im Boden hervor.

Wenn die Platten sich bewegen, kommt es zu Schwingungen, die ein schweres Beben der Erde zur Folge haben. Dadurch werden Gebäude zerstört, und oft sind Menschenleben zu beklagen.

Verwerfungen haben gezackte Kanten, und die Platten sind meistens ineinander verkeilt. Druck baut sich auf, bis die Gesteine schließlich aufbrechen und die Platten sich plötzlich nach vorn bewegen.

Wenn Vulkane ausbrechen, schleudern sie Steine und Asche in die Atmosphäre, und Lava fließt den Vulkankegel hinunter.

Wie brechen Vulkane aus?

Vulkane brechen aus, wenn geschmolzenes Gestein im Inneren der Erdkruste durch die harten äußeren Schichten aufsteigt und die Erdoberfläche erreicht. Das geschmolzene Gestein heißt Magma, aber wenn es die Erdoberfläche erreicht, wird es Lava genannt. Die meisten Vulkane entstehen nahe an Plattenkanten. Viele erheben sich entlang der Ozeanrücken, wo Magma nach oben schießt, um die Lücken zu füllen, die beim Auseinanderdriften tektonischer Platten entstehen. Vulkanismus entsteht auch dann, wenn zwei Platten aneinander stoßen, sich übereinander schieben und die untere schmilzt.

Magma erreicht die Erdoberfläche über Schlote, also Löcher im Boden.

LAVA

Lava kann aus einem Hauptschlot oder aus Seitenschloten hervorbrechen. Lavaströme verbrennen alles, was ihnen in den Weg kommt. Wenn Lava und vulkanische Asche abkühlen, brechen sie langsam auf und verfestigen sich.

Wolken von Asche verdunkeln oft die Sonne. Herabfallende Asche kann ganze Orte begraben. Schlammlawinen entstehen, wenn Regen die Asche durchweicht.

❓ WAS SIND HOT SPOTS?

Manche Vulkane sind weit von den Plattenkanten entfernt. Sie bilden sich oberhalb von Hot Spots – Gebieten im Erdinneren mit hohen Temperaturen. Hawaii im Pazifik liegt über einem Hot Spot.

❓ WAS SIND THERMALQUELLEN UND GEYSIRE?

Magma erhitzt Wasser in der Tiefe und das heiße Wasser steigt oft in Thermalquellen (heißen Quellen) an die Oberfläche. Manchmal werden siedendes Wasser und Dampf von Geysiren in die Luft geschleudert.

❓ WAS IST EIN UNTÄTIGER VULKAN?

Manche Vulkane brechen über lange Zeiträume immer wieder aus, andere nur ab und zu. Wenn sie nicht ausbrechen, werden sie als untätig oder ruhend bezeichnet.

❓ BRECHEN ALLE VULKANE AUF DIESELBE ART UND WEISE AUS?

Nein. Vulkane können nach oben oder seitlich ausbrechen, oder sie brechen „still“ aus. Im Magma explosiver Vulkane sind jede Menge Gase und Wasserdampf eingeschlossen. Diese Gase lassen das Magma explodieren und schleudern Säulen vulkanischer Asche und feinen Vulkanstaubs in die Luft. Bruchstücke explodierenden Magmas nennt man Pyroklasten. Manchmal schießen Staubwolken und heiße Gase seitlich aus den Vulkanen. Sie fließen mit hoher Geschwindigkeit nach unten und zerstören alles auf ihrem Weg. Bei „still“ ausbrechenden Vulkanen tritt Magma als flüssige Lava an der Oberfläche aus und fließt nach unten.

❓ HABEN VULKANAUSBRÜCHE AUCH POSITIVE EFFEKTE?

Vulkanausbrüche verursachen enormen Schäden, aber die Erde, die sich aus Vulkanasche bildet, ist sehr fruchtbar. Vulkangestein wird auch im Baugewerbe und in der chemischen Industrie verwendet.

Schildvulkan

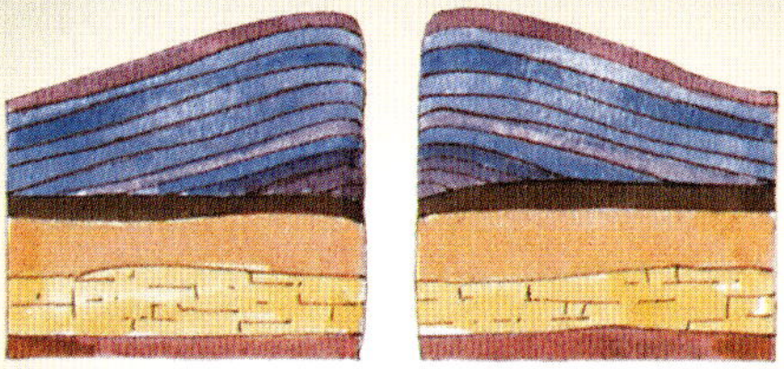

Manche Vulkane sind wie umgedrehte Schilde geformt. Sie entstehen durch „stille“ Ausbrüche, bei denen Ströme äußerst flüssiger Lava austreten.

Schichtvulkan

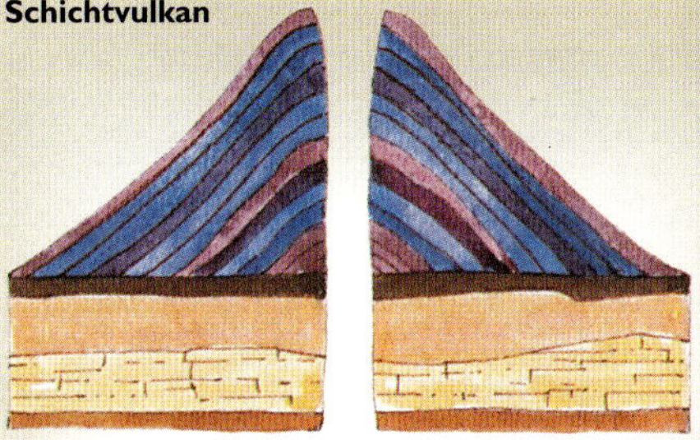

Explosive Ausbrüche entstehen, wenn das Magma dick ist und explosive Gase enthält. Schichtvulkane bestehen aus Asche und Schlacke und steigen steil empor.

Zusammengesetzter Vulkan

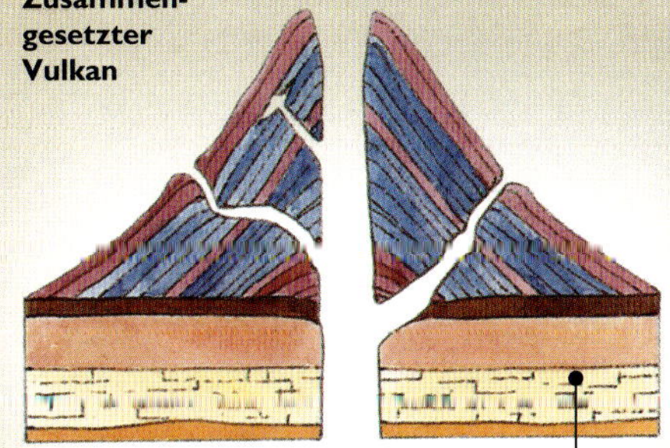

Zusammengesetzte Vulkane sind kegelförmig. Sie bestehen abwechselnd aus Schichten von Asche und verfestigter Lava.

❓ WAS IST EIN ERLOSCHENER VULKAN?

Vulkane, die über Jahrhunderte nicht ausgebrochen sind, nennt man erloschen. Das heißt, es ist nicht zu erwarten, dass sie je wieder ausbrechen.

VULKANARTEN

Die drei Hauptarten von Vulkanen sind der Schildvulkan, der Schichtvulkan und der zusammengesetzte Vulkan.

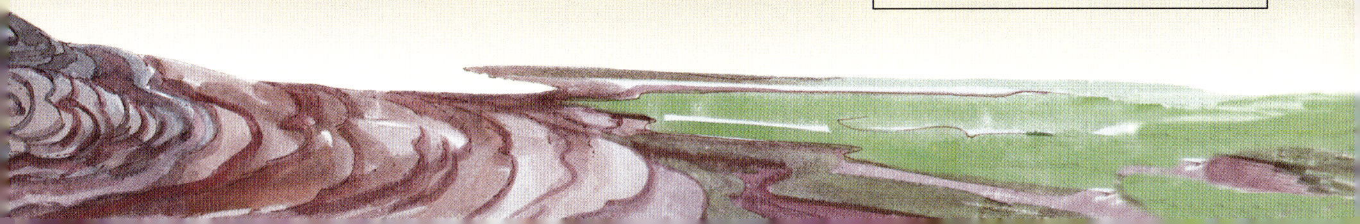

GESTEINSARTEN IM WANDEL

Erdbewegungen und große Hitze verwandeln Eruptiv- und Sedimentgestein in metamorphes Gestein.

Welche Hauptarten von Gestein gibt es?

Es gibt magmatische Gesteine, Sedimentgesteine und metamorphe Gesteine. Magmatisches Gestein entsteht aus abgekühltem Magma. Manchmal kühlt Magma an der Erdoberfläche ab und bildet Gesteine wie Basalt. Anderes Magma kühlt unter der Erde ab und wird als Granit bezeichnet. Viele Sedimentgesteine entstehen aus Resten anderer verfestigter Gesteine oder aus Sedimenten. Einige Kalksteine entstehen aus den Schalen von Meeresbewohnern. Metamorphe Gesteine sind Gesteine, die durch Hitze- und Druckeinwirkung entstehen. Zum Beispiel verwandelt große Hitze Kalkstein in Marmor.

Eruptivgestein entsteht aus Magma, das unter oder auf der Erdoberfläche erstarren kann.

Oberflächengestein wird ständig durch Erosion abgetragen.

WAS SIND ELEMENTE UND MINERALIEN?

Die Erdkruste enthält 92 Elemente. Die zwei am häufigsten vorkommenden Elemente sind Sauerstoff und Silizium. Aluminium, Eisen, Kalzium, Natrium, Kalium und Magnesium kommen ebenfalls häufig vor. Diese acht Elemente machen 98,59% des Gewichts der Erdkruste aus. Einige Elemente wie Gold treten im Reinzustand auf. Aber die meisten Mineralien sind chemische Verbindungen von Elementen. Zum Beispiel nennt man Mineralien aus Sauerstoff und Silizium, häufig mit geringen Anteilen anderer Elemente, Silikate. Dazu zählen Feldspat, Quarz und Glimmer, die in Granit auftreten.

SCHMUCKSTEINE

Seit der Steinzeit verwenden Menschen Edelsteine zur Schmuckherstellung. Schöner Schmuck hat einen hohen Preis.

IST KOHLE EIN GESTEIN?

Nein. Gesteine sind anorganische (unbelebte) Stoffe. Aber Kohle, Erdöl und -gas entstanden vor Millionen von Jahren aus den Überresten früherer Lebewesen. Deshalb werden Kohle, Erdöl und -gas fossile Brennstoffe genannt.

KÖNNEN MINERALE UNSICHTBAR MACHEN?

Menschen schrieben Mineralien übernatürliche Kräfte zu. Im Mittelalter glaubten die Menschen, dass man durch Tragen eines in ein Lorbeerblatt eingewickelten Opals unsichtbar würde.

WELCHES IST DAS HÄRTESTE MINERAL?

Der Diamant, eine reine, aber seltene Form von Kohlenstoff, entsteht unter großer Druckeinwirkung tief im Inneren der Erde. Er ist der härteste natürliche Stoff.

WELCHE MINERALIEN SIND AM WERTVOLLSTEN?

Edelsteine wie Diamanten, Rubine, Saphire und Smaragde sind wertvolle Mineralien. Gold und Silber werden auch als Mineralien angesehen, obwohl sie als natürliche oder freie Elemente auftreten.

Reste von Sand, Schlick und Schlamm werden in Seen und Meere angeschwemmt. Dort türmen sie sich zu Schichten auf, die über Jahrtausende zu Sedimentgestein verhärten.

WAS SIND GEBURTSSTEINE?

Geburtssteine sind Mineralien, die den Geburtsmonat eines Menschen bezeichnen. Zum Beispiel ist Granat der Geburtsstein für Januar, während Rubin der Stein für Menschen mit dem Geburtsmonat Juli ist.

WELCHE SIND DIE VERBREITETSTEN GESTEINE?

Sedimentgestein bedeckt 75% der Erde. Aber magmatisches Gestein und metamorphes Gestein machen 95% der Gesteine der obersten 16 km der Erdkruste aus.

WELCHE STEINE WERDEN MEIST ZUM BAUEN VERWENDET?

Zwei Sedimentgesteine, Kalkstein und Sandstein, sowie das magmatische Gestein Granit sind gute Baumaterialien. Das metamorphe Gestein Marmor wird ebenfalls häufig zur Ausstattung von Gebäuden verwendet.

TRETEN MANCHE MINERALIEN HÄUFIGER AUF ALS ANDERE?

Viele nützliche Mineralien sind reichlich vorhanden. Andere wichtige Mineralien gibt es nur selten. Sie werden deshalb häufig aus Altmaterialien wiedergewonnen. Durch Recycling wird Energie gespart, die zum Verarbeiten von Metallerzen benötigt wird.

Was sind Fossilien?

Fossilien sind die Abdrücke alten Lebens in Gestein. Wenn etwa Lebewesen im Meeresboden begraben werden, verwesen die Weichteile, aber die harten Teile bleiben zurück. Später verhärten sich Schlamm und Sand auf dem Meeresboden zu Gestein. Wasser dringt in das Gestein ein und löst die festen Teile auf, wodurch fossile Abdrücke entstehen. Mineralien füllen die Abdrücke aus, woraus fossile Formen entstehen, die die Umrisse der harten Teile erhalten. Weitere Fossilien sind versteinerte Blätter oder Insekten in Bernstein eingeschlossen.

WAS IST BERNSTEIN?

Bernstein ist ein hartes Material, das aus Baumharz entstand. Winzige Tiere wurden oft in diesem Harz eingeschlossen und ihre Körper konserviert, als das Harz aushärtete.

FOSSILE ZÄHNE

Fossile Zähne können darüber Auskunft geben, wie die ausgestorbenen Tiere lebten.

FOSSILE FUSSABDRÜCKE

Fossile Fußspuren blieben in Gesteinen erhalten. Sie wurden freigelegt, als darüber liegendes Gestein abgetragen wurde.

FOSSILE TRILOBITEN

Trilobiten waren im Paläozoikum weit verbreitete, im Meer lebende Tiere.

FOSSILES INSEKT

Viele winzige Lebewesen wurden in Bernstein eingeschlossen. Sie sind ungewöhnliche Fossilien, weil sie den tatsächlichen Körper der Jahrtausende alten Lebewesen enthalten.

BLÄTTER

Karbonisierte Blatter sind perfekt erhalten geblieben.

BLIEB JE IN EINEM FOSSIL FLEISCH ERHALTEN?

In Sibirien versanken Wollmammuts, die vor mehr als 40 000 Jahren lebten, im schlammigen Grund. Als die Erde gefror, blieben ihre vollständigen Körper im eisigen Boden erhalten.

WAS IST EIN SPURENFOSSIL?

Ein Spurenfossil gibt Auskunft über Tiere, die vor Millionen von Jahren lebten. Höhlen solcher Tiere sind manchmal erhalten geblieben und geben Wissenschaftlern Hinweise darauf, welche Lebewesen dort existiert. Andere Spurenfossilien sind beispielsweise in versteinertem Schlamm verewigte Fußabdrücke, die rasch unter Sedimentschichten begraben wurden.

AMMONITENFOSSILIEN

Fossilien von Ammoniten kommen häufig in Gestein aus dem Mesozoikum vor. Ammoniten waren Mollusken, Verwandte des Tintenfisches.

WAS IST EIN EOHIPPUS?

Eohippus ist der Name des Vorfahren unseres Pferdes, der die Größe eines Hundes hatte und vor ungefähr 55 Millionen Jahren lebte. Untersuchungen von Fossilien des Eohippus und seiner Nachfahren zeigten, wie sich das heutige Pferd entwickelt hat.

WIE VERSTEINERN FOSSILIEN?

Wenn Baumstämme oder Knochen von Sediment bedeckt werden, ersetzen aus Wasser abgelagerte Mineralien manchmal das ursprüngliche Material. Das Holz oder Gebein versteinert dann.

WIE DATIERT MAN FOSSILIEN?

Manchmal findet man Spuren eines Lebewesens unter Vulkanasche begraben. Die Asche enthält bisweilen radioaktive Stoffe, deren Alter Wissenschaftler bestimmen können. Daher können sie errechnen, aus welcher Zeit der Fund stammt.

FOSSILES HOLZ

Versteinerte Baumstämme entstanden, als Wasser die Moleküle im Schlamm versunkener Baumstämme durch Mineralien ersetzte. Langsam entstanden steinerne Abbilder der Stämme.

WAS IST KARBONISATION?

Blätter verfaulen meist nach dem Absterben einer Pflanze schnell. Aber manchmal sinken sie auf den Moorgrboden und werden unter feinem Schlamm begraben. Sedimente oberhalb und unterhalb des Blattes werden allmählich zusammengedrückt und zu Sedimentgestein verhärtet. Im Laufe der Zeit verändern Bakterien die Chemie des Blattes, bis nur der Kohlenstoff übrig bleibt. Der Umriss des Blattes bleibt im Gestein als dünner Abdruck erhalten.

WER WAR DER PILTDOWNMANN?

Knochen, die Fossilien früher menschlicher Vorfahren sein sollten, wurden 1913 im englischen Piltdown entdeckt. Aber der Piltdownmann war eine Fälschung und aus Menschen- und Orang-Utan-Knochen gebaut.

WAS KÖNNEN WISSENSCHAFTLER VON FOSSILIEN LERNEN?

Durch die Untersuchung von Fossilien – genannt Paläontologie – erfährt man mehr über die Entwicklung des Lebens. Fossilien helfen auch bei der Altersbestimmung von Gesteinen. Das ist daher möglich, weil manche Lebensformen nur über eine kurze Zeit existierten. Wenn die Fossilien dieser Lebensformen also in Gesteinen an unterschiedlichen Orten gefunden werden, müssen die Gesteine um dieselbe Zeit entstanden sein. Solche Fossilien nennt man Leitfossilien. Dazu zählen Trilobiten (Krebse), Graptolithen (Urtierchen), Brachiopoden (Armfüßer), Crinoiden (Seelilien), Ammoniten und Belemniten (Kopffüßer).

❓ WAS SIND QUELLEN?

Quellen entstehen, wenn Grundwasser an die Erdoberfläche gelangt. Quellen sind die Ursprünge vieler Flüsse. Heiße Quellen oder Thermalquellen kommen in vulkanischen Gebieten vor.

Formt Verwitterung die Landschaft?

Verwitterung ist das Aufbrechen und Zerfallen von Gestein an der Erdoberfläche. Das Abtragen von Kalkstein ist ein Beispiel für chemische Verwitterung. Kalkstein besteht hauptsächlich aus dem Mineral Kalziumkarbonat. Dieses Mineral reagiert mit Regenwasser, das aus der Luft Kohlendioxid aufgenommen hat. Das Regenwasser ist eine schwache Säure, die den Kalkstein langsam auflöst. Das Regenwasser verbreitert Risse in der Oberfläche, höhlt sie aus und schafft schließlich riesige Höhlen, die durch Tunnel miteinander verbunden sein können.

❓ WAS IST GRUNDWASSER?

Grundwasser ist Wasser, das langsam durch Gesteinsschichten wie Sandstein und Kalkstein in den Boden sickert. Der oberste Wasserspiegel im Gestein heißt Grundwasserspiegel.

❓ KANN SONNE VERWITTERUNG HERVORRUFEN?

In heißen, trockenen Gegenden werden Steine von der Sonne erwärmt und kühlen nachts ab. Diese starken Temperaturänderungen brechen Felsoberflächen auf, die sich dann wie eine Zwiebel schälen.

❓ REAGIERT WASSER CHEMISCH MIT ANDEREN GESTEINEN?

Wasser kann Mineralien und Salz aus dem Gestein lösen. Es reagiert auch mit einigen Arten harten Granits und verwandelt dabei Mineralien im Gestein in Kaolin.

❓ WAS SIND STALAKTITEN?

Wasser, das viel Calcit enthält, tropft von den Decken der Kalksteinhöhlen. Das Wasser lagert nach und nach das Calcit ab und bildet hängende, eiszapfenähnliche Gebilde an der Höhlendecke, die man Stalaktiten nennt.

❓ WAS SIND HÖHLENFORSCHER?

Sie klettern in Öffnungen in der Erde, um Kalkstein- und andere Höhlen zu erforschen. Höhlenforscher befinden sich oft in Gefahr, wenn der Wasserspiegel in Höhlen durch plötzliche Regenfälle ansteigt.

❓ WAS SIND STALAGMITEN?

Stalagmiten sind das Gegenstück von Stalaktiten. Diese aus Calcit entstandenen Gebilde nennt man auch Tropfsteine. Allerdings wachsen Stalagmiten anders als Stalaktiten vom Höhlenboden nach oben.

KALKSTEINHÖHLEN

Kalksteinhöhlen entstehen durch chemische Verwitterung. Sie enthalten oft Stalaktiten und Stalagmiten.

❓ WAS IST BIOLOGISCHE VERWITTERUNG?

Unter biologischer Verwitterung versteht man das Zersprengen von Gestein durch Baumwurzeln, das Aufbrechen von Felsen durch Erdbauten von Tieren und die Wirkung von Bakterien, die ebenfalls zur Verwitterung von Gestein beitragen.

❓ WIE SCHNELL WIRD LAND ABGETRAGEN?

Man hat errechnet, dass alle 1000 Jahre durchschnittlich 3,5 cm Landfläche abgetragen werden. Das klingt sehr wenig, aber im Verlauf von Millionen von Jahren werden so Berge zu Ebenen.

❓ KÖNNEN PFLANZEN DIE LANDSCHAFT VERÄNDERN?

Wurzeln können Gestein aufbrechen. Wenn ein Baumsamen in einen Felsspalt fällt, bildet er Wurzeln, die nach unten ragen. Wenn die Wurzeln wachsen, drücken sie gegen die Seiten in der Spalte, bis der Felsen auseinander bricht.

WURZELN

Kräftige Baumwurzeln können sogar Felsen spalten.

VERWITTERUNG

An Berghängen geht die Verwitterung schnell, wenn sich Geröll abwärts bewegt.

GRUNDWASSER

Grundwasser fließt aus Kalksteinhöhlen und bildet den Ursprung eines Flusses.

❓ WIE BRICHT DIE FROSTEINWIRKUNG FELSEN AUF?

Nachts können Menschen in den Bergen Geräusche hören, die manchmal wie Schüsse klingen. Diese Geräusche kommen von Gestein, das durch Frosteinwirkung aufgespalten wird. Frosteinwirkung ist ein Beispiel für mechanische Verwitterung und tritt auf, wenn Wasser in Felsspalten zu Eis gefriert, das sich ausdehnt. Es erweitert die Spalten, bis sie auseinander brechen.

DER WEG EINES FLUSSES ZUM MEER

Anfangs fließen Flüsse sehr rasch. Manchmal lassen sie dabei tiefe, steile Schluchten entstehen. Im weiteren Verlauf wird Flüssen viel mehr Wasser zugeführt. Sie formen oft Mäander. Zur Mündung hin fließen Flüsse dann langsamer. Manchmal ändern sie ihre Richtung. Die dann abgeschnittenen Bereiche werden zu Altarmen.

❓ WO BEGINNEN FLÜSSE?

Manche Flüsse entspringen aus Quellen, an denen Grundwasser an die Oberfläche tritt. Andere beginnen an den Enden abschmelzender Gletscher.

❓ WESHALB GIBT ES WASSERFÄLLE?

Sie entstehen, wenn Flüsse über hartes Gestein fließen. Wenn weicheres Gestein stromabwärts abgetragen wird, bilden die harten Gesteine eine Kante, über die der Fluss nach unten stürzt.

Wie formen Flüsse die Landschaft?

Am Oberlauf eines Flusses wird durch das schnell fließende Wasser ein Bett in Gestein geschnitten und Geröll fortgeschwemmt. Dieses Gestein vertieft nach und nach das Flussbett. Das Geröll reibt aneinander und zerfällt zu immer kleineren Stücken. Am Mittellauf verlangsamt sich die Fließgeschwindigkeit und es entstehen Schleifen (Mäander). Es wird aber weiterhin Land abgetragen. Am Unterlauf fließt das Wasser langsam über beinahe flache Ebenen, und riesige Mengen Sand, Schlick und Schlamm werden zur Mündung geschwemmt.

Wenn schwere Regenfälle Flüsse zum Anschwellen bringen, können sie über die Ufer treten und Überschwemmungen verursachen.

Wellen formen Höhlen in felsigen Landzungen. Blaslöcher bilden sich oberhalb der Höhlen.

Wenn zwei Höhlen in einer Landzunge aufeinander treffen, entsteht ein Brandungstor.

Wenn ein Brandungstor einstürzt, bleibt die Spitze der Landzunge als Brandungspfeiler zurück.

FOLGEN DER EROSION AN DER KÜSTE

Das Meer brandet ständig an die Küste und verändert dadurch ihr Aussehen so, dass oft dramatische Küstenlandschaften entstehen.

? KÖNNEN WELLEN KÜSTEN FORMEN?

Große Wellen peitschen gegen die Küste. Sie führen Sand und Steinchen mit und schleudern sie gegen Felsen. Dadurch werden die unteren Schichten des Felsens ausgehöhlt, bis die Spitze einstürzt. Wellen höhlen Buchten in weichem Gestein aus, und hartes Gestein ragt als Landspitze ins Meer. Die Wellen greifen dann von beiden Seiten die Landspitzen an und bilden Höhlen. Wenn zwei Höhlen aufeinander treffen, entsteht ein natürliches Brandungstor. Wenn es einstürzt, bleibt ein Fels übrig, den man Brandungspfeiler oder Felsnadel nennt.

? WAS SIND LANDZUNGEN?

Wellen und Strömungen bewegen Sedimente entlang der Küste. Dort, wo die Küste eine Richtungsänderung vornimmt, setzt sich Sand und Geröll ab, und es entstehen Landzungen.

? WAS IST EINE BUCHTENSCHRANKE?

Einige Landzungen oder Sandbänke verbinden eine Landspitze mit einer anderen. Man nennt sie Buchtenschranke oder Barre, weil sie Buchten vom Meer abschneiden.

? WAS SIND NEBENFLÜSSE?

Nebenflüsse sind Flüsse, die in einen Hauptarm münden. Dadurch wird die Wassermenge im Hauptarm erhöht und der Anteil an abgetragenen Sedimenten nimmt zu.

? TRÄGT DAS MEER LAND AB?

Wellen tragen weiches Gestein ab und formen Buchten, während härtere Gesteine beiderseits Landspitzen bilden. Teile der Küste Nordostenglands sind seit der Römerzeit um 5 km abgetragen worden.

? WIE KANN MAN DIE EROSION DURCH WELLEN VERLANGSAMEN?

Entlang den Stränden vieler Küstengebiete werden Mauern im rechten Winkel zum Strand gebaut. Diese Mauern (Buhnen) verlangsamen die Bewegung des Sandes auf dem Strand, die durch Wellen und Strömungen verursacht werden.

? WAS SIND DELTAS?

Deltas sind Sedimentgebiete – aus Sand, Schlamm und Schlick –, die sich um die Mündungen mancher Flüsse bilden. Die Strömung vieler Flüsse schwemmt die Sedimente ins Meer.

Vom Fluss mitgeführte Sedimente setzen sich häufig an der Flussmündung ab und bilden große Schlammflächen. Die Flut bedeckt diese Gebiete häufig.

BERGGLETSCHER

Das Eis bewegt sich abwärts und bildet einen Eisfluss, Gletscher genannt. Diese Gletscher führen viel abgetragenes Gestein (Moränen) mit sich.

WELCHES SIND DIE GRÖSSTEN EISMASSEN?

Die größten Eismassen sind die der Antarktis und Grönlands. Kleinere Eiskappen gibt es in der Arktis, während Berggletscher auf der ganzen Welt zu finden sind.

WAS SIND FINDLINGE?

Findlinge sind Felsbrocken von einer anderen Gesteinsart als der, auf der sie ruhen. Wanderndes Eis hat sie zu ihrem derzeitigen Standort transportiert.

WANN WAR DIE LETZTE EISZEIT?

Sie begann vor ca. zwei Millionen Jahren und endete vor 10 000 Jahren. Die Eiszeit schloss wärmere Zeitabschnitte und Zeiten mit bitterer Kälte ein.

WAS IST EINE EISZEIT?

Während einer Eiszeit fallen die Durchschnittstemperaturen, und über weite Gebiete, die früher eisfrei waren, breiten sich Eisflächen aus.

Wie formt Eis die Landschaft?

In hohen und kalten Bergregionen häuft sich Schnee übereinander an. Nach und nach wird der Schnee zu Eis verdichtet. Schließlich bewegt sich das Eis talwärts und bildet einen Gletscher. Gletscher sind wie Fließbänder. An der Spitze des Gletschers befinden sich Felstrümmer, die durch Frosteinwirkung aufgebrochen wurden und bergab rollten. Andere Felsbrocken sind in die Seiten und unter dem Gletscher eingefroren. Sie verleihen den Gletschern die Kraft, Gestein abzutragen und die Täler, durch die sie sich bewegen, zu vertiefen. Von Eis abgetragene Täler sind U-förmig und haben steile Abhänge und flache Betten. Das unterscheidet sie von V-förmigen Flusstälern.

❓ WIE KANN MAN FESTSTELLEN, WELCHE GEBIETE FRÜHER VON EIS BEDECKT WAREN?

Bestimmte Landschaftsmerkmale entstanden während der Eiszeiten. Gebirge erhielten durch Gletscher tiefe Täler. Kesselförmige Becken, in denen sich früher Gletschereis bildete, werden als Kar bezeichnet. Scharfe Grate zwischen Karen nennt man Kämme. Wenn mehrere Kare nebeneinander entstanden, bildeten sich Spitzen, die man Hörner nennt. Geröll und anderes von Eis bewegtes Material sind Moränen. Moränenkämme deuten darauf hin, dass Eisschichten dieses Gebiet erreicht haben.

❓ WAS SIND FJORDE?

Tiefe Täler mit steilen Abhängen, die sich von Küsten tief ins Land schneiden. Sie waren einst Flusstäler, die während der letzten Eiszeit von Gletschern vertieft wurden.

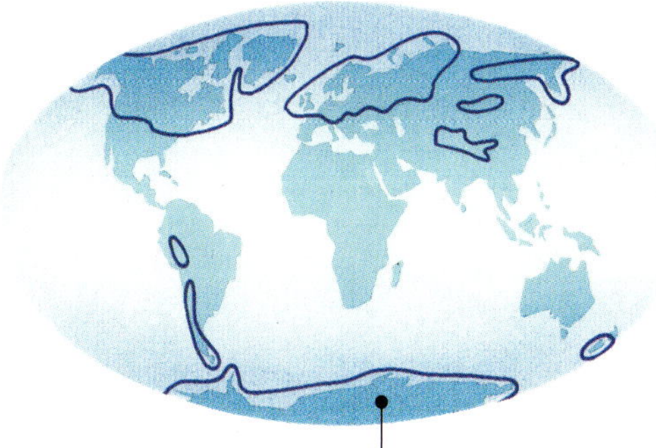

DIE WELTKARTE WÄHREND DER EISZEIT

Eis bedeckte während der Eiszeit einen Großteil des nördlichen Nordamerika, Europa und Asien.

❓ WIE VIEL FLÄCHE IST VON EIS BEDECKT?

Ungefähr 11 % der Landfläche. Während der letzten Eiszeit verbreitete es sich über große Teile des nördlichen Nordamerika und Europa. Dieselbe Eisschicht erreichte das heutige New York und bedeckte die Fläche des heutigen London.

Am Ende des Gletschers schmilzt das Eis und bildet einen Bach, der die felsige Last des Gletschers wegschwemmt.

Wie formt vom Wind verwehter Sand die Landschaft?

In Wüsten spielt vom Wind verwehter Sand eine wichtige Rolle bei der Ausformung der Landschaft. Wind nimmt Sand auf, der verweht und auf diese Weise weitergetragen wird. Sandkörner sind schwer und steigen kaum höher als 2 m über die Oberfläche. Aber bei geringen Höhen wirkt von Wind verwehter Sand wie ein Sandstrahlgebläse. Er poliert Felsen, höhlt sie aus und legt die Basis von einzeln stehenden Felsen frei. Felsen, deren Fuß durch verwehten Sand abgetragen wurden, sind kopflastig und pilzförmig und stützen sich auf einen schmalen Hals.

Oasen sind Gebiete in Wüsten, an denen Wasser an die Oberfläche tritt oder wo Menschen von Brunnen Wasser holen können.

WAS SIND SANDSTÜRME?

Bei Sandstürmen fegen Wüstenwinde feinen Staub hoch in die Luft. Saharawinde reichen oft bis Südeuropa und führen rosafarbenen Sand mit sich.

KANN WASSER DIE WÜSTE VERÄNDERN?

Vor tausenden von Jahren waren viele Wüsten niederschlagsreiche Gebiete, und die Landschaft wurde von Flüssen geformt. Manchmal gibt es in Wüstengebieten sogar Springfluten, die viel abgetragenen Boden wegschwemmen.

WAS SIND OASEN?

Oasen sind Gebiete in der Wüste mit Wasserversorgung. Manche Oasen verfügen über Brunnen, die Grundwasser anzapfen. Manchmal tritt das Wasser als Quelle an die Oberfläche und bildet einen See.

WÜSTENLANDSCHAFT

Große Teile der Wüste sind mit Schotter und Steinchen bedeckt. Diese Wüstengebiete werden als Erg bezeichnet. Es gibt auch große Felswüsten (Hammada).

Von Wind verwehter Sand ist für die Bildung kopflastiger Pilzfelsen auf dünnen Hälsen verantwortlich.

PILZFELSEN

Vom Wind verwehter Sand trägt das Fundament des Felsens ab und lässt nur einen dünnen Hals übrig.

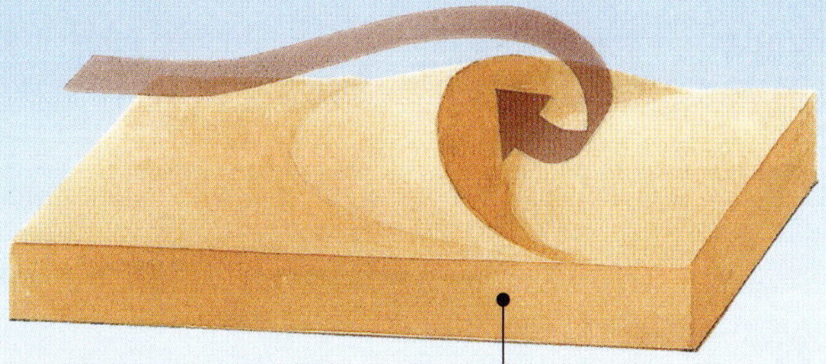

SICHELDÜNE

Sichelförmige Dünen entstehen in Sandwüsten, wo die Windrichtung nicht wechselt.

WAS SIND WADIS?

Ausgetrocknete Wasserläufe in der Wüste. Reisende schlagen manchmal dort ihr Nachtlager auf. Aber ein plötzlicher Regenguss kann sie rasch mit Wasser füllen, und in Wadis schlafende Menschen können ertrinken.

WESHALB TRAGEN MENSCHEN IN WÜSTEN DICHTE GEWÄNDER?

Wüsten sind nachts oft kalt, und die dichte Kleidung hält die Menschen warm. Lange Mäntel und Kopfbedeckungen halten auch den stechenden, vom Wind verwehten Sand ab und schützen vor Sonnenbrand.

BREITEN SICH WÜSTEN AUS?

Falsche Nutzung von Landflächen nahe Wüstengebieten, das Roden von Bäumen und Überweidung von Grasland kann fruchtbares Land zur Wüste werden lassen. Das nennt man Wüstenbildung. Natürliche Klimaveränderungen können ebenfalls Wüsten schaffen. Dies geschah vor ungefähr 7000 Jahren vermutlich in der Sahara.

WIE ENTSTEHEN SANDDÜNEN?

Der Wind, der in der Wüste bläst, schichtet den Sand zu Hügeln auf, die man als Dünen bezeichnet. Wo sich die Windrichtung ständig ändert, haben die Dünen keine besondere Form. Aber wenn der Wind hauptsächlich aus einer Richtung weht, bilden sich häufig sichelförmige Dünen. Sicheldünen können einzeln oder zu mehreren auftreten. Wenn der Wind die Sanddünen nach vorn treibt, bilden sie Längsdünen. Mitunter vernichten Wanderdünen wertvolles Ackerland. Um ihr Voranschreiten aufzuhalten, pflanzen die Menschen Bäume und Gräser, die dies verhindern sollen.

Weshalb sind Eisberge so gefährlich für Schiffe?

Eisberge sind enorme Eisbrocken, die von Gletschern abgebrochen sind. Sie treiben im Meer, aber neun Zehntel ihrer Masse befinden sich unter Wasser, deshalb sind sie extrem gefährlich für die Schifffahrt. Aus Grönland stammende Eisberge haben schon Schiffe vor der amerikanischen Küste versenkt.

EISBERGE IM MEER

Flache Eisberge bilden sich an der Küste der Antarktis. Der Hauptteil eines riesigen Eisbergs befindet sich aber nicht sichtbar unter Wassser und ist deshalb für die Schifffahrt gefährlich.

WIE IST ES AM NORDPOL?

Es ist bitter kalt. Der Nordpol liegt mitten im nördlichen Eismeer, das vom nördlichen Nordamerika, Asien und Europa umgeben ist. Eis bedeckt die meiste Zeit des Jahres einen großen Teil des Meeres. Im Frühjahr ist es in der Mitte des Eismeers ca. 3 m dick, und Forscher können sich darüber hinweg bewegen. Im nördlichen Eismeer liegen einige Inseln, darunter Grönland, die größte Insel der Welt. Eine riesige Eisdecke, die zweitgrößte der Welt, bedeckt mehr als vier Fünftel Grönlands.

GEZACKTER EISBERG

Hohe, gezackte Eisberge brechen von großen Gletschern ab.

WO BEFINDEN SICH DIE POLE?

Die Erde dreht sich stets um die eigene Achse. So entstehen Tag und Nacht. Die Punkte an den Enden dieser Achse sind der geografische Nord- und Südpol.

WELCHE TIERE LEBEN IN POLAREN REGIONEN?

Pinguine sind die bekanntesten Tiere der Antarktis. Eisbären, Karibus, Moschusochsen und Rentiere sind größere Tiere, die in der arktischen Region leben.

Eisberge schmelzen, während sie von polaren Regionen in wärmere Klimazonen gelangen.

Eisberge enthalten Gesteinstrümmer, die vom Land abgetragen wurden.

Wenn Eisberge schmelzen, sinken die Felsbrocken im Eis nach unten und lagern sich auf dem Meeresboden ab.

WAS SIND EISBÄNKE?

Eisbänke sind große Eisblöcke, die sich an die Eisdecke der Antarktis angelegt haben, aber ins Meer hinausragen. Wenn Stücke davon abbrechen, bilden sie Eisberge mit einer abgeflachten Oberfläche. Einige sind riesig und können eine Fläche in etwa der Größe Belgiens bedecken.

SCHMILZT DAS EIS AN DEN POLEN?

In Teilen der Antarktis begannen die Eisdecken in der Mitte der 1990er-Jahre zu schmelzen. Viele glauben, dass dies ein Anzeichen für die Erderwärmung ist.

WAS SIND DIE MAGNETISCHEN POLE?

Die Erde ist wie ein riesiger Magnet mit zwei magnetischen Polen. Sie liegen nahe den geografischen Polen, obwohl sich ihre Position von Zeit zu Zeit verändert.

WIE DICK IST DAS EIS IN DER ANTARKTIS?

Der Südpol liegt auf dem kalten Kontinent Antarktis, der größer als Europa oder Australien ist. Eis und Schnee bedecken 98% der Antarktis, obwohl manche Küstengebiete und hohe Gipfel eisfrei sind. Die antarktische Eisdecke ist die größte der Welt und enthält ungefähr sieben Zehntel der Süßwasservorräte der Welt. An manchen Stellen ist das Eis bis zu 4,8 km dick. Die tiefste Rekordtemperatur der Welt von -89,2 °C wurde 1983 in der Forschungsstation Wostok gemessen.

ULURU (AYERS ROCK)

Uluru oder Ayers Rock ist eine berühmte Touristenattraktion in Zentralaustralien.

WIE KÖNNEN MENSCHEN DIE NATURWUNDER SCHÜTZEN?

Viele Menschen besuchen die Naturwunder, aber sie können die Landschaft durch Verkehr und Müll verschmutzen. Viele Naturwunder sind deshalb von Regierungen unter Schutz gestellt worden.

GRAND CANYON

Der Grand Canyon im US-Staat Arizona zählt zu den sieben großen Naturwundern.

VICTORIA-FÄLLE

Der Forschungsreisende David Livingstone benannte die Victoriafälle in Afrika zu Ehren der englischen Königin Victoria.

Was sind die natürlichen Weltwunder?

Die alten Griechen und Römer erstellten eine Liste der sieben Weltwunder. Sie alle waren von Menschenhand geschaffen. Aber die Erde hat auch viele Weltwunder, die von den Kräften der Natur geformt wurden. Die meisten Aufstellungen über natürliche Weltwunder umfassen den Grand Canyon im Südwesten der USA. Er ist die größte und eindrucksvollste Schlucht der Welt. Er ist 349 km lang, ca. 1,6 km tief und wurde im Verlauf der letzten sechs Millionen Jahre vom Coloradofluss in den Fels geschnitten.

WAS IST DER „GROSSE STEIN“?

Das Wort Uluru ist ein Aborigine-Wort und bedeutet „großer Stein“. Dieser größte Monolith (einzelner Fels) der Welt wird auch Ayers Rock genannt und befindet sich in Australien.

WELCHER IST DER HÖCHSTE GEBIRGSZUG DER WELT?

Im Himalajagebirge in Asien befinden sich 96 der 109 höchsten Berggipfel der Welt, die über 7315 m über dem Meeresspiegel liegen. Der höchste dieser Gipfel ist der Mount Everest.

WELCHES SIND DIE DRACHENZÄHNE?

Die Felsen aus Kalkstein mit steilen Abhängen, die man nahe der Stadt Guilin in Südostchina findet. Sie ähneln Zahnreihen riesiger Drachen. Regenwasser hat diese sonderbar geformten Gebilde entstehen lassen.

WO BEFINDEN SICH DIE NATÜRLICHEN WELTWUNDER?

Naturwunder kann man auf jedem Kontinent finden, und einige von ihnen, wie das Große Barrierriff liegen im Meer. Viele Menschen arbeiten heute für den Schutz dieser Naturwunder. Ein wichtiger Schritt in diese Richtung wurde im Jahr 1872 getan, als der erste Nationalpark der Welt in Yellowstone im Nordwesten der USA eröffnet wurde, wo sich der berühmte Geysir Old Faithful befindet. Seit jener Zeit werden rund um die Welt Nationalparks eingerichtet.

WO FINDET MAN „RAUCH, DER DONNERT"?

Der afrikanische Name der Victoriafälle am Sambesifluss zwischen Sambia und Simbabwe lautet Mosi oa Tunya. Dieser Name bedeutet übersetzt „Rauch, der donnert".

WAS IST DAS GROSSE BARRIERRIFF?

Das Große Barrierriff liegt vor der Nordostküste Australiens und ist sehr artenreich. Es dehnt sich rund 2000 km aus und ist damit das längste und größte Korallenriff der Welt.

WELCHER IST DER MÄCHTIGSTE FLUSS DER WELT?

Der Amazonas in Südamerika führt weit mehr Wasser als jeder andere Fluss. Auch sein Einzugsgebiet (das Gebiet, aus dem er sich speist) ist das größte der Welt.

WAS IST METEOR CRATER?

Meteor Crater in Arizona, USA, ist eine kreisförmige Mulde. Sie ähnelt einem Vulkankrater, entstand aber vor ungefähr 50 000 Jahren, als ein Meteor in unseren Planeten einschlug. Der Krater ist 1275 m breit und 175 m tief.

WELCHES JAPANISCHE NATURWUNDER ZIEHT PILGER AN?

Der Fujisan in Japan ist ein wunderschöner Vulkankegel. Viele Menschen halten ihn für einen heiligen Berg – den Wohnort der Götter – und unternehmen lange Pilgerreisen auf den Gipfel.

WO IST DAS MATTERHORN?

Das Matterhorn ist ein beeindruckender Berg an der schweizerisch-italienischen Grenze. Es wurde von Gletschern gebildet, die den Berg von mehreren Seiten abtrugen.

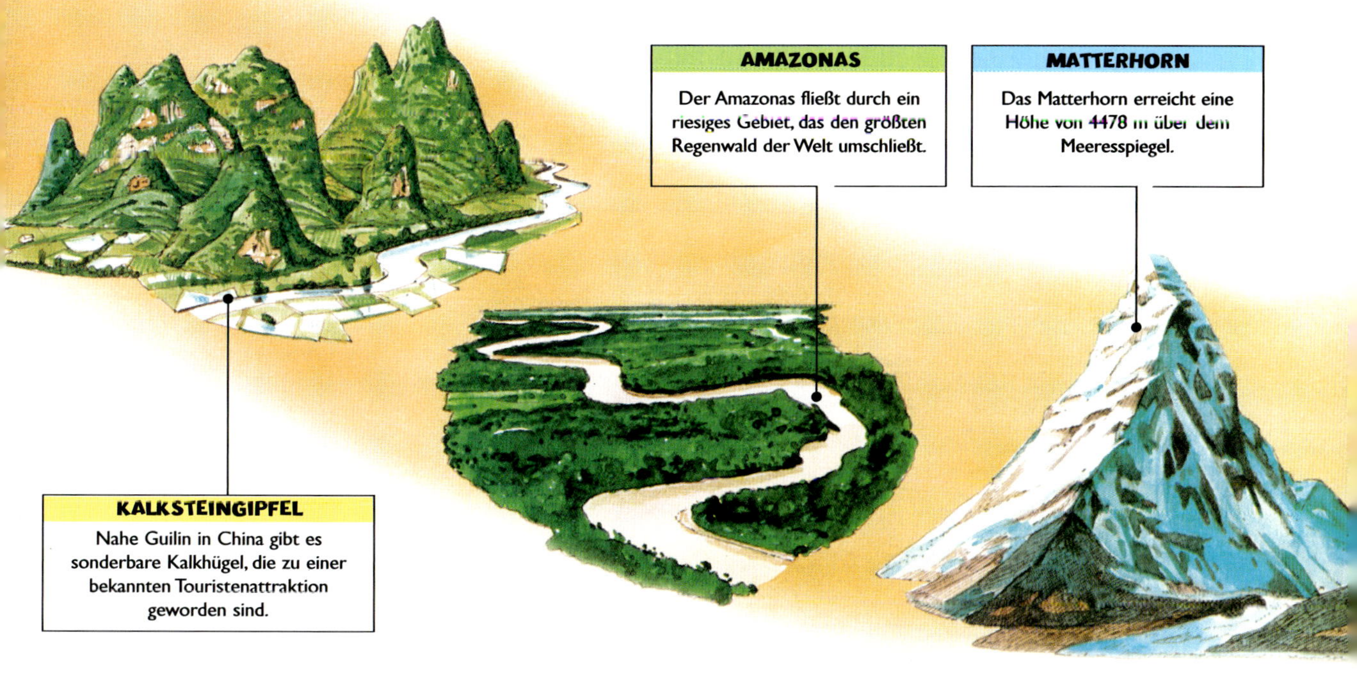

AMAZONAS
Der Amazonas fließt durch ein riesiges Gebiet, das den größten Regenwald der Welt umschließt.

MATTERHORN
Das Matterhorn erreicht eine Höhe von 4478 m über dem Meeresspiegel.

KALKSTEINGIPFEL
Nahe Guilin in China gibt es sonderbare Kalkhügel, die zu einer bekannten Touristenattraktion geworden sind.

Was geschieht, wenn Menschen die Erde ausbeuten?

In vielen Gegenden verändern Menschen die Erde und verursachen große Schäden durch Umweltverschmutzung. Sie roden Wälder, um Ackerland zu gewinnen. Aber in manchen Gebieten tragen Regen und Wind neu gerodete Flächen ab, rufen Bodenerosion hervor und machen das Land unfruchtbar. Fabriken, Autos, aber auch Haushalte lassen schädliche Abgase in die Luft entweichen. Diese so genannten Treibhausgase halten Wärme in der Atmosphäre. Sie führen zur globalen Erwärmung und verändern das Weltklima. Eine weitere Art von Umweltverschmutzung ist die Vergiftung von Flüssen und Meeren durch Fabrik- und Haushaltsabwässer.

? WIE HAT DER MENSCH MEER ZU LAND GEMACHT?

In dicht besiedelten Ländern wandelt man Küstengebiete manchmal in fruchtbares Ackerland um. Die Niederlande sind ein flaches Land, und ungefähr zwei Fünftel des Landes liegen bei Flut unter dem Meeresspiegel. Die Niederländer haben Neuland gewonnen, indem sie Dämme (und Deiche) um Gebiete zogen, die früher unter Wasser lagen (Polder). Regenwasser wäscht das Salz aus der Erde, und das Polderland wird schließlich fruchtbar. Die globale Erwärmung könnte die Niederlande betreffen. Zunehmend stürmisches Wetter und das Ansteigen des Meeresspiegels könnten zu riesigen Überflutungen führen.

? WAS IST LUFTVERSCHMUTZUNG?

Luftverschmutzung tritt auf, wenn Abgase wie Kohlendioxid von Fabriken, Häusern und Büros in die Luft geblasen werden. Autos verursachen ebenfalls Luftverschmutzung, die zu Smog in den Städten, saurem Regen und globaler Erwärmung führt.

? WAS IST BODENEROSION?

Erosion, die durch Wasser, Wind und andere natürliche Kräfte hervorgerufen wird, ist ein langsamer Prozess. Die Bodenerosion setzt ein, wenn Menschen Bäume fällen und das Land bewirtschaften. Die Bodenerosion auf Landflächen, die vom Menschen gerodet wurden, verläuft viel schneller als die natürliche Erosion.

? WAS IST KÜSTENVERSCHMUTZUNG?

Korallenriffe und Mangrovensümpfe sind Laichplätze vieler Fischarten. Die Zerstörung oder Verschmutzung dieser Gebiete bedroht den Fischreichtum.

? KANN DIE VERSCHMUTZUNG VON FLÜSSEN DEM MENSCHEN SCHADEN?

Wenn Fabriken giftige Abwässer in Flüsse pumpen, nehmen Lebewesen, die nahe an der Flussmündung leben (wie Schalentiere), diese Gifte auf. Wenn Menschen solche Tiere essen, werden auch sie vergiftet.

❓ WAS GESCHIEHT MIT DEN REGENWÄLDERN?

Die tropischen Regenwälder werden allmählich zerstört. Dort findet man mehr als die Hälfte aller lebenden Arten der Welt. Viele davon sind nun vom Aussterben bedroht. Riesige Waldbrände in den Jahren 1997 und 1998 haben große Flächen des Regenwalds zerstört.

❓ WIRD DIE GLOBALE ERWÄRMUNG INSELN BETREFFEN?

Einige Inseln liegen knapp über dem Meeresspiegel. Wenn durch die globale Erwärmung die Pole abschmelzen, steigt der Meeresspiegel. Inseln wie die Malediven oder Kiribati werden dann im Meer verschwinden.

❓ KÖNNEN WÜSTEN URBAR GEMACHT WERDEN?

In Israel und anderen Ländern wurden unfruchtbare Wüsten durch Bewässerung in Ackerland umgewandelt. Das Land wird aus Brunnen bewässert, oder das Wasser wird von weit entfernten Gegenden zugeleitet.

ZERSTÖRUNG DES REGENWALDS

Regenwälder werden von Holzkonzernen abgeholzt, die die wertvollen Tropenhölzer verkaufen wollen. Gerodetes Land ist dem Wind und dem Regen ungeschützt ausgesetzt, wodurch Bodenerosion entsteht.

Welches ist der größte Kontinent?

Asien bedeckt eine Fläche von 44 009 000 km². Die anderen Kontinente sind Afrika (30 246 000 km²), Nordamerika (24 219 000 km²), Südamerika (17 832 000 km²), Antarktis (14 000 000 km²), Europa (10 443 000 km²) und Australien (7 713 000 km²).

DIE ERDE VOM WELTALL AUS GESEHEN

Vom Weltall aus gesehen ist die Erde als Teil des Universums ganz klein. Bilder wie dieses aus dem Weltraum aufgenommene Foto haben es den Menschen klargemacht, wie wichtig es ist, unseren Heimatplaneten zu schützen. Die Wolkenmuster zeigen, wie sich das Wetter ändert. Aber die Umweltverschmutzung verändert das Klima, und dies könnte schwer wiegende Auswirkungen auf den Planeten Erde und das Leben der Menschen haben.

WELCHER PUNKT IST DER TIEFSTE AUF DEM LAND?

Die Küste des Toten Meeres zwischen Israel und Jordanien liegt 400 m unter dem Meeresspiegel des nahe gelegenen Mittelmeers.

WELCHE IST DIE GRÖSSTE INSEL DER ERDE?

Grönland bedeckt ungefähr 2 175 000 km². Geografen betrachten Australien als Kontinent und nicht als Insel.

WELCHES IST DER TIEFSTE SEE?

Der Baikalsee in Sibirien ist der tiefste See der Welt. Die tiefste bislang gemessene Stelle reicht 1637 m hinab.

WIE VIEL FLÄCHE DER ERDE IST VON LAND BEDECKT?

Land bedeckt ungefähr 148 460 000 km² oder 29% der Erdoberfläche. Wasser bedeckt die restlichen 71%.

WELCHES IST DAS GRÖSSTE FLUSSEINZUGSGEBIET?

Das Flusseinzugsgebiet des Amazonas in Südamerika bedeckt ungefähr 7 045 000 km². Der Madeirafluss, der in den Amazonas fließt, ist mit 3380 Metern der längste Nebenfluss der Welt.

WELCHES IST DER HÖCHSTE GIPFEL?

Der Mount Everest zwischen Nepal und China liegt 8848 m über dem Meeresspiegel. Von seinem Fuß am Meeresboden aus misst Mauna Kea auf Hawaii 10 203 m. Aber nur 4205 m davon ragen über den Meeresspiegel.

WELCHES IST DIE GRÖSSTE BUCHT?

Die Hudson Bay in Kanada bedeckt eine Fläche von ungefähr 1 233 000 km². Sie ist mit dem Nordatlantik über die Hudson-Straße (Meerenge) verbunden.

WELCHES IST DIE AM HÖCHSTEN GELEGENE HOCHEBENE?

Die Tibetische Hochebene in China bedeckt eine Fläche von ungefähr 1 850 000 km².

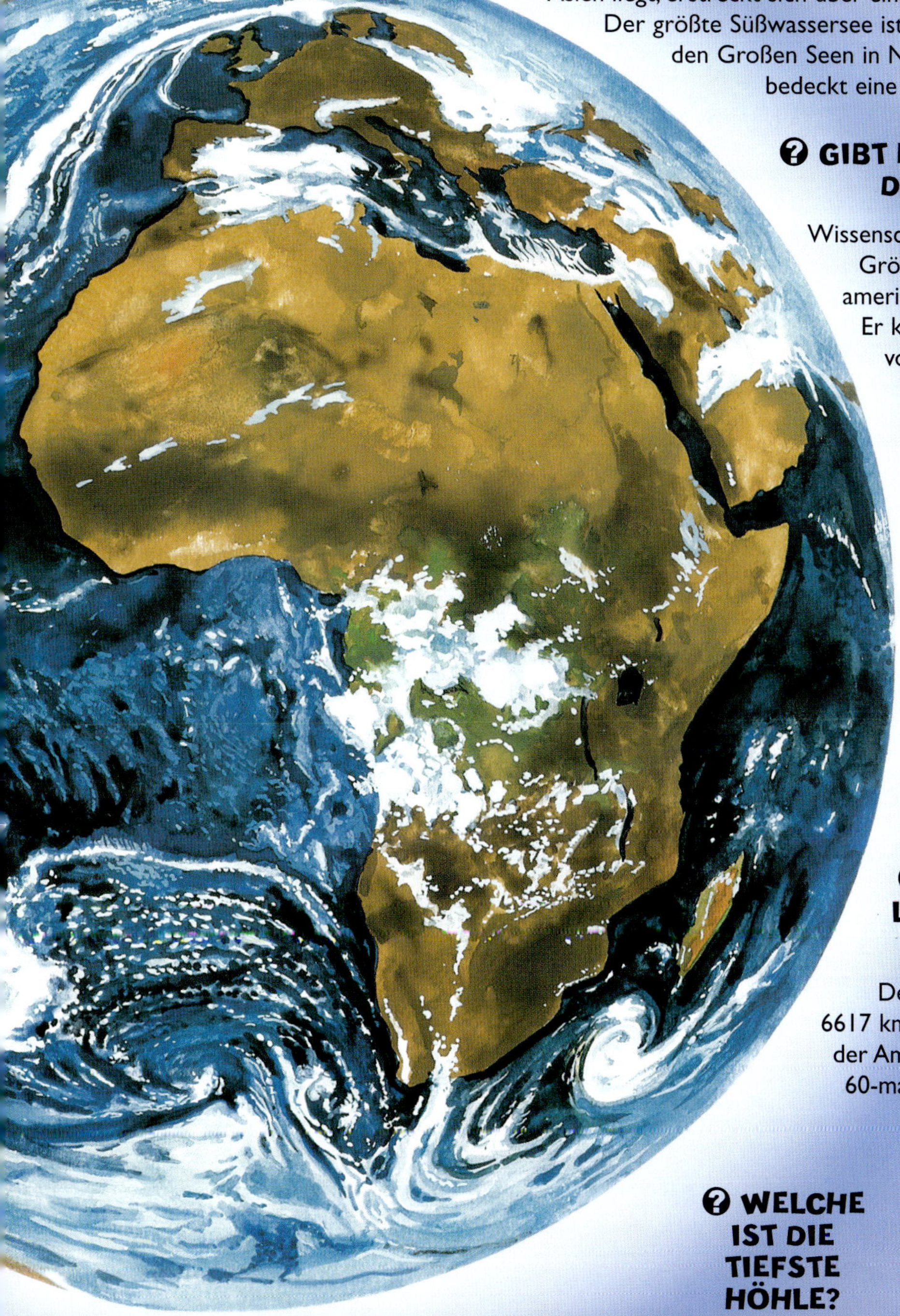

❓ WELCHES IST DER GRÖSSTE SEE DER ERDE?

Das salzige Kaspische Meer, das teilweise in Europa und teilweise in Asien liegt, erstreckt sich über eine Fläche von etwa 371 380 km^2. Der größte Süßwassersee ist der Obere See und gehört zu den Großen Seen in Nordamerika. Der Obere See bedeckt eine Fläche von 82 350 km^2.

❓ GIBT ES EINEN SEE UNTER DER ANTARKTIS?

Wissenschaftler haben einen See von der Größe des Ontariosees in Nordamerika unter der Antarktis entdeckt. Er könnte Lebewesen enthalten, die vor Millionen von Jahren auf der Erde gelebt haben.

❓ WO LEBEN DIE MEISTEN MENSCHEN?

Über 3 Milliarden Menschen leben in Asien. Europa hat die zweithöchste Bevölkerungszahl, gefolgt von Afrika, Nordamerika, Südamerika und Australien. In der Antarktis leben auf Dauer überhaupt keine Menschen.

❓ WELCHER IST DER LÄNGSTE FLUSS DER WELT?

Der Nil in Nordostafrika ist 6617 km lang. Der zweitlängste Fluss, der Amazonas in Südamerika, führt 60-mal mehr Wasser als der Nil.

❓ WELCHE IST DIE TIEFSTE HÖHLE?

Réseau Jean Bernard in Frankreich ist das tiefste Höhlensystem mit einer Tiefe von 1602 m.

❓ WELCHE IST DIE GRÖSSTE WÜSTE?

Die Sahara in Nordafrika bedeckt eine Fläche von 9 269 000 km^2. Die Fläche ist beinahe so groß wie die USA.

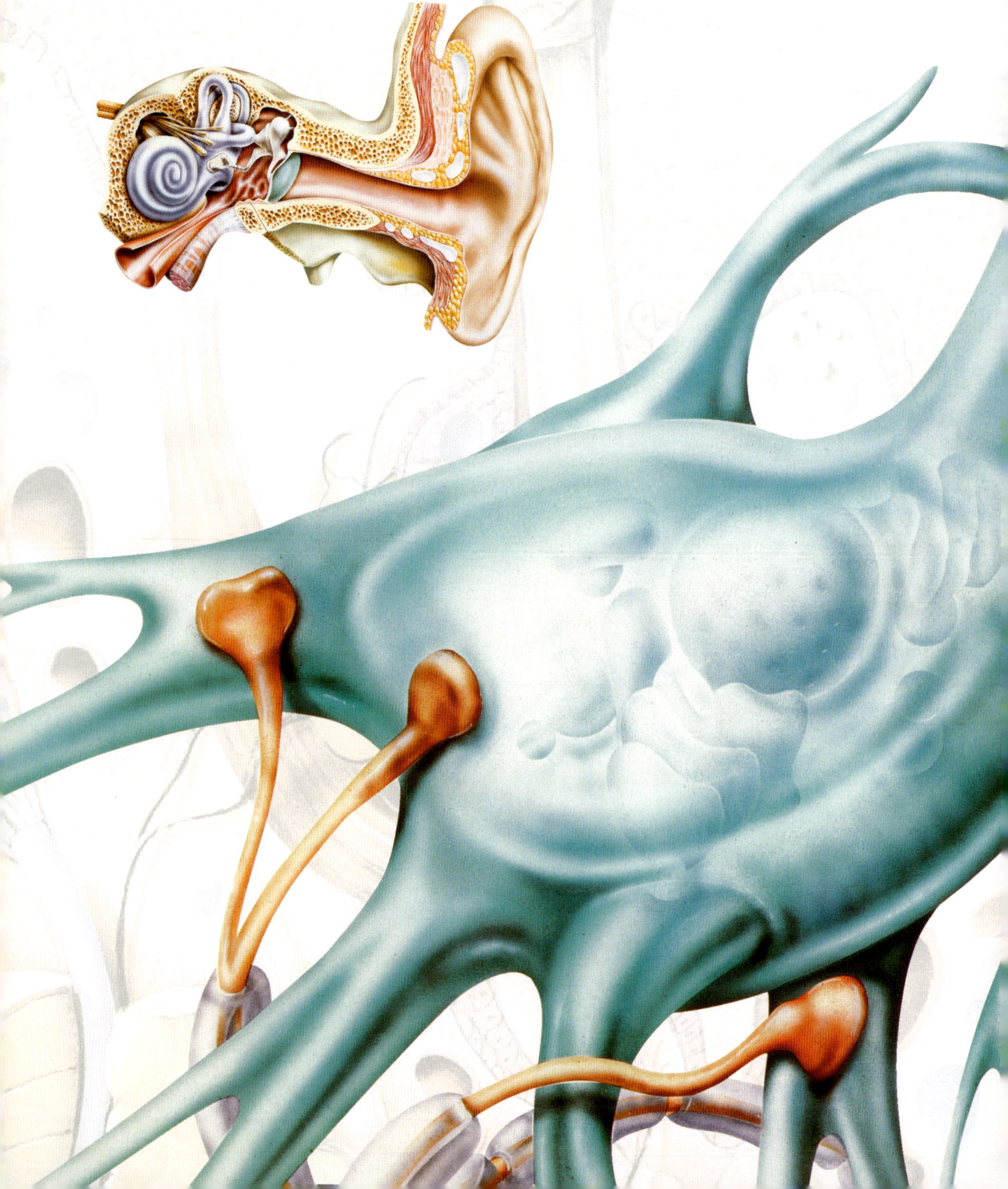

Der menschliche Körper

Wie dick ist die *Haut?*

Die Haut ist zwischen 1 mm an den Augenlidern und 5 mm oder mehr an den Fußsohlen dick. Die menschliche Haut besteht aus zwei Schichten. Die äußere Haut, die wir sehen und fühlen können, besteht aus festen und robusten toten Hautzellen und ist Teil der Epidermis. Unter der Epidermis liegt die Lederhaut. Sie enthält kleine Blutgefäße, Schweißdrüsen, Nervenenden und winzige Haarwurzeln. Unter der Lederhaut befindet sich eine Fettschicht, die uns warm hält.

WAS IST GÄNSEHAUT?

Kleine Hügel auf der Haut, die von den winzigen Muskeln verursacht werden, die die Körperhaare aufrichten, wenn dem Menschen kalt ist.

WAS IST DIE AUFGABE DER HAUT?

Die Haut ist eine zähe, dehnbare Decke, die eine Schutzschicht zwischen dem Körper und der Umwelt bildet. Sie verhindert das Austrocknen des Körperinneren und das Eindringen von Schmutz und Krankheitserregern in den Körper. Winzige Melaninteilchen in der Epidermis schützen den Körper vor den schädlichen Sonnenstrahlen. Je mehr Melanin man besitzt, desto dunkler ist die Haut und desto besser ist man geschützt.

EINE HAARSTRÄHNE

Die meisten Menschen haben ungefähr 100 000 bis 150 000 Haare auf dem Kopf.

WOHER HABEN DIE HAARE IHRE FARBE?

Die Haarfarbe wird vor allem durch die enthaltenen Pigmente (Farbstoffe) bestimmt. Es gibt zwei Arten von Pigmenten – das dunkelbraune Melanin und das rötlich-gelbe Karotin –, und alle Haarfarben werden durch die eine oder andere Mischung der beiden Pigmente erzeugt.

WOZU HAT DIE HAUT POREN?

In der Haut befinden sich winzige Schweißporen. Aus ihnen dringt Schweiß an die Hautoberfläche, wenn uns zu warm ist. Der Schweiß kühlt dann unsere Haut.

WIE SCHNELL WACHSEN NÄGEL?

Jeder Nagel wächst alle zehn Tage um ca. 1 mm. Wenn sich ein neuer Nagel hinter der Nagelhaut unter der Haut bildet, schiebt er den älteren Nagelteil weiter vor.

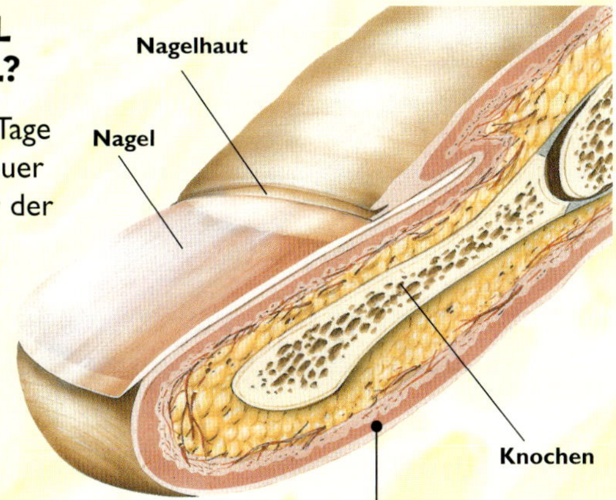

FINGERSPITZE

Die Nägel wachsen aus der Nagelmatrix. Der Mond (Lunula), der an der Nagelhaut hervorkommt, ist ein neuer Nagel.

WESHALB SIND FINGERABDRÜCKE SO EINZIGARTIG?

Ein Fingerabdruck besteht aus den dünnen Hautfältchen an der Spitze jedes Fingers. Die Fältchen formen ein Muster aus Linien, Schlingen und Schleifen, die bei jedem Menschen anders sind.

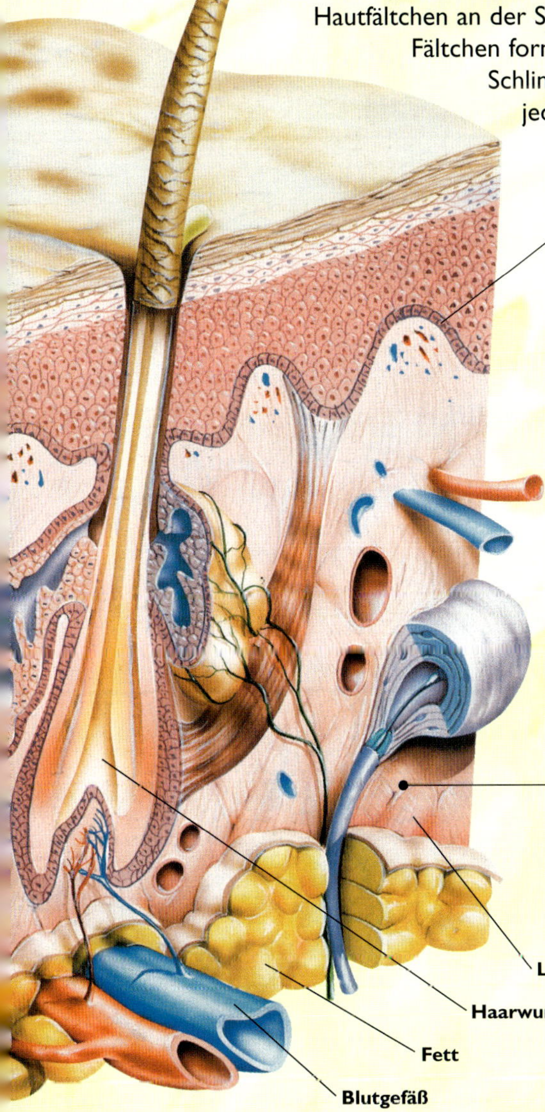

QUERSCHNITT DURCH DIE HAUT

Die Lederhaut besteht aus starkem, elastischem Gewebe und enthält Blutgefäße, Drüsen und Nervenenden. Die dünnere Oberhaut (Epidermis) schützt das darunter liegende Gewebe.

WESHALB FALLEN HAARE AUS?

Kein Haar lebt länger als ungefähr sechs Jahre. Jeden Tag verliert man bis zu 60 Haare, aber da man ungefähr 100 000 auf dem Kopf hat, merkt man das kaum. Nach einiger Zeit wachsen neue Haare aus den Haarfollikeln nach.

WODURCH WIRD HAAR NATÜRLICH LOCKIG?

Wie lockig das Haar ist, hängt von der Form des Follikels ab, der kleinen Grube, in der das Haar wächst. Lockiges Haar wächst aus flachen Haarfollikeln, welliges Haar aus ovalen Follikeln und glattes Haar aus runden Follikeln.

WESHALB HABEN ALTE MENSCHEN GRAUE HAARE?

Das Haar vieler Menschen hört auf, Melanin zu produzieren, wenn sie älter werden. Hellhaarige Menschen bekommen eher weiße, dunkelhaarige Menschen eher graue Haare. Die graue Farbe entsteht vor allem durch das Fehlen von Melanin.

WAS SIND SOMMERSPROSSEN?

Sommersprossen sind kleine Flecke dunklerer Haut, die von zusätzlichem Melanin erzeugt werden. Sonnenlicht erhöht die Melaninmenge in der Haut und lässt die Sommersprossen noch dunkler werden.

Wozu braucht der Körper Knochen?

Knochen bilden ein festes Gerüst, das den Rest des Körpers stützt. Ohne Knochen würden wir wie Tintenfische auf den Boden sinken. Einige Knochen bilden eine Art innere Rüstung, die das Gehirn, die Lungen, das Herz und andere lebenswichtige Organe schützt. Alle Knochen zusammen nennt man Skelett. Man kann unterschiedliche Körperteile bewegen und anwinkeln, da dort Knochen an den Gelenken aufeinander treffen.

WAS SIND BÄNDER?

Starke, biegsame Gewebestränge, die die Knochen an einem Gelenk zusammenhalten. Beinahe alle Gelenke im Körper besitzen mehrere Bänder.

WAS IST EIN WIRBEL?

Ein knollenartiger Knochen in der Wirbelsäule. Die 26 Wirbel passen genau aufeinander und bilden die kräftige Wirbelsäule, die einen Großteil unseres Gewichts trägt. Gleichzeitig ermöglichen es uns die Wirbel, den Rücken zu bewegen.

DAS SKELETT DES MENSCHEN

Als Baby hat der Mensch etwas über 300 Knochen, aber wenn man wächst, verbinden sich einige Knochen miteinander. Der erwachsene Mensch hat ungefähr 206 Knochen.

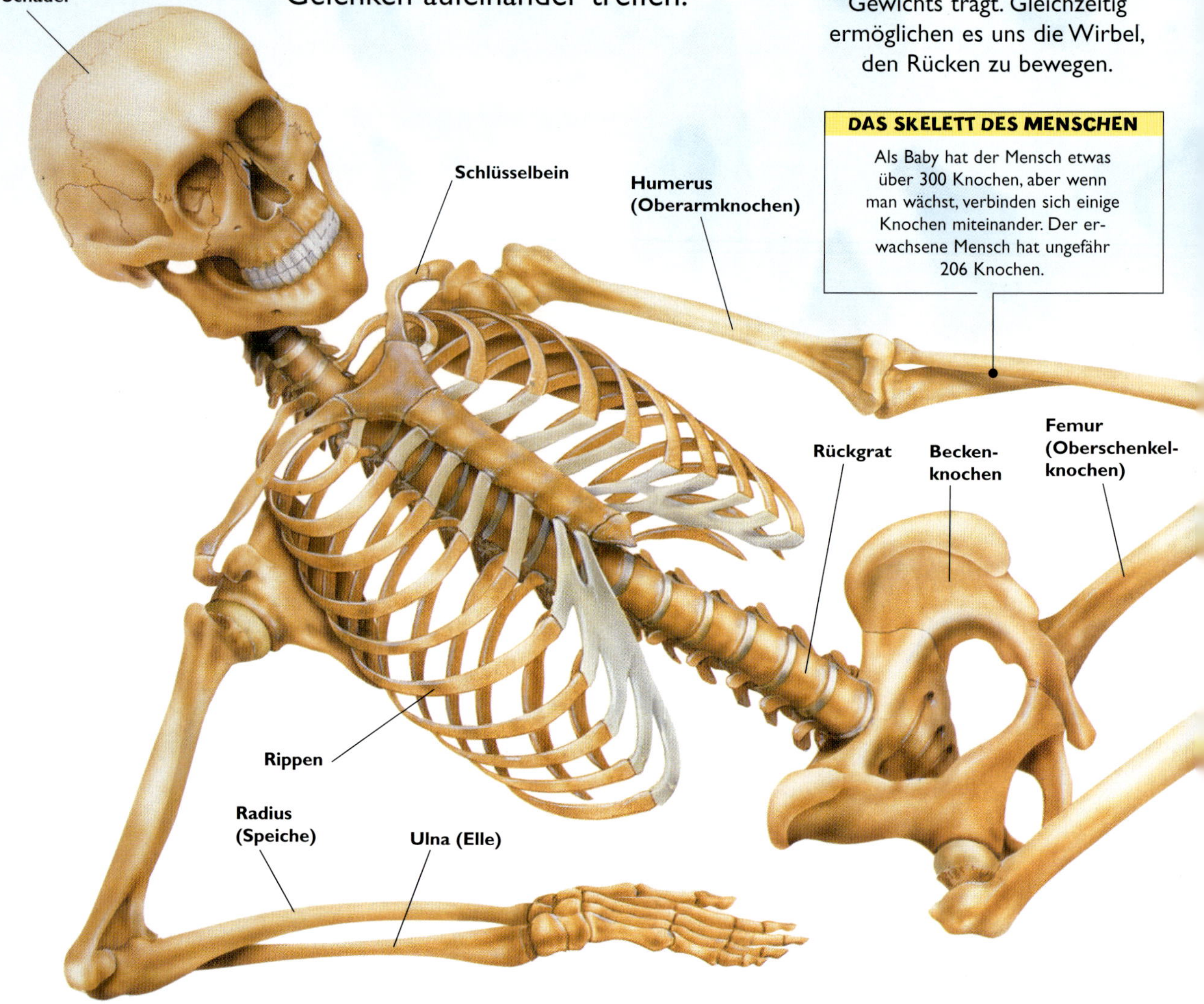

GELENKE

Die hier abgebildeten vier Gelenkarten zeigen die unterschiedlichsten Möglichkeiten, die Bewegung des menschlichen Körpers und seiner Gliedmaßen zu steuern.

Scharniergelenk

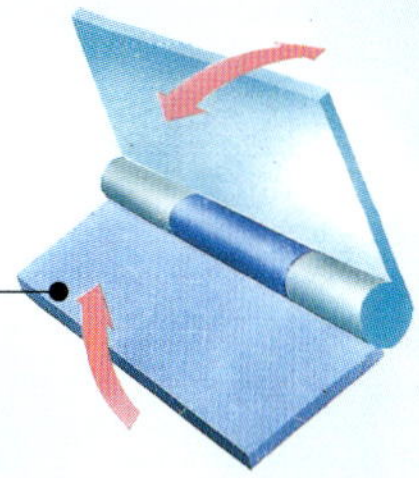

Ein Scharniergelenk findet man in den Knien, den Ellenbogen, den Fingern und Zehen.

Kugelgelenk

Das Schulter- und Hüftgelenk sind Kugelgelenke.

Drehgelenk

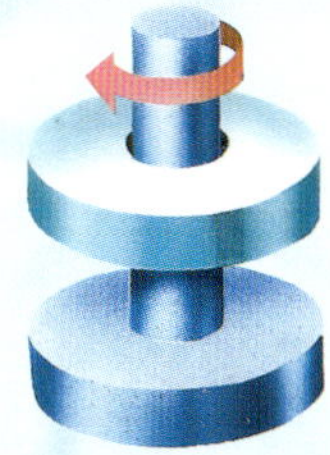

Das Drehgelenk findet man im Hals, es ermöglicht Kopfdrehungen.

Sattelgelenk

Dieses Sattelgelenk findet man am Daumenansatz.

WAS IST EIN GELENK?

Dort, wo zwei Knochen aufeinander treffen, bilden die Knochenenden unterschiedliche Gelenkarten. Jede Gelenkart schafft eine feste Verbindung und lässt eine besondere Bewegung zu. Das Knie ist z. B. ein Scharniergelenk, das es dem Unterschenkel nur erlaubt, sich nach hinten und zurück zu bewegen. Die Hüfte ist ein Kugelgelenk, mit dem man den Oberschenkel im Kreis bewegen kann. Das Sattelgelenk am Daumenansatz bietet ebenfalls große Bewegungsfreiheit.

WELCHE GELENKE BEWEGEN SICH AM WENIGSTEN?

Der Schädel besteht aus über 20 Knochen, die durch eine Art Gelenk miteinander verbunden sind, die überhaupt keine Bewegung zulassen.

WELCHE GELENKE BEWEGEN SICH AM MEISTEN?

Das Schultergelenk ist ein Kugelgelenk, das die größte Bewegungsfreiheit in alle Richtungen ermöglicht.

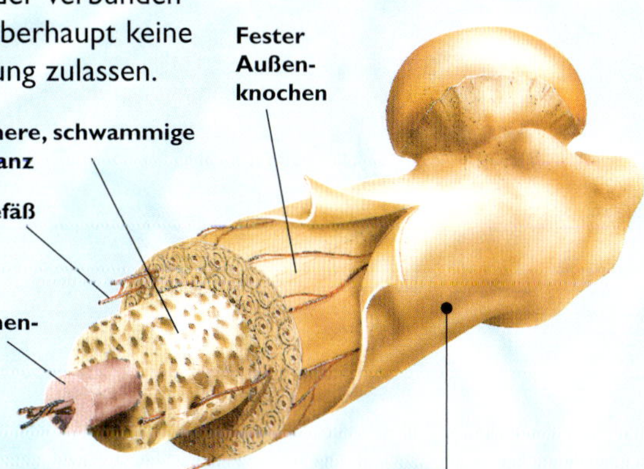

DAS KNOCHENINNERE

Im Innneren jedes Knochens befindet sich das Knochenmark, das Blutzellen produziert.

WESHALB QUIETSCHEN GELENKE NICHT?

Gelenke sind mit elastischem, weichem Knorpel versehen. Viele Gelenke enthalten auch eine Flüssigkeit – die Gelenkflüssigkeit –, die die Gelenke wie Öl schmiert.

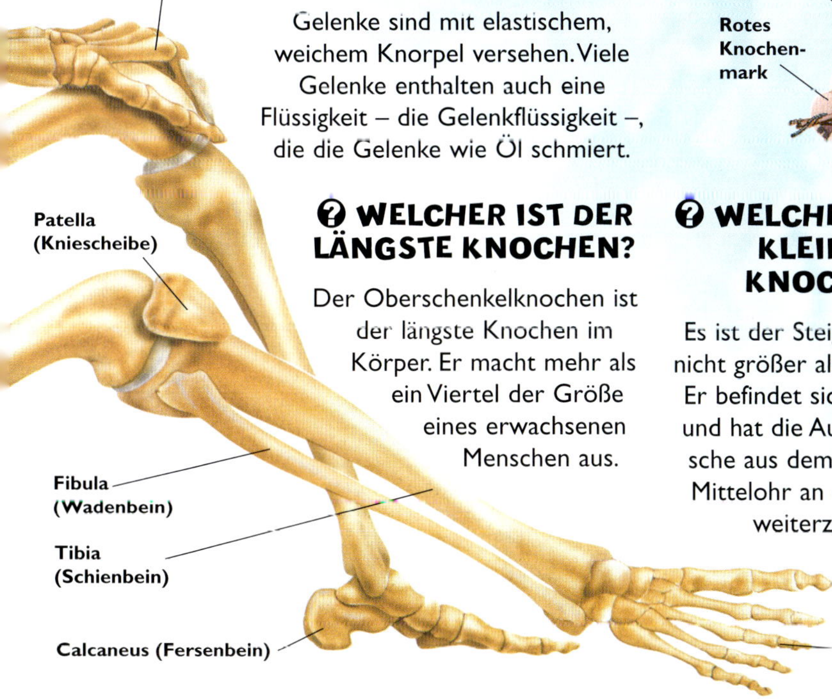

WELCHER IST DER LÄNGSTE KNOCHEN?

Der Oberschenkelknochen ist der längste Knochen im Körper. Er macht mehr als ein Viertel der Größe eines erwachsenen Menschen aus.

WELCHER IST DER KLEINSTE KNOCHEN?

Es ist der Steigbügel und ist nicht größer als ein Reiskorn. Er befindet sich tief im Ohr und hat die Aufgabe, Geräusche aus dem äußeren und Mittelohr an das Innenohr weiterzuleiten.

WAS IST IM KNOCHEN?

Zickzackförmiges leichtes Knochengewebe. Blutgefäße winden sich durch das Gewebe und den Knochen und halten die Zellen am Leben.

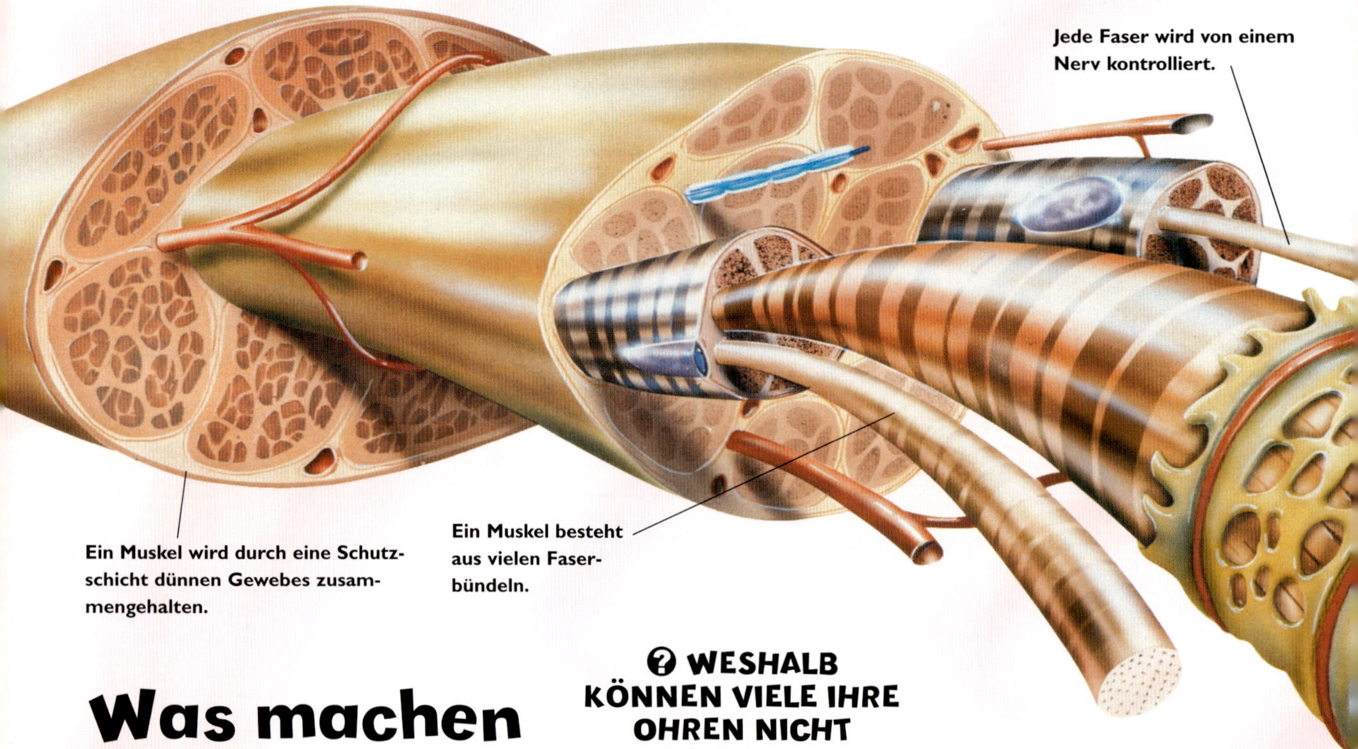

Was machen die Muskeln?

Die Muskeln bringen Teile des Körpers in Bewegung. Das Skelett ist mit Muskeln bedeckt, die die Knochen bewegen und dem Körper seine Form verleihen. Die Gesichtsmuskeln bewegen Wangen, Augenbrauen, Nase, Mund, Zunge und Unterkiefer. Eine andere Art von Muskel wirkt in der Speiseröhre, dem Magen und dem Verdauungstrakt, um Nahrung durch den Körper zu befördern. Das Herz ist eine dritte Art von Muskel – es hört nie auf zu schlagen und Blut durch den Körper zu pumpen.

? WESHALB KÖNNEN VIELE IHRE OHREN NICHT BEWEGEN?

Menschen haben, wie viele Tiere, einen Muskel hinter jedem Ohr. Tiere können die Ohren bewegen, um besser zu hören, aber die meisten Menschen lernen nie, ihre Ohrmuskeln zu verwenden.

? WIE FUNKTIONIEREN MUSKELN?

Muskeln funktionieren, indem sie sich zusammenziehen. Dadurch werden sie kürzer und dicker, sodass sie an jedem Knochen oder den sonstigen Körperteilen, an dem sie angebracht sind, ziehen und ihn so in Bewegung setzen.

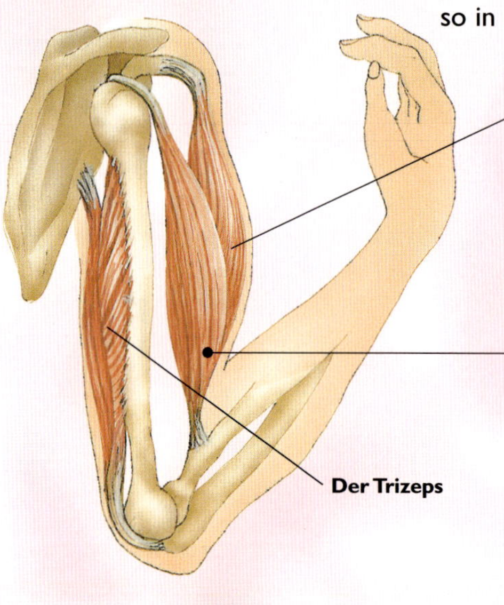

BEUGEN DES ARMS

Der Bizeps zieht sich zusammen, um den Ellbogen zu beugen. Wenn der Bizeps sich zusammenzieht, ist der Trizeps entspannt.

WIE VIELE MUSKELN HAT DER MENSCH?

Der Mensch hat ca. 650 Muskeln, die zusammenarbeiten. Die meisten Bewegungen – wie Gehen oder Lächeln – schließen dutzende Muskelaktivitäten ein. Sogar beim Stirnrunzeln werden 40 verschiedene Muskeln beansprucht. Lächeln ist sparsamer – man braucht nur 15 Muskeln.

WELCHER MUSKEL IST DER STÄRKSTE?

Der stärkste Muskel ist der, der den Mund verschließt! Er wird Kaumuskel genannt und wird zum Sprechen, aber auch zum Zerkleinern von Nahrung eingesetzt.

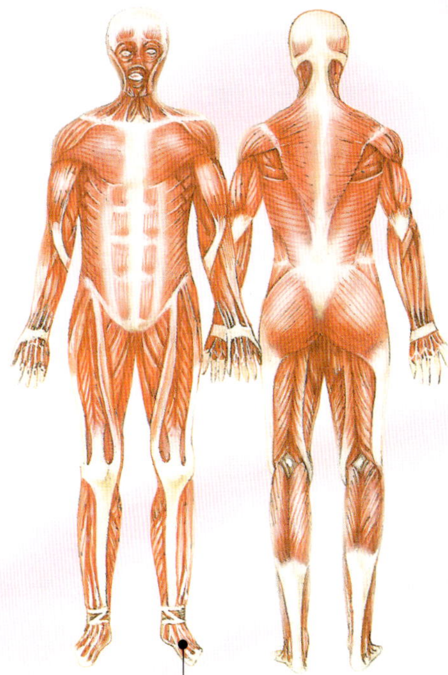

DIE KÖRPERMUSKELN

Bei dieser Darstellung wurde die Haut weggelassen, um die Muskeln an der Vorder- und Rückseite des Körpers zu zeigen.

WAS IST EINE SEHNE?

Sehnen sind wie feste Seile, die einen Muskel an den Knochen binden. Wenn man die Finger spreizt und ausstreckt, spürt man die Sehnen am Handrücken. Die stärkste Sehne im Körper ist die Achillessehne, die man über der Ferse spürt.

WIESO ARBEITEN MUSKELN PAARWEISE?

Muskeln können nicht drücken, sondern nur ziehen. Deshalb braucht man für viele Tätigkeiten ein Muskelpaar. Zum Beispiel biegt der Bizeps im Oberarm den Ellbogen, und man kann fühlen, wie er sich zusammenzieht, wenn man den Arm anspannt. Um den Ellbogen wieder auszustrecken, muss man den Bizeps entspannen und den Trizeps, also den Muskel an der Rückseite des Oberarms, anspannen. Auf dieselbe Weise hebt ein Muskel das Bein und andere Muskeln lassen es gerade werden.

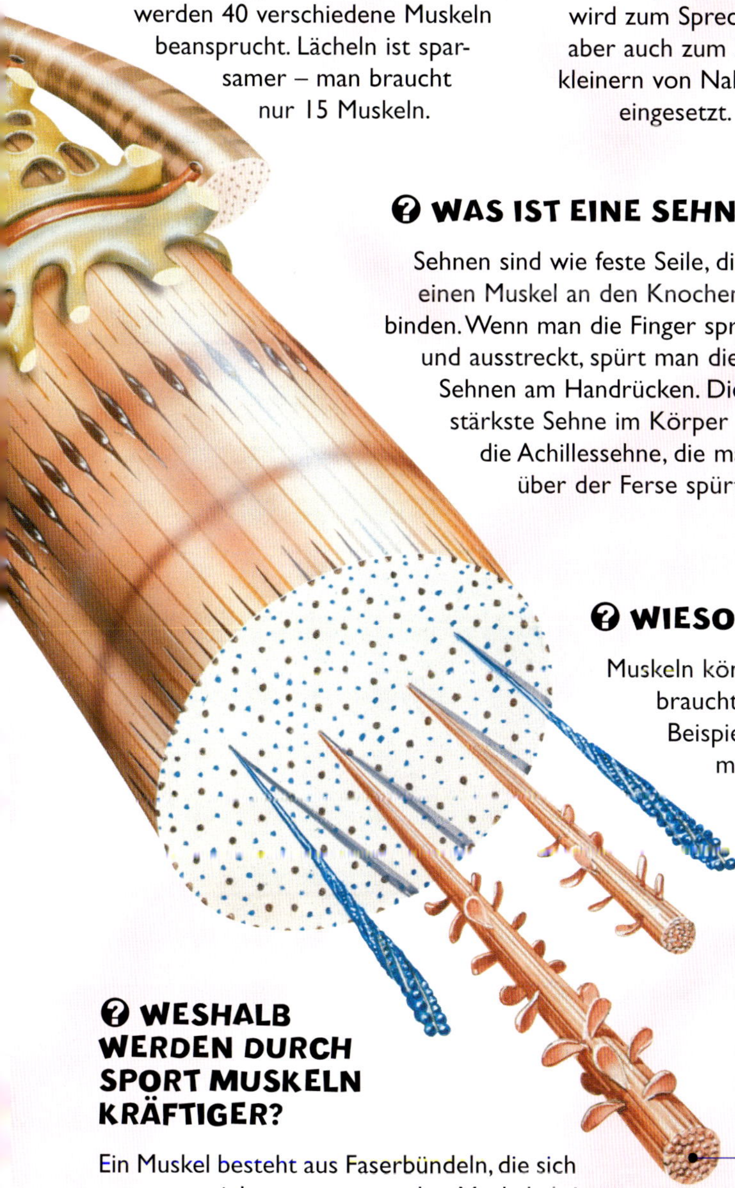

EIN MUSKEL-QUERSCHNITT

Jede Muskelfaser besteht aus hunderten von Strähnchen, die Fibrillen genannt werden.

WESHALB WERDEN DURCH SPORT MUSKELN KRÄFTIGER?

Ein Muskel besteht aus Faserbündeln, die sich zusammenziehen, wenn man den Muskel aktiviert. Je mehr man den Muskel einsetzt, desto stärker werden die Fasern. Sie ziehen sich wirkungsvoller zusammen, das bedeutet, der Muskel ist stärker.

WELCHER IST DER GRÖSSTE MUSKEL?

Der Gluteus maximus in der Pobacke. Man verwendet ihn zum Geradeziehen des Beins beim Aufstehen, Er bildet ein Polster, wenn man sich niedersetzt.

Was machen die Nerven?

Die Nerven transportieren Informationen und Befehle zum und vom Gehirn und von einem Gehirnteil zum anderen. Sensorische Nerven transportieren Informationen von den Augen, Ohren und anderen Sinnesorganen zum Gehirn, und motorische Nerven kontrollieren die Muskeln. Wenn man sich z. B. dazu entschließt, das Knie zu beugen, bewegen sich elektrische Signale vom Gehirn zu den Beinmuskeln, um sie zum Zusammenziehen zu veranlassen.

? WIE SCHNELL SIND NERVEN?

Ein Nervensignal ist ein winziger elektrischer Impuls. Er bewegt sich in den langsamsten Nerven mit einer Geschwindigkeit von ca. 1 m pro Sekunde fort, und in den schnellsten Nerven mit ca. 100 m pro Sekunde.

? WIE FUNKTIONIEREN DIE NERVEN?

Eine Kette von Nervenzellen transportiert ein Signal zum oder vom Gehirn. Der elektrische Impuls wird an den Nervenenden empfangen und durch die erste Nervenzelle entlang seiner Nervenfaser zu den Nervenenden der nächsten Nervenzelle transportiert.

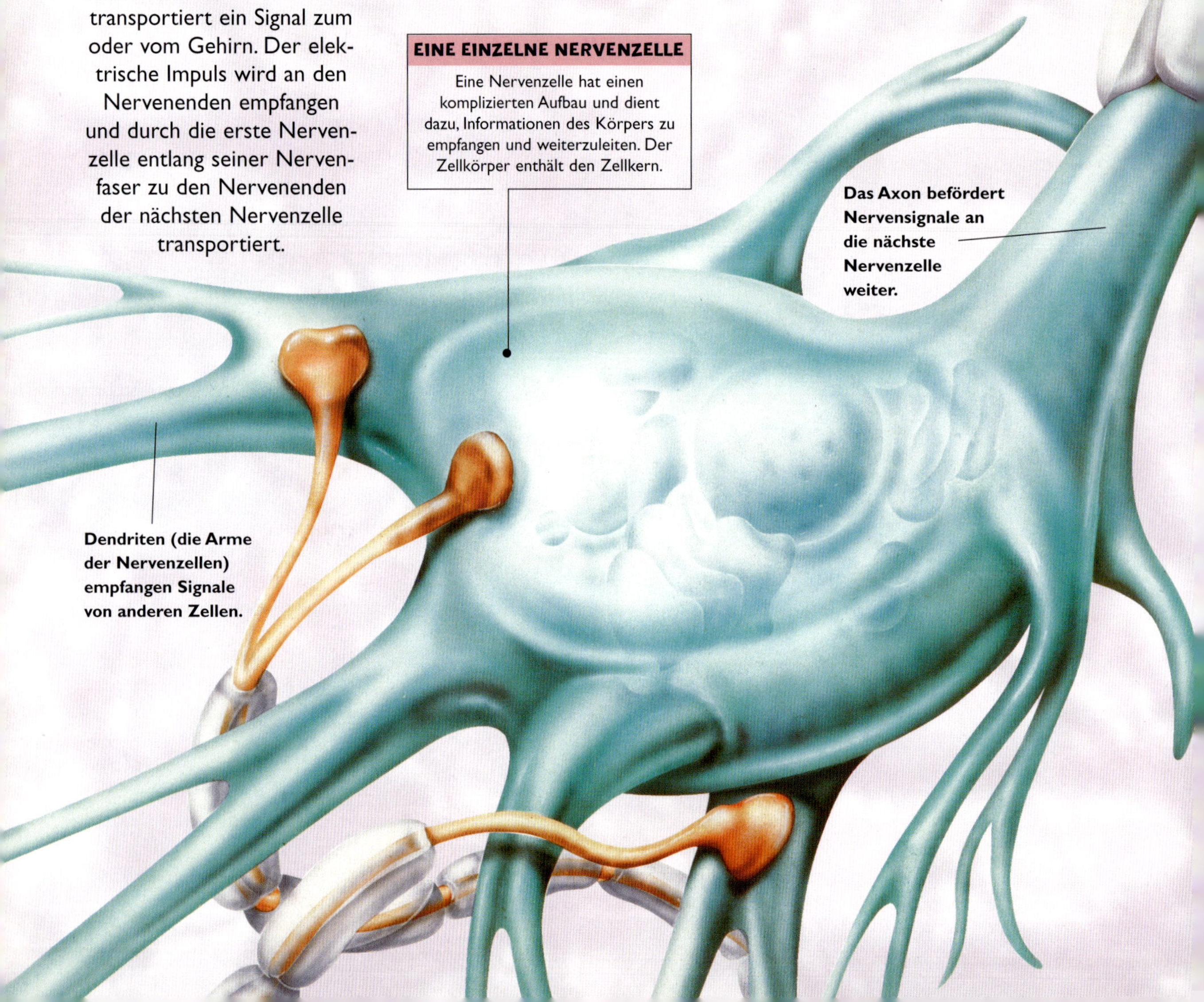

EINE EINZELNE NERVENZELLE

Eine Nervenzelle hat einen komplizierten Aufbau und dient dazu, Informationen des Körpers zu empfangen und weiterzuleiten. Der Zellkörper enthält den Zellkern.

Das Axon ist mit einer fettigen Markschicht bedeckt, die als Isolierung dient, um die Signale weiterleiten zu können.

WELCHER IST DER LÄNGSTE NERV?

Der längste Nerv ist der Schienbeinnerv. Er verläuft das Schienbein entlang und wird bei Erwachsenen 50 cm lang.

JONGLIEREN

Zum Jonglieren gehört große Geschicklichkeit. Wenn der Jongleur lernt, das Werfen und Fangen zu koordinieren, werden bestimmte Tätigkeiten automatisiert.

WIE VIELE NERVEN HAT MAN?

Milliarden von Nerven reichen in alle Teile des Körpers.

WAS IST EINE REFLEXHANDLUNG?

Eine Reflexhandlung ist etwas, das man automatisch tut, ohne darüber nachzudenken. Schlucken, Blinzeln und Würgen sind Reflexhandlungen, oder auch, wenn man die Hand von einer heißen Platte schnell wegzieht.

WIE FUNKTIONIERT NARKOSE?

Eine Narkose betäubt Schmerzempfindungen. Eine Lokalnarkose stumpft die sensorischen Nerven ab, sodass ein Teil des Körpers gefühllos wird. Eine Vollnarkose versetzt den Menschen in Tiefschlaf, sodass keiner seiner Sinne Informationen aufnimmt.

WAS IST DAS RÜCKENMARK?

Das Rückenmark ist der breiteste Nerv im Körper. Es ist 2 cm breit und läuft durch die Mitte des Rückgrats. Es verbindet die Nerven im Körper mit dem Gehirn.

WAS SIND DIE FÜNF HAUPTSINNE DES KÖRPERS?

Es sind Sehen, Gehör, Geruchssinn, Geschmackssinn und Tastsinn. Die fünf Sinne verschaffen dem Menschen alle Informationen, die er über die Umwelt erhält. Jedem Sinn ist ein spezieller Körperteil (Sinnesorgan) zugeordnet, der auf eine besondere Art Stimulus (Reiz) reagiert. So reagieren Augen auf Licht und Ohren auf Klang.

WAS VERURSACHT „KRIBBELN“?

Wenn ein Nerv eingeklemmt wird, kann er Nervensignale nicht weiterleiten. Wenn man z. B. lange Zeit kniet, werden die Beine gefühllos, und wenn man sie ausstreckt, kribbeln sie, wenn die Signale wieder zu fließen beginnen.

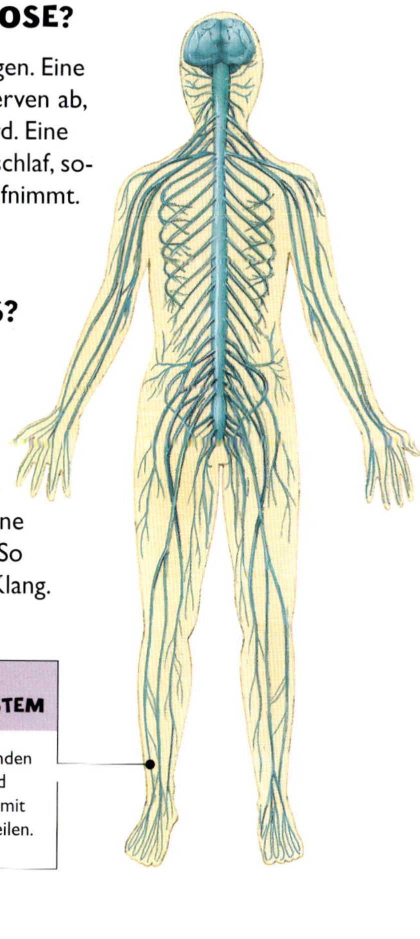

DAS NERVENSYSTEM

Nerven verbinden Gehirn und Rückenmark mit allen Körperteilen.

SCHLAF

Wenn man schläft, ist man sich nicht bewusst, was in der unmittelbaren Umgebung vor sich geht. Das Gehirn blokkiert die einströmenden Signale, außer sie sind so stark, dass man davon aufwacht.

WESHALB MUSS MAN SCHLAFEN?

Die Schlafenszeiten können eines Menschen unterschiedlich sein, zwischen vier und zwölf Stunden. Man muss auf jeden Fall schlafen, um den Muskeln eine Ruhepause zu gönnen und dem Körper Zeit zu geben, beschädigte Zellen zu reparieren und zu ersetzen.

WIE SIEHT DAS GEHIRN AUS?

Das Gehirn sieht weich und graurosa aus. Die Oberfläche ist faltig wie eine Walnuss und mit vielen kleinen Blutzellen bedeckt. Das Rückenmark verbindet das Gehirn mit dem Körper.

WESHALB GIBT ES SCHLAFWANDLER?

Menschen wandeln im Schlaf, weil sie Sorgen oder Angst haben. Wenn jemand schlafwandelt, sollte man ihn vorsichtig wieder ins Bett bringen.

Was macht das Gehirn?

Das Gehirn kontrolliert den Körper. Es hält die Funktion von Herz, Magen, Lunge, Nieren und allen anderen lebenswichtigen Organen aufrecht. Die Informationen, die von den Sinnesorganen aufgenommen werden, werden von verschiedenen Teilen des Gehirns verarbeitet. Manche werden verworfen, andere gespeichert, und auf einige wird sofort reagiert, indem Nachrichten vom Gehirn an Muskeln und Drüsen weitergeleitet werden. Das Gehirn sagt dem Menschen auch, wer er ist. Es speichert Erinnerungen an die Vergangenheit, und alles, was ein Mensch denkt, fühlt und tut, wird vom Gehirn gesteuert.

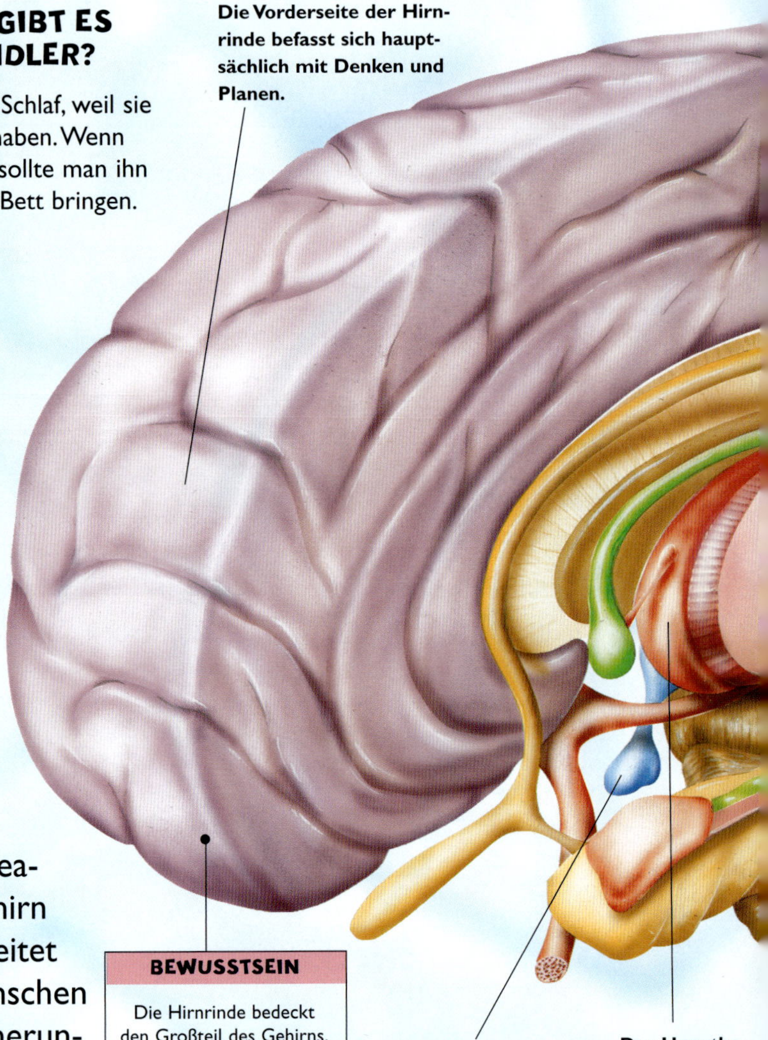

BEWUSSTSEIN

Die Hirnrinde bedeckt den Großteil des Gehirns. Dieser Teil des Gehirns ist für das Bewusstsein, den Verstand und die Erinnerung zuständig.

WESHALB ERINNERT MAN SICH AN EINIGES UND VERGISST ANDERES?

Im Großen und Ganzen erinnert man sich an Dinge, die in irgendeiner Weise wichtig sind. Aber an manche Dinge muss man sich nur sehr kurze Zeit erinnern, z. B., eine Telefonnummer, die man heraussucht, beim Wählen im Kopf behält und danach vergisst.

WESHALB SIND MANCHE MENSCHEN KÜNSTLERISCH BEGABTER?

Eine Gehirnhälfte ist mehr für Begabung zuständig, während sich die andere Seite eher mit logischen Fertigkeiten befasst. Wer seine Stärken wo hat, hängt davon ab, welche Gehirnhälfte dominanter ist.

RUHT SICH DAS GEHIRN JE AUS?

Sogar wenn man schläft, kontrolliert das Gehirn weiterhin die Körperfunktionen wie Atmung, Herzschlag und Verdauung.

WESHALB GIBT ES LINKSHÄNDER?

Die meisten Menschen sind Rechtshänder, weil die linke Gehirnhälfte dominant ist, aber bei Linkshändern ist die rechte Gehirnhälfte dominant. Der Teil des Gehirns, der die Sprache kontrolliert, befindet sich meist in der dominanten Hälfte.

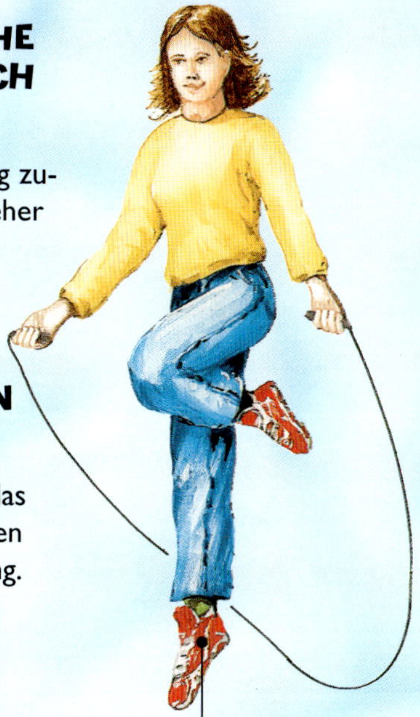

SEIL SPRINGEN

Wenn man Seil springt, koordiniert das Gehirn das Gleichgewicht mit den Bewegungen der Arme und Beine.

WORAUS BESTEHT DAS GEHIRN?

Das Gehirn besteht aus Wasser sowie Milliarden von Nervenzellen und -fasern. Es ist mit einer Schutzhülle umgeben, die Hirnhaut heißt.

WIE OFT TRÄUMT MAN?

Man träumt ungefähr fünfmal pro Nacht, aber man erinnert sich nur dann an Träume, wenn man während des Traums aufwacht.

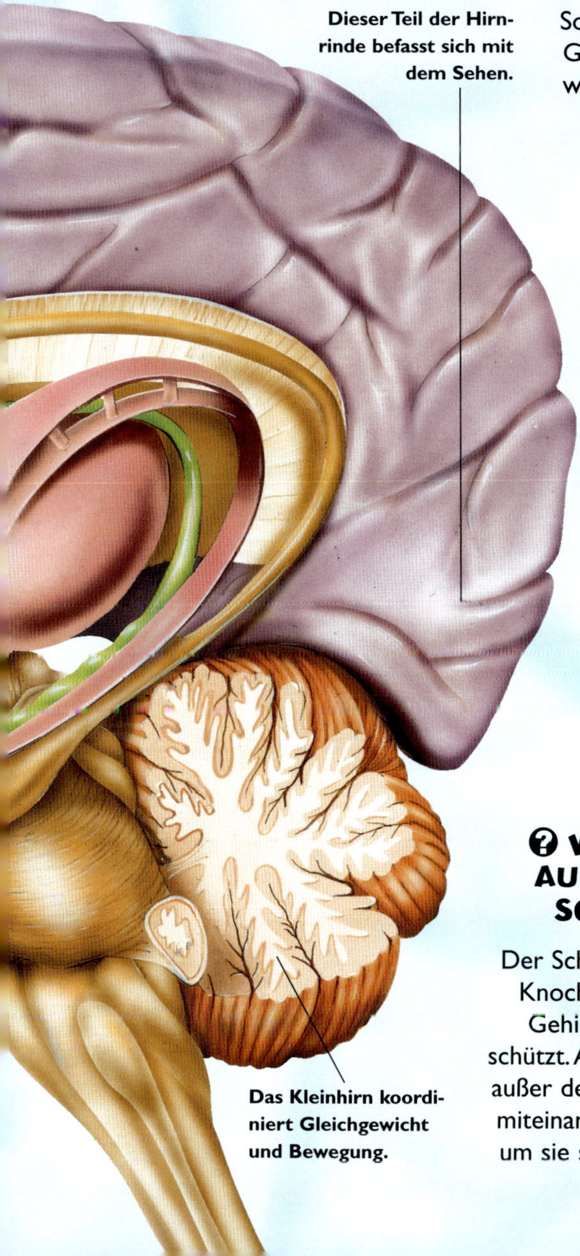

WAS IST DIE AUFGABE DES SCHÄDELS?

Der Schädel ist eine harte Knochendecke, die das Gehirn wie ein Helm schützt. Alle Schädelknochen außer dem Unterkiefer sind miteinander verschmolzen, um sie stärker zu machen.

WAS IST DIE AUFGABE DER HIRNRINDE?

Die Hirnrinde ist die faltige Oberseite des Gehirns. Sie kontrolliert alle Hirnaktivitäten, derer man sich bewusst ist – Sehen, Denken, Fühlen und Bewegung. Nur Menschen haben eine derart gut entwickelte Hirnrinde. Verschiedene Teile der Hirnrinde sind für verschiedene Funktionen zuständig. Die linke Seite kontrolliert die rechte Körperseite, während die rechte Seite die linke Körperhälfte steuert.

Wie sehen die Augen Dinge?

Wir können etwas sehen, wenn Licht von einem Objekt reflektiert wird und auf unsere Augen trifft. Der schwarze Kreis in der Mitte des Auges ist ein Loch, das als Pupille bezeichnet wird. Licht wandert durch die Pupille und wird von der Linse auf der Retina (Netzhaut) an der Rückseite des Auges konzentriert. Nervenenden in der Retina senden Signale den optischen Nerv entlang zum Gehirn. Das Bild, das auf der Retina entsteht, steht auf dem Kopf, aber das Gehirn dreht es wieder um, sodass man es mit der richtigen Seite nach oben wahrnimmt.

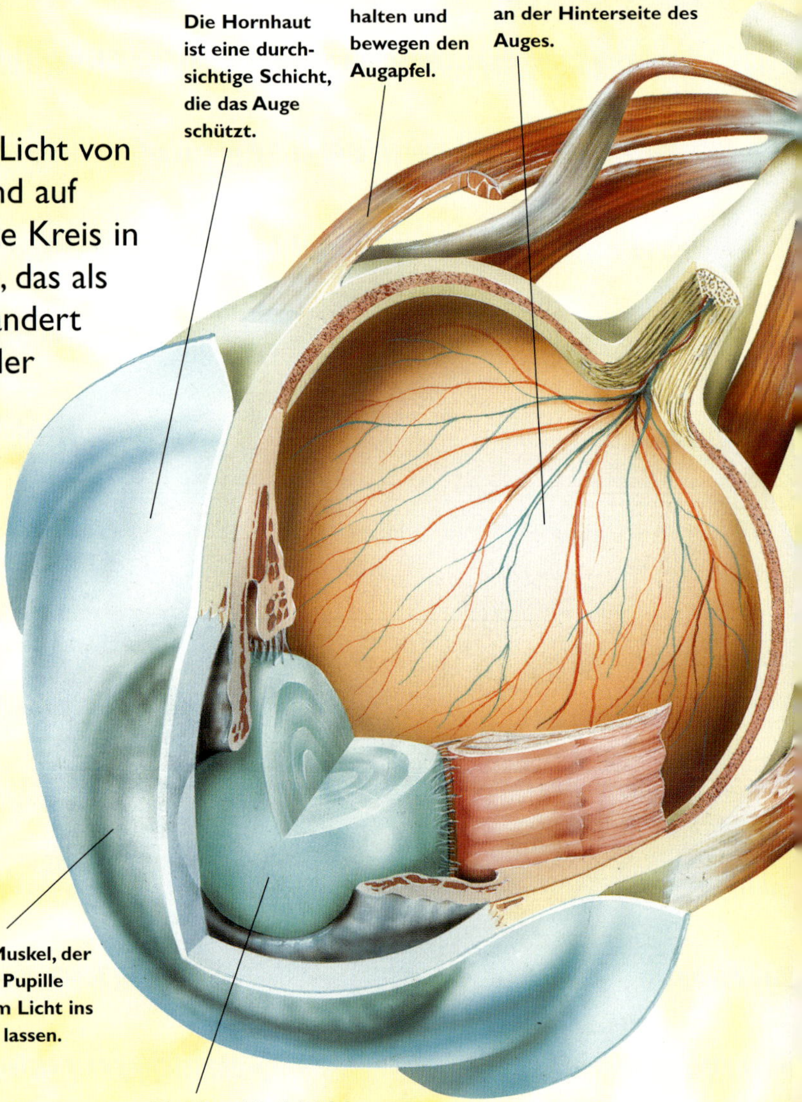

WESHALB WEINT MAN?

Wenn etwas ins Auge gelangt, setzen die Tränendrüsen zusätzliche Tränenflüssigkeit frei, um den Fremdkörper herauszuwaschen. Wenn man wütend oder traurig ist, kann man auch weinen.

WAS IST DER BLINDE FLECK?

Ein Teil der Retina, von dem der Sehnerv vom Auge zum Gehirn ausgeht. Dort gibt es keine lichtempfindlichen Zellen, daher ist der Teil „blind".

WESHALB GIBT ES VERSCHIEDENE AUGENFARBEN?

Die Iris ist der farbige Ring um die Pupille. Die Farbe wird durch einen Stoff namens Melanin gebildet – braunäugige Menschen besitzen viel Melanin, während blauäugige Menschen nur wenig davon besitzen.

WIE WIRD DAS AUGE GEHALTEN?

Der Augapfel wird von sechs Muskeln, die an der Ober- und Unterseite sowie an den Seiten des Auges angebracht sind, gehalten. Diese Muskeln arbeiten zusammen, um die Augäpfel zu bewegen.

KANN SONNE DAS AUGE SCHÄDIGEN?

Sonnenlicht enthält ultraviolette Strahlen, die Augen und Haut schaden können. Man sollte bei starkem Sonnenlicht eine Sonnenbrille tragen und niemals direkt in die Sonne schauen.

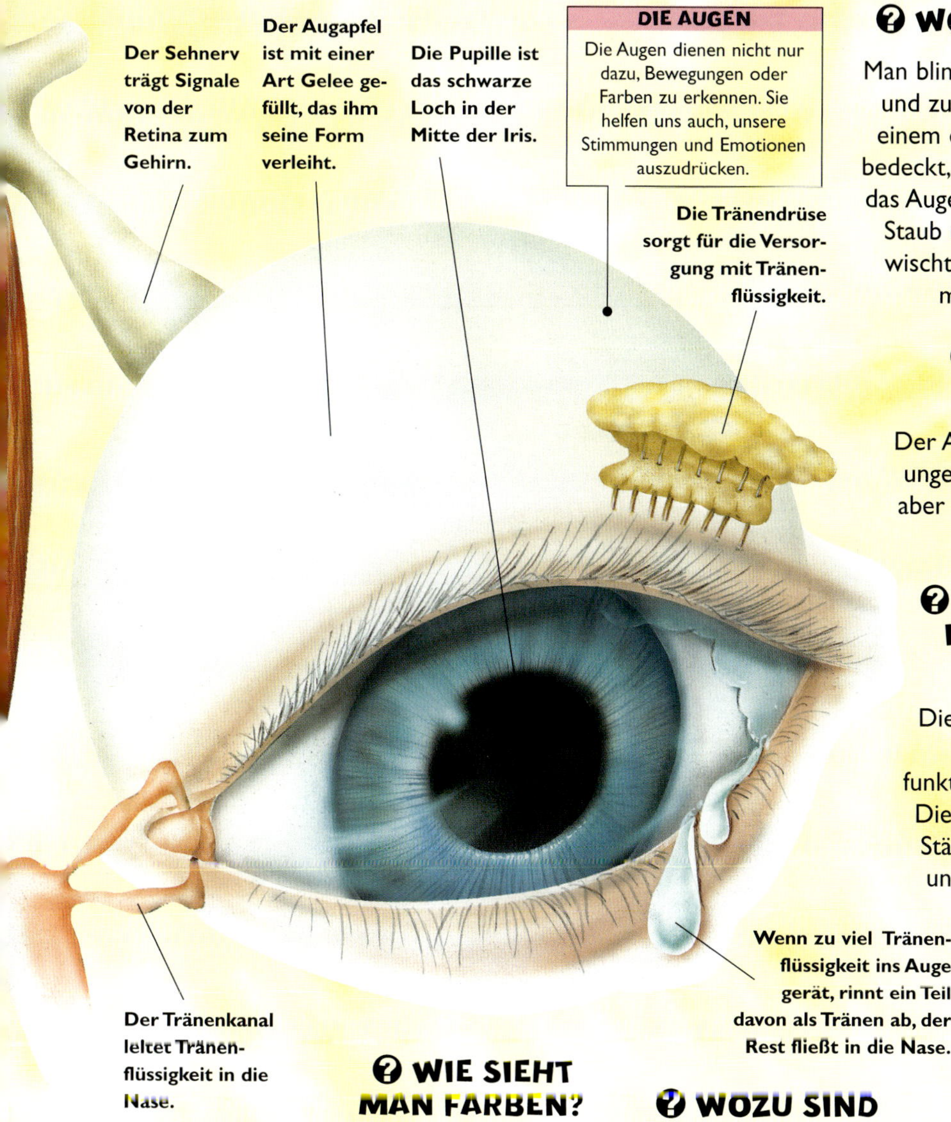

DIE AUGEN

Die Augen dienen nicht nur dazu, Bewegungen oder Farben zu erkennen. Sie helfen uns auch, unsere Stimmungen und Emotionen auszudrücken.

❓ WOZU BLINZELT MAN?

Man blinzelt, um die Augen zu reinigen und zu schützen. Jedes Auge ist mit einem dünnen Film Tränenflüssigkeit bedeckt, sodass bei jedem Mal Blinzeln das Augenlid den Augapfel wäscht und Staub und Krankheitserreger wegwischt. Blinzeln ist so wichtig, dass man es automatisch tut.

❓ WIE GROSS IST DER AUGAPFEL?

Der Augapfel eines Erwachsenen ist ungefähr so groß wie ein Golfball, aber der Großteil des Augapfels ist im Kopf verborgen.

❓ WARUM KANN MAN IM DUNKELN KEINE FARBEN SEHEN?

Die Zellen, die auf farbiges Licht reagieren – die Zapfen –, funktionieren nur bei hellem Licht. Die meisten Zellen im Auge (die Stäbchen) sehen Schwarz, Weiß und Grau und sind die, die bei Nacht funktionieren.

❓ WOZU HAT MAN ZWEI AUGEN?

Zwei Augen helfen dabei, Entfernungen abzuschätzen. Jedes Auge empfängt ein etwas anderes Bild, das vom Gehirn zu einem einzigen dreidimensionalen (3-D)-Bild zusammengesetzt wird.

❓ WESHALB VERÄNDERT DIE PUPILLE IHRE GRÖSSE?

Die Pupille wird bei hellem Licht kleiner, um zu verhindern, dass zu viel Licht ins Auge dringt und die Retina beschädigt. Bei gedämpftem Licht erweitert sich die Pupille, um mehr Licht hineinzulassen.

❓ WIE SIEHT MAN FARBEN?

Verschiedene Nervenzellen in der Retina reagieren auf Rot, Blau und Grün. Zusammen erzeugen sie alle anderen Farben.

❓ WOZU SIND WIMPERN GUT?

Die Wimpern schützen die Augen, indem sie verhindern, dass Staub und Schmutz eindringen.

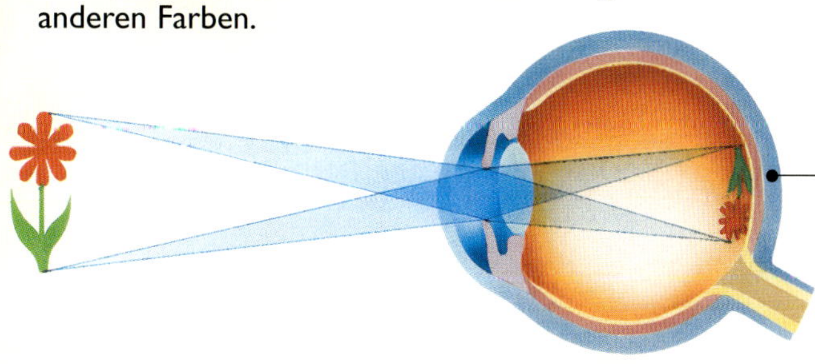

WIE LICHT INS AUGE DRINGT

Das Abbild des Gegenstands, das an die Retina an der Hinterseite des Auges projiziert wird, steht auf dem Kopf.

BALLETT-TÄNZERIN

Eine Tänzerin, die sich dreht, vermeidet es, schwindlig zu werden, indem sie den Kopf schnell dreht und die Augen auf nur einen Punkt konzentriert.

❓ WESHALB WIRD EINEM SCHWINDLIG?

Wenn man sich dreht und plötzlich stehen bleibt, scheint sich die Welt weiterzudrehen. Das kommt daher, dass sich die Flüssigkeit in den Bogengängen weiterdreht.

❓ WIE HALTEN DIE OHREN UNSER GLEICHGEWICHT?

Drei gebogene Röhren im Innenohr helfen, das Gleichgewicht zu halten. Sie sind mit Flüssigkeit gefüllt und heißen knöcherne Bogengänge. Wenn man sich bewegt, bewegt sich die Flüssigkeit darin ebenfalls. Nervenenden in der Schleimhaut der Bogengänge nehmen Änderungen in der Flüssigkeit wahr und senden diese Information ans Gehirn weiter.

❓ WESHALB HAT MAN ZWEI OHREN?

Sie helfen dabei festzustellen, aus welcher Richtung Geräusche kommen.

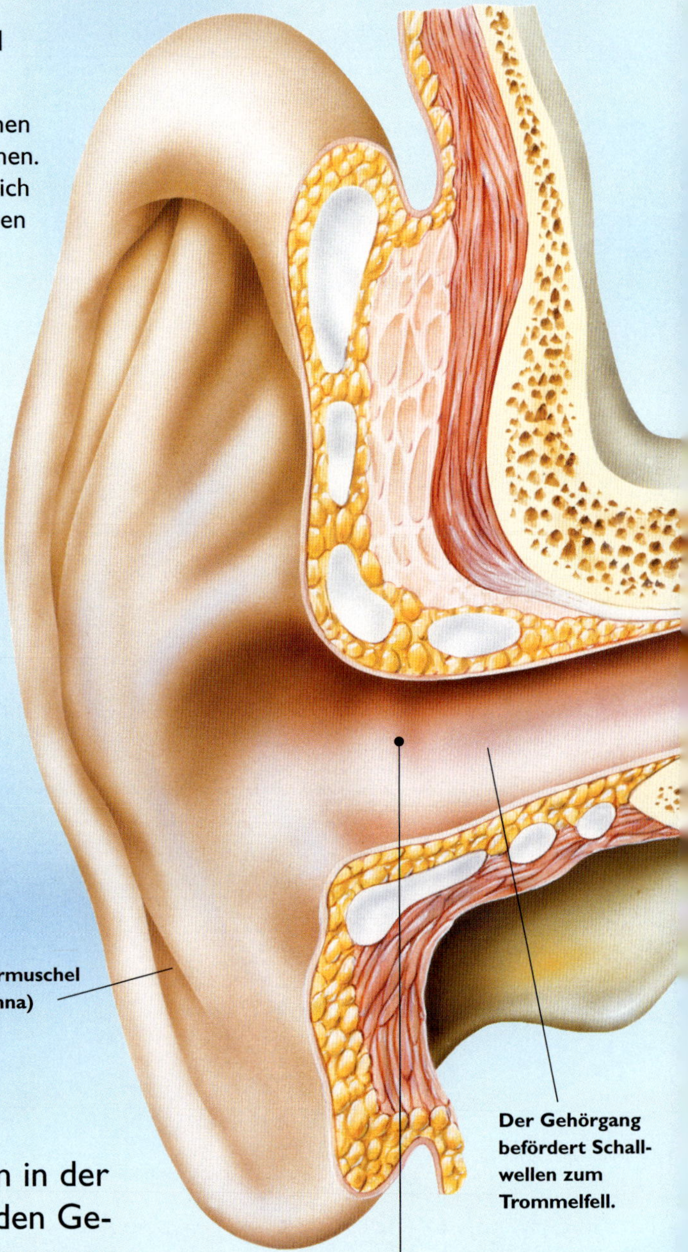

DAS OHR

Der Gehörgang leitet Schallwellen hin zum Trommelfell. Das Trommelfell vibriert, sobald es von Schallwellen getroffen wird, und leitet Schwingungen an die Knochen im Mittelohr weiter.

Wie hört man?

Klang erreicht die Ohren als Schallwellen in der Luft. Die Schwingungen wandern durch den Gehörgang zum Trommelfell, das in Schwingung versetzt wird und auch die Knochen im Mittelohr zum Schwingen bringt. Diese drei kleinen Knochen verstärken die Schwingungen und leiten sie an die Flüssigkeit im Innenohr weiter. Die Schnecke im Innenohr ist wie eine Seeschnecke gedreht. Wenn Nervenenden in der Schleimhaut der Schnecke Schwingungen in der enthaltenen Flüssigkeit wahrnehmen, senden sie elektrische Signale ans Gehirn.

❓ IST LÄRM GEFÄHRLICH?

Jede Lautstärke über 120 dB kann das Gehör sofort schädigen, doch auch wenn man ständig Geräuschen von 90 dB oder mehr ausgesetzt ist, kann dies das Gehör schädigen.

❓ WO IST DIE EUSTACHISCHE RÖHRE?

Diese Röhre (die Ohrtrompete) verbindet das Mittelohr mit Nase und Rachen. Wenn Schleim von einer Erkältung die Röhre füllt, hört man weniger gut als sonst.

❓ WAS IST OHREN-SCHMALZ?

Es wird von Drüsen in der Haut des Gehörgangs erzeugt und fängt Schmutz und Krankheitserreger ab.

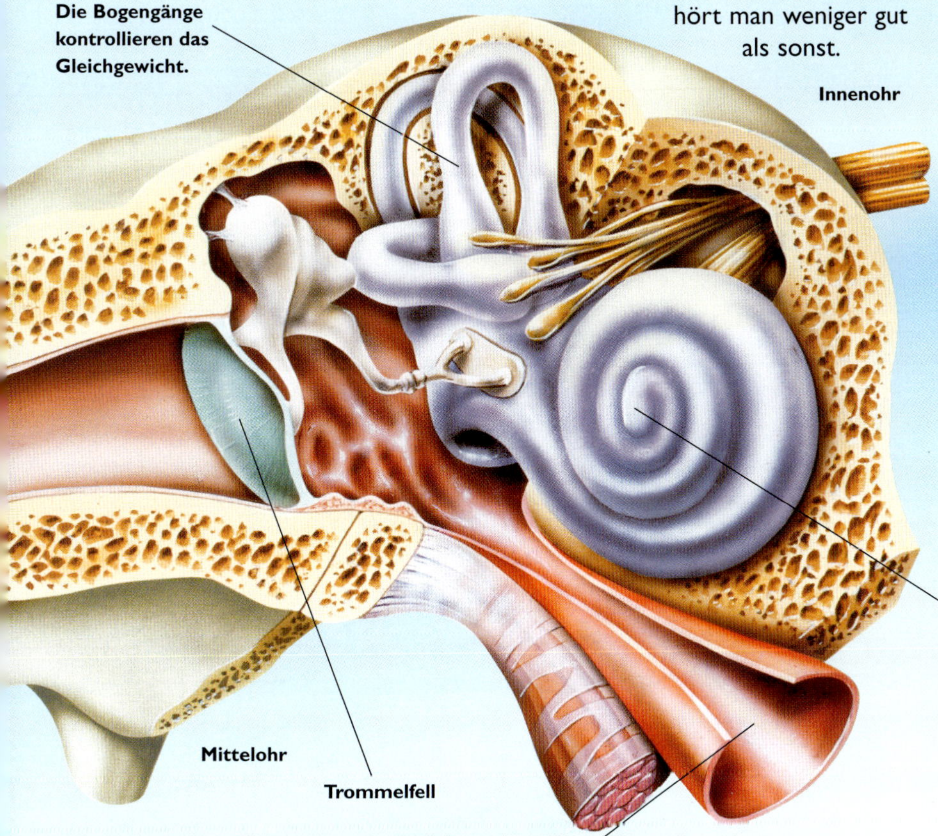

❓ WIE LAUT IST FLÜSTERN?

Flüstern ist zwischen 10 und 20 dB laut. Manche Tiere hören viel leisere Geräusche als der Mensch.

❓ WAS IST KLANG?

Klang besteht aus Energiewellen, die durch die Luft bzw. flüssige und feste Gegenstände schwingen.

❓ WIE MISST MAN GERÄUSCHE?

Die Lautstärke wird in Dezibel (dB) gemessen. Die Lautstärke eines brummenden Kühlschranks liegt bei ca. 35 dB. Ein lauter Walkman erzeugt ungefähr 80 dB, während ein startender Düsenjet bis zu 130 dB laut werden kann.

❓ WESHALB „PLOPPEN" DIE OHREN?

Wenn man schnell an Höhe gewinnt, hört man mitunter etwas schlechter, weil der Luftdruck innerhalb und außerhalb des Trommelfells unterschiedlich ist. Die Ohren „ploppen", wenn sich der Luftdruck angleicht.

EIN DÜSENJET HEBT VON DER ROLLBAHN AB

Die Lautstärke eines Düsenjets kann bei einer Entfernung von nur 30 m bis zu 130 dB erreichen.

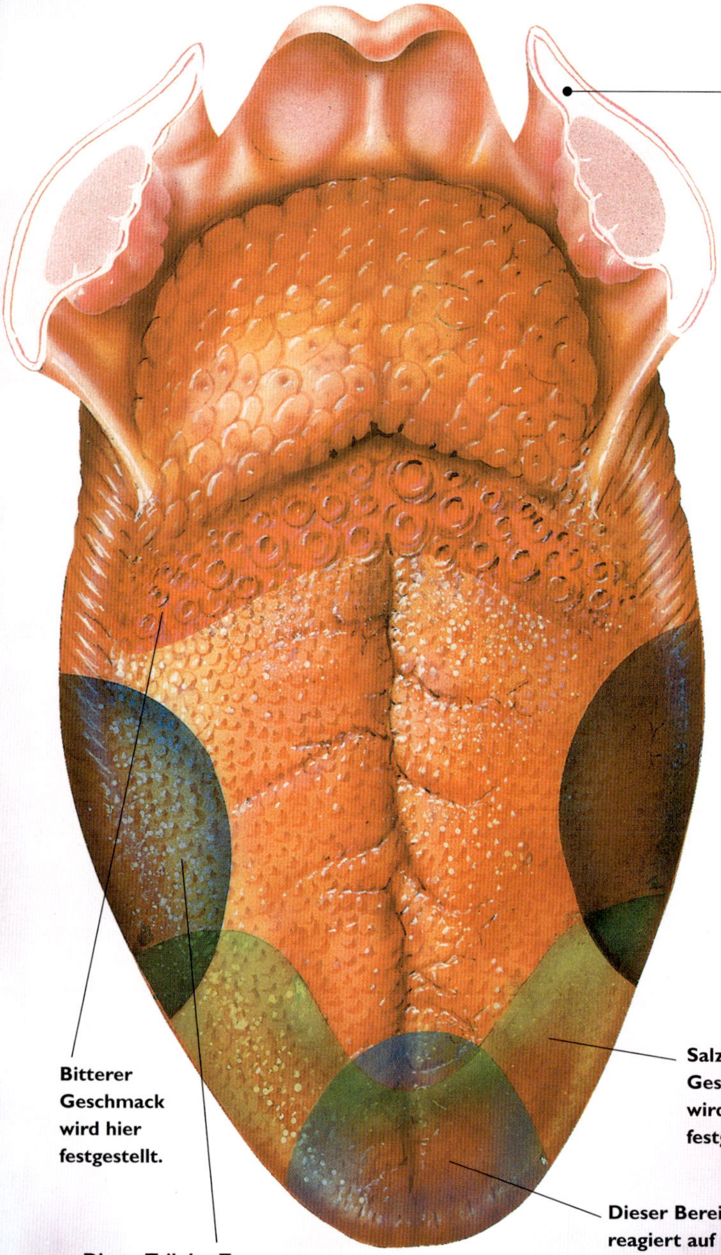

DIE ZUNGE UND DER GESCHMACKSSINN

Mit dem Geschmackssinn und dem Geruchssinn stellt man fest, ob ein Essen gut schmeckt oder nicht.

Wie schmeckt man?

Die Oberfläche der Zunge verfügt über ungefähr 10 000 mikroskopisch kleine Geschmacksknospen. Beim Kauen lösen sich winzige Teilchen der Speise im Speichel auf und gelangen dorthin. Die Geschmacksempfänger reagieren darauf und senden Nachrichten über den Geschmack an das Gehirn. Es gibt vier elementare Geschmacksrichtungen – süß, salzig, bitter und sauer –, und jeder Geschmack setzt sich aus einer oder mehreren Kombinationen von ihnen zusammen. Die Geschmacksknospen an verschiedenen Stellen der Zunge reagieren besonders auf eine dieser Geschmacksrichtungen.

? SPIELT GESCHMACKSSINN EINE ROLLE?

Ein unangenehmer Geschmack kann vor verdorbenen oder giftigen Nahrungsmitteln warnen. Der Körper braucht gesunde Nahrung, daher regt guter Geschmack zum Essen an.

? WESHALB MAG MAN EINEN BESTIMMTEN GESCHMACK LIEBER?

Die meisten Menschen bevorzugen Dinge, die süß oder leicht salzig schmecken, aber der Geschmackssinn kann sich leicht an zu viel Zucker oder Salz gewöhnen. Welche Speisen man mag, hängt von den Essgewohnheiten ab.

? WESHALB SCHMECKT MAN MIT VERSTOPFTER NASE WENIGER?

Wenn man isst, schmeckt und riecht man die Speisen gleichzeitig. Wenn die Nase mit Schleim verstopft ist, kann man nicht richtig riechen, und daher scheint das Essen weniger Geschmack zu haben.

WESHALB RIECHEN EINIGE TIERE BESSER?

Manche Tiere verlassen sich auf den Geruchssinn, um Nahrung zu finden und Feinde zu riechen. Die Innenseite ihrer Nase ist daher mit vielen empfindlichen Geruchsnerven versehen.

WIE RIECHT MAN?

Ein Geruch besteht aus winzigen Partikeln in der Luft. Wenn man einatmet, erreichen einige dieser Teilchen die Geruchsempfänger in der Nase. Sie senden eine Information an das Gehirn weiter.

WESHALB RIECHEN EINIGE DINGE MEHR ALS ANDERE?

Dinge, die stark riechen, wie Parfüm oder heiße Speisen, geben mehr Aromateilchen ab, die durch die Luft schweben.

WELCHER KÖRPERTEIL IST AM WÄRMEEMPFINDLICHSTEN?

Die Ellbogen und Füße reagieren am empfindlichsten. So fühlt sich Badewasser an den Füßen viel wärmer an als an den Händen. Die Lippen und der Mund reagieren ebenfalls sehr empfindlich auf Wärme.

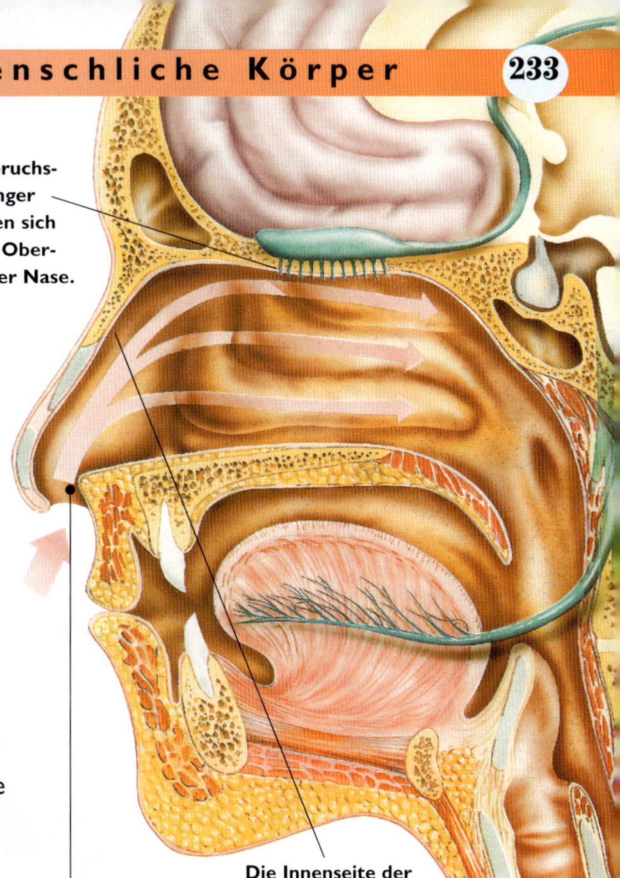

MUND, NASE UND GEHIRN

Geschmacks- und Geruchssinn wirken eigentlich unabhängig voneinander, doch häufig werden beide Sinne vom Gehirn als Einheit wahrgenommen. Niemand weiß, wie das Gehirn einen Geruch von einem anderen unterscheidet.

WIE FUNKTIONIERT DER TASTSINN?

Der Tastsinn teilt uns mit, ob etwas rau, glatt, nass oder kalt ist. Es gibt viele verschiedene Arten von Tastempfängern in der Haut, die auf Berührung, Wärme, Kälte oder Schmerzen reagieren. Manche reagieren auf die geringsten Signale, während andere starken Druck benötigen. Das Gehirn setzt die Informationen zusammen, um uns mitzuteilen, wie sich etwas anfühlt.

WELCHER KÖRPERTEIL REAGIERT WENIG AUF BERÜHRUNG UND WELCHER STARK?

Der Rücken ist einer der berührungsunempfindlichsten Teile des Körpers. Besonders berührungsempfindlich sind Lippen, Zunge, Fingerspitzen und Fußsohlen. Sie verfügen über viele Tastempfänger.

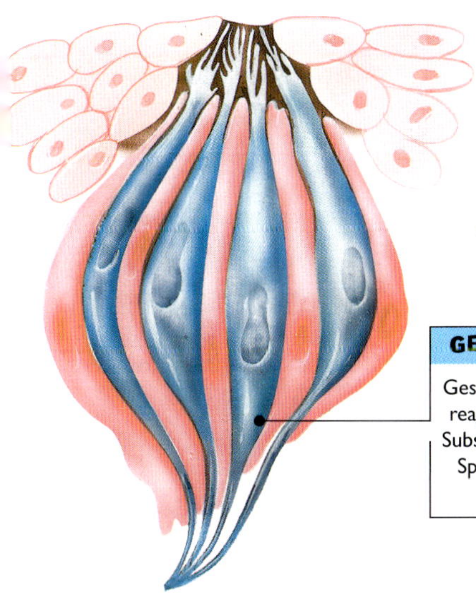

GESCHMACK

Geschmackszellen reagieren auf die Substanzen, die im Speichel gelöst sind.

WESHALB KANN MAN DURCH SCHNUPPERN BESSER RIECHEN?

Die Geruchsempfänger befinden sich an der Oberseite der Nase. Durch Schnuppern befördert man mehr Geruchpartikel dorthin, wodurch man den Geruch besser wahrnehmen kann.

WIE NUTZEN BLINDE DEN TASTSINN?

Blinde Menschen können feststellen, welche Gestalt Dinge haben, indem sie sie befühlen. Im Freien verwenden sie oft einen langen Stab, um den Weg abzutasten, und sie lesen mit Hilfe erhabener Punkte, die sie ertasten – der Brailleschrift.

Wohin gelangt Nahrung, wenn man sie geschluckt hat?

Wenn man schluckt, wandert der breiige Nahrungsball die Speiseröhre hinunter in den Magen. Hier bleibt er bis zu vier Stunden und wird dabei zu Speisebrei aufgespalten. Er wird dann allmählich aus dem Magen durch eine lange gewundene Röhre, genannt Dünndarm, gedrückt. Hier werden die Nährstoffe der Nahrung über die Darmwand ins Blut abgegeben, und der unverdauliche Rest geht in den Dickdarm weiter. Etwa 24 Stunden nach der Nahrungsaufnahme wird der Rest (Kot) aus dem Körper ausgeschieden.

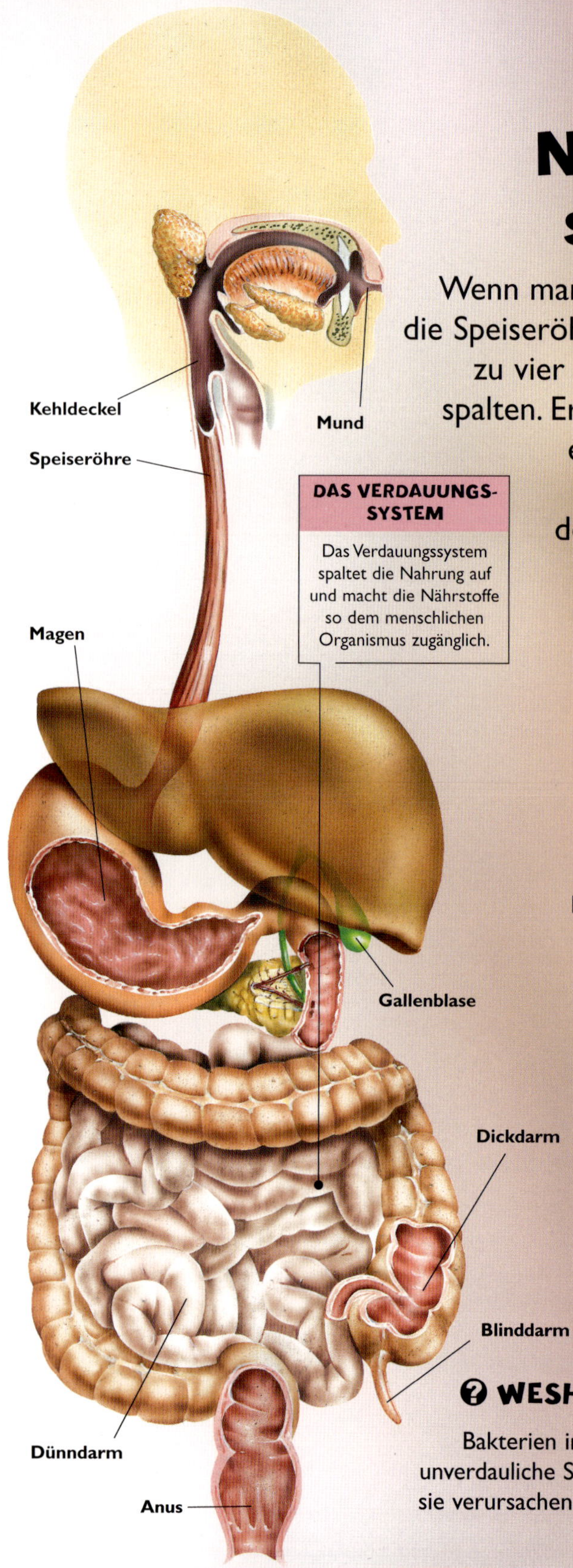

DAS VERDAUUNGSSYSTEM

Das Verdauungssystem spaltet die Nahrung auf und macht die Nährstoffe so dem menschlichen Organismus zugänglich.

WIE GROSS IST DER MAGEN?

Ein Erwachsener kann bis zu 4 Liter Nahrung und Flüssigkeit bei einer Mahlzeit aufnehmen, ein Kind natürlich etwas weniger. Der Magen wird größer, je mehr man isst.

WAS IST DER KEHLDECKEL?

Der Kehldeckel ist eine Art Falltür, die die Luftröhre beim Schlucken schließt. Sie hält Nahrung davon ab, in die Lungen zu gelangen.

WAS IST DER BLINDDARM?

Der Blinddarm ist ein überflüssiger Teil des Dickdarms, der bei der Verdauung keine Rolle spielt. Manchmal entzündet er sich und muss entfernt werden.

WIE LANG IST DER DARM?

Der Dünndarm ist mehr als dreimal so lang wie der ganze Körper! Bei einem Erwachsenen sind das ungefähr 6,50 m. Der Dickdarm ist weitere 1,50 m lang, und die gesamte Röhre von Magen bis zum Anus misst ungefähr 9 m.

WESHALB RIECHT KOT?

Bakterien im Dickdarm helfen dabei, unverdauliche Speisereste aufzubrechen, aber sie verursachen auch unangenehmen Geruch.

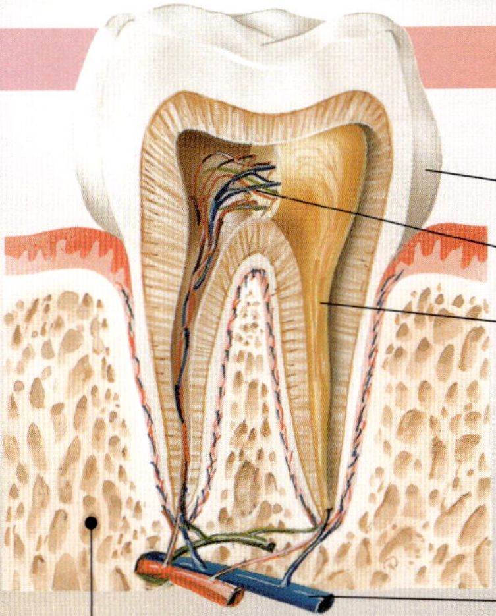

DAS INNERE EINES ZAHNS

Zähne haben lange Wurzeln, die den Zahn im Kieferknochen festhalten. Das Zahnfleisch umgibt den Zahnhals wie eine Manschette.

WORAUS BESTEHEN ZÄHNE?

Die Außenseite besteht aus Schmelz, dem härtesten Stoff im Körper. Darunter befindet sich Zahnbein, das so hart wie Knochen ist, und in der Mitte jedes Zahnes befindet sich eine weiche, breiige Masse aus Blut und Nerven.

WIE VIELE ZÄHNE HAT MAN?

Jeder Mensch hat zwei natürliche Zahngarnituren. Die erste Garnitur besteht aus 20 Zähnen, den Milchzähnen, die im Alter von etwa sechs Monaten hervorkommen. Ab ca. sechs Jahren werden die Milchzähne nach und nach durch die 32 Zähne des Dauergebisses ersetzt.

WESHALB SIND ZÄHNE VERSCHIEDEN GEFORMT?

Die Zähne erfüllen verschiedene Aufgaben beim Zerkleinern von Speisen. Die breiten, flachen Zähne vorn zerschneiden die Speisen, wenn man davon abbeißt. Sie heißen Schneidezähne. Die spitzen Eckzähne sind wie Reißzähne, die feste Nahrung wie Fleisch festhalten und abtrennen. Die großen vorderen und die hinteren Backenzähne zermahlen die Nahrung zu kleinen Teilen, die sich mit Speichel vermischen und zu einem kleinen Ball werden, der geschluckt werden kann.

WESHALB SCHMECKT ERBROCHENES SAUER?

Wenn man sich erbricht, gelangt teilweise verdaute Nahrung zurück in den Mund. Das Erbrochene schmeckt sauer, weil es mit Säure, die von der Magenschleimhaut gebildet wird, vermischt ist. Die Säure tötet Krankheitserreger ab und hilft, Nahrung zu zerkleinern.

WELCHE NAHRUNGSMITTEL GEBEN ENERGIE?

Brot, Reis, Kartoffeln und Nudeln sind reich an Kohlenhydraten. Sie verleihen Energie zum Bewegen, Arbeiten und Wachsen. Fette und Zucker verleihen ebenfalls Energie.

WELCHE NAHRUNGSMITTEL HELFEN BEIM WACHSEN?

Milch, Käse, Fisch, Fleisch und Bohnen enthalten viel Eiweiß, ein Stoff, den der Körper zum Wachstum ebenso benötigt wie abwechslungsreiche Kost.

GESUNDE ERNÄHRUNG

Obst, Gemüse und Vollkornbrot enthalten viele Faserstoffe. Mit ihrer Hilfe funktionieren die Muskeln im Verdauungstrakt besser.

Wie atmet man ein und aus?

Die Lunge hat selbst keine Muskeln zum Ein- und Ausatmen. Die Muskeln zwischen den Rippen und dem Zwerchfell – eine Muskeldecke unterhalb der Lunge – verrichten diese Aufgabe. Wenn sich die Rippen nach oben und nach außen bewegen, zieht sich das Zwerchfell zusammen und bewegt sich nach unten. Dadurch wird Luft in die Lunge gezogen, um den Raum auszufüllen. Wenn sich das Zwerchfell und die Muskeln zwischen den Rippen entspannen, drücken sie Luft aus der Lunge.

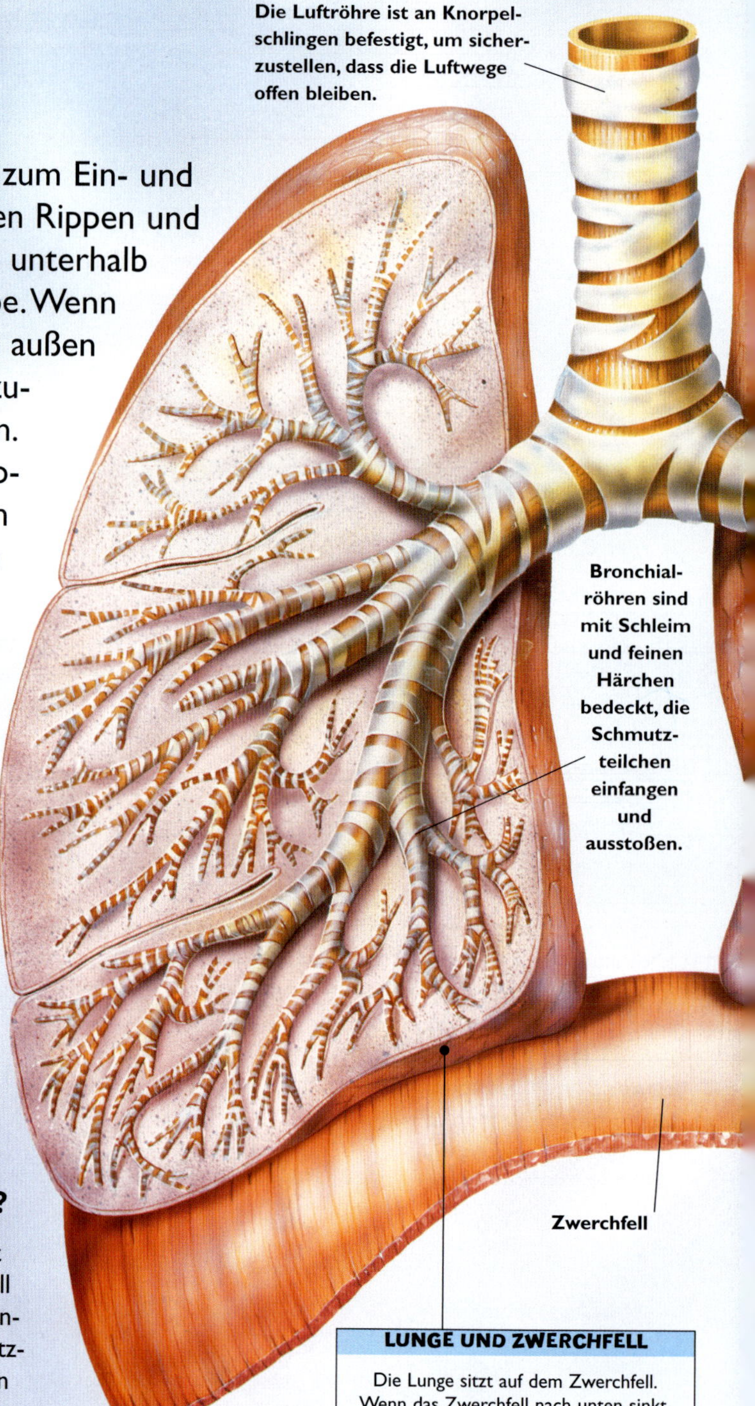

LUNGE UND ZWERCHFELL

Die Lunge sitzt auf dem Zwerchfell. Wenn das Zwerchfell nach unten sinkt, schafft es Platz in der Lunge, der durch die eingesogene Luft ausgefüllt wird. Wenn sich das Zwerchfell entspannt, wölbt es sich nach oben und drückt Luft aus der Lunge.

WAS PASSIERT BEIM NIESEN?

Luft strömt wie ein Wirbelsturm mit 160 km/h – über 20-mal schneller als gewöhnlich – aus der Nase. Beim Niesen werden Staub, Pollen oder Krankheitserreger ausgestoßen, die die Nase reizen.

WESHALB HUSTET MAN?

Man hustet, wenn überschüssiger Schleim, Staub oder andere Teilchen die Luftdurchgänge zwischen Nase und Lunge verstopfen.

WESHALB GERÄT MAN BEIM LAUFEN AUSSER ATEM?

Muskeln verbrauchen bei Belastung Sauerstoff. Wenn man läuft, arbeiten die Muskeln sehr schwer und benötigen mehr Sauerstoff. Wenn man keuchend atmet, atmet man bis zu 20-mal mehr Luft ein.

WAS IST SCHLUCKAUF?

Manchmal beginnt sich das Zwerchfell ruckartig zusammenzuziehen. Diese plötzlichen Bewegungen verursachen das „Hicksen“, wenn die Luft ruckweise über die Stimmbänder streicht.

WESHALB MÜSSEN WIR LUFT ATMEN?

Die Luft enthält Sauerstoff, das der Körper zum Leben braucht. Wenn man einatmet, zieht man durch den Mund oder die Nase Luft in die Luftröhre und in immer kleinere Kanäle in der Lunge. Am Ende jeder winzigen Röhre oder Bronchiole befinden sich hunderte winziger Lungenbläschen. Wenn sich diese Bläschen mit Luft füllen, gelangt Sauerstoff von ihnen in die Blutzellen. Das Blut leitet dann den Sauerstoff an alle Körperteile weiter. Gleichzeitig wird verbrauchtes Kohlendioxid aus dem Blut in die Lunge abgegeben. Es verlässt den Körper über die ausgeatmete Luft.

Die Bronchienröhren teilen sich in winzige Röhren, die man Bronchiolen nennt.

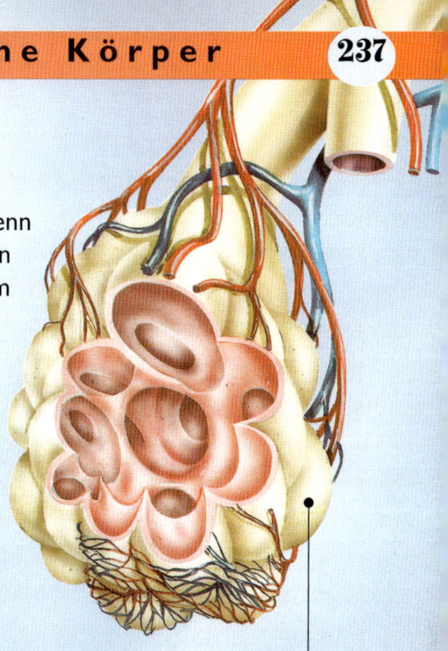

LUNGENBLÄSCHEN

Am Ende jeder Bronchiole befindet sich eine Anhäufung kleiner Lungenbläschen.

WIE SPRICHT MAN?

Wenn man ausatmet, wird die Luft über die Stimmbänder im Stimmkasten oder Kehlkopf (Larynx) geleitet. Wenn die Stimmbänder schwingen, erzeugen sie einen Klang. Durch das Verändern der Form der Lippen und Zunge entstehen unterschiedliche Klänge, die zu Wörtern geformt werden können.

WESHALB SIEHT ATEM DUNSTIG AUS?

Die Luft, die man ausatmet, enthält Wasserdampf. An einem kalten Tag kondensiert er zu einer kleinen Dunstwolke aus winzigen Wassertröpfchen.

WIE VIEL LUFT HAT IN DER LUNGE PLATZ?

Die Lunge eines Erwachsenen kann ungefähr 6 Liter Luft fassen, während die Lunge von Kindern kleiner ist. Man atmet ungefähr 16- bis 20-mal pro Minute und nimmt dabei jedes Mal weniger als 0,5 Liter auf.

WIE LANGE KANN MAN DEN ATEM ANHALTEN?

Man kann den Atem ungefähr eine Minute lang anhalten. Je länger man den Atem anhält, desto höher wird der Kohlendioxidanteil im Blut und desto stärker wird das Bedürfnis auszuatmen.

EIN- UND AUSATMEN

Um einzuatmen, bewegen sich die Rippen nach oben und nach außen, und das Zwerchfell bewegt sich nach unten. Um auszuatmen, entspannen sich Rippen und Zwerchfell und drücken somit Luft aus der Lunge.

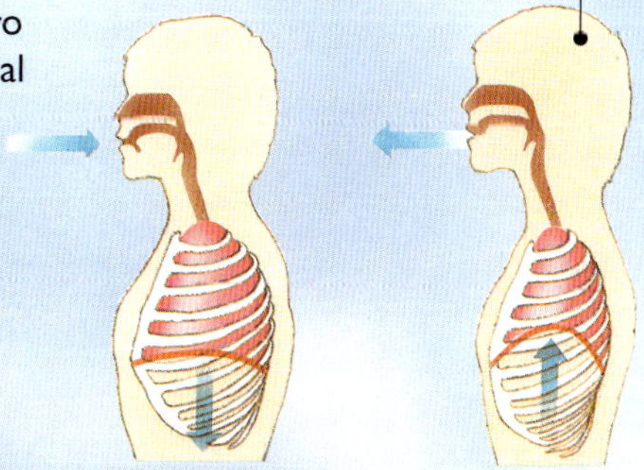

WOZU HAT DIE LUNGE SO VIELE LUNGENBLÄSCHEN?

Um eine möglichst große Fläche zu bilden, über die Sauerstoff und Kohlendioxid ins und aus dem Blut gelangen kann. Die Lunge verfügt über mehr als 700 Millionen Lungenbläschen. Würde man sie alle auf einer Fläche ausbreiten, würden sie sieben Fußballfelder bedecken.

Welche Aufgabe hat das *Herz*?

Blut zu den Lungen und danach durch den ganzen Körper zu pumpen. Die rechte Seite des Herzens nimmt Blut aus dem Körper auf und pumpt es in die Lunge. Die linke Seite nimmt mit Sauerstoff angereichertes Blut aus der Lunge auf und pumpt es in den Rest des Körpers. Klappen innerhalb des Herzens halten Blut davon ab, in die falsche Richtung zu fließen.

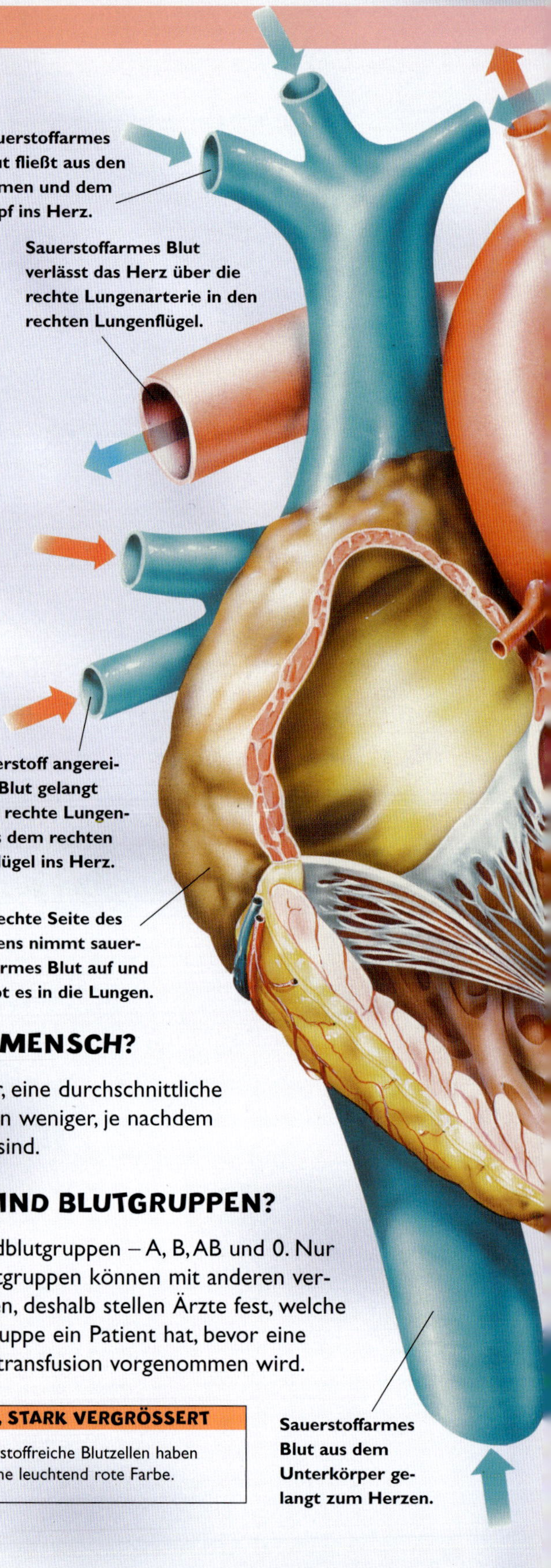

❓ WAS IST PLASMA?

Etwas mehr als die Hälfte des Blutes ist eine gelbliche Flüssigkeit namens Plasma. Es besteht hauptsächlich aus Wasser und darin gelösten kleinen Molekülen von Nährstoffen und wichtigen Salzen.

❓ WAS IST EINE BLUTTRANSFUSION?

Wenn ein Mensch etwa bei einem Unfall oder einer Operation eine Menge Blut verliert, kann das verlorene Blut durch Blut eines anderen Menschen ersetzt werden. Das neue Blut wird direkt in eine Vene getropft.

❓ WIE VIEL BLUT HAT DER MENSCH?

Ein durchschnittlicher Mann hat ca. 5 bis 6 Liter, eine durchschnittliche Frau zwischen 4 und 5 Liter Blut. Kinder haben weniger, je nachdem wie groß und schwer sie sind.

❓ WAS SIND BLUTGRUPPEN?

Es gibt vier Grundblutgruppen – A, B, AB und 0. Nur bestimmte Blutgruppen können mit anderen vermischt werden, deshalb stellen Ärzte fest, welche Blutgruppe ein Patient hat, bevor eine Bluttransfusion vorgenommen wird.

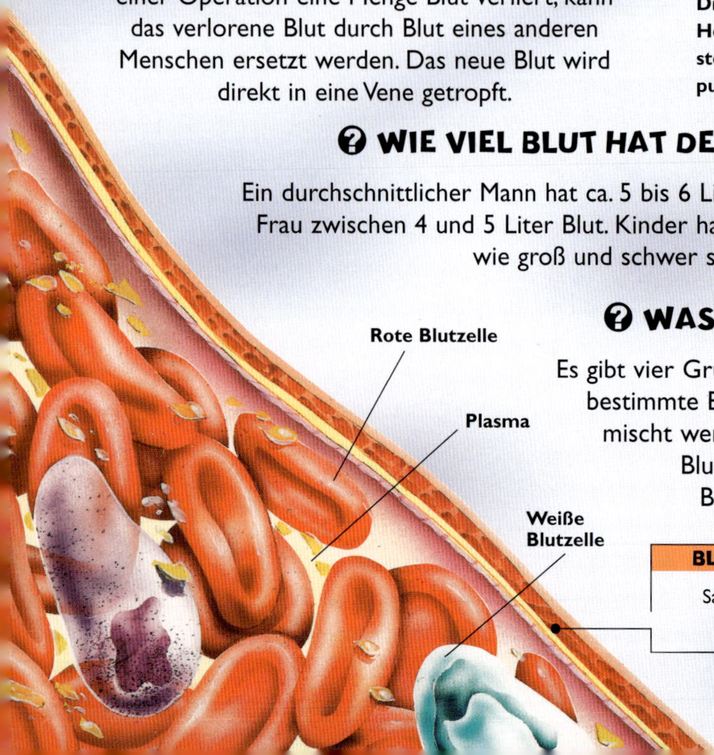

BLUT, STARK VERGRÖSSERT

Sauerstoffreiche Blutzellen haben eine leuchtend rote Farbe.

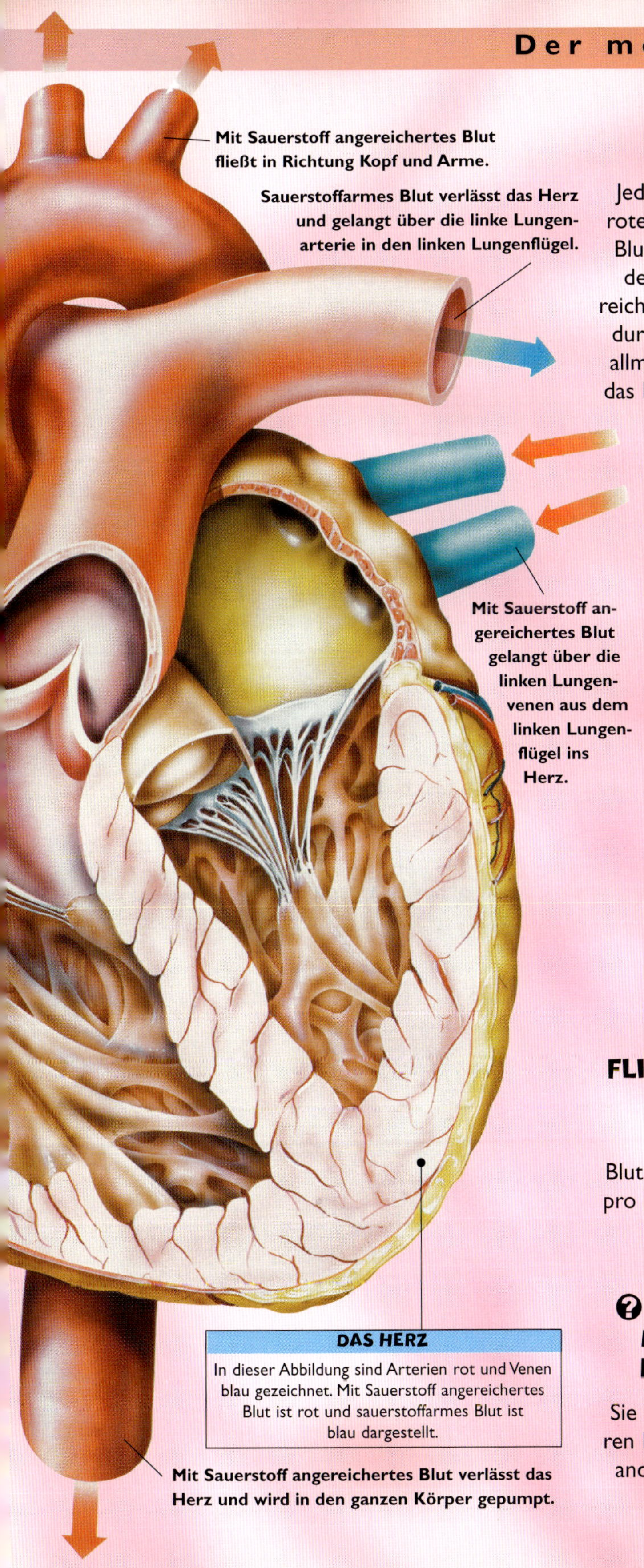

DAS HERZ

In dieser Abbildung sind Arterien rot und Venen blau gezeichnet. Mit Sauerstoff angereichertes Blut ist rot und sauerstoffarmes Blut ist blau dargestellt.

WESHALB IST DAS BLUT ROT?

Jeder winzige Blutstropfen enthält bis zu 5 Millionen rote Blutzellen, die dem Blut die Farbe verleihen. Rote Blutzellen enthalten einen Stoff namens Hämoglobin, der in den Lungen Sauerstoff aufnimmt. Sauerstoffreiches Blut ist leuchtend rot. Wenn dieses hellrote Blut durch den Körper gepumpt wird, wird der Sauerstoff allmählich von den Körperzellen aufgenommen. Wenn das Blut zum Herzen zurückkehrt, ist es etwas dunkler und eher rostrot.

WIE OFT SCHLÄGT DAS HERZ?

Das Herz eines Kindes schlägt etwa 80-mal in der Minute, etwas schneller als das eines Erwachsenen (70-mal). Wenn man läuft oder anstrengende Tätigkeiten ausführt, schlägt das Herz schneller, um mehr Blut zu den Muskeln zu befördern.

WAS SIND KAPILLAREN?

Blut wandert in Venen und Arterien durch den Körper. Sie verzweigen sich in immer kleiner werdende Röhren, die jede Körperzelle erreichen. Die Kapillaren sind die winzigsten aller Blutgefäße. Die meisten Kapillaren sind dünner als ein Haar. Die Kapillaren eines Menschen aneinander gelegt würden eine Länge von 100 000 km ergeben – und somit 2,5-mal um die Erde reichen.

WIE OFT FLIESST DAS BLUT DURCH DEN KÖRPER?

Blut fließt ungefähr einmal pro Minute oder 1500-mal pro Tag durch den Körper.

WIE GROSS IST DAS HERZ?

Das Herz ist ungefähr so groß wie eine geballte Faust. Es befindet sich ungefähr in der Mitte der Brust und neigt sich unten zur linken Körperhälfte.

WAS MACHEN DIE WEISSEN BLUTZELLEN?

Sie umringen und zerstören Krankheitserreger und andere Eindringlinge, die ins Blut gelangen.

WORAUS BESTEHT DAS HERZ?

Das Herz besteht aus einem besonderen Muskel, dem Herzmuskel, der nie ermüdet.

Was machen die Nieren?

Die Nieren filtern das Blut, um Abfallstoffe, überschüssiges Wasser und Salz zu entfernen. Jede Niere verfügt über ungefähr eine Million winziger Filter, die pro Minute ungefähr ein Viertel des Blutes reinigen. Die Nieren entfernen viele Stoffe aus dem Blut und nehmen danach nur das wieder auf, was der Körper benötigt. Die Reststoffe werden mit Wasser verbunden. Daraus entsteht Urin, der in die Blase gelangt, wo er gespeichert wird.

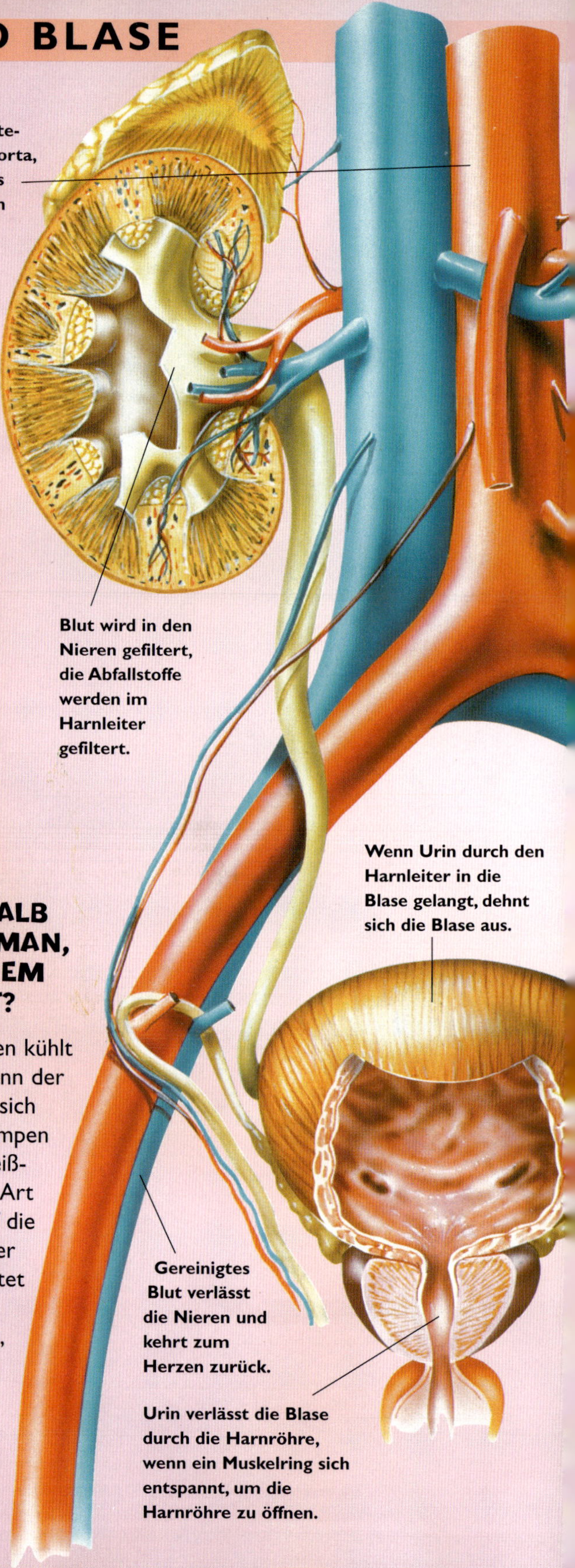

? WESHALB SCHWITZT MAN, WENN EINEM HEISS IST?

Durch Schwitzen kühlt man ab. Wenn der Körper sich erhitzt, pumpen die Schweißdrüsen eine Art Salzwasser auf die Haut. Wenn der Schweiß verdunstet (sich in Wasserdampf verwandelt), kühlt er dabei die Haut.

ATHLET BEIM SPRINTEN

Wenn Muskeln schwer arbeiten, produzieren sie zusätzlich zur Bewegung auch Wärme.

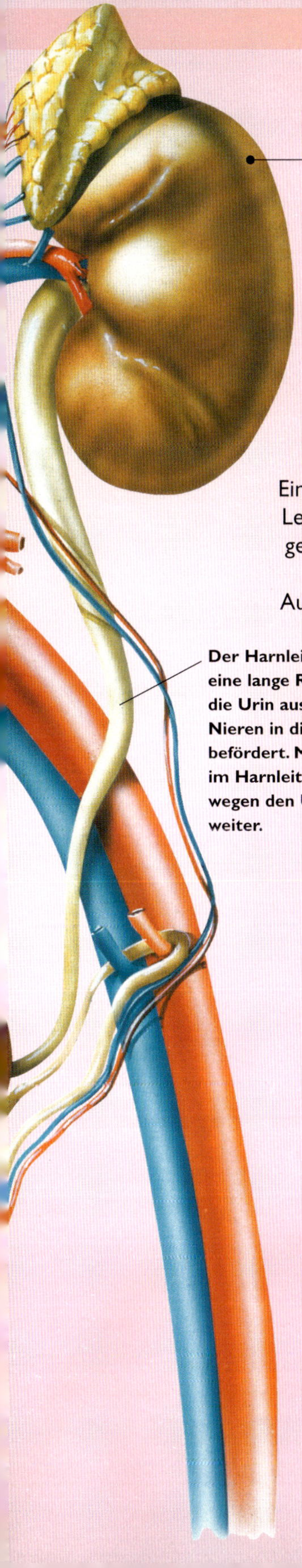

DIE NIEREN

Eine Niere wiegt etwa 140 g. Beide Nieren filtern mehr als einen Liter Blut pro Minute.

Der Harnleiter ist eine lange Röhre, die Urin aus den Nieren in die Blase befördert. Muskeln im Harnleiter bewegen den Urin weiter.

WAS IST DIE AUFGABE DER LEBER?

Die Leber ist wie eine Chemiefabrik, die über 500 verschiedene Aufgaben verrichtet. Zu den wichtigsten gehören die Verarbeitung verdauter Nahrung und die Entfernung von Abfall und Giftstoffen aus dem Blut. Verdaute Nahrung wird direkt aus dem Darm in die Leber aufgenommen, wo einige Nährstoffe ins Blut abgegeben und andere für einen späteren Gebrauch gespeichert werden. Die Leber verarbeitet Gifte und verwandelt unerwünschte Eiweiße in Harnstoffe. Die Nieren entfernen Gifte und Harnstoffe und verwandeln sie in Harn (Urin).

WAS IST DIE GALLE?

Eine gelbgrüne Flüssigkeit, die von der Leber erzeugt und in der Gallenblase gespeichert wird. Von dort dringt sie in den Dünndarm, wo sie beim Aufbrechen fetthaltiger Nahrung hilft.

WIE VIEL URIN KANN DIE BLASE HALTEN?

Die Blase eines Erwachsenen kann ungefähr 600 ml Urin halten, die eines Kindes weniger. Aber man muss meist auf die Toilette, sobald die Blase ungefähr ein Viertel voll ist.

WESHALB WIRD MAN ROT, WENN EINEM HEISS WIRD?

Wenn unterschiedliche Teile des Körpers Energie verbrennen, erzeugen sie Wärme. Blut trägt die Wärme durch den Körper. Wenn der Körper erhitzt ist, dehnen sich die winzigen Blutgefäße nahe der Hautoberfläche aus, um dem Blut beim Abkühlen zu helfen. Das Blut, das nahe an der Hautoberfläche fließt, lässt die Haut rot aussehen.

WIE VIEL FLÜSSIGKEIT MUSS MAN TRINKEN?

Man muss ungefähr 1,2 bis 1,5 Liter wässriger Flüssigkeit pro Tag trinken. Sie ersetzt die verlorene Wassermenge. Der Großteil des Wassers wird durch Urin und Kot abgegeben. Aber auch Schweiß und die ausgeatmete Luft enthalten Wasser.

WESHALB IST URIN GELB?

Urin enthält Teile von Abfallstoffen der Galle, die ihm die gelbliche Farbe verleihen. Wenn man viel Wasser trinkt, wird der Urin verdünnt und ist weniger gelb, aber der erste Morgenurin ist meist konzentrierter und dunkler. Manche Speisen beeinflussen die Farbe des Urins. Rote Bete kann ihn rosa färben.

WESHALB MUSS MAN BEI HITZE MEHR TRINKEN?

Man schwitzt mehr, wenn es heiß ist und verliert so mehr Wasser, das man dann durch vermehrtes Trinken ersetzen muss.

WANN URINIERT MAN?

Die Blase dehnt sich aus, wenn sie sich füllt. Wenn sie etwa 150 ml enthält, senden Nerven in der Blase Signale ans Gehirn, und man verspürt das Bedürfnis, zu urinieren.

WIE LANGE KANN MAN OHNE WASSER ÜBERLEBEN?

Obwohl manche Menschen einige Wochen ohne Nahrung überlebt haben, kann man nur wenige Tage ohne Wasser existieren.

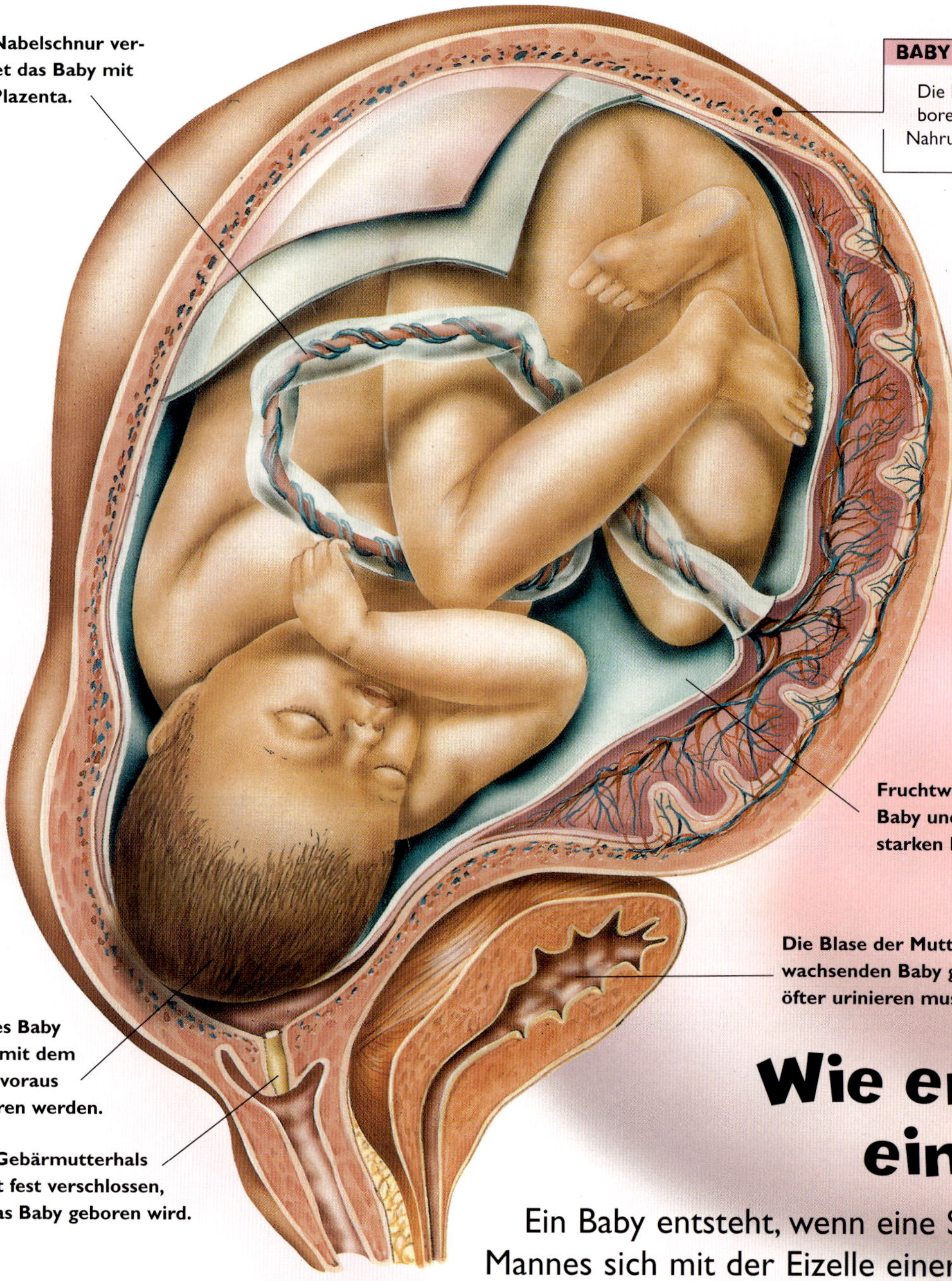

BABY IN DER GEBÄRMUTTER

Die Plazenta versorgt das ungeborene Baby mit Sauerstoff und Nahrung aus dem Blut der Mutter.

? WESHALB SEHEN KINDER IHREN ELTERN ÄHNLICH?

Man erbt eine Kombination von Genen von den Eltern, also sieht man teilweise der Mutter und teilweise dem Vater ähnlich.

Wie entsteht ein Baby?

Ein Baby entsteht, wenn eine Samenzelle eines Mannes sich mit der Eizelle einer Frau verbindet. Dieser Vorgang heißt Befruchtung und findet statt, wenn der Mann beim Sex Samen in die Scheide der Frau ausstößt (ejakuliert). Die Zellen des befruchteten Eis beginnen sich in einer Zellansammlung zu vermehren, die sich in der Gebärmutterschleimhaut festsetzt. Dort vermehren sich die Zellen weiter und bilden den Embryo eines neuen Menschen.

DER ZEITPUNKT DER BEFRUCHTUNG

Nur eine Samenzelle dringt in die Eizelle.

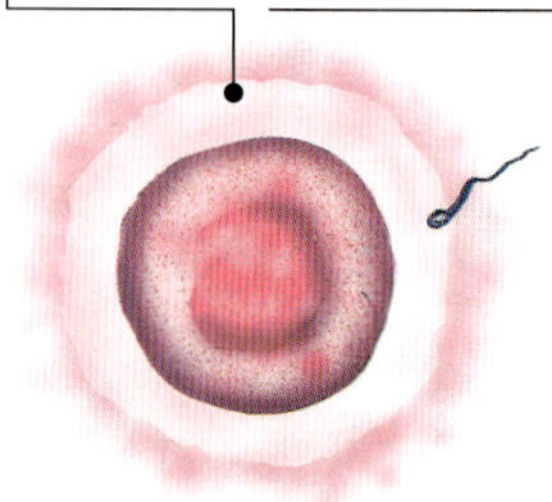

WAS IST EIN FÖTUS?

Ein Fötus ist ein ungeborenes Baby in der Zeit von acht Wochen nach der Empfängnis bis zur Geburt. In den ersten sieben Wochen nach der Empfängnis nennt man das Ungeborene Embryo. Nach 14 Wochen ist der Fötus vollständig ausgebildet, aber noch zu klein und schwach, um außerhalb der Gebärmutter zu überleben. Babys im Alter von 24 Wochen können in einem Brutkasten überleben, wenn sie zu früh auf die Welt kommen, aber die meisten bleiben volle 36 Wochen in der Gebärmutter.

WAS SIND WEHEN?

Wehen setzen beim Geburtsvorgang ein. Der Gebärmutterhals dehnt und öffnet sich, und danach zieht sich die Gebärmutter, die aus kräftigen Muskeln besteht, zusammen, um das Baby hinauszuschieben. Wehen können mehrere Stunden andauern.

WOHER KOMMT DAS SPERMA EINES MANNES?

Sperma wird in den Hoden gebildet. Sie befinden sich in zwei Hodensäcken, die beidseits des Penis hängen. Nach der Pubertät erzeugen die Hoden Millionen von Spermien pro Tag. Jede Samenzelle, die nicht ausgestoßen wird, wird wieder ins Blut aufgenommen.

WAS SIND GENE?

Gene sind Kombinationen der chemischen Substanzen, die in jeder Zelle enthalten sind. Sie stammen von der Mutter und dem Vater und legen das Erbmaterial fest, einschließlich Haarfarbe, Größe und sogar einige Krankheiten, die man vielleicht einmal im Leben bekommt.

WO KOMMT DAS EI HER?

Wenn ein Mädchen zur Welt kommt, befinden sich bereits tausende Eier in seinen Eierstöcken. Nach der Pubertät wird eines dieser Eier pro Monat freigegeben und wandert durch den Eileiter in die Gebärmutter.

WIE SCHNELL WÄCHST EIN UNGEBORENES BABY?

Vor der Geburt wächst man schneller als zu jedem anderen Zeitpunkt im Leben. Drei Wochen nach der Befruchtung der Eizelle ist der Embryo nicht größer als ein Reiskorn. Fünf Wochen später hat sich beinahe jeder Teil des Babys ausgebildet – Kopf, Gehirn, Augen, Herz, Magen und sogar die Finger –, und trotzdem ist es nur ungefähr daumengroß. Zum Zeitpunkt der Geburt, 30 Wochen später, ist es ungefähr 50 cm lang und wiegt etwa 3,5 kg.

WAS MACHEN BABYS IN DER GEBÄRMUTTER?

Wenn das Baby wächst, trainiert es seine Muskeln durch Treten, Bewegen und Boxen. Es lutscht auch manchmal den Daumen, öffnet und schließt die Augen und schläft.

WIE ERNÄHRT SICH EIN UNGEBORENES BABY?

Ein Großteil der Zellansammlung, die sich in der Gebärmutter festsetzt, wächst zu einem Organ heran, das man Plazenta nennt. Nahrung und Sauerstoff aus dem Blut der Mutter gelangen über die Plazenta in das Blut des heranwachsenden Babys.

WAS IST EINE PERIODE (REGEL)?

Wenn das Ei einer Frau nicht von einer Samenzelle befruchtet wird, wandert es durch die Vagina (Scheide) aus dem Körper der Frau. Zur selben Zeit verlassen die Gebärmutterschleimhaut und etwas Blut den Körper. Dieser langsame Blutausfluss dauert ungefähr fünf Tage und wird Periode genannt.

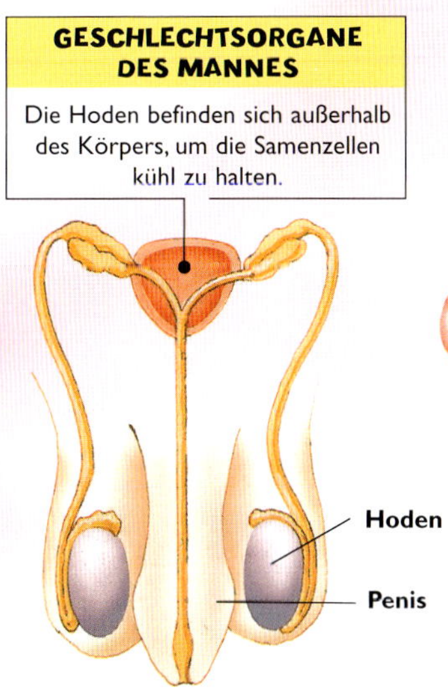

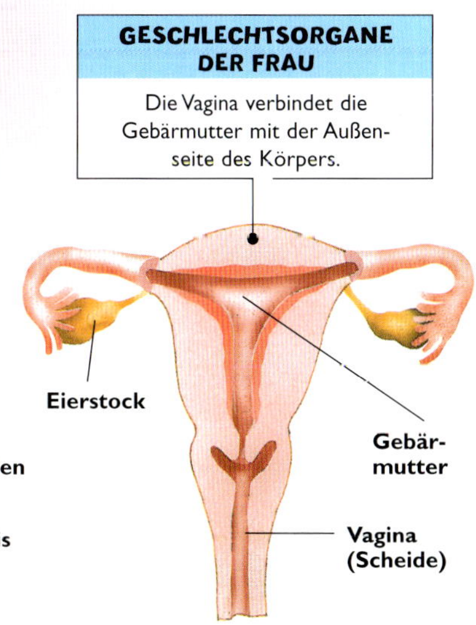

Was ist die Pubertät?

Die Pubertät ist der Zeitpunkt, zu dem man vom Kind zu einem Erwachsenen wird. Man wird größer und der Körper verändert die Form. Mädchen bekommen Brüste und breitere Hüften. Die Taille sieht schlanker aus. Bei Jungen bilden sich eine breitere Brust und eine tiefere Stimme heraus. Gleichzeitig entwickeln sich die Geschlechtsorgane. Mädchen bekommen ihre erste Regel und bei Jungen beginnt die Spermaproduktion. Die Pubertät dauert mehrere Jahre an und hat zusätzlich zu den körperlichen Veränderungen Einfluss auf Stimmung, Gefühle und Ansichten.

WAS IST DER STIMMBRUCH?

Ein Junge kann in der Pubertät so schnell wachsen, dass die Muskeln, die seine Stimmbänder kontrollieren, nicht mithalten können. Seine Stimme kann plötzlich von hoch in tief umschlagen, bis die richtige Höhe erreicht wird. Die Stimmbänder werden auch dicker, wodurch die Stimme tiefer wird.

WIESO KÖNNEN KLEINE BABYS NICHT SITZEN?

Kleine Babys können erst aufrecht sitzen, wenn die Rückenmuskeln stark genug sind, um sie zu unterstützen. Das geschieht im Alter von ungefähr 6 Monaten.

WANN IST MAN VÖLLIG AUSGEWACHSEN?

Während der Pubertät wächst man rasch, danach langsamer, bis man die vollständige Größe mit ungefähr 20 Jahren erreicht hat.

WANN LERNEN BABYS LAUFEN UND SPRECHEN?

Zu seinem ersten Geburtstag kann sich ein Baby meist schon hochziehen und beinahe laufen. Es spricht vielleicht auch schon einige Worte, obwohl sich das Sprechen erst langsam im Laufe der folgenden Jahre entwickelt.

SIND NEUGEBORENE BABYS GANZ HILFLOS?

Ein Baby kann atmen, saugen und schlucken, sobald es geboren ist, also ist es nicht vollkommen hilflos.

WAS SIND HORMONE?

Hormone sind Substanzen, die ins Blut ausgeschüttet werden. Manche Drüsen produzieren Geschlechtshormone, die den Menstruationszyklus kontrollieren.

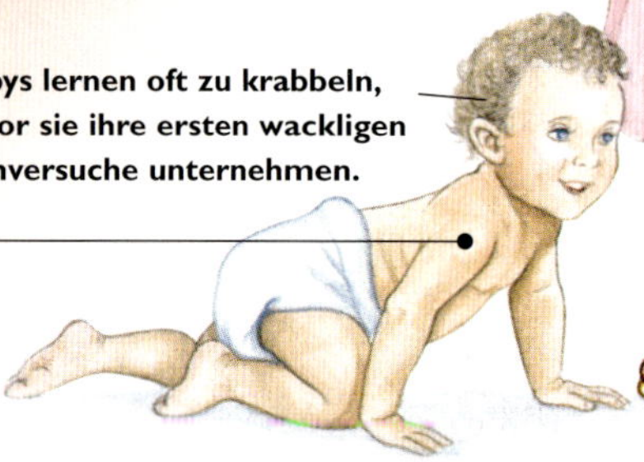

WACHSTUMSSCHRITTE

Im Laufe seiner Entwicklung durchläuft der Mensch verschiedene Entwicklungs- und Wachstumsphasen.

WESHALB ALTERN MENSCHEN?

Die Zellen des Körpers werden ständig erneuert, bis auf die Gehirnzellen und andere Nervenzellen. Wenn Menschen älter werden, ist die Leistung der neuen Zellen nicht mehr so gut wie die von Zellen jüngerer Menschen.

WAS BRAUCHEN ALLE BABYS?

Alle Neugeborenen brauchen Essen, Wärme, Liebe und Schutz. Zunächst kann ein Säugling (Baby) nur flüssige Nahrung zu sich nehmen und trinkt daher die Milch aus der Brust seiner Mutter oder einer Flasche. Milch enthält alles, was Babys zum gesunden Wachstum benötigen. Zudem müssen sie regelmäßig gewaschen und die Windeln müssen gewechselt werden. Babys schlafen viel, aber wenn sie wach sind, brauchen sie Zuneigung und freuen sich über ein Lächeln. Babys und Kinder sind auf die Fürsorge ihrer Eltern angewiesen.

WODURCH WÄCHST MAN?

Ein Wachstumshormon bringt den Körper zum Wachsen. Es wird in der Hirnanhangdrüse produziert und vom Blut in den ganzen Körper geleitet. Wie groß man wird, hängt von den Genen ab, die man von den Eltern ererbt.

WAS SIND DIE WECHSELJAHRE (MENOPAUSE)?

Die Menopause setzt ein, wenn sich der Körper einer Frau ändert und sie keine Kinder mehr haben kann. Wenn der Anteil an Geschlechtshormonen zurückgeht, hören ihre Eierstöcke auf, Eizellen zu produzieren. Die Frau hat manchmal unangenehme Hitzewallungen und Stimmungsschwankungen.

WER HATTE DIE MEISTEN KINDER?

Es wird angenommen, dass eine Frau in Russland, die im 18. Jahrhundert lebte, diesen Rekord hält. Ihr Name war Wassiliew, und sie soll 69 Kinder geboren haben.

WESHALB MUSS MAN DEN KOPF EINES BABYS STÜTZEN?

Wenn ein Baby auf die Welt kommt, sind die Rücken- und Halsmuskeln zu schwach, um den Kopf zu stützen. Der Kopf eines Babys ist im Vergleich zum restlichen Körper viel größer als der eines Kindes oder Erwachsenen.

WESHALB SCHREIEN BABYS?

Ein Baby schreit, wenn es etwas braucht – wenn es hungrig ist oder sich einsam fühlt. Es schreit auch, wenn es Bauchschmerzen oder andere Schmerzen hat.

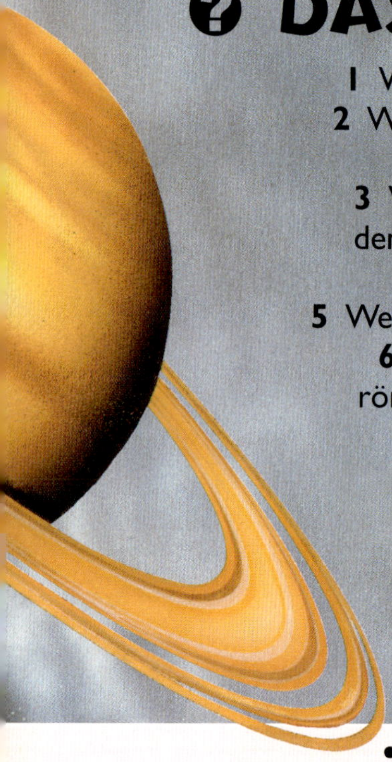

DAS UNIVERSUM

1 Wann tritt eine Sonnenfinsternis auf?
2 Was befindet sich in der Mitte unseres Sonnensystems?
3 Weshalb benötigen Astronauten auf dem Mond eine Sauerstoffversorgung?
4 Welches ist der Rote Planet?
5 Welches war der erste künstliche Satellit?
6 Welcher Planet wurde nach der römischen Göttin der Liebe benannt?
7 Was ist ein Kosmonaut?
8 Wie bezeichnet man ein Gebiet im Weltraum, das alles in sich einsaugt, sogar Licht?
9 Was ist ein Meteor?
10 Könnte man auf dem Jupiter landen?

LÄNDER UND MENSCHEN

1 Welches ist das längste und schmalste Land?
2 Wie heißt die Hauptstadt von Japan?
3 Welche Menschen waren die ersten, die Kartoffeln, Mais, Tomaten und Tabak anbauten?
4 Wo liegen die Fidschi-Inseln?
5 Wo bezahlt man mit Pfund?
6 Was ist ein Gaucho?
7 Welches ist die heiligste Stadt des Islam?
8 Wo findet man den Furcht erregenden Schneemenschen?
9 In welcher Stadt kann man in Gondeln fahren?
10 Zu welchem Ozean gehört die Karibik?

WISSENSCHAFT

1 Weil heiße Luft leichter ist als kalte Luft.
2 Die Schwerkraft
3 Schneller als die Geschwindigkeit des Schalls
4 Lebens
5 Eisen
6 Faksimile
7 Sie empfängt Fernsehsignale
8 Mit Schall und Schallwellen
9 Sir Isaac Newton
10 Chronometer

GESCHICHTE

1 Napoleon Bonaparte
2 Im Kolosseum
3 Die erste Atombombe
4 Pharaonen
5 1914
6 Berlin
7 Das Frauenwahlrecht
8 Tut-Ench-Amun
9 Lenin
10 Das Rote Kreuz

GESCHICHTE

1 Welcher französische Feldherr wurde in der Schlacht bei Waterloo besiegt?
2 In welchem Gebäude in Rom hielten die Römer Gladiatorenkämpfe ab?
3 Was wurde auf Hiroshima abgeworfen?
4 Wie hießen die altägyptischen Könige?
5 Wann begann der Erste Weltkrieg?
6 Welche deutsche Stadt wurde durch eine Mauer geteilt?
7 Wofür kämpften die Suffragetten?
8 Die Grabstätte welches ägyptischen Pharaos entdeckte Howard Carter im Jahre 1922?
9 Wer führte im Jahr 1917 die Russische Revolution an?
10 Welche Organisation wurde gegründet, um im Krieg verwundete Soldaten zu pflegen?

LÄNDER UND MENSCHEN

1 Chile
2 Tokio
3 Die Ureinwohner Amerikas
4 Im Pazifik
5 In England
6 Ein südamerikanischer Cowboy
7 Mekka in Saudi-Arabien
8. Im Himalaja
9 Venedig in Italien
10 Zum Atlantik

WISSENSCHAFT

1 Weshalb treiben Heißluftballone in der Luft?
2 Welche Kraft zieht alles zur Erde?
3 Was bedeutet Überschall?
4 Biologie ist die Wissenschaft des ... ?
5 Was wird in einem Hochofen erzeugt?
6 Wofür steht die Abkürzung „Fax"?
7 Was macht eine Fernsehantenne?
8 Womit beschäftigt sich die Akustik?
9 Welcher Wissenschaftler dachte an die Schwerkraft, als er einen Apfel fallen sah?
10 Wie nennt man eine genaue, seetüchtige Uhr?

DAS UNIVERSUM

1 Wenn der Mond sich zwischen Sonne und Erde schiebt
2 Die Sonne
3 Weil es auf dem Mond keine Luft gibt
4 Mars
5 Der russische Sputnik
6 Venus
7 Ein russischer Astronaut
8 Ein Schwarzes Loch
9 Gesteinsbrocken im Weltall
10 Nein, es gibt keine Oberfläche zum Landen.

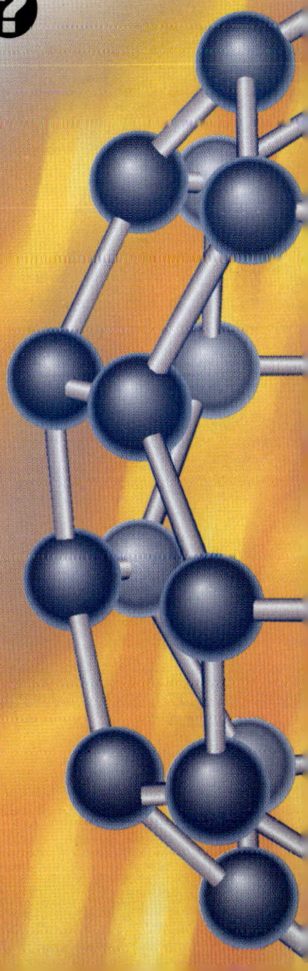

TIERE

1 Welches Tier lebt auf dem Meeresboden, hat Fangarme, sieht aber wie eine Blume aus?
2 Wie nennt man Tiere, die ihre Jungen in einem Beutel herumtragen?
3 Wie nennt man einen jungen Schwan?
4 Welche Elefanten haben größere Ohren, afrikanische oder indische?
5 Weshalb bauen Spinnen Netze?
6 Wie viele Höcker hat ein Trampeltier?
7 Welches Insekt überträgt Malaria?
8 Welcher ist der größte Menschenaffe?
9 Was haben Vögel, das andere Tiere nicht haben?
10 Wie kühlt sich ein Hund ab?

DER MENSCHLICHE KÖRPER

1 Krankheiten wie Erkältungen oder Masern
2 Die Lunge
3 Muskeln in den Oberarmen
4 Der Teil oberhalb des Zahnfleisches
5 Um uns zu warnen, wenn etwas nicht in Ordnung ist
6 Das Auge
7 Neun Monate
8 Spucke
9 Speiseröhre
10 In einem Gelenk

PFLANZEN

1 Welcher Teil des Baums kann Sonnenlicht einfangen und Nährstoffe für den Baum produzieren?
2 Welche Getreidepflanze wächst unter Wasser?
3 Weshalb haben manche Wüstenpflanzen besonders lange Wurzeln?
4 Welcher Baum ist am dicksten?
5 Mit welchem Überbegriff bezeichnet man Petersilie, Salbei, Minze und Basilikum?
6 Zitronen geben uns ein wichtiges Vitamin. Ist es A, B oder C?
7 Narbe, Kelchblatt und Staubbeutel sind Teile von … ?
8 Wo kommt Kork her?
9 Ingwer, Nelken, Pfeffer und Muskatnuss sind … ?
10 Was haben Narzissen, Glockenblumen und Krokusse gemein?

DIE ERDE

1 Ein fruchtbarer Ort in einer Wüste
2 Wolken
3 Sandstein
4 Ein Vulkan, der nicht mehr ausbricht
5 366 Tage
6 Kohle, Öl und Erdgas
7 Gletscher
8 Am Südpol
9 Im Amazonasbecken
10 An einer Flussmündung

DIE ERDE

1 Was ist eine Oase?
2 Wofür sind Zirrus, Kumulus und Zirrostratus Beispiele?
3 Welches Gestein besteht aus Sandkörnern?
4 Was ist ein erloschener Vulkan?
5 Wie lang ist ein Schaltjahr?
6 Welches sind die drei wichtigsten Brennstoffe?
7 Wie heißt eine große, sich langsam fortbewegende Eismasse auf der Landoberfläche?
8 Wo ist es kälter, am Nord- oder am Südpol?
9 Wo befindet sich der größte Regenwald der Welt?
10 Wo findet man ein Delta?

PFLANZEN

1 Blätter
2 Reis
3 Um Wasser tief im Erdboden zu erreichen
4 Der kalifornische Redwood
5 Kräuter
6 Vitamin C
7 Blumen
8 Von der Rinde eines Baums (der Korkeiche)
9 Gewürze
10 Sie wachsen alle aus Knollen

DER MENSCHLICHE KÖRPER

1 Was verursachen Viren?
2 Welchen Teil des Körpers betrifft eine Pneumonie?
3 Was ist der Bizeps?
4 Was ist die Zahnkrone?
5 Weshalb sind Schmerzen nützlich?
6 Welcher Teil des Körpers ist von einer Bindehautentzündung betroffen?
7 Wie lange wächst ein Baby im Körper der Mutter?
8 Was ist ein anderes Wort für Speichel?
9 Wie heißt die Röhre, die Nahrung vom Mund in den Magen befördert?
10 Wo findet man ein Band?

TIERE

1 Eine Seeanemone
2 Beuteltiere
3 Küken
4 Die afrikanischen
5 Um Beute zu fangen
6 Zwei
7 Die Mücke
8 Der Gorilla
9 Federn
10 Durch Hecheln

H

I J

K

R

S